全 世 界 无 产 者 , 联 合 起 来 !

李鹏文集

上　卷

人民出版社

图书在版编目(CIP)数据

李鹏文集.上卷/李鹏著.
—北京:人民出版社,2024.2(2024.4 重印)
ISBN 978 - 7 - 01 - 026382 - 3

Ⅰ.①李… Ⅱ.①李… Ⅲ.①李鹏(1928—2019)-文集 Ⅳ.①D2 - 0

中国国家版本馆 CIP 数据核字(2024)第 031156 号

李 鹏 文 集

LI PENG WENJI

上 卷

人民出版社 出版发行

(100706 北京市东城区隆福寺街 99 号)

北京中科印刷有限公司印刷 新华书店经销

2024 年 2 月第 1 版 2024 年 4 月北京第 2 次印刷
开本:680 毫米×960 毫米 1/16 印张:38.75 插页:1
字数:420 千字

ISBN 978 - 7 - 01 - 026382 - 3 定价:76.00 元

邮购地址 100706 北京市东城区隆福寺街 99 号
人民东方图书销售中心 电话 (010)65250042 65289539

出 版 说 明

　　《李鹏文集》（上卷）收入的是李鹏同志在一九八三年九月一日至一九九四年十二月十四日这段时间内的重要著作，共有报告、讲话、谈话、文章、信件等九十二篇，相当一部分是第一次公开发表。

　　曾经公开发表过的著作，这次编入本卷时，又作了少量的文字订正。为了便于读者阅读，编辑时作了必要的注释，附在篇末。

中共中央文献编辑委员会

二〇二四年二月

目　　录

经济要振兴，电力必须先行[*]

（一九八三年九月一日）

党的十二大确定了到本世纪末力争工农业年总产值翻两番，人民生活达到小康水平的奋斗目标。同时确定了农业、能源交通和教育科学这几个根本环节，作为经济发展的战略重点。电力是能源的重要组成部分，是经济发展的战略重点之一，而且是重中之重。如果能源搞不上去，特别是电力搞不上去，四化建设的宏伟目标就很难实现。在今后十八年内，电力工业必须有一个大发展，才能适应工农业翻两番的需要。

一、电力是衡量现代化水平的重要标志。

电能是一种现代化的能源，它广泛用于工农业生产和人民生活的各个方面，不仅关系着物质文明的建设，而且关系着精神文明的建设，对促进经济发展和改善人民生活起着巨大的作用。一个国家的现代化水平越高，对电力的需求就越大。

电力作为动力，能不断地提高工农业生产过程的机械化、自动化程度，有效地促进国民经济各部门的技术改造，

---

* 这是李鹏同志在《红旗》杂志一九八三年第十八期上发表的文章。李鹏同志当时任国务院副总理。

大幅度提高劳动生产率。

电力作为提高人民生活水平和建设精神文明的工具之一，现在电化教育和家用电器越来越普及，使用家用电器的水平已成为衡量现代化生活水平的一个重要尺度。

以电为动力，可以保持产品质量的稳定性，并能改善劳动者的工作条件，能提供清洁和安全的工作环境。

电能是由一次能源转换而得的二次能源，同时它又可以很方便地转化为机械能、热能、磁能、光能、化学能。用电能代替其他能源，是提高能源的利用效率、节约能源的重要措施。用电炼钢铁和有色金属比同样的生产过程用其他能源可节约能源一半以上，用电气机车代替蒸汽机车，热效率可从百分之八提高到百分之三十以上，用电动机代替柴油机约可节约能源三分之一。几十年来，世界上的技术有了飞跃的发展，电力使用范围不断扩大，其结果是国民经济单位产值的能源消耗都在下降，而电能总消耗量却不断上升，发电能源在总的一次能源消费中的比重则不断提高。美国发电能源占总能源的比重已由一九四〇年的百分之十三提高到一九八〇年的百分之三十二点五，预测今后二十年将进一步提高到百分之五十。苏、日、英、法、联邦德国等国目前都已达到百分之三十以上，而我国目前只有百分之二十二。世界上已把电能占总能源的比重作为衡量一个国家现代化水平的标志。

列宁预见到了电力在建设共产主义中的重要推动作用，提出了"共产主义就是苏维埃政权加全国电气化"[1]的著名口号。毛泽东同志科学地分析了电力工业在国民经济中的地位，曾称电力工业为国民经济的"先行官"。

新中国成立以来，我国电力工业有了很大的发展。全国发电量从一九四九年的四十三亿度增加到一九八二年的三千二百七十七亿度，发电设备容量从一百八十五万千瓦增加到七千二百三十六万千瓦，分别增长了七十五倍和三十八倍。发电量由世界上第二十五位上升到第六位，现在每五天的发电量就相当于解放初期全年的发电量。但是，我国人口众多，经济发展很不平衡，以人口平均每人每年占有发电量只有三百二十度，全国还有三亿多农民没有用上电，人均耗电水平在世界各国中还处于落后的地位。

长期缺电是国民经济突出的矛盾之一，这是由于经济工作中"左"的错误，特别是由于"文化大革命"的干扰和破坏，电力未能先行所造成的。经过这几年的经济调整，在一九八〇年和一九八一年两年，全国由于重工业生产下降，节约出一部分电力，才暂时缓和了供电紧张的局面。但自从一九八二年重工业生产回升以来，全国不少地区的电力供应又趋于紧张，特别是沿海经济发达地区缺电更为严重。初步估算，现在全国大约缺电力一千万千瓦、电量四百亿度，各行各业的生产能力有百分之二十不能充分发挥作用。不少地区实行轮流停电，有些工矿企业"停三开四"（即一周内由于缺电只能生产四天，停产三天），以勉强维持生产和生活用电的需要。

二、发展电力工业的目标和步骤。

我国电力工业应该保持多快的发展速度，才能满足工农业翻两番的需要，这是大家十分关心的一个问题。世界各国的经验和我国自己的经验都证明，电力工业的发展速度总是超过国民经济发展速度的。美、苏两国在发电量达到我国现有水平后的二十年间，美国电力发展速度比国民经济快一倍，苏联快百分之二十八，日本近三十年来快百分之十二，我国从第一个五年计划开始以来的二十八年也快百分之七十以上。我们要建设具有中国特色的社会主义，当然不能照抄照套外国的经验。考虑到我国的具体情况，今后十八年我国经济发展将主要依靠科学技术的进步，能源利用效率应有较大幅度的提高，因此，工业单位产值的用电消耗会有所下降。但另一方面，考虑到我国人民生活用电，农业和交通运输用电将由目前的低水平提高到与小康水平相适应的电气化程度，用电量将会有较大幅度的增长。根据今后十八年工农业生产的初步规划和人民生活用电增长情况进行了测算，到二〇〇〇年全国所需的发电量要达到一万亿度以上，发电设备容量要达到两亿千瓦以上，也就是说，电力必须翻两番以上，才能适应国民经济发展和人民生活用电不断增长的需要。

为了实现电力工业的发展目标，前十年是关键，一定要打好基础，创造条件，后十年才可能进入一个振兴时期。加快发展电力工业的根本途径，要靠增加新的生产能力。电力工业的建设周期比较长，一个大型水电站从施工准备到第一台机组投产发电，要七八年时间，一个大型火电站也要四五年时间。目前，电力工业正在建设的电站规模只有两千多万千瓦，"六五"计划期间平均每年投产新机组不到三百万千瓦，这样的发展速度确实太慢了，这不仅低于世界上一些工业发达国家，也低于我国曾达到过的年投产五百万千瓦的水平。美、苏两国在达到我国现有的发电能力的二十年间，美国平均每年投产新机组为一千一百万千瓦，苏联为一千万千瓦，日本目前每年投产新机组约六百万千瓦，就连发电容量只有我国一半的印度，在它的第六个五年计划（一九八〇年到一九八四年）中，也计划平均每年投产新机组四百万千瓦（过去几年实际未完成计划）。因此，我们必须下定决心，从现在起逐年开工一批大型骨干电力工程，为今后加快电力的发展创造条件，否则丧失了时机，将来想快也快不了。

由于电力工业是技术密集型的、建设周期长的行业，需要大量的建设资金。长期以来，电力建设投资在全国基建总投资中所占的比重偏低，以致电力工业的建设规模和投产容量都少了，这是缺电的根本原因所在。今后要把电力放在战略重点地位，就必须对它进行重点投资。从现在起就应逐年加大电力的投资，把它在国家基建投资中的比重从最近几年的百分之九左右增加到百分之十二至百分之十四，这是需要的，也是可能办到的，应作为建设投资的基本比例定下来，列入国家长远规划中去。电力建设的资金，大部分由国家拨款、银行贷款方式筹措，同时也可以鼓励地方、企业和个人集资，作为补充。对投资者的利益，包括投资的利润、电力使用权等，都要以法律或经济合同的形式给予保证，只有这样，才能调动各方面投资办电的积极性。

到本世纪末，如果实现了电力翻两番以上的奋斗目标，我国电气化可以达到以下水平：发电量和发电设备容量大体上接近美国六十年代中期和苏联七十年代末期的水平；发电能源占总的能源消费量的比重达到百分之三十以上。城乡人民生活用电将达到小康水平：在城镇，电视机、洗衣机、电冰箱等家用电器能得到普及；在农村，农副业加工和社队企业（即乡镇企业），以及农民生活能用上电。在水电充裕的地区，城乡人民还可以在丰水期季节，用电烧水、煮饭，以节约煤炭和木材，保护森林。全国平均每人每年所占有的发电量，可以达到一千度左右，相当于目前世界上中等发达国家的水平。

三、电力工业的发展方针。

为了实现电力工业的奋斗目标，必须按照我国能源资源的特点，制定电力工业的开发方针。电力工业总的开发方针是：一是尽可能多开发水电；二是大力发展火电，重点建设矿区火电站；三是适当发展核电；四是大力发展电网；五是发电能源多样化，因地制宜地发展小水电、小火电、风力发电和其他能源发电，以解决大电网以外的农村和小城镇的用电需要。

尽可能多开发水电。水电是一次能源和二次能源的开发同时完成的，是一种可再生的、成本低廉的、没有污染的能源。开发水电可节约煤炭、石油，还可收到防洪、灌溉、航运等综合效益。我国水利资源极其丰富，但到一九八二年，建成的水电站装机容量才两千二百九十六万千瓦（年发电七百四十四亿度），加上正在建设的一千多万千瓦，占可开发利用的水电资源不到百分之十，开发利用的程度很低，开发的潜力还很大，是一笔得天独厚的宝贵财富。今后要逐步地把电力建设重点放在水电上，这是一条长远的战略方针，要通过长期努力才能实现。

为了加快水电建设，必须择优开发，即集中力量在一些水电资源丰富、开发条件好的河流河段，进行梯级连续开发。开发重点应放在长江中上游干支流、黄河上游和红水河上游的河段，这些河段是我国水电的"富矿"。二十年内要兴建的骨干水电站有：长江上的葛洲坝、三峡，清江上的隔河岩，红水河上的鲁布革、天生桥、龙滩、岩滩、大化，黄河上的龙羊峡、李家峡、大峡、黑山峡（或大柳树），乌江上的乌江渡、东风、彭水，大渡河上的铜街子，雅砻江上的二滩，澜沧江上的漫湾，白龙江上的宝珠寺，松花江上的白山、红石，还有福建的水口、棉花滩、沙溪口，浙江的滩坑，江西的万安，湖南的五强溪等。这些项目有的正在建设，有的将在今后陆续开工建设。

大力发展火电。我国煤炭资源十分丰富，但石油和天然气目前的生产能力有限，又是贵重的化工原料，作为燃料使用经济效益太低。因此，火电要立足于煤，不再建设烧油的电站。原设计烧煤而后来改为烧油的电站，要一律改回烧煤。原设计烧油的电站，改为烧煤在技术上一般难度较大，宜采用新建烧煤电站来代替，烧油机组保留下来作为电网事故备用和调峰机组。

二十年内火电建设重点是山西平朔，内蒙古准格尔、元宝山、霍林河等露天矿的矿区电站，电站建设与煤矿建设同步。此外，还要在山西的雁北和晋东南，内蒙古的丰镇、海勃湾，东北的双鸭山、鹤岗，西北的蒲城、韩城、靖远、大武口，豫西的焦作、偃师、鸭河口，华东的淮北、洛河、平圩、徐州，山东的肥城、邹县，四川的宜宾、珞璜，贵州的六盘水等地建设矿区火电站。矿区火电站的站址要根据水源工程、地质、交通、贮灰场等条件加以综合选择，不一定非放在矿口不可。为了满足电网和大城市安全供电的需要，在港口、铁路口等交通方便和用电负荷集中的地方，也要建设一批大中型火电站，如上海的石洞口、浙江的北仑港、辽宁的南部、北京的石景山、天津的蓟县、广东的沙角等。由于火电站造价较低，建设周期较短，收效快，在本世纪末以前仍是解决我国用电需要的主力。

新建火电站要采用高温、高压、大容量、高效率机组，这是加快建设速度和节约能源的一项重要措施，"六五"期间多装二十万、三十万千瓦机组，"七五"期间及以后，多装三十万、六十万千瓦机组，在配合露天煤矿建设的大型火电基地还将安装容量更大的机组。与此同时，要加速对中、低压机组的改造，大部分用新建高效大机组来代替，小部分改造为供热机组或拆迁到有煤炭资源而又受到运输条件限制的地区去。在城市和厂矿企业有许多供热的锅炉，热效率低，是能源使用上的一大浪费，有条件的可改造为小型热电站，并在热负荷集中的地区建设一些大、中型热电站。

适当发展核电站。我国的能源分布很不平衡，东北、华东、广东的沿海地区煤炭资源比较缺乏，水利资源也不丰富，交通运输负荷过重、能力受到限制，在这些地区建设核电站已刻不容缓。近年来世界上一些工业发达国家，都将发展核电作为开发能源的一项重要政策。核电站在技术上是成熟的、生产上是安全的，建设费用虽比火电大一些，但发电成本一般比火电低。我国有核资源，又有核工业基础和技术力量，发展核电已具备一定的条件。国务院已批准在广东建设一座容量为一百八十万千瓦的大型压水堆核电站，力争采用与外资合营的方式进行，作为我国大型核电站的起步。最近，我国已与法国政府达成协议，在购买核岛设备的同时，引进制造技术，通过合作生产，尽快使我国自己掌握核岛的制造技术。还准备在华东、东北等地建设核电站，争取在十八年内使我国核电站有较大的发展。

在我国，建设大型核电站还是第一次，起步虽然晚了一点，但只要我们发挥社会主义制度的优越性，充分利用对外开放的有利条件，打破行业界限，把水电、机械制造和核工业等有关方面的力量统一组织起来，形成一个"拳头"，进行合理分工，密切配合，就一定能够迎头赶上。

大力发展电网。随着电力工业迅速发展，发展电网已成为世界各国的共同经验。电网的优越性很多，主要表现在：能够合理利用能源资源；可以减少电网的备用容量；可以利用时差减少电网的尖峰负荷；可以安装大容量机组，加快建设速度和降低建设造价；可以实行水、火之间的经济调度和跨流域的水库调节；能够保证电能质量和提高供电可靠性等。现在美国和加拿大、苏联和东欧七国、西欧十一国、北欧四国均已实现跨国联网。我国到一九八二年已经形成东北、华北、华东、华中、西北、西南六个跨省大区电网，并即将建立跨省的华南电网。由于我国的水电和煤炭资源主要集中在西部，今后应该逐步把耗电大的工业企业转移到水电、火电丰富的地区去，但是用电负荷仍将主要集中在工农业发达的东南沿海和中原地区，而这些地区受交通运输条件的限制，不可能把大量煤炭运来。这一系列的条件决定了我国西电东送的基本格局。我们将建设一批送电距离在一千公里以上的超高压交流和直流输电线路。"六五"期间进一步健全七个跨省的大区电网，有的大区电网将联系起来，交换电力。"七五"期间为了充分利用长江葛洲坝、黄河上游及红水河的水电，大区电网的联系进一步加强。在此基础上，九十年代将逐步形成全国联合电网。电网必须进行配套建设，在建设发电站的同时，应该把相应的输变电工程、配电工程、调度通信设施、无功补偿设备建设好，才能保证电网的正常稳定运行。

开发多种发电能源。发展电力工业要采取不同的方式，大电站、大电网由国家来办，在大电网以外的地区，根据当地能源资源的具体条件，要由地方、企业和群众集资来办小水电、小火电、风力发电和地热发电等，以解决广大农村和小城镇的用电需要。

解决农村用电的需要，以发展小水电最为现实，最有经济价值。我国有丰富的小水电资源，在全国两千多个县中，有一千一百多个县的小水电资源都在一万千瓦以上。现在全国已建成小水电站八万零六百座，总装机容量八百零八万千瓦，年发电量一百七十二亿度，对发展农村的生产、改善农民的生活已发挥了重要作用。今后发展小水电要贯彻"自建、自管、自用"的方针。"自建"是指农村小水电建设所需要的资金，主要靠地方自筹、农民集资和劳务投资解决，国家用长期低息贷款和其他方式给予适当补助和扶持。小水电站的利润以及从国家电网趸售电力所得的利润，不要纳入地方收入，而应全部用于发展电力，实行"以电养电"。"自管"是指小水电站建成后，所有权和管理权归地方和农民所有，实行独立核算、自负盈亏。"自用"是指地方和社队办电的方向应面向农村和小城镇，主要为农业生产和农民生活服务，其电力应就地供应、就地平衡。一般小水电的调节性能不大，有大量季节性电能，应该尽量加以充分利用，发展生产和用于生活，实行以电代煤、以电代柴，才能提高小水电的经济效益。

在远离大电网而又有煤炭资源并受到运输条件限制的地

方，提倡办小火电站，以解决当地用电的需要。在内蒙古、青藏高原和沿海地区，有丰富的风力资源，提倡办小型风力发电站，以解决农民、牧民、渔民以及边防哨卡用电的需要。地热等其他能源，宜于发电的也应加以开发利用。

我国是一个大国，不论乡村还是城市，经济发展都很不平衡，应该提倡在小水电、小火电资源丰富的农村，先实现中国式的与小康水平相一致的农村电气化。初步设想农村电气化的标准是，在一个四十万人口左右的县，装机三万到四万千瓦，平均每人每年用电量约二百度，有百分之九十以上的农民都能用上电，百分之二十左右的农民和小城镇居民利用小水电站的季节性电能做饭、烧水、取暖。准备选择小水电资源丰富、有办电经验的一百个县先进行试点，争取五年内完成。

四、电力工业的管理要改革。

电力工业管理的总方针是，在提高经济效益的基础上，加快电力工业的发展，在电力生产上，要贯彻"安全第一"的方针。现有的七千二百多万千瓦的发供电设备，是我们继续前进的物质基础，一定要管好、用好。电力工业是一种现代化、连续化的大生产，任何一个小事故都有可能发展成为大面积停电的大事故，给工农业的正常生产和人民的生活带来严重的后果。因此，必须向事故作不断的斗争。要建立健全和严格执行各项规章制度，坚持发供电设备的计划检修，进行设备的技术改造和完善化，做到安全、经济、满发。同时要努力减少电力工业自身的能源消耗，降低厂用电和线路损失，还要增加发电和供电的利润，为增加国家财政收入作出贡献。我国电力供应的紧张局面，不是短期能解决的。因此，实行计划用电和节约用电，绝非权宜之计，而是一项长期的方针。国务院已决定在一些缺电的地区实行计划用电按省市包干的办法，已收到了初步的效果，今后必须继续贯彻执行，并从电力分配方针和管理方法上不断加以完善。实行计划用电，除依靠行政手段和宣传教育外，还要依靠现代科学手段和经济手段，要充分发挥电价的经济杠杆作用。我国现行电价，较之世界各国的水平，一般偏低，而且三十年来变化极小，高峰和低谷、丰水和枯水、计划指标内的用电和超指标用电、水电多的地区和火电多的地区，都是一个价，极不利于节约用电和计划用电工作的开展，必须逐步加以改革。各级供电部门要牢固树立"人民电业为人民"的思想，开展全心全意地做好为用户服务的活动，要坚决纠正那种少数人利用手中的电权谋私利的"电衙门"作风。任何个人都无权给用户停电。对于不经过规定的程序任意停电，给用户造成损失者，除赔偿经济损失外，还要给予行政或纪律的处分。这些年电力建设工程造价不断升高，工期不断延长，有的工程经济效益不好，对此我们应该加以特别关注。今后电力基本建设必须在国家长远计划和中期计划的指导下，认真做好建设的前期工作。要按照基本建设程序办事，改变边勘测、边设计、边施工的不合理状态；要贯彻"质量第一"的方针；要努力提高经济效果；在施工管理上要克服吃"大锅饭"的弊病，实行项目承包制，水电部或电网管理局、省电力局对工程实行"四保"（保资金、保设计、保主要材料和保建设条件），施工单位实行"四包"（包工作量、包投资、包进度和包质量），双方签订经济合同，严格遵守执行。水电部和电网管理局对大型建设项目要设立短小精悍的甲方机构，对工程设计、资金和质量进行监督。

电力工业要实行两种管理体制。一种是大电网、大电站和城市供电网，由水电部以大区电网为单位实行集中统一管理。这是由于我国的电力工业是社会主义公有制社会化的大生产，是国家的经济命脉，电力工业本身又具有产、供、销同时完成，生产高度自动化的特点所决定的。大区电网管理局是一个完整的、独立的经济核算单位，它管辖下的省电力局、发电厂、供电局不进行独立经济核算，只进行内部核算和考核，各级电业基层单位的局部利益必须服从全电网的最大经济效益。电力工业又是一个广泛的服务行业，因此它本身的经济利益也必须服从全社会的最大经济效益。为了调动电网管理局和它的基层单位的积极性，又必须相应地给它们各自一定的权力和利益。为了把电力工业搞上去，还必须发挥地方的积极性，没有各级地方政府的支持，电力的生产和建设都是搞不好的。为此，省一级电力管理机构实行了中央与地方双重领导、以中央为主的管理体制，在财政收入和电力分配上还制定了一系列兼顾地方利益的规定。为了管好跨省电网，还成立了电网领导小组，由水电部及有关省、区、市的领导同志组成，研究电网生产建设中的重大问题和分配电力指标。从发展上看，电力工业的管理体制要进行根本性的改革，改革的方向是实行政企分家，以电网为单位建立大区电力总公司，随着全国联合电网的逐步形成，在适当的时候建立全国电力联合公司，用经济办法管电，政府主要从政策法规上对电力的管理和分配加以监督和指导。目前火力发电、送变电工程建设的管理实行了以省电力局为主的管理体制，电网管理局除管理直属工程外，要对全网的电力规划工作负责，并对省局的基建工作进行检查、督促和帮助。水电建设总公司的成立，是水电建设管理体制的一项重大决策，但要从一个机关真正办成一个施工企业，还要作很大的努力。各设计院是国家的事业单位，为了提高工作效率和质量，可以进行企业化管理，但必须以完成国家规定的设计任务为主。设计院应逐步武装现代化的勘测设计工具和手段，采用先进技术，培养和补充新生力量，以满足日益增加的设计任务的需要。我国是一个幅员辽阔、人口众多、经济发展很不平衡的国家，管理电力工业不能只有国家集中统一管理一种形式，还必须有另一种管理形式，即小水电、小火电、小电网和企业自备电厂由地方、政府和企业自己来管，水电部从方针政策上加以指导、从技术上给予支持和帮助。由国家电网供电的农村，可因地制宜地采用由国家电网直接管理或由国家电网向地方电网趸售电力的两种方式，不必强求一致。但目前趸售电力的优待价格偏低，使地方供电部门从转售国家电力中获取了较多的利润，既减少了国家的财政收入，也不利于节约用电，因此对趸售电价的优待比例必须适当调整。

五、发展电力工业要依靠科学技术的进步。

在今后十八年内，我国电力工业要普遍采用世界经济发达国家八十年代达到的科学技术水平，在某些领域还要更前进一步。我国电力科技战线有一支力量相当雄厚的队伍，过去这支队伍为电力生产建设的发展作出了很大的贡献，随着电力科技事业的发展，应逐步充实和壮大这支队伍。今后电力科研部门的工作重点应该放在应用科学的研究上，为解决电力工业生产建设中提出的具有重大经济效益的关键性课题服务。要组织电力部门内外各方面的科技力量对关键课题进行攻关，掌握和消化从国外引进的先进技术。这方面工作的重点：一是掌握建设一千万千瓦级大型水电厂或梯级电厂技术，二是掌握建设二百万到三百万千瓦级大型火电厂的综合技术，三是掌握建设单机容量为九十万千瓦级的核电站技术，四是掌握送电距离在一千公里以上的交、直流送变电技术，五是掌握城市电网供电设备的小型化、系列化和用电负荷自动控制技术。

提高电力科学技术水平，必须十分重视知识，重视智力开发，充分发挥科技人员的作用。电力工业是一个技术性、专业性很强的行业，在电力生产建设关键岗位上的职工，都应该受过专门的培训。所有发电厂、供电局、设计院和施工企业领导人，都要具备大专文化水平，主要技术工种的工人要达到本专业的中专水平。

要重视经济管理人才的培训，不然无法提高电力工业的经营管理水平。对政治工作人员，也要重视培训，使之能有成效地进行思想政治工作。我们还应该发扬电业职工的优良作风和传统，电业职工队伍除了应具备有理想、有道德、有文化、守纪律的基本素质外，还应具有适合电业工作特点的严格、细致和踏实的作风。我们实现发电量翻两番以上的任务，应该主要靠提高职工的文化技术水平以及设备的自动化程度，以此来大幅度提高劳动生产率，所以，一定要牢牢抓住科学和教育这两个根本环节。

为了实现电力工业今后的奋斗目标，电力部门的任务是十分艰巨的。但也应该看到，我们有着许多有利的条件：有党中央和国务院的正确领导，有国家长远规划的指导，有能源作为经济发展重点的战略决策，有丰富多样的能源资源，有积累了三十多年的电力生产建设经验，有一支经过长期考验和锻炼的电业职工队伍，有一批优秀的领导干部和专业人才。所有这些，都是夺取胜利的力量源泉，让我们满怀信心地去开创电力工业现代化建设的新局面，为实现电力工业的宏伟目标而努力奋斗吧！

注　　释

〔1〕见列宁《全俄苏维埃第八次代表大会文献》（《列宁选集》第 4 卷，人民出版社 2012 年版，第 364 页）。

挖潜改造，扩大上海港
吞吐能力[*]

（一九八三年十二月二十六日）

　　上海港是全国最大的港口，也是全国最大的外贸口岸。以上海为中心的四个港口，共拥有泊位一百二十三个，一九八三年预计完成吞吐量达一亿零四百万吨，比去年增加百分之五点二。四个港口总的形势是好的，但生产发展极不平衡，大体上是上海港吃不了，张家港和南通港吃不饱，宁波北仑港没吃的。为配合宝钢建设，国家投资三亿六千万元抢建了北仑港，形成两千万吨吞吐铁矿石的能力，配备了最现代化的装卸运输设备，但基本上闲置未用，实在令人可惜。

　　当前迫切需要解决的是如何扩大上海港的吞吐能力，以适应上海市工农业生产和外贸发展的需要，发挥上海中心城市在全国四化建设中的突出作用。发展上海港的指导思想应该是：第一，今后上海市工业应向高、精、尖和技术密集型的方向发展，不应该再发展那些大量消耗原材料和能源的大路货。因此，上海港吞吐能力的增长可以比工农业增长的速度要低一些。第二，从根本上讲，扩大上海港的能力，要靠

---

　　* 这是李鹏同志考察上海、宁波等四个港口后向国务院报告的主要部分。

新建泊位，但在近期，应以挖潜为主。第三，上海港不能孤立无援，只有把上海港和邻近的张家港、南通港和宁波港捆在一起，才能发挥最大的经济效益。

通过考察，我们认为采取分流、挖潜、改造、疏港和联合的方针，给上海港增加两千万吨的吞吐能力是有可能的，其中一千万吨通过分流，另一千万吨则靠挖潜改造来实现。

第一，分流。这是一项花钱最少、见效最快的措施。目前经上海港吞吐的物资，一半上海自用，另一半转口到江苏、浙江、福建等省或沿长江上行到江西、湖北等省。转口物资，从流向看，有的是合理的，如通过黄浦江水转水到浙江杭嘉湖地区。有的则不合理，货物进了黄浦江再转运出黄浦江，运到东南沿海和长江上游去，造成运输力、码头能力和能源的浪费。可以设想，运往浙江、福建沿海的物资，可通过宁波港转口；运往苏中地区和沿长江上行的物资，可通过南通港转口；运往苏南地区的物资，可发挥张家港的作用。最适合分流的物资是煤炭、铁矿石、木材、化肥等大宗散货。据上海港务局的估算，在采取相应的措施后，近期分流可以达到一千一百万吨的吞吐量。

第二，挖潜。目前宁波北仑港、南通港和张家港的能力尚未得到充分发挥。只要增加流向对的货源，就可以再增加吞吐量。就是上海港本身，也还有潜力可挖。例如黄浦江内虽然已设有八十五座浮筒，但大部分用来固定待卸、待装船只，没有充分发挥浮筒过驳的作用。上海有许多货主码头利用率不高。货主码头总长度为十公里，和上海港务局直属码头的长度十二公里差不多，但承担的吞吐能力只占上海总吞吐量的百分之二十八，只要我们采取适当的经济政策，就可以把潜力挖出来。这里，特别要提一下如何利用北仑港的问题。由于上海港在长江口绿华山过驳成功，由澳大利亚运往宝钢的矿石，将比在北仑港过驳缩短一百海里，有较大的经济价值。因此，宝钢一期甚至二期所需矿石大部分可以从绿华山过驳，北仑港作为后备，解放出来的吞吐能力，可供规划中的北仑港电厂使用。北仑港电厂有深水码头，可接受从秦皇岛港运来的山西动力煤，有大量滩涂作灰场，可不占农田，输电距离近，条件比较优越，是华东电网最理想的大型火电基地。该工程已列入国家重点规划项目，目前应加快设计工作，争取"七五"期间兴建。

第三，改造。上海港改造的方向是提高码头装卸机械化和专业化的程度，特别是建设集装箱码头，可以大幅度提高吞吐能力。一个万吨级的散杂货泊位年吞吐能力平均只有四十万吨左右，仅上海港第十作业区第四号泊位改造成为集装箱泊位后，今年的吞吐能力就达到八十万吨，效率提高一倍。上海港场地狭窄，库场拥挤，没有向纵深发展的余地，靠拆迁附近建筑扩建，代价昂贵。他们拟采用就地改造原有仓库向地下和高层发展的方案，如果取得成功，是今后解决仓库不足的一个方向。

第四，疏港。江南地区江河纵横，水路成网，要充分利用水转水的疏港方式。南通港江面宽阔，港岸水深稳定，是过驳的好地方，关键要增加五千吨级的驳船，才能把物资中转到长江中上游去。为了解决北仑港的疏港，明年将动工兴建北仑到宁波的铁路，该线全长三十七公里，又有部分老路基可以利用，应该一鼓作气在明年基本建成。所缺投资三千万元，拟请国家计委和铁道部调剂解决。目前张家港尚不通铁路，疏港主要靠水路。申张运河，由张家港到虞山船闸河段约六十公里，是连接张家港和太湖流域的主要水路，但河道较窄，河水较浅，需要加宽和疏浚以提高通过能力。规划中宣城到中头山铁路的建设，可以分流京沪线货物，从而增加上海港的疏运能力。宁波至上海每天开一对客轮，尚不能满足旅客的需要，可以再开一对，以减轻沪杭甬铁路的压力。为了尽快开航，所需客轮也可以考虑向外购买。

第五，联合。对上海等四个港口的管理，曾设想三个方案：一是成立经济区港务局，统管四个港口；二是交通部设办事处，负责调度；三是四个港口实行联合，现行的管理体制不变。经过考察，我们认为，成立经济区港务局，高度集中，容易与地方脱节，影响江苏、浙江建港的积极性。交通部设办事处，没有权威，调度不灵。因此，在我国经济体制没作大的改革以前，还是采取四个港口联合的方式比较合适。联合委员会主要考虑如何保证完成国家计划，制定分流措施和协调运输计划执行中所出现的问题。港口管理很复杂，它涉及船、装卸和疏运三个环节。任何一个环节衔接不好，就会发生压港压船现象。我国港口吞吐能力严重不足，不能满足日益增长的需要。国外是港等船，我国是船等港，更给港口管理带来困难。因此，光有联合还不行，还必须加强调度，来协调港口和铁路、海运、河运、公路以及外贸、商业、物资等部门的关系。实践证明，一九八一年万里[1]同志提倡的对港口实行"两级平衡，集中管理"的原则是正确的。过去上海港压船压港严重，实行两级平衡后，虽然吞吐量年年增加，但基本上消灭了港口堵塞现象。为了更好地执行"两级平衡，集中管理"的原则，国务院口岸领导小组办公室和交通部要加强调度平衡工作，各省、市口岸办公室或交通委员会要继续发挥作用，把大部分矛盾及时解决在基层。

可以预料，上海港挖潜改造的经济效果是好的，但也要投一点资，搞一点工程，才能实现。为此，拟请交通部会同经济区规划办组织各有关单位提出上海港挖潜改造的可行性报告，经国家计委审查批准后，再列入计划，加以实施。

注　　释

〔1〕万里（一九一六——二〇一五），山东东平人。当时任中共中央政治局委员、中央书记处书记，国务院副总理。

环境保护是我国的
一项基本国策 *

（一九八三年十二月三十一日）

从第一次全国环境保护会议以来，已经十年了。十年来，主要是党的十一届三中全会以来，我国的环境保护工作取得了很大进展。首先是我们的许多同志开始认识环境问题的严重性，开始懂得环境保护的重要性。这是一个不小的进步。我国环境保护工作虽然起步比较晚，但发展还是比较快的。在不太长的时间里，制订了一系列环境保护方针、政策和措施，从中央到地方建立了环境保护工作机构。人大常委会制定和颁布了《中华人民共和国环境保护法（试行）》，使环境保护工作开始有法可依。不少地区和行业加强了对环境的管理，重点治理了一些污染严重的城市、水域、工厂和矿山，取得了一定的成效，并摸索到一些适合中国国情的防治污染的路子。自然生态的保护也有了进展，农业生态的保护，植树造林，水土保持，自然保护区建设，都取得了不同程度的进展。如果没有近年来的工作，没有各条战线的共同努力，我国环境恶化的状况会比现在严重得多。因此，我国环境保护事业所取得的成绩应予以充分肯定。

---

* 这是李鹏同志在第二次全国环境保护会议上讲话的主要部分。

　　我们这次会议的任务，就是要认真总结过去十年环境保护工作的经验，研究我国社会主义现代化建设新时期环境保护的方针政策，确定近期和长远的环境保护奋斗目标和工作任务，使环境保护与经济建设统筹兼顾，同步发展。

　　下面，我讲五点意见，请大家研究。

一、环境保护是我国的一项基本国策

　　环境问题，是当今世界，特别是经济发达国家所面临的重大问题之一，也是我国面临的重大问题之一。长期以来对这个问题，我们知之不多，认识不够。

　　自然环境是人类赖以生存的基本条件。阳光、空气、水、土壤以及森林等生物资源和矿物资源，缺少哪个条件，人类都无法生存。在过去相当长的年代里，地球上的人口不多，人类对自然资源开发的能力和规模都比较小，人类的活动对自然环境的影响还不大。到了现代，人口大量增加，生产力高度发展，具备了巨大的建设和创造能力，对自然资源的开发规模日益扩大。在这种情况下，如果处置不当，极易造成对自然环境和生态平衡的破坏。这样，就产生了环境保护问题，并且日益突出。随着人类生产活动规模的增大，排入大气的污染物越来越多了。一些地区由于空气被污染，影响到了阳光照射程度，妨碍了植物的正常生长。空气是人类片刻也离不开的，大量的有害物质排入大气，造成了大气的污染。世界上曾发生了多次大气污染的公害事件，死了不少人。我国一些工业比较集中的城市，比如兰州，大气污染就相当严重。首都北京一到冬春采暖季节，清晨和傍晚，空气混浊，烟雾弥漫，被外国人称为世界上污染最严重的首都之一。近几年来，由于排入大气的二氧化硫等酸性气体越来越多，我国长江以南许多地区和北方部分地区，都出现了大面积的酸雨危害。长江以南是我国的主要产粮区，那里的土壤本来就是酸性的，在酸雨的长期作用下，就会进一步酸化，从而日益变得贫瘠。酸雨还会使湖泊、河川和地下水质恶化，还会给建筑物、机器设备和其他设施带来危害。

水是最重要的资源之一。人类的生存离不开水，农业和工业的发展也都离不开水。我们的祖先很懂得水资源的重要性，把水源作为选择居住场所的重要条件，在兴水利、除水患的斗争中求得生存和发展。但是，长期以来，我们在经济建设中，却不注意保护和合理利用水资源，大面积的水域被围垦，许多江河湖泊受到了污染。有的地方，一个小的工厂就把一条河流给污染了。现在，城市附近的大小河流几乎都被污染了，有不少河道成了臭水沟。地下水的问题也很大，一是盲目超量开采，破坏了采储平衡，造成地下水位下降，水源枯竭，地面下沉；二是水源受到污染，据对四十七个城市的调查，有十三个城市的地下水源受到了不同程度污染，一些有毒有害物质的含量都超过了国家饮用水的标准。

对于我们这样一个有十亿人口的国家来说，吃饭始终是一个大问题。土地状况如何，是我们关心的一件大事。多年来，我国的耕地一直遭受着破坏。不仅受到污染的危害，而且森林植被受到破坏，水土流失严重。不但黄河流域水土流失严重，长江流域的水土流失也愈来愈严重。全国水土流失总面积达一百五十万平方公里，每年由于水土流失而冲走的土壤约五十亿吨，相当于把全国耕地的表土刮掉了一厘米。

而表土形成特别缓慢，几个世纪才长一寸。表土一旦流失就很难恢复。此外，土地沙化、退化、盐渍化，对耕地的破坏也很大。

有些城市的噪声已达到了令人难以忍受的程度，主要是交通噪声和工业噪声。噪声问题已成为广大群众最关心的环境问题之一。还有垃圾问题，包括工业垃圾和生活垃圾，也很严重。既污染了城市和乡村，也占用了大面积土地。

我们搞社会主义建设，除了要抓好工农业生产和国防、科学技术外，还必须解决好两个大问题：一是人口问题，二是环境问题。现在人口问题已经受到重视，而环境问题还没有引起足够的重视。环境污染和生态平衡的破坏还在继续扩大。像工业污染，已由污染城市和江河发展到污染集镇和农村。这种情况如果不能尽快扭转，不仅会妨碍工业、农业的发展和四个现代化的建设，而且还会危害人民的健康。搞现代化建设，必须有一个好的环境条件、健全的自然生态。如果我们现在不注意，不抓紧环境保护工作，到本世纪末，我国的环境污染和生态破坏的状况也许会像今天的人口问题一样，成为非常难以解决的问题。我们决不能干那种自毁家园、破坏生存条件的蠢事。因此，环境保护，是我国现代化建设中的一项战略任务，是一项重大国策。那种认为在现代化过程中污染是不可避免的看法和认识是不正确的。在困难面前我们不应无所作为。我们是社会主义国家，发展生产的目的是为了造福人民，只要发挥社会主义的优越性，采取正确的方针、政策，我们就完全可以避免资本主义国家所产生过的那些污染和公害。对此，我们应有充分的信心。我们要把环境保护事业同努力实现党的十二大所确定的奋斗目标联系起来，同建设社会主义的物质文明和精神文明联系起来，同发挥社会主义制度的优越性和实现共产主义的远大理想联系起来。这样，我们对搞好环境保护工作就有了正确的认识，有了统一的思想基础。

二、经济建设和环境保护必须同步发展

在实现四个现代化建设总任务的过程中，我们要注意正确处理经济建设和环境保护的关系。随着经济建设的逐步展开，工业生产的规模越来越大，污染物也会相应地增加；农业发展起来了，对农业资源的开发强度也会增大。同时，我国的人口还要增长。这些，都会给环境带来很大压力。搞不好，会使环境的污染和破坏进一步发展，环境质量进一步恶化。现在我们有些同志满腔热情地去抓生产、搞建设，这种积极性是很可贵的。但是在抓生产的时候，很少想到环境保护。这是一种片面性。我们主张，要把环境污染和生态破坏解决于经济建设的过程之中，使经济建设和环境保护同步发展。通过环境保护工作，创造一个使人们能够更好地工作和生活的良好环境。同时，通过环境来保证和促进经济建设的发展。概括起来说就是经济建设、城乡建设和环境建设要同步规划、同步实施、同步发展，做到经济效益、社会效益和环境效益的统一。我们要从这一基本指导思想出发，积极地防治污染，改善生态，促进四化，造福人民。

我们设想，到本世纪末的环境保护奋斗目标是：力争全国环境污染基本得到解决，自然生态基本恢复良性循环，城乡生产生活环境清洁、优美、安静，全国环境状况基本上能

够同国民经济的发展和人民物质文化生活的提高相适应。

确定这样一个目标是必要的，可以使我们的工作有明确的方向。为了保证这个目标的实现，我们必须扎扎实实地做好各项工作。特别要认真做好环境保护规划，提出分阶段实施的要求，加强对环境保护的计划指导。计划指导，对于环境保护工作是非常重要的。农轻重比例失调，花上几年功夫就可能调整过来，而环境的严重污染和生态的严重破坏，没有十几年，甚至几十年的时间，是难以调整过来的。在"六五"计划中，虽然已经把环境保护的目标、要求和措施写进去了，但落实不够。关键是要在年度计划中加以落实，否则规划和五年计划都是一句空话。国家计委要认真抓好这方面的综合平衡，同时还要组织督促各地区、各部门做好综合平衡。各地区、各部门在制订翻两番的规划和计划、经济区规划和城乡建设规划的时候，都要明确列出环境保护的内容。只有把环境保护纳入计划的轨道，才能保证环境保护与经济建设同步进行和协调发展，才能保证环境保护奋斗目标的实现。

三、把自然资源的合理开发和充分利用作为环境保护的基本政策

我国环境保护的一条基本经验，就是不仅着眼于污染的治理，而且更重要的是着眼于保护环境和保护资源的统一。由于我们科学技术水平不高，许多企业的设备陈旧、工艺落后、管理水平低，致使大量宝贵的资源没有变成财富，而是变成"三废"[1]排了出来。这是企业经济效益低的重要原因

之一，也是造成环境污染的主要原因。我们要在经济建设和社会发展的各个方面，提倡节约自然资源，充分利用自然资源，综合利用工业"三废"，使之再资源化，达到既提高经济效益，又保护环境的目的。生态平衡的破坏，也主要是由于对自然资源的盲目开发所造成的。因此，只有同时重视资源的节约和合理开发，才能够有效地控制环境破坏，保证自然资源的充分利用和永续利用。今后各地区、各部门在制订经济社会发展和环境保护政策措施的时候，都要从这项基本政策出发，使它们更好地协调起来。

工业污染的防治，要同企业的技术改造结合起来，改造那些资源和能源消耗大的陈旧技术和工艺，开展"三废"综合治理，减少"三废"排放。我们在这方面是有很大成绩的。特别是冶金行业，像鞍钢、首钢、沈阳冶炼厂这些过去污染比较严重的企业，结合技术改造、资源的综合利用，治理工业污染，取得了显著成效。许多石油企业的污染治理也做得很好。像大庆油田，经过几年的努力，现在已基本做到不排污油，污水净化后已全部用于回注。造纸厂的污染问题总的说还没有解决，但也有搞得好的，像江苏的华盛造纸厂，经过四年的综合防治，各种污染物排放基本达到排放标准。净化技术要提高水平，达到既先进又易行。"三废"的综合利用大有文章可做。每年火力发电厂排放出的粉煤灰有三千万吨之多，经过各方面的努力，已利用了百分之十九。但这个比例还是很低的。电力部门和有关部门要认真推广那些行之有效的好经验。首钢的"三废"综合利用搞得不错，铁渣已全部利用，钢渣利用了百分之六十五。在化工、建材和有色冶炼等行业内也有一批废渣利用比较好的先进企业。

我们应当宣传和推广这些好经验。

我国以煤为主的能源结构，势必产生大气污染，客观上对环境带来不利影响。但是，只要我们实行正确的能源政策和采取恰当的技术措施，就能够改变这些不利的因素，减轻煤烟对大气的污染程度。近期要把集中供热、工矿余气利用、城市煤气、低硫煤供应民用等问题解决好。从长远看，要在煤的综合利用和热能转化上下功夫，走煤化工和煤气化的路子。应增加洗煤的比重，含硫量高的煤都要逐步做到先洗选、后运出。在火力发电厂的建设中，要考虑二氧化硫的脱除技术。要抓紧烟气脱硫的试验研究工作，尽快突破技术难关，做到技术上合理、经济上可行。制订能源政策是一件大事，各级环境保护部门都要积极参与制订能源政策的工作。

农业环境的保护，要同合理开发和利用农业资源、发展多种经营结合起来。要充分注意保护土地、水面、森林、草原和珍稀野生动植物资源。根据资源条件，宜林则林，宜渔则渔，宜牧则牧，使农业资源得到合理的利用，以保持生态平衡。过去那种盲目围湖造田、毁林开荒、毁草种粮的蠢事，再也不能干了。而且还要大力种树种草，恢复植被，并努力增殖可更新资源。我们大搞植树造林，不仅仅是为了生产多少立方米木材，而且还为了保护环境，建立生态平衡的良性循环，有益当代，造福子孙。

现在有的社队企业的污染比较严重，必须严加控制，限期治理，该调整的就要下决心调整，该停掉的就要下决心停掉。如小型汞制品、砷制品、石棉制品企业，土炼油、土炼焦、土硫磺、放射性污染严重的小型企业，就要坚决停掉；

有些要加以限制，像小造纸、小化工等，要积极开展污染防治；有些要加以合并集中，像小电镀、小铸锻等，应成立电镀中心、铸锻中心，并切实防治污染。要加紧研究高效、安全、经济的农药，并着重发展低残留农药，以减轻农药污染。凡污染严重的新农药，不许生产、进口和使用；高毒和高残留农药不准用于蔬菜、茶叶、果树、烟草以及中药材等作物。要合理使用化肥，充分利用农家肥，做到科学种田。还要因地制宜地解决好农村能源问题，发展小水电、沼气、薪炭林、太阳灶等，以减少植被破坏。广东省顺德县保护农业环境的经验就很好，由于全面规划，统筹安排，保护生态，结果农业发展了，农民收入提高了，环境污染也得到了控制。城乡建设环境保护部在那里召开了经验交流会，大家评价都很高。这个路子对头，希望各地都要这样做。

城市是消耗能源最集中的地方，环境问题也最复杂。城市环境保护，要同城市的规划、建设、管理结合起来，同改善工业布局和能源结构结合起来。要加快工业"三废"和噪声等污染的综合治理，解决好城市土地、水资源和能源的合理利用，搞好城市的绿化和环境卫生。同时要注意城市美化，讲究建筑艺术，讲究民族风格和地方特色，在可能的条件下把城市打扮得漂亮一些。这些都是创造一个清洁、优美、安静、文明的城市生活环境所必不可少的。

城乡建设环境保护部门和各个经济部门都要执行合理开发和充分利用自然资源的基本政策，抓紧研究和制订一系列的环境和经济相统一的技术经济政策，既要有经济观点，也要有生态观点，体现经济效益、社会效益和环境效益的统一。

四、加强对环境保护工作的科学管理

环境管理很重要。大量的环境问题都与我们对环境缺乏管理或管理不善有关。在目前我国财力有限、技术条件比较落后的情况下，更要通过加强管理来解决许多环境问题。而且，有许多环境问题，不一定需要花很多钱，通过加强管理就能够解决。比如，合理地布局工业、规划城市，合理地开发各项资源，控制城市噪声，制止盲目围湖造田、毁林开荒对生态的破坏等。这些就是通过加强管理取得显著效果的。北京市为了减少交通噪声，对汽车鸣笛作了具体规定，并采取违者罚款的办法，立即收到效果。只要我们认真地管，严格地管，许多问题就能很快解决。因此，我们在狠抓污染治理的同时，一定要进一步加强对环境质量、自然资源开发、污染物排放的科学管理。针对不同的生态类型，不同的环境问题，采取不同的管理办法。在制订环境保护的规划和各项标准时，既要满足对环境质量的基本要求，又要符合国情，照顾到我国的技术经济水平。但是，在管理上一定要严格，应该做到和能够做到的事情就一定要做到。

在今后的环境管理工作中，要进一步贯彻"以防为主，防治结合"的方针。首先要着眼于"防"，不能等到环境污染了，生态破坏了，再去治理。大型基本建设项目、大型自然资源开发项目，从一开始就要切实地注意环境保护，要把环境评价作为项目可行性研究的一个重要内容，要安排好防止环境污染和生态破坏的措施。资金、物资都要落实，并纳入开发、建设计划。对已经污染了、破坏了的环境，要积极治理。早治理，花钱少，受益早；晚治理，花钱多，损失大。对国家已经明确的各项环境保护资金的规定，要认真执行，不允许找任何借口拒绝执行，也不准任意地挤占挪用。环境污染治理主要靠企业自己的力量，"谁污染，谁治理"的原则必须坚持，造成污染的企业应该有这个责任。企业的主管部、局在制订行业技术改造规划时，要同时安排治理污染的任务。大的跨行业的治理项目、区域性综合治理项目，要纳入国家基本建设计划和技术改造计划。对自然资源的开发利用，要实行"谁开发，谁保护"的原则。要运用一些经济手段，比如征税、收费等办法来进行控制和调节，有效地加强环境管理。

环境管理体制要进一步健全。环境问题的地区性很强，有些管理办法不能全国"一刀切"，要由各级地方政府因地制宜加以制订和管理，作通盘的考虑，并确定工作重点。环境问题涉及的面很广，既要归口管理，又要分工负责。就全国来说，由城乡建设环境保护部作为环境保护方面的综合部门，负责归口管理，做好环境保护的规划、协调、监督、检查工作。国家计委、国家经委、国家科委等综合部门也要从不同的角度来管好环境保护工作。国务院各经济部门，要一手抓生产，一手抓环境，决不能把环境保护当成额外负担。自然环境的管理工作，大量的要靠农牧渔业、林业、水利、矿产、海洋等部门来做；工业污染的防治，要靠各个工业交通部门来做。各自管理好本系统的环境保护工作。建立起这样一个大家动手、分工合作的管理体制，环境保护工作才能全面地开展起来。各地区、各部门都要按照环境保护法的有关规定，进一步加强环境保护机构，包括环境科研机构、监测机构的建设。我们搞机构改革，是为了解决人浮于事、效率不高的问题。环境保护是一项新事业，机构和力量都比较薄弱，还应适当加强。国务院各有关部门和省、市、县都要设专门的环境保护机构，区、乡也要有专职或兼职的环境管理人员。同时，要抓紧环境保护专业人才的培养，提高业务技术水平，以适应环境保护工作发展的需要。

要健全环境保护的法制。光说环境保护重要还不行，还要靠法律去制约。国外环境保护的一条重要经验就是运用法律手段来管理环境。我国环境保护的法制建设才刚刚起步，要根据新宪法中关于"国家保护和改善生活环境和生态环境，防治污染和其他公害"的规定，加紧制订环境保护的各项法规，尽快形成环境保护的法规体系。已颁布的环境保护法，总的说是好的，试行以来起了很大的作用，但还不够完善，有些条文规定还不够具体，要在执行过程中加以修改和充实。除了环境保护的专门法规以外，在土地法、水资源法、森林法、渔业法等各种资源管理法规，以及基本建设法规和城乡建设法规中，都应该体现环境保护的要求。像已颁布的《国营工业企业暂行条例》，就把环境保护搞得好不好作为企业开业、停业的一个条件。有了法，就要依法办事。司法部门、环境保护部门、各个经济部门要加强配合，共同搞好执法。特别是各级领导干部，要有很强的法制观念，在法律面前人人平等，要自觉地在法律规定的范围内活动，依法办事。

五、进一步加强对环境保护工作的领导

国务院各部门、各级地方政府，都要把环境保护这件关

系到我们的生存条件、关系到四化建设的基本国策，列入重要议事日程，认真负责地抓好。部长、省长、市长、县长要对本部门、本地区环境保护工作负责，要亲自调查研究，督促检查，总结经验，批评差的，表扬好的。对于群众呼声很高的突出环境问题和典型的污染事件，要亲自出面处理。各级环境保护部门每年都应向国务院各部门的党组或各级地方政府提出本部门、本地区环境状况的报告。各部门党组、各级政府每年要专门议论一两次环境保护工作。要善于抓典型，包括好的和坏的。抓住了典型，就要大张旗鼓地表扬或处理，大张旗鼓地宣传，以教育干部，教育群众。我们的干部是为人民服务的，作为每一届政府的省长、市长，在改善环境状况上，应当有所建树，为人民作出一些贡献。这次会议我们之所以把各部门、各省市的领导同志请来，就是希望大家重视环境保护，加强对环境保护的领导，发扬成绩，改进工作，扎扎实实，不断前进，努力开创环境保护工作的新局面。

注　　释

〔1〕"三废"，指废水、废气、固体废弃物。

中国核工业的发展方向[*]

（一九八四年三月六日）

这次会议研究了在新形势下核工业系统如何为四个现代化建设作出新的贡献，抓住了问题的中心。下面我讲五个问题。

一、关于核工业的发展方针。

关于发展方针，你们在会上讲了三句话，就是发扬老传统，迎接新挑战，进一步开创"保军转民"的新局面。我认为这三句话说得很好，比较全面，可以作为今后相当长一个时期核工业发展的指导方针。这三句话里面，"保军转民"是核心，是这一指导方针的核心。

我认为"保军"即保证军品生产，是第一位的，必须确保。如果在"保军"这方面的任务完成得不好，民品生产再好，也不算核工业部完成任务。

但是，从今后的工作量上来看，核工业部要接受大量的民品生产任务。民品生产的任务从数量上来讲要超过军品，从事民品生产的职工人数也会超过从事军品生产的职工人数。而且民品品种的领域会越来越广泛，内容会越来越丰富。关于民品生产的任务，我想有四个方面：

---

* 这是李鹏同志在核工业部工作会议上讲话的要点。

　　第一，到本世纪末，在我国初步计划要建成一千万千瓦的核电站，你们首先要为建成一千万千瓦的核电站提供核燃料。

　　第二，参加核电站的建设。按照国务院对中央各部委之间的分工，核电站的建设，有的以核工业部为主，如秦山核电站，从设计、设备的研制到建设，整个过程都由核工业部为主来进行。最近准备搞的其他三个建设项目，一个是广东核电站，一个是华东核电站，一个是东北辽宁地区的核电站，这三个核电站要由核工业部来负责核岛部分的设计和建设。

　　第三，大力开展一些民品的研制工作，就是新工艺、新产品的研制。首先是秦山核电站。这是我国自己设计、大部分设备自己制造的第一个核电站，我们一定要把它建设好。国家计委已审查通过了初步设计，并列为国家的重点工程项目，我们大家就要同心协力地去把这件事情办好。搞好秦山核电站，不仅可以增加我们的电力，而且在掌握核电站的制造技术方面也有作用，可以作为引进大型项目的一个补充。对引进技术，我们必须做好两手准备，一手就是我们能比较顺利地引进国外先进技术；另一手是一旦引进出现障碍，受到了阻力，我们仍然可以立足于国内。

　　在发展核电上，还有许多重要的研制任务。例如用离心法提取浓缩铀，从长远看我们还要发展更先进的快中子堆，对辐照元件的后处理和最终储存也要进行研究，这些都需要我们花大力气搞好研制工作。

　　第四，核技术的和平利用在其他领域的内容也相当多，可用于国民经济各个部门，如在医疗卫生、改善人民的生活、保障人民身体的健康等方面也大有用处。特别是同位素的应用，有广阔的前途。现在，同位素应用于医疗、农业、食品、化工等方面，在我国应该说还是起步状态，还要大力地开展这方面的研制工作。

现在，社会上对核能利用方面，一些人有些误解，有一种恐惧心理，把原子武器与核能利用混为一谈了。所以还要宣传，开展核科学技术的普及工作。去年核工业部举办的原子能和平利用展览，起了很好的作用，使许多人增加了核知识，对核的作用有了新的了解，认识开始有了转变。今后还要继续做好这方面的工作，并且拿出实际成果来。

二、发展核电的原因和意义。

发展核电的方针能否成立，与我国的能源政策有密切的关系。大家知道，我国有丰富的能源资源，特别是水力发电和煤炭，是得天独厚的。除此之外，我们还有石油、天然气、核资源，还有风力、地热、太阳能以及薪柴（植物燃料），等等。既然我们有这么多资源，究竟以发展什么为主？发展核电要花这么多钱，有没有必要发展核电？从长远看，我们国家要解决能源问题，要逐步地把发展的重点放在水力发电方面。从近期看，为解决当前能源的紧张状况，我们要把更多的精力放在煤炭和火力发电方面，从速度上看，这个来得比较快，投资也比较省。

既然我们有丰富的水力和煤炭资源，为什么还要搞核电呢？为什么作出这样的决策呢？大概有下面几个原因：

第一，我们有发展核电的条件。我们有铀矿资源，现在已经探明了一批储量，每年还在不断增加。我们有一支核技术队伍，而且已经搞过了军用反应堆，也搞过了核潜艇。堆工方面也有一定的基础，并且已建立起一套比较完整的核燃料系统。总之，我们的核工业已初具规模。中国建设核电站的条件不会比任何一个发展中国家差。现在许多先进的国家大力发展核电，世界上已投产的核电站大约有一亿五千万千瓦，正在建设的还有两亿千瓦左右。许多国家核电的比重在整个电力中已经达到百分之四十。不仅工业发达的国家在搞核电，而且一些不发达的国家、发展中国家也都开始搞核电。

第二，我们有发展核电的现实要求。从全国来说，我们有丰富的水力和煤炭资源。但是在一些地区，既没有水力资源，又没有煤炭资源。例如沿海地区，从辽宁开始，一直到华东、广东，这些地方都是一无水力资源，二无煤炭资源。而这些地区又是我国经济最发达的地区，能源的紧张限制了这些地区工农业生产的进一步发展。所以，在这样一些特定的地区，我们需要发展核电站，以弥补能源的不足。

第三，我们发展核电的意义不仅在当前，更重要的是着眼于未来。核电是一种先进的能源，我们起步本来就晚了。实事求是地讲，在本世纪末，我们的核电不可能有很大的发展。初步想搞一千万千瓦，能不能搞成一千万千瓦还要看我们经济的能力如何。就是搞成一千万千瓦，占我们整个电力的比重也小得很，百分之十也到不了。但是，如果本世纪末我们打下了基础，能够建立起几个核电站，建立起核燃料的循环系统，建立起核电站的制造体系，那么到二十一世纪初，我们在核电方面就可能得到一个比较快的发展。

发展核电站，首先讲设备制造，如果要大力发展核电站，就必须设备国产化。因为买外国的设备价格太高，必然影响到我国核电的快速发展。核电设备和火电设备比较，价格也是高的，所以我们就采取这样的办法：发展我国的核电站，近期要以引进国外技术为主。这并不是说我们自己没有能力造核电站，问题是我们靠自己造需要花费比较长的时间，从试制到成熟，再到商业化，要花比较长的时间。这样做不利于缩小与国外的差距。所以我们采取了引进技术为主这样一个方针，并决定在引进设备的同时，引进制造技术，还有合作生产的方式，逐步地达到自己能制造的目的。现在我们已同法国签订了协议，第一批购买他们的四台核电设备，条件是他们转让设备制造技术。通过购买这四台设备，逐步增加我们对设备制造分交的比例，争取到第五台时能达到核电设备基本国产化。多年的经验，使我们变得聪明起来了，我们所谓的国产化，并不追求百分之百的国产化，而是基本上国产化。

核电站究竟发展哪种堆型，经过长期的论证，最后确定了压水堆这种堆型，并确定搞一百万千瓦级的，因为一百万千瓦级在经济上比较有利，它的单位投资和发电成本都是比较低的，而且一百万千瓦级的技术在世界上也成熟了。对堆型和容量的问题，我们也知道到现在为止还有不同意见。学术上不同的意见、不同的看法，这是允许存在的，但总不能长期争论下去，总得做一个决定！各方面比较以后，现在国务院做了决定，我们有的同志可以继续保留意见，让将来的实践来作结论。现在既然做了决定，大家就一定要按这个决定办。可以保留意见，可以探讨研究，但在执行上不能三心二意，一定按国务院的决定去做。

现在已经初步定了选择法国技术，法国的技术不一定是最先进的。我们为什么要买法国的呢？因为法国最早同我们进行核电站谈判，最早表示愿意向我们出售核电站，在一九八〇年就基本上达成了协议，后来因为我们经济调整，就把这个项目中止了。在买设备方面，我们倒不准备买法国一家的，因为这样做并不利，现在正在和美国谈，和日本谈，也在和苏联谈。从买设备来讲，也可以买加拿大的。因为加拿大的条件合适，它能提供优惠贷款，价格也比较便宜，也可考虑从加拿大引进重水堆。但是这不作为发展的堆型，而只作为增加生产能力。

三、建立我们自己的核燃料工业系统。

要发展核电站，就需要相应地建立我们的核燃料工业系统，需要大批的低浓铀。据有关专家估计，一千万千瓦的核电站，大概每年消耗两千吨金属铀，并且要一千至一千二百吨分离功。我们大体上就根据这样一个奋斗目标来制定我们的规划。在发展方针上主要有这么三条：

第一条，立足国内。核电站设备，一开始我们可以买。为了搞得快一点，技术上成熟一点，我们可以买国外的。但核燃料我们总不能长期地依赖国外吧？这个道理很简单，如果我们长期依赖国外，我们就不得不在燃料方面受制于人。买一台设备进来，用三十年，而核燃料年年都需要更换，一旦国际上有个风吹草动，人家一卡我们的脖子，我们的核电站就报废了。所以，核燃料一定要立足国内。

第二条，从发展方针看，从长远需要看，浓缩铀要靠离心法；但从近期看，要用扩散法来过渡。离心法电耗小，成本低，机动性强，技术比较先进，应该作为我们长远发展的方向。

第三条，要分阶段发展。在围绕一千万千瓦核电站建立我们核燃料的过程中间，我们要配套地、同步地建立起完整的核燃料循环系统。从开矿到水冶，到前处理，到浓缩铀的元件加工，一直到发过电以后的残存燃料的后处理，以及废料的最终储存，建立一个完整的系统。

四、关于核工业部的指导思想和工作方法。

核工业部在"保军转民"这样一个新的形势下，各级领导特别是部一级领导，在指导思想和工作方法上，必须有一个相应的变化，才能跟上和适应这个新形势。

首先是指导思想要树立起提高经济效益的思想。过去你们是搞军品为主的，可能不大注意成本问题，特别是试制新产品，关键是搞不搞得出来，至于成本，这是第二位的问题。当然，军品一旦转入批量生产，也必须重视经济效益，讲求降低成本。但给我一个印象，你们不是像民用部门那样重视成本问题，重视经济效果。你们现在要搞民品，要搞核电站，要搞核燃料，不讲成本，不讲经济效益，那就不行。说得绝对一点，有没有经济效益是关系到核工业发展兴衰成败的大问题，也是关系到我们中国核电站究竟能不能站得住脚的问题。因为核燃料成本很高，影响到核电站的成本也很高，建核电站就没有优越性了。现在世界上核电之所以能成立，重要原因之一，就是虽然它的建设投资可能比火电厂要稍微高一点，但是加上煤炭的运输，加上输电，它的综合投资不一定比火电厂高，而它的发电成本必定低于火电。核电在经济上是站得住脚的，是有经济效益的。所以，我们整个部、各个厂，必须从这个高度来认识这个问题，在指导思想上来一个转变。现在我们生产的低浓铀的价格、成本，包括分离功的价格加上金属铀，总的还是高于国际市场的价格。

电耗也高于国际水平一倍多，没有竞争力。今后我建议你们应该树立这样一个奋斗目标，经过一段时间的努力之后，使浓缩铀的成本低于或相当于国际市场的价格。这样，我们核工业才有出路，核电的事业才能发展。

第二个问题，你们要注意提高技术，注意技术改造。如果我们的核工业不注意用先进技术进行改造，我看出路也是不大的。我国的核工业是在五十年代至六十年代初，使用苏联的技术搞起来的。虽然后来苏联撤走了专家，我们依靠自己的力量把这些东西建起来了，也爆炸了第一颗原子弹，但是技术还是苏联的，基本上没有摆脱苏联的那个水平、那个体系。当然后来有了很大的提高，有了改造，这也是事实。我们现在正处在第四次工业革命或者叫第四次产业革命时期。这次革命的内容很广，说法也不一，但有一条是大家公认的，就是微电子技术。微电子技术的普遍采用是第四次工业革命的一个主要特点。我们的核工业很需要，也很适合采用微电子技术，把它用于数据处理、安全监测、经济运行，再经过合理的调整，用于现在的设备，就会发挥更大的效果。我感到在微电子技术方面，你们起步比较晚了，水平也不是很高，不仅落后于国际上的核工业的水平，而且也落后于国内的有些行业，更不要说一些科研单位。因此就需要你们各级领导，从指导思想上有一个转变，花力气重视采用先进技术，改变我们核工业现在这种状态。

在工作方法和工作作风上，我只强调一条，就是你们要善于同其他部门团结协作共事。应该说核工业是代表一个国家的综合水平，靠一家包打天下是打不下来的，希望你们要很好地和各军工部门、国家科委、机械部、电力部、地质部等各个部委建立亲密无间的关系。各有各的分工，各有各的长处，希望核工业部上上下下都要树立一个好的作风，破除门户之见，搞大力协同，发扬风格，为实现一个总的目标而共同努力。

五、巩固核工业队伍。

核工业部这支队伍是个好队伍，许多同志长期在山沟里面，在戈壁滩上，为我国的核能事业作出了突出的贡献。在那些地方生活是很艰苦的，开始去的时候二十多岁，问题不太多，以后结了婚，生了孩子，问题慢慢就多起来了，住宅问题、吃菜问题、子女入学问题、就业问题，一批带普遍性的问题长期得不到很好的解决，不安心的情况普遍存在。有的同志讲，我这一辈子就在山沟里面、在戈壁滩上为核工业作贡献吧，但是不能让我的子女也在这里待一辈子。这是一个客观现实问题。我们要发展核电，今后有更多的任务，恐怕还得有相当多的单位、相当多的人，长期在山沟里面、戈壁滩上工作。那么这些问题怎么解决呢？首先，我们要做好思想政治工作，使我们这些同志树立远大理想，继续发扬优良传统，安心工作。这是第一位的。但还不够，我们领导要为大家多解决一些实际问题，把生活安排好，比如说解决好职工的生活问题，住房、吃菜、子女入学、子女就业、老职工退休等。但是我们应该如实地告诉大家，我们的国家在经济上力量还是很有限的，不可能一下子拿出很多的钱来把这些问题很快地都加以解决。我们的原则是在发展生产的基础上逐步地改善职工的生活，因此，大家要共同努力，首先把核工业部的生产搞上去，为国家多作贡献，有更多的经济效益，那么你们部就可以多拿一些钱来解决职工生活方面的问题。现在对核工业部采取一些特殊的政策，如对你们部实行财政包干。你们发展了生产，多赚一点钱，自己就可以多用一点。而且这个钱首先不要用在奖金上面，奖金发多了没多大作用，把这个钱集中起来搞一点生活福利方面的事。

另外，对流动性比较大的队伍，比如地质队伍，还有一些其他基本建设队伍、建工队伍，要巩固这些队伍，要注意搞好基地建设。我在水电部工作的时候，就碰到这个问题。水电队伍建一个水电站就换一个地方，老婆孩子跟着队伍走，结果搞了十年二十年下来，连一个窝都没有，职工困难大得很，不安心。我们的建设队伍任务是很重的，地质队伍也是同样的。我们要发展核电站，就要不断地寻找新的矿产资源。解决这些流动性比较大的队伍的生活问题，最好的办法就是建立生活基地，精兵强将上前线，老婆孩子留在后方，有一个比较安定的生活条件。这个基地有三个任务：首先，是个生活基地，有比较齐全的生活条件。第二，这个基地应该是个生产基地，就是能办一些工厂，办一些企业，或者办农场，使得从第一线退下来的职工、待业子女可以参加劳动，自己养活自己。第三，这个基地要成为一个教育的基地。能够在这个基地办一些学校，办好学校，除了初等教育、中等教育，还可以搞一些高等教育。办电视大学、业余大学，进行智力开发。如果有了这样一个后方基地，这个队伍就能够巩固下来，大家就会安心了。当然搞这样一个基地，要花钱。如果开一个大的单子，叫上面拨钱，这个事恐怕就办不成。怎么办呢？首先要搞个规划，选好一个地点，能够靠近中小城镇，有所依托，和地方结合起来，逐年投资，逐步地把基地建成。

核工业职工队伍有一个提高技术水平的问题。核工业部的技术队伍是个好队伍，技术人员的比重比较大，但这个技术队伍也开始出现老化现象。队伍中新的一代要跟上来，事业要发展，不能后继无人。怎样解决？当然国家逐年要分配一些大学毕业生，参加到这个队伍里来，作为补充。但是光依靠国家不行，你们应该从你们职工队伍中，从你们待业的子女中，选择那些有培养前途的人，自己进行培养，让他们受高等教育，通过电化教育、电视大学、业余大学，用各种各样的方式来培养人才。各个企业自己培养出来的人才，在水平方面不一定低，因为他们有一定的实践经验，他们对于本单位很有感情，事业心很强，一般都能安心工作。所以应该用这两种办法，一种是大专院校，一种是自己培养，要抽一些年轻的工人来学习。我们有一些领导干部往往目光短浅，只顾眼前，说工作忙、抽不开，舍不得下本钱抽人去学习。一个好的领导者，一个企业家必须有这样的眼光，在智力开发上舍得下本钱，这是壮大我们的领导和技术队伍的一条重要途径。

最后归纳为这样几句话：我们核工业的队伍是一支好的队伍；我们核工业的队伍面临着"保军转民"的新形势和新任务；我们核工业的队伍要在转民的工作中，围绕着核电站的建设作出新的贡献！

电子工业的发展方针与
体制改革*

（一九八五年二月四日）

我讲以下几个问题。

一、关于电子工业的发展方针。

最近，中央书记处和国务院领导同志对我国电子工业提出了"抓应用促发展，抓竞争促提高"等重要指示。现在就这十二个字，谈谈我的理解。不久以前，有这样一个命题，就是说我们人类经过几次大的产业革命，或者说是几次技术革命，这一次产业革命包括内容很多，有的讲七个方面，有的讲十个方面，是以电子和信息产业的迅速发展为标志的。因此，有的同志提出我们应该抓住这个时机，使落后的中国改变面貌，进入世界先进民族之林。如何抓住和利用这个时机？我觉得可以从两个含义上讲。一个是电子工业本身或者说是信息产业本身，我们可以利用现在世界上已经达到的水平，跨越某些发展阶段。人家已经走过的路，我们不一定每个阶段都像人家那样做。也就是说，可以利用世界上技术发展的成果，使我们电子行业发展得更快一些，这是一个意思。第二个意思，我们可以利用电子这个新技术来武装传统

---

*　这是李鹏同志在电子工业厅局长会议上讲话的主要部分。

工业，用电子这个新兴的产业来武装传统工业、改造传统工业，使传统工业产生更大的经济效益、更大的社会效益。所以，根据这样一个道理，所谓利用现在技术革命的有利条件，就在于应用，在于改造传统工业。电子行业很重要，应该比其他行业发展得更快些，人家翻两番，我们可能翻三番。这几年，电子行业以百分之二百二十以上的速度发展，今后肯定还要比其他行业发展得更快。但是，我们毕竟是一个发展中的国家，由于前十年国民经济积累的资金有限，现在还不可能像世界上有些发达的国家那样去搞"硅谷"，把很多的资金投入到电子和信息产业方面来。一方面国家要投一部分资金，另一方面要电子工业本身来养电子工业。也就是说，发展电子工业要靠国家投一部分资金，同时要靠电子工业本身积累资金，这是一条比较现实的道路。"七五"计划对电子的投资也不是太多。因此，以应用促发展就是要开辟更多的应用市场。应用的范围越广，就能够创造更多的资金，积累更多的资金，从而促进电子行业本身的发展。对国家来讲，电子技术的广泛应用，可以提高整个国民经济的效益。

最近，我在广东参观了广州、深圳等地的一些电子企业。在参观广州的华南计算机公司时，他们给我说了一些想法。这个公司是生产索拉计算机的，为了打开销路，他们准备采取分期付款的办法，同时考虑如何把价格降低一些。他们讲了一个观点，就是索拉计算机如果不能大批量地投入市场，广泛地使用，要把价格降下来是不可能的。计算机，主要是讲小型机，要赚很多钱是不可能的，但是搞微机利润是很大的。因此，他们有一种想法，就是用赚钱的来弥补不赚钱的，用微型机来养小型机。但是，单搞微型机，发展技术是有限的，为了整个行业的发展，为了使工厂有生命力，必须搞开发，开发软件，开发硬件，不能停留在微机的水平上。还有一个是元器件的生产问题，元器件如果不形成批量，经济关是过不了的。如果批量很小，那就不可能有竞争能力。对元器件，如高档的集成电路，根据需要，我们可以从国外买一点，但不能长期依靠国外。长期依靠国外，不仅在技术上人家有可能卡我们，还有个外汇支付问题。开放政策，是个长期的政策，现在的国际形势也不会一下起大的变化，我们可以长期地同世界各国进行自由贸易。但是，长期大量地买外国的东西，长期大量地付出外汇，这是难办到的。为了引进技术，我们可以买些外国的东西，但从长远看，我们必须立足于国产化。

从整个电子行业讲，用发展微机来促进制造。就一个工厂、一个公司、一个省的范围讲，也应该有远见卓识，用些赚钱的产品来养那些还不赚钱但有发展前途的、代表新兴技术的产品，否则，搞几年之后，就没有前途了。

至于竞争，当然是在社会主义计划经济指导下的竞争。竞争可以促使提高经济效益，减少投资，加快建设的进度。发展电子工业，当然不是国家一分钱不拿，特别是有些基础建设，国家要拿钱，地方也要拿些钱，共同扶持电子工业。电子振兴办[1]已报告了国务院，准备确定一些项目，其中包括64K大规模集成电路生产线、硅材料厂，还有打印机、磁盘等。搞这些大的基础项目，准备改变过去那种分配制的办法，采取投标和招标的办法。搞不搞64K集成电路生产线，经过反复讨论，大家认为64K作为一个技术发展阶段，是不可逾越的，就是将来搞 256K 或者更高一些，也基本是 64K 的工艺，不过是光刻更细一些，水平更高一些，就是说，中国自己也要搞 64K。但是搞 64K 花钱很多，而且生产 64K 还有一系列的配套问题。现在的问题是，北京想搞，上海想搞，还有不少地方也想搞，都说自己的条件好。怎么办？我们决定，确定项目后，制订标书，进行招标，看哪一个地区的投资省、建设周期短、经济效果好，就在哪个地区搞。在项目上搞点竞争有好处，一个钱可能办两个钱的事。为了夺取投标的优势，可以促使一个地区的几个工厂联合起来，使有些东西不一定在一个工厂从头至尾地搞，这样有利于专业化生产。有的还可以考虑中外合资，也可以吸收一部分地方上的资金；地方上能投一部分资金，也是投标的一个条件。

最近，了解到广东要引进 64K 的生产线，由广东和英国的一家公司合资，大约花八千万美元，生产能力大约年产四千万块，从计算机辅助设计、制版到后道的封装工序都有。至于靠得住还是靠不住，我不去做结论。我是讲，中外合资也是一条路子，我们（指广东）出四千万美元，外商出四千万美元，中山大学腾出一块最好的地皮，这对英国人吸引力很大。采取招标投标的办法，既可以促进内部的联合，又可以促进和外部的联合。我们的目的是，既能办成事情，又要经济。

现在，大家对微机生产出现的"乱、散、杂"比较担心，我们对此也很担心。盲目上一些微机装配线，生产的机器不过关，软件也不全，会造成一些损失。解决这个问题，不能简单地用行政的办法，要用竞争的办法。微机要有多种性能，一种产品满足不了各种需要，全国就用一种微机是不可能的。就像自行车一样，发展到现在三大名牌、四小名牌，其他的杂牌在市场上就逐渐销声匿迹了。将来由国家扶持若干种性能好、价格低、软件又齐全的微机，让它形成批量，投入市场。这种微机生产出来以后，那些杂牌就会被淘汰。

二十九个省区市，还有中央的部委、大专院校、科研单位，现在都在搞微机。在目前，不管是全散件（CKD），还是半散件（SKD），引进散件安装去卖，市场上还是需要的。前一阶段外汇有些失控，以后外汇要加强管理，肯定要管严，不会像去年四季度那样松，你如果靠引进微型机散件长期发财，那是不可能的。你搞微机，就要考虑以后在市场上能不能站住脚，技术性能和价格有没有竞争力。搞不好，就会像杂牌自行车那样，被淘汰。但是这种竞争不是无计划的竞争，而是有计划、有领导的竞争。我们不能允许目前这种"万国牌"的局面永远继续下去，最后要集中到几个型号的微机上面来。

造成现在这种局面，有些单位是因为应用的需要，他开发硬件同时开发软件，这个过程也是难以避免的。我们讲，造成了一些浪费也不可怕，当几种名牌微机出现以后，那些生产杂牌的企业就会要求联合了，按照你的型号生产。生产线他已经有了，技术人员也培养出来了，再按名牌产品的技术要求生产，就比较容易做到了。对于目前在微机生产中的"乱、散、杂"现象，我们不是不管，但不是用行政的手段去管。如果用行政的办法，只允许电子部生产，不允许其他部门搞，不允许地方搞，只允许一家搞，那必然会打击大家办电子的积极性，这对一个新兴的工业来讲，是没有好处的。

二、关于电子工业的体制改革。

电子工业的体制改革，总的来说，是政企职责分开，企业下放到中心城市。电子部在企业下放以后，主要抓方针政策、管规划、搞协调，制定行业法规，进行检查、督促，成为国务院管理整个电子行业的政府职能部门。即使马上做不到这一点，也应该逐步向这个方向发展。由直接管企业的部，变为管电子行业的部，这是一个很大的变化，任务不是轻了，而是更重了。企业下放后，部就超脱了，作为电子工业部的领导就不必像过去那样，必须考虑你所管的企业能不能完成国家计划，能有多少利润，几十万职工的工资能否发得出来，以及有没有奖金等。这些事，今后就主要靠企业本身去解决了。这是一个比较大的转变。首先，电子工业部是国务院的一个管行业的部，管的就不是部的直属厂了。因此，企业下放以后，首先一条就要一碗水端平，一视同仁。比如说招标，就得一碗水端平，就不能保护你原来的直属厂了。不管是地方厂，还是航空部的厂、航天部的厂、中国科学院的厂，你都要站在国务院的立场上，哪一个条件好，就选中哪一个厂。这同过去有很大的变化。除此之外，我认为，电子工业体制改革以后，还要处理好以下几个问题。

关于军品和民品的关系。因为电子工业部的历史是从四机部转过来的，是从军品转过来的，以后从军品逐渐发展搞民品，现在民品所占的比重比军品大得多了。企业下放以后，必然出现一个把军品的生产摆在一个什么位置的问题，企业会不会只考虑利润，放松军品的生产和科研，这也是大家所关心的问题。

我觉得"保军转民"的提法是正确的。首先是保军，然后提转民。从数量讲，从产值讲，军品占的比重是少的，但从重要性讲，应放在首位。因为，电子产品的技术是否先进，性能是否良好，对现代的国防力量、现代化的武器，起着决定性的作用，这点大家都非常清楚。

美苏两国正在搞军备竞赛的升级，美国就是想用电子的优势来和苏联对抗。最近美国又提出一个"星球大战"计划[2]。从导弹的数量和威力来讲，美国和苏联都差不多，苏联导弹的弹头比美国多一点，略占优势，但是美国的电子工业、电子技术比苏联好。所以美国提出"星球大战"计划，就是要用电子优势来和苏联在军备竞赛中较量，以取得战略上的有利地位。

世界技术的发展，无论是古代还是现代，无论国内还是国外，往往是从军事技术开始的，由于军事上的需要，发展了技术，然后再把军事技术转为民用，从而产生很大的生产力。火药首先是用于打仗，中国最初使用罗盘也是适应打仗的需要。就电子行业来说，最先也是为了满足军事的需要发展起来。

军品转民品要过一个经济关。军品在技术上是先进的、成熟的，但是价格不那么苛求。当然也不能说，搞军品不计成本，这话不科学，说得过分了点，但要求总不是那么高的。现在我们军品的出厂价格，就是成本加百分之五的利润，所谓成本基本上是实报实销，而且军品还可以享受许多优惠的条件，可以不上税，国家给提供最好的原料和材料，军品用的配套件又是经过严格的筛选选出来的，十里挑一，质量有把握。因此，要把军品转变为民品，价格就贵了，价格一贵，在市场上销售就很困难。所以，军转民要过一个经济关。世界上一些先进的国家，军转民的时间比我们要短一点，因为他们的企业和政府是订货关系。美国没有什么纯粹的军事工厂，大部分是在大厂里有一个军品车间，因此，他们从军品转为民品时间短一点，而我们中国的过程就比较长一点。所以说企业下放以后，要处理好军品与民品的关系。今后军品生产部门与使用部门的关系也可能是订货关系。从工作量来讲，民品是第一位的，从重要性来讲，仍然要把军品放在重要的位置。企业下放以后，还有一个中心城市如何管企业的问题。条块分割是我们建国几十年以来想解决的一个问题，过去也搞了几次企业下放，下放一段时间又把它收回来。电子部也经过了这个过程吧！民用部门经过的次数就比较多了，特别是机械行业。过去我在电力部门工作，电力部门有几个大的电网是从来没有放过，但是一些省的也放过，放下去感觉到乱了，又往上收，收了又死。长期以来，条条块块的问题没有解决好。所以很多同志担心，企业下放以后，会不会重复过去那些弊端？承认下放有好处，但是那些弊端会不会重现，这个问题，确实是值得重视的。

对中心城市来说，企业下放到你那儿去了，你是它的"婆婆"，但是你管企业，不能像过去那种管法，也不能用现在的办法。就是说，我们下放企业，是把自主权下放给企业，而不是下放给地方政府。地方政府本身也要走政企职责分开的道路。一个城市，市长的职责、市政府的职责，主要是搞好城市建设工作，搞好城市服务工作，为企业创造良好的投资环境和生产条件。那么市政府对企业是否可以什么都不管？不是这样，它确实还可以起一个协调的作用、促进联合的作用，它可以组织协调、组织联合。可以在一个市的范围内，联合生产某一个产品，打破"小而全"、"大而全"，打破条条块块的束缚。城市能够发挥这方面的优势，但这仅仅是一种协调，自主权应该在企业。企业应该成为对国家负责的独立的法人。如果再说得清楚一点，市政府、地方政府，可以按照国家的税法对企业征税，但不能平调企业的人、财、物，也不能随便让企业转产。将来电子部要起监督作用。不能说这个厂下放给我了，我就可以改变它原来的产品方向，不搞电子了，或者把它的人也抽了，物也调了。如果确实需要改变方向，也要经过一定的批准手续，特别是国家投资的大型骨干企业，电子工业部今后也不能放松这个监督责任。十二届三中全会的决议有这样一条：下放是把权力真正下放到企业。相信各级政府也会这样办的。

另外，下放企业还有个过程，就电子行业来说，还有些特殊的技术问题、特殊的协作关系问题，有些特殊的材料，还要由部里掌握，有些东西还得国家统一掌握，才能保证正常生产。一些紧俏的原料、材料有个分配问题，要把它分配到国家计划所需要的地方去。如钢材，一般钢材，国家调拨价格每吨五六百元，而市场上是一千多元。如果把钢材拿到市场上去，一倒手，那就是产值也有了，奖金也有了，这可不行啊！我们还要保证重点企业的需要。

所以说，一是企业下放以后，市里应把国家规定的属于企业的职权真正下放到企业；二是电子工业部仍然要督促、检查、帮助；三是某些重大的技术问题还要过问，某些紧俏的商品还要控制。

三、关于电子技术的应用。

首先，国家要抓重点。电子振兴办公室成立了若干个专业组，专业组里面有的是抓基础产品的，抓电子工业的基础产品，如64K等。大部分专业组是抓应用的，比如铁路的调度管理，电网的调度管理。最近成立了一个卫星组，中央书记处和国务院都做了决定，想尽快地使我们的电视广播覆盖祖国大地。现在我们还有许多边远地区看不到中央电视台发送的节目，听不到省里的广播。为了尽快解决这个问题，想租用国际卫星，采用C频段传送节目，这个方针已大体上定下来了。不过思想还不大统一，还有争论，因为我们买的卫星是K频段的，而租的是C频段的，这个矛盾正在解决中。在今天的会上，我也不能最后说死，现在还在论证，可能两种都允许同时存在，估计在相当长时间，有一段交叉。租星解决以后，很多边远地区就可以收到广播、电视，这为我们电子行业开辟了应用市场，首先若干个地面站要出现，若干个发射台要出现，而且电视机销路就更好了。租星如能尽快实现，不仅对精神文明建设有作用，而且对电子工业的发展也是一个促进。

我们希望各省区市、各部委根据自己的实际需要，确定一批重点应用项目，组织若干重点应用小组，狠抓应用，抓出成效。比如说，在冶金行业里，用微机来控制高炉的冶炼过程，收到比较好的效果，像这样的经验就要加以推广。不少的纺织厂用微机或小型机控制生产过程，采集数据，进行质量管理。普通机床改成数控机床，可以提高效率和质量。这些都可以确定为开发的重点。

国家考虑，在应用方面建立几个系统，比如：国家的经济信息系统，国家计委、国家经委、国家统计局的计划、统计、分析资料，要用计算机来进行数据处理。建立科技情报的检索系统，把情报检索单位并联在一起，还可以随时检索到国际的信息。考虑到要提高气象预报的质量，准备建立气象预报的计算机控制系统，吉林省气象部门已初步建立了用微机联机的办法来进行气象预报，取得了一些经验。全国气象系统所采集的数据已经超过了国家的范围，它是全球性的，采集大气环流的整个气象数据，再到计算机中心进行数据处理，然后预报。公安部门、军事指挥系统、银行、现在的铁路系统、将来的全国电网调度系统，这种全国性的系统都要有先有后地逐步建立起来。

为了进一步搞好应用，要重视软件的开发。在某种程度上讲，软件的开发、软件能否满足用户的需要，是电子技术能否广泛应用的先决条件。当然，软件的开发，很多要靠应用单位自己搞，而且很多单位都是这样做的。我们制造厂，也要抓应用软件的开发，要和使用单位联合开发，这样就能为自己的产品打开更广阔的市场。

还有一个在应用方面值得十分重视的问题，就是汉字终端的开发。汉字是我们中国的工作语言。现在在汉字终端和汉字输入、输出的开发方面，大家积极性很高，全国有许多种方法，有字码法、偏旁法、拼音法等。今天早上，电台广播清华大学创造的一种方法，用以查电话号码，机器里面储存了八千个电话号码，可以用语音来查询，几秒钟以后就可以回答。另外，还有北京师范大学的李金铠同志，他的方法可运用于七种文字。总之，目前方法很多，五花八门。我们国家很大，如果只固定一种方法，也不太现实，不能只有一种没有第二种。你写字还有几种书法嘛！但是，像现在这样几十种、几百种总不是一个办法。适当的时候，要和文字部门一起，由电子振兴领导小组统一一下，推荐几种方法，这样，计算机的使用就比较方便了。目前，就中国的实际情况来讲，比较有前途的一种，恐怕是字根法，汉字总是由几个字根和集中一些笔画来组成的。

水电部电力科学研究院李惠琴同志的办法是把中国的字分解为一百五十个字根，就等于英文的二十六个字母。只要你把这一百五十个字根掌握了，就可以运用自如了。中国的拼音，有的同志认为还是很有前途的。中国文字中的同音字非常多，但同音的词很少。比如，和平就是和平，没有第二个意思，作为词来讲是没有重复的。华北计算机研究所，我参观过一次，用拼音搞检索，查电话号码，这也是一种有前途的方法。当然，更高级的是用语音输入、光电转换，你手写上去，字写得好一点、正规一点，光电输入就可以进去了。哈尔滨工业大学正在做这个工作。当然，我估计语音输入和光电转换恐怕是要到后期了。有的同志讲这是属于第五代计算机的功能。中国的方言很多，有一种较先进的办法可以对方言加以修正。为了便于推广和应用，全国统一几种方法是很有必要的。

电子振兴办准备今年下半年或明年年初，举办一次全国性的应用展览会，检阅我们计算机应用的成果。我对他们说，这次展览会要确定这样一条原则，展品必须是有经济价值和推广意义的。展览不一定规模搞得很大，但质量要高。产品应该是有普遍推广意义的，而且是比较成熟的，过了关的。比如，我到上海时看到上海电报局搞了一个自动译报机，输入还不行，但译报可以了。我认为这个东西有推广价值，而且比较成熟。通过这次展览会，把应用促进一下。

四、关于"引进、消化、开发、创新"方针和自力更生的关系。

这个问题本来是清楚的，就是承认我们同世界电子工业发达国家还有差距，可能我们在某一个领域内不比他们差，但就总的水平讲，还是有差距，应该承认这个差距。为了更快地把电子工业搞上去，我们应该利用开放的条件，在技术方面、管理方面学习外国的经验，叫做"引进、消化、开发、创新"八个字。这八个字本身的意思是很全面的。引进的目的是为了消化，为了国产化，不能停止在引进的阶段，还要有所提高，就是为了增强我们自力更生的能力。当然，这里也不排斥有些项目引不进来要自己搞，军品方面就得自己开发。世界上有些新的东西，外国人也只是刚刚开始搞，我们也可以同步研究，像砷化镓这些东西。但是，总的讲，由于我们的水平确实比人家差一些，因此要积极采用引进的方式。

我还要特别强调一点，就是我们搞技术上的引进可以，但如果长期靠从外国引进东西组装，然后把组装的东西作为我们电子工业的支柱，那非吃亏不行，这个不可取。一两年的时间内还可能允许这样办。为了满足市场的需要，我们现在还准备进一些电视机，因为我们自己现在还生产不了那么多，还要进口一些整机和引进一些散装件组装以后投入市场，回笼货币。暂时这样做是可以的，长期就不行了。进口是要花外汇的，外汇从哪里来？如果长期靠散件组装，外汇很难平衡，那是没有前途的。因此，引进主要是引进技术，引进生产线也可以，然后逐步地加大国产化的比重，这是我们的目的。最后，实现重大装备不再重复引进。

我请大家特别注意一个问题，和外国人合作生产，只要他的技术是好的，能够在国际市场上站住脚，那么我们就可以开放一部分市场给他。但是，也要求一部分产品返销到国外去。要做到外汇平衡，不能长期依靠国家的外汇来补贴。凡是要依靠国家和国内其他的外汇来补贴搞组装的，这样的厂是没有前途的。所以，"八字方针"讲到最后，还是要使产品国产化，增加国产化的比重。当然，我们也不要去做那种傻事情。比如，产品里面有一两个零件很难过关，却非搞国产化不行，这没有必要。有的部件，花钱也不多，我们可能长期购买，目的也是为了把价格降下来，因为那样更合算。

在元器件的生产方面，特别是一些中低档的元器件，如中小规模集成电路，要搞批量生产，生产批量一上去，价格就可以降下来。最近八七一厂的产品又降了一次价。如果在性能、质量等方面都已经过关，那我们就应该实行适当的保护政策。凡是落后的不保护，因为保护了落后，保护了你这个厂，我们整个国家要遭受损失。所以，不保护落后。要搞竞争，很可能在竞争的过程中，有的产品要淘汰，甚至有的工厂连工资也发不出来，那都是可能的。但是这个可以变为动力，促使你前进。

作为一条方针来讲，要实行逐步国产化的方针。华南计算机公司我去看了，索拉计算机的引进是成功的，以前没有把索拉计算机列上型谱是不对的。现在已经纠正了这件事。索拉计算机的软件配备比较全，这个机器可以用，应该推

广。但是，我感到索拉计算机有一个很大的弱点，几乎所有
的元器件或者说是百分之九十都来自国外，元器件国产化的
比重不大，这些东西也是靠外汇进口的。因此，索拉计算机
也要逐步国产化，国产化后，它才有生命力。我讲"八字方
针"，实行开放政策，是要提高我们的技术水平，这个技术
不单是制造，不单是设计，而且还包括工艺和生产线。我们
要利用开放的有利条件，引进国外一些先进的技术，有的部
件过不了关，我们可以从国外买。比如，高纯度的气体，如
果我们一时难以解决，那就可以买一点，这不是不可以。不
搞那个绝对的百分之百的国产化。目的就是一个，最后还是
要国产化，要提高国产化的比重，因为只有这样，产品才有
市场，电子工业才能较快地发展。

　　总之，要以应用促发展，以竞争促提高。希望在新的一
年里，电子行业能够大踏步地前进，特别要在应用的领域内
有一个较大的突破。

　　　　注　　释

　　〔1〕电子振兴办，即国务院电子振兴领导小组办公室。
　　〔2〕"星球大战"计划，即一九八三年三月二十三日美国总统里根提出的
"战略防御倡议"。该计划旨在研究和发展以太空为基地，对来袭的弹道导弹
和重返大气层飞行器进行多层拦截并加以摧毁的系统，使敌方核武器丧失威
力，在军事上取得高技术竞争的优势。

加快能源基地的开发和建设 *

（一九八五年二月十一日）

中国的四化建设，能源交通是关键。最近，我有机会向小平同志汇报，其中最关键的问题是电的问题。小平同志也讲，他最不放心的是电。电是能源的一种表现形式，是比较现代的能源。大家多以用电的形式使用能源。电的问题的实质，当前主要是煤的问题，因为我们目前电的主要构成是火电，占发电量的四分之三强，水电不到四分之一。"七五"计划期间，这个比例不会有大的改变。我们要投入少，产出多，所以火电政策还要搞一个时期，到了"八五"、"九五"，即后十年，国家经济条件比较充裕的时候，就可以适当地多发展一些水电。所以说，电的问题实质上是煤的问题。而煤的问题，实质上又是运输问题。说来说去，是运输问题。

中国有得天独厚的煤炭资源，特别是有这么几块：一块是西北，一块是内蒙古，一块是黑龙江东部，即鸡西、鹤岗这个地区。这些地区的煤炭都是储量大、埋藏浅，适合于露天开采，适合于群众开采、农民开采。

能源由西向东送。因为我们的能源，从大范围来讲，煤

---

* 这是李鹏同志在国务院山西能源基地规划办公室领导成员会议上讲话的要点。

是集中在西北地区，主要是山西、陕西、内蒙古等，就是我们基地这一块。这是中国煤储量最丰富的地区，又是便于开采的地区。当然还有一块很丰富的地区，就是新疆。所以，从现在看，我国煤炭资源主要是在西部。煤炭要从西向东送。而经济比较发达的地区，消耗能源比较多的地区，是在中国的东部。水电也是集中在西部，西南、西北是我们水电集中的地区，而电力的消费主要集中在沿海一带。当然我们也要逐步改变中国的工业布局，在中国的西部也安排一些耗电大的工业。但是在长时期内，能源由西向东送的格局不可能改变，西煤东送或西电东送。因此，加快以山西为中心的能源基地的开发和建设，包括内蒙古西部、豫西、陕西秦岭以北和宁夏地区具有重要的战略意义。一九八五年计划安排了八亿吨煤炭，进入统配计划的是四亿吨。所谓统配计划就是区域之间调动、省内调动，有很多没有纳入。当然我讲的是就总的格局而论。至于小的部署，如黑龙江的煤两头往中间送，北煤南送等，但是总趋势还是能源由西向东送。根据中国某些地方的条件适当开发小煤窑，利用国家已建铁路，地方、国家集资贷款办电，发挥各自的战略优势。

过去我们提倡过多地建立坑口电站，这个方针世界上有不少国家正在采用。但是，从这几年的实践来看，坑口电站也不能一概而论，不能说就都是合适的、经济的。这是我提出来供大家讨论的一个新观点。在"七五"期间，我们恐怕还是在沿海、在用电地区搞火电站。这里有一个输煤和输电的比较，有的专家经过论证以后，认为煤的发热量在五千大卡以上，在一定运距内以运煤合算。何况有些地区建火电站，受到水资源的制约，在海边建电站就可以有水。所以坑口电站不一定都是优越的。当然像唐山这个地区，毫无疑问，坑口电站是优越的。它可向京、津、唐电网送电，所需输电线路也不长。坑口电站要因地、因条件制宜。但我不是说在西北地区不能搞火电站，而是说在西北搞火电站首先要考虑把电自己吃掉，就地平衡，发展自己的工业。比如，宁夏大武口电厂四十万千瓦的电，送出来很困难，就只能在宁夏地区自己吃掉。我们在雁北地区安排了五百万千瓦左右的电，大同一百二十万千瓦，神头二百五十万千瓦，丰镇再上一百二十万千瓦。这个地区现在面临着窝电的问题，目前有一百万千瓦就送不出来，因为送变电建设跟不上去，送变电建起来也不容易。

请大家考虑晋东南和陕西的煤的外运通路，目前还不大落实。至于河南，完全用不着担心，因为河南建电站，条件已经具备，送电也不远，且中原对电也有很大需求。充分利用焦作水源，在九里山建个电站，偃师电站也有扩建的可能。

晋东南这个方向，侯月线到石臼所，有些线路加以改造后，可以增加到四千万至五千万吨。石太线经过改造以后，可达七千万吨的能力，但是到了石家庄、德州，就堵住了，没有把能力发挥出来。我们现在准备采取的一个措施是在德州搞一个比较大的电厂，再搞个联络线到天津北大港。考虑晋东南的煤同铁路还不大配套，最近煤炭部有个同志建议，是不是也试验一下输煤管道，修一条小的，从晋东南经焦作到南通。修到南通我不太赞同，因为南通可以走水路。但是修到长江边上，比如说修到武汉，既可以供给武汉的火电厂，还可以供给江西、湖南，这些地区是缺煤地区。

陕西煤外运，从华亭修管线可能是不大好修的，秦岭穿不过去，铁路修起来也费劲。陕西煤的一个出路就是向川北运，这是一个既有需要而且用别的方法很难代替的，因为川北要煤，现在是一个空白点。

关于改善中苏关系[*]

（一九八五年三月十四日、十二月二十三日）

一

我十分注意地听了你的谈话，对所谈内容，我有的不能同意，有的可以同意。我将如实报告中国的最高领导人。我们高兴地看到，一年多来，在双方的共同努力下，中苏在各个方面的交往有了明显的增加。你在最近举行的苏共中央非常全会上发表讲话时表示希望中苏关系能取得重大的改善，我们对此表示赞同。我们愿做一切努力发展两国间在政治、经济、科技、文化等领域的关系。中苏关系的改善不仅有利于我们两国人民，也有利于亚洲和世界的和平。

当前，中国正在进行经济体制的改革。改革的目的是为了加快建设具有中国特色的社会主义，而不是发展资本主义。我们实行独立自主的外交政策，总目标是争取持久和平。我们正在建设社会主义，我们需要和平的环境，不要战争。我们愿意同世界各国和平共处，友好合作。我们不同任

　＊　这是李鹏同志两次会见苏联共产党中央总书记戈尔巴乔夫时谈话的要点。一是一九八五年三月十四日，赴苏联莫斯科参加苏共前任总书记契尔年科葬礼时的谈话。二是同年十二月二十三日，访问法国、捷克斯洛伐克、保加利亚后，顺访莫斯科时的谈话。

何国家结盟，这一点请你们放心。我们两国关系经历了二十多年复杂的过程。我觉得，有一个好的邻国总比一个敌人好，我们不能成为盟友，但可以成为好邻居和好朋友。

二

我这次访问了法国、捷克斯洛伐克、保加利亚，回国途中经过莫斯科，受到了塔雷津[1]同志和阿尔希波夫[2]同志的友好接待，上午我们谈得很好。我知道你很忙，本来没打算打扰你，感谢你请我来见面。

这次我路过莫斯科，没有得到授权谈什么问题，因此只能根据我自己对我党中央政策的理解，谈谈我国对内、对外政策的一些问题。

一、苏方如果真正想改善中苏关系，必须打消共同行动和平行行动的想法。中国执行的是独立自主的和平外交政策，不会当你们那个大家庭的小兄弟。中国采取这条方针是最有利于世界和平的。

二、现在世界形势与五十年代大不相同，不是两极世界而是多极世界，战争威胁依然存在，但和平有可能争取。我们认为，美苏两国拥有百分之九十五以上的核武器，对和平负着重要的责任，中国只有那么一点点核武器，完全是防卫性质的，构不成对和平的威胁。

三、外交政策是内政的延续，中国是一个发展中国家，要大力发展生产力，需要吸收国外的先进技术、管理经验和部分资金，因此我们愿意和世界上一切国家，包括西方国家友好相处。

四、决定国家关系的不单是社会主义制度，主要是能否遵守和平共处五项原则。

五、只要越南撤军，中苏之间一切好谈，柬埔寨的问题让柬埔寨人自己解决。

我顺便想告诉你，中国在柬埔寨问题上不谋求任何私利，我们希望柬埔寨成为和平、中立、不结盟的国家，或者建立由柬埔寨人民选择的任何制度。邓小平同志提出，如果苏联愿意帮忙，促使越南从柬埔寨撤军，他本人或者胡耀邦同志愿意去莫斯科会见你。你知道，邓小平同志已经八十一岁高龄，很多国家请他去访问，他都拒绝了。他说他的出国使命已经完成，但如果能解决这个重大问题，他愿意破例。

注　释

〔1〕塔雷津，即尼古拉·弗拉基米罗维奇·塔雷津（一九二九——一九九一）。当时任苏联部长会议第一副主席兼国家计委主席。

〔2〕阿尔希波夫，即伊万·瓦西里耶维奇·阿尔希波夫（一九〇七——一九九八）。当时任苏联部长会议第一副主席。

发展交通运输要调整结构、改革体制、依靠科技[*]

（一九八五年三月三十一日）

交通运输部门是国务院系统的一个重要部门，这次会议是一次重要的会议。我今天来首先是代表国务院看望和问候大家。下面我讲六个问题。

一、当前的交通运输形势。

交通运输包括铁路、公路、水运和航空，这些构成了全国的交通运输事业。交通部现在管辖的主要是公路、水运。新中国成立以来，交通运输事业有了很大发展。现在公路里程已经达到九十二万多公里，除了西藏的墨脱以外，县县通了公路。很多地方做到了乡乡通公路，有些经济比较发达的地区，正在搞村村通公路。公路货运周转量达到了一千一百亿吨公里，客运量达到了三十八亿人次。水运也有了很大发展，去年沿海以及江河主要干线港口吞吐量达到三亿八千万吨，内河航道有十万九千公里，而且建立了一支一千多万吨的国际远洋商船队，有交通部的，也有地方的，还有中央其他部门的。这支船队，在世界上来讲也算是具有相当规模的。党的十一届三中全会以来，在交通运输体制方面逐步地

---

* 这是李鹏同志在全国交通工作会议上的讲话。

进行了一些改革，更进一步解放了交通运输生产力，调动了地方、企业和群众办交通的积极性，交通运输事业的各方面都有了不同程度的发展。但应看到，交通运输仍然是国民经济中的一个薄弱环节，远远不能适应国民经济发展的需要，特别是商品流通的需要。数量上不能满足要求，质量上也存在一些问题。比如说九十二万公里的公路中，有百分之八十五是四级路和等外路，路况不好；有很多断头路，南北东西的干线公路都有断头路；城市和公路干线的结合部，路况很不好；公路管理相当混乱；公路运输速度比较低，平均时速只有三十公里；公路运输的车辆旧，吨位小，事故多。港口泊位过少，吞吐能力不能满足运输需要，一些港口有压港压船现象。在国外一般是港等船，在我们中国一般是船等港。我们定了一个指标，即一条船在卸，一条船在等，一比一叫不压船。这实际是低标准，国际上没这个标准。总之，我们在看到交通运输这些年来有较大发展，作出了很大成绩的同时，要有清醒的头脑，看到整个交通运输还存在着不少问题，仍然是国民经济中的一个薄弱环节。

二、交通运输应该有一个较大的发展。

我们制定了一个奋斗目标，工农业年总产值到本世纪末要翻两番，也就是从七千亿元达到两万八千亿元。因为要保持这样一个速度才能达到逐步实现小康水平的目的。从目前执行的情况来看是很好的，但越到后期，翻番难度越大。现在交通运输是薄弱环节，如果交通运输跟不上，将会拖翻两番的后腿，因此交通运输事业必须要有一个较大的发展。

第一，现在我国的商品生产有很大发展，特别是农村实行了联产承包责任制后，生产力大大解放，农村的产业结构有很大变化，开始由自给自足的小农经济，发展成商品经济，这就需要流通。农村的种植专业户、养殖专业户等，他们的产品都不仅是为自己和家庭需要，而是作为商品拿到市场上流通。不流通，就发展不了经济；要流通，就要求发展交通。另一方面，农民富了以后，购买力增加了，城市大量的生产资料、生活资料要下乡，也要求发展交通运输。

第二，中国的能源和其他大宗散货的产需分布不平衡。煤和水力发电，分布在西部，而经济比较发达的东部地区又需要大量能源。煤炭运输占铁路运输的一半，这是我国交通运输的一大特点。现在我国除能源运输外，粮食运输也占很大比重。国内的粮食品种也需要调剂，如东北的玉米要南调，南方的细粮需要运到东北。木材、化肥、建材等散货也需要长距离运输。

第三，外贸发展跟运输分不开，除铁路承担少部分外，外贸运输主要靠船队。现在港口的外贸吞吐量是一亿吨，远远满足不了发展的需要。

第四，人员交流，信息、知识、技术的交流，增加了人员往来，再加上全国大学统一招生，军人、职工探亲，都扩大了人员流动量。特别是人民生活水平的提高，国内旅游需要进一步发展。实际上，国内旅客比国外旅客多得多。今后客运应尽量让航空分担一些，但目前航空客运一年只有五百五十万人次，公路客运将近四十亿人次，铁路是十亿人次，不过从周转量上讲，铁路比公路要多，因为公路承担的是中、短途运输。

这四个方面的原因决定了交通运输要有较大的发展，只有这样才能适应国民经济翻两番和社会发展的需要。交通部的同志提出，公路和水运客运量要从现在的四十二亿人次，达到本世纪末的一百三十八亿人次；货运量由五十亿吨达到一百四十三亿吨。按照一九八〇年的数字计算，大体上是翻两番，大体上是与国民经济发展同步的。要实现这个目标会有许多的困难，需要努力，需要给政策，需要调动各方面的积极因素。

三、合理调整运输结构。

我们应从我国的实际情况出发，合理调整运输结构。所谓运输结构，就是各种运输方式的比例问题。各国有各国的不同情况。日本第一是公路，第二是水运；苏联是大陆国家，以铁路为主；美国现在是以公路为主。因此，要结合我国的实际情况，来确定合理的运输结构。我认为中国是个大陆国家，将会长期以铁路运输为主。虽然从货运量来讲，公路大于铁路；但从周转量来讲，铁路大于公路。因为，公路运距短，目前平均运距只有三四十公里，铁路是五百公里。新中国成立以来到现在，交通投资的重点放在铁路上，忽视了公路和水运的投入不足，这不能不说是个问题。但从中国实际情况出发，铁路还要继续发展，在交通运输方面仍然要起骨干作用。与此同时，需要有更多的注意力来发展公路，发挥公路在中、短途运输中的作用，并要利用长江、西江、黑龙江、淮河、南北运河等水系的优越条件，发展我国的内河水运事业。还要发挥我国沿海水运的优势。我国有漫长的海岸线，从丹东到北海，有众多的优良港口，而且东南沿海又是我国经济最发达的地区，有发展水运的有利条件。现在看来，更多地发展公路运输，在经济上是合算的。从造价上看，铁路单线每公里造价二百万元，三级公路平均三十万元一公里；从运量看，三条公路顶一条铁路。因此，建设公路造价低、周期短，而且可发挥地方、企业和人民群众建设公路的作用。公路还有一个好处，就是可以实行门到门的运输，机动灵活，时效好。国务院多次讨论交通运输的发展方针，就是：在继续发展铁路的同时，要大力发展公路；要利用中国内河航运得天独厚的优势，进一步发展水运；还要发展航空事业。另一个发展方针，就是各种运输方式不能单独强调各自成网，而应该建立统一的全国交通运输网。交通运输最终的目的，是把货物送到需要的地方，哪种运输方式合理，就采用哪种。以港口压船来讲，很大程度上取决于疏运。货到港以后，疏运方式有多种，有的要铁路运输，有的要利用水运和公路。水运虽然时间长些，但成本低，适用于运输大宗散货。今后，要为货主提供方便，货主最怕中转，所以要开办联运业务，这是提高交通运输效益的重要方式。经营联运，管水、管铁路、管公路，货主委托公司后就可以把货物一直运到目的地。

　　既然要重视公路和水运，体现在哪些方面呢？当然，除了政策以外，就体现在投资分配上。能不能在"七五"计划中把铁路投资的一部分用到公路、水运上呢？这实际上难以办到。因为现在铁路的能力也不足，铁路在"七五"期间，承担了大批晋煤外运任务，给他们的投资大部分集中在晋煤外运上了。"七五"期间，铁路要以挖潜改造为主，其他只能集中力量先办两件事：一是已开工的，要继续搞下去；二是两条晋煤外运线路要搞。所以，从铁路挖投资不可能。对公路和水运的投资，从长远看要适当增加。从当前实际情况出发，我们考虑应先给政策，从政策上想些办法。经过几次讨论以后，国务院定了这样几条政策：

第一，适当提高公路养路费的标准。允许提高到百分之十二，最高到百分之十五。这由各省、自治区、直辖市定。养路费必须全部用于道路维修及公路的建设，要统收统支，专款专用。

第二，建设高速公路可以收过路费。国外一般是增加汽油附加税，促进交通发展。我们的油已搞了平价、议价油，不能再搞这种税了。但现已确定征收汽车购置附加费，已由国务院通过了。这个钱拿到交通部门以后，要集中用到公路上，特别是干线公路上。

第三，港口建设需要的投资大。为发展港口，国务院已批准每吨过港物资平均加收建港费两元。但要说清楚，这笔钱不是给港口发奖金的，是要用于重大项目的建设。

第四，发动群众修路，采取"以工代赈"的办法，动用部分库存的粮食、棉花、布匹分给贫困地区，用于公路建设。

第五，把一部分汽车直接卖给农村的集体企业与个人，发展交通运输。

第六，适当调整铁路短途运输价格。现在铁路与公路比价不合理，铁路运价低，公路运价高。为了把客货运输量分流一部分给公路，准备今年在物价体制改革中，把铁路短途运价调整一下，在二百公里以内，每吨公里平均增加四分钱。增加以后，还是比公路便宜，但估计可以起到一定作用。

对农民办运输一要支持，二要政策引导。农村体制改革以后，生产力发展了，今后将有大批劳动力要离开农业从事其他劳动。很多国家，由于大量农民涌向城市，产生了许多社会问题及困难。我们不想走这条路，我们的办法是农民"离土不离乡"。这就要在农村、乡镇发展非农业生产，给这些农村劳动力提供出路。有人提到现在国营运输企业竞争不过个体运输户，对这个问题，应全面地看。农民搞运输，比较辛苦，起早贪黑，很多农民既是司机，又是装卸工，他们是用劳动换取报酬。在竞争中，他们的有利条件是没有国营运输企业那么多负担，但同时也要看到他们的不利条件，比如他们用的油大部分是议价的。我们开展社会主义的合理竞争，是为了促进经济的发展，竞争是压力，也是动力。当然，他们中有些人赚的钱是多了一些，但随着时间的发展，国家会制定相应的政策。现在还是鼓励发展的时期，不宜有更多的限制。但应看到国营运输企业的优势，发展自己的优势，开展有利于经济发展的竞争。

下面讲讲内河航运问题。总的讲，内河航运存在的问题不少，通航里程在一段时间里是下降的。解放初是七万公里，一度达到十七万公里，现在下降到十万八千公里。但运输量近几年出现上升趋势，希望今后能有更大的发展。水利水电工程要有综合利用的观点。过去，有些水利水电项目的建设忽略通航设施，造成了碍航闸坝，妨碍了内河航运。这个问题水电部与交通部已成立了领导小组，由两位部长负责，分期分批加以解决。今后兴建水利水电工程，一定要综合考虑交通运输问题。同时，交通部门对船闸规模的要求，应从实际出发，如果提出不合实际的要求，过多增加水利水电工程投资，国家承担不起，只能推迟或使这件事办不成。修建铁路要尽量避免与主要航道平行，这也是经验教训。今后要充分利用长江东西干线和沿海南北海运干线。

四、交通运输发展的出路在于改革。

交通运输的发展，出路在改革；不改革，不可能发展。第一，要政企分开。政企分开后，权力要真正下放到企业，让企业有更大的活力。第二，大家办基础设施建设，有的以国家为主，有的以地方为主，但都要注意调动各方面的积极性。第三，交通部及各省、区、市交通厅（局）原则上不要直接管理企业，应代表政府真正成为管理交通运输的行政职能部门，主要是做好交通运输行业的行政管理。现在，一条路好几家管，形成政出多门，层层设关设卡，这种现象要纠正。交通部要经过调查研究，与各部门协商制定交通运输行业管理的政策和法规。制定政策法规，一要站在国家、政府的立场，不能偏向某一方，偏向自己的企业；二要抓好检查监督，使这些政策、法令能够贯彻执行；三要协调好各部门关系以及交通内部的关系。第四，今后的运输计划有两种：一种是指令性计划，一种是指导性计划。水陆运输的重点物资、远洋外贸运输、港口的外贸、重点物资的吞吐任务等，都是指令性计划，必须要保证完成。对于重大建设项目，如某些港口建设、交通干线建设，仍然要按管理权限报告审查批准，不能放任自流。政企分开后，交通部任务很重，工作方法要改变，既要管直属企业，又要管社会运输企业，还要关心农民，关心地方，要真正成为中华人民共和国的交通部。

最近，在天津港召开的港口体制座谈会上，大家认为，天津港的下放试点基本上是成功的，他们的经验可以推广到全国。但为了稳妥，已建议国务院批准上海、大连港第二批下放。港口下放实行双重领导，以地方为主，主要解决两个问题。一是以港养港。天津港下放这一年，基本上收支平衡，所以，实行以港养港还可以。但有的港收大于支，有的港支大于收，情况不一样。但不管哪种情况，要与"七五"计划挂起钩来核定基数，实行以收抵支，财政包干。包干以后，多收的部分，可以留给港口，用于技术改造。二是港口下放后，要全面完成国家下达的指令性计划，港口对货主船主不能有亲有疏，对来往船只和货物装卸发运要一视同仁。下放不是简单更换一下领导关系，更不能出现更多的"婆婆"。天津港下放后，天津港感到方便了，交通部仍同过去一样关心他们，这就很好。实行"双重领导，地方为主"，党的关系、行政关系在地方，但不等于什么都以地方为主，港口的重点建设审批权仍在交通部。重点工程也要进行改革，要实行招标制、贷款制和各种形式的经济责任制。交通部工程本来由直属企业承担的，今后应允许部外企业参加竞争。如部外企业比交通企业工程期短、投资省，就应该用部外企业。同样，交通部的建筑企业也可参加其他部门的竞争，可以修水电站、飞机场，甚至修铁路。这种竞争，有利于降低造价、缩短工期。

五、发展交通运输事业要依靠科学技术。

发展交通运输事业，要依靠科技进步。我国公路、水路运输虽说有很大进步，但与发达国家比还有很大差距。要结合具体情况，学习外国的先进经验，也要总结自己的经验，才能提高科技水平，大幅度提高运输能力。举几个例子：

第一，关于高速公路。搞高速公路，在国外是成功的经验，通过能力可达一万辆车以上，还可以收费，回收投资，有很多优点，但造价很高。因此，在推广高速公路时应先试点。高速公路能不能发展，适不适应中国的现实特点，首先把京津塘高速公路搞起来，看其社会效益。近一个时期内，恐怕更多的要发展一级公路。如搞得好，车流量也可达到一万辆左右，造价相对讲比较便宜。我看北京到密云的一级公路不错，也有隔离带，过去到密云两个小时，现在一个多小时就可以。因此，要适当发展一、二级公路。另外，铺路技术方面，我参观过联邦德国的铺路机，可以连续作业，既可铺沥青，又可铺混凝土，可以考虑引进制造技术，以提高公路建设的机械化水平。

第二，要通过技术改造，提高码头效益。现在有很多码头设备陈旧，能力小，但全部更新要花很多钱，可以通过技术改造来提高装卸能力。港口管理要现代化，比如采用电子技术，用电子计算机配载等。

第三，发展集装箱运输是提高港口能力的重要途径。不但海运要发展集装箱运输，内陆也要发展，这才能协调起来。天津港集装箱码头积压集装箱很多，原因之一是要在码头拆箱分货。在码头方面，还要建设专业化的煤码头、油码头、粮码头和木材码头等。这也是提高港口能力的一个重要方面。

第四，过驳技术适合中国的具体情况。中国沿海大部分港口水深不很理想，只有少数港口可以停泊二十万吨的船，长江口水深也只能进两万五千吨级船。所以，过驳是一条适合中国情况的路子，要搞一些适合中国情况的装备。现在，长江用了无人分节驳顶推船，我在联邦德国莱茵河见了三千吨的，效率比较高。

第五，河道、港口需要整治，要挖泥、清淤，有的也要逐步渠化。国外有先进经验，特别是大型挖泥船可以利用。另外，过闸技术也应该加强研究。今后河道水工建筑增多，过闸技术对提高内河航运能力很重要。要研究没有过闸设施的如何改建，过闸能力低的如何扩大能力等问题。

我举这几个例子，是为了说明交通系统通过技术改造、技术进步，是会进一步提高效率、扩大能力的，这是很重要的问题。

六、加强交通队伍和领导班子的建设。

队伍建设是改革沿着社会主义道路前进的重要保证。改革的目的是建设中国式的社会主义，我们的改革方向是正确的，政策措施是正确的。交通系统职工流动性大，和国内、国外的社会接触面广，更要注意队伍的建设。在从资本主义国家引进技术的同时，也会带来腐朽的东西。我们要教育广大职工，成为有理想、有道德、有文化、守纪律的人，政治思想工作不能放松。当然，政治思想工作用老一套办法不行，要探索新时期的新方法，使其易于为广大职工和青年接受。交通部领导班子进行了调整，一批老同志退了，他们长期在交通战线工作，有成就、有贡献，我们不应忘记他们。新班子要尊重老同志，听取他们的意见。老同志要放手让新班子大胆工作，让他们在工作中增长才干。新上来的同志怎样与老同志合作？我提八个字，叫"一面学习，一面工作"。学习，就是要调查研究，向老同志、专家、群众学习，遇事与群众商量；工作，要大胆，不要怕犯错误。不负责任，不敢工作是最大的错误。有了错误要及时发现，及时纠正。新班子必须要加强团结、同舟共济、取长补短，新班子要有新的作风、新的气象。党和人民对你们寄予期望，要作出成绩来，第一年不可能，第二年应该作出点成绩，如两三年以后依然如旧，交通事业得不到发展，说明班子不力，有负于党和人民、老同志对我们的期望，那就要自动下台，让更称职的同志上来。你们对下级领导班子也应该有这样的要求。我们寄希望于交通部以及各级新的领导班子，希望你们努力学习、努力工作，不要辜负党和人民对你们的期望。

为人类和平利用南极
作出更大贡献[*]

（一九八五年五月六日）

我国首次赴南极考察编队，在中国人民解放军海军的配合下，于去年十一月二十日从上海启程，历时四个多月，横跨太平洋，穿越南北半球，航行两万六千余海里，在南极建立了我国第一个南极科学考察基地——中国南极长城站[1]，圆满地完成了建站和南极考察任务，于今年四月十日回到祖国。从你们离开祖国的第一天起，全国各族人民就以极大的热情注视着你们的行动，为你们取得的每一个成绩感到高兴，也为你们遇到的每一个困难而担心，全国人民的心和你们是连在一起的。你们的胜利极大地鼓舞着正在为四化建设奋斗的全国各族人民。你们的开拓精神和克服困难的勇气更为我国青年一代树立了学习的榜样。我代表党中央、国务院，向南极考察编队的全体同志，向所有为这次考察建站作出贡献的有关部门，省、自治区、直辖市的同志，向中国人民解放军海军有关指战人员，致以热烈的祝贺和亲切的慰问！

中国是一个大陆国家，也是一个海洋国家，我国有一万

---

* 这是李鹏同志在我国首次南极考察庆功授奖大会上的讲话。

八千多公里的海岸线，有六千多个岛屿和广阔的海域。在这些地方，有优越的自然地理条件，有丰富的能源、矿产和生物资源。它是我国开发海洋事业中一笔尚未被充分利用的宝贵财富，在我国四个现代化建设中它将占有越来越重要的地位。开发利用海洋，大有可为，我们希望沿海各省、自治区、直辖市政府和人民，全国各海洋开发利用部门和单位，都要从南极考察编队的事迹中得到启发，学习他们的顽强拼搏精神和严格科学态度，有组织、有计划地在石油开发、水产养殖、海洋运输、能源、化工以及海洋管理等各个领域中，把开发海洋和利用海洋的工作积极地开展起来。

南极洲及其附近的水域是一块至今尚未被人类开发、利用的宝地，它不仅蕴藏着丰富的矿产资源和生物资源，而且在地理上对许多科学实验与研究具有得天独厚的条件。世界上许多国家在南极开展科学考察与实验工作已经有许多年了。我国于一九八三年正式成为南极条约参加国。在这前后，在友好国家的协助下，我国也多次派遣科学工作人员参加了南极科学考察。但依靠我国自己的力量在南极建站并进行科学考察，这还是第一次。因此，南极科学考察事业对我国来说还是刚刚起步，和有些国家比较起来，我们还有很大的差距。摆在我们面前的，有许多工作，也有许多困难，要真正作出新的成绩还要付出更大的努力。我希望我国科学工作者再接再厉、踏踏实实、奋发努力，使我国的海洋开发利用和极地考察事业有一个较快的发展。我们愿意与世界上一切从事南极考察的国家和科学工作者进行广泛合作，为我国的繁荣富强，为人类和平利用南极作出更大的贡献。

注　释

〔1〕中国南极长城站，是中国在南极建立的第一个科学考察站，一九八五年二月二十日建成，位于南极洲南设得兰群岛的乔治王岛西部的菲尔德斯半岛上。一九八四年五月三日，李鹏同志在一份有关南极考察的报告上批示：据说海洋局有一个方案，搞个无人站，争取一个立足之地，花钱在两千万元之内，建议让他们报方案来，再定。在南极建立科学考察站的工作由此启动。

发展经济，培养人才，
繁荣西藏[*]

（一九八五年八月三十一日）

　　党的十一届三中全会以来，西藏的同志认真贯彻中央的指示，经济建设和其他各方面工作都取得很大成绩，工农业生产有了较大发展，农牧民收入有了较大的增加，大多数群众的生活有显著的改善。从西藏历史上看，这是很大的变化。但是西藏的同志应该看到，从全国看，西藏仍然是经济不发达地区之一，与全国先进地区相比，还有很大差距。我们应该看到，如果西藏的经济建设搞不上去，人民生活就不可能进一步改善，文化、教育等事业也失去了发展的基础，安定团结的政治局面也不能得到进一步的巩固。这就是说，西藏的繁荣与进步都是离不开经济建设的。我希望西藏的同志，特别是各级领导同志，要进一步提高对经济工作的认识，要把经济工作作为西藏各项工作的中心，下决心深入调查研究，刻苦钻研，加强对经济工作的领导，学会结合西藏实际情况，坚持经济体制的改革，做好经济工作。

　　为了发展西藏的经济，必须坚持对内对外开放政策。

---

* 这是李鹏同志在拉萨举行的庆祝西藏自治区成立二十周年干部大会上讲话的要点。李鹏同志当时任国务院副总理、中央代表团副团长。

对内开放，就是要学习国内先进地区的先进技术和先进管理经验，在互相帮助的基础上，争取他们的支援；对外开放，主要是发展边境贸易，发展旅游业和引进国外先进技术。必须坚持两个长期不变，这就是："牲畜归户，私有私养，自主经营，长期不变"，"土地归户使用，自主经营，长期不变"。

下面我对西藏经济工作提出五点具体意见。

第一，西藏的经济目前应该实行以牧为主，牧农林结合，因地制宜，多种经营，发展商品生产的方针。畜牧业在西藏经济中占有重要的地位，具有很大的优势，必须进一步加强草原管理，提倡种草种树，提倡科学养畜，使畜牧业得到较快的发展，使畜产品的商品率不断得到提高。

为了支持西藏经济的发展和人民生活的进一步改善，对西藏要继续实行休养生息的政策，到一九九〇年以前，免征西藏的农牧业税，不派购农畜产品。

第二，认真抓好能源交通建设。西藏能源短缺，交通不便，是进一步发展经济的主要障碍。在很多地方，燃料不足成为群众生活中一个十分突出的问题，烧掉了不少草坯和木材，影响了自然生态的平衡。西藏的同志要认真贯彻森林法和草原法，把保护森林和植被当作一项战略任务来抓。解决西藏能源问题，要坚持因地制宜的方针，要大力发展水电和地热发电，逐步发展太阳能和风能发电。中央已同意把羊卓雍湖水电站列入"七五"建设计划。希望西藏的同志和参加电站建设的同志们，同心同德，克服困难，尽快、尽好、尽省地把电站建设起来，造福于西藏人民。

发展西藏交通，首先要继续搞好公路建设，管好现有的公路，提高路面质量，延伸必要的干线。针对西藏地域辽阔、交通不便的情况，要逐步发展地方航空事业。为了促进运输事业的发展，活跃经济，除继续发挥国营运输企业的作用外，还要充分调动集体和个体运输业的积极性。

第三，西藏人民要富裕起来，仅靠发展牧农业是不够的，还需要适当地发展工业。要从实际情况出发，充分利用当地的原材料和能源，生产那些人民需要、适销对路的有经济效益的产品。当前，西藏工业主要是发展民族手工业、食品加工业、毛纺业和皮革业、森林工业和建材工业。同时，还要充分利用野生植物资源，发展药材的采集和加工。

第四，大力发展旅游业。西藏是世界屋脊，佛教圣地，文化和历史悠久，名胜古迹很多，发展旅游事业具有得天独厚的条件。随着全国支援的四十三项重点工程的投入使用，更为旅游业的发展创造了条件。我们希望西藏的同志要用好、管好这些新建、改建的设施，为发展旅游事业服务。对西藏著名的名胜古迹和寺庙要分别情况，逐步开放。要大力发展第三产业，做好服务工作，加强管理，完善各种制度，为旅客提供舒适方便的条件。

第五，进一步搞好边境贸易。我国西藏地方同印度、尼泊尔等国毗邻，在和平共处五项原则的基础上发展同他们的传统往来，增进睦邻友好关系，这是我国的一贯政策，也是搞活西藏经济的一个重要方面。除了开展群众性的边民小额贸易外，还要大力发展西藏地方的对外贸易，积极组织出口货源，换回西藏需要的物资。

下面我再对发展西藏教育问题讲几句话。总的说来，西藏的教育事业是有成绩的，但是还远远不能适应西藏两个文明建设的需要。各类人才的缺乏，是西藏一个十分突出的问题。解决人才问题的根本途径是办好教育。因此，西藏的同志一定要把办好教育事业提到重要的议事日程上来。办好西藏教育，要结合西藏具体情况贯彻中央关于教育体制改革的决定，重点抓好中小学教育，特别是小学教育。

发展西藏教育的关键，在于建设一支适合西藏建设需要的合格的教师队伍。因此，西藏的各级领导一定要注意师资的培养和教师队伍的建设。为了发挥优秀教师的作用，提高教学质量，扩大教育面，还应当积极开展电化教育，把广播、电视、录像等现代化工具应用到教学中来。从今年九月起，全国十九个省市还要专门开办几所西藏学校和在一些办得好的中学开设西藏班，帮助西藏培养人才。采取这些措施是必要的。但是，西藏的教育事业，从根本上讲还要靠西藏的同志自己来办。

西藏建设事业所取得的成就是与全国各族人民的大力支援分不开的。全国支援了西藏，同样，西藏也支援了全国。祖国的统一和繁荣也凝结着西藏人民的一份力量和心血。今后全国各族人民将一如既往地支援西藏建设，但是要真正把西藏建设好，还主要靠西藏人民自己的力量。我希望西藏各族人民、各级干部要发扬自力更生、艰苦奋斗的精神，抓好经济建设，为建设团结、富裕、文明的社会主义新西藏作出应有的贡献！

造成尊师重教风气，
培养四化建设人才 *

（一九八五年九月九日）

首先代表国家教育委员会向全国一千万人民教师和全体教育工作者致以节日的祝贺和亲切的问候。

在我国四个现代化建设中人才是关键，人才的培养要依靠教育，而教育的质量又决定于教师。所以广大教师身上担负着十分光荣而艰巨的任务。教师的工作与四化建设的成败、民族的兴旺发达都是休戚相关的，教师的辛勤劳动理应受到全国人民的尊敬和爱戴。

我国是一个有悠久历史的文明古国，尊敬教师本来就是中华民族的优良传统。但是这种好传统在"文化大革命"中遭到了严重的破坏，它的恶劣影响至今尚未完全消除。建立教师节的根本目的在于提高全社会对教育事业重要性的认识，提高教师应有的社会地位，恢复和发扬我国尊敬教师的优良传统，同时也鼓励教师全心全意献身于人民的教育事业。

对各级领导来说，就是要进一步重视教育工作，认真贯彻中央关于教育体制改革的决定，少讲空话，多干实事，为

---

* 这是李鹏同志在第一个教师节前夕会见中央电视台、中央人民广播电台记者时谈话的要点。

其领导下的地区和部门的学校和教师办几件实事，为他们创造起码的和较好的工作条件和生活条件，给他们解除一些后顾之忧，用实际行动关心教育、关心教师。

为了庆祝教师节，搞一些有意义的庆祝活动是必要的。但一定要防止和克服那种图虚名、讲排场、铺张浪费、搞形式主义的做法。对广大学生来说，应该以良好的学习成绩和使自己成为有理想、有道德、有文化、有纪律的一代新人的决心和实际行动庆祝教师节，这也是广大学生在教师节献给教师的最好礼物。

在过教师节的时候，社会各方面、各单位和广大学生为学校和教师做一些力所能及的、有实际意义的好事，也是值得鼓励和提倡的。

希望广大教师和教育工作者用实际行动来庆祝自己的节日，要进一步认识自己肩负的重任，树立远大的理想和崇高的职业道德，以"俯首甘为孺子牛"[1]的精神，献身于人民的教育事业，要不断学习和创造先进的教学方法，开展科学研究工作，努力提高自己的业务水平。只有这样，才能为四化建设培养出合格的人才。

教师不但是知识的传播者，而且是精神文明的建设者。教师的言行、思想和作风，往往对学生产生深刻的影响。特别是中小学教师和幼儿教师，对儿童少年的身心健康成长，往往起到决定性的作用。希望广大教师和教育工作者从各方面严格要求自己，不愧"为人师表"的崇高称号！

希望教育战线的同志们要和各条战线的同志们紧密团结、同心协力，为开创我国社会主义教育事业的新局面作出更大的贡献。

注　释

〔1〕见鲁迅《自嘲》。原文是："横眉冷对千夫指，俯首甘为孺子牛。"（《鲁迅全集》第7卷，人民文学出版社2005年版，第151页）

关于汽车工业的发展道路[*]

（一九八五年十二月二十六日）

这次会议是讨论"七五"期间汽车规划，为全国计划会议作准备的一次会议，也是贯彻落实中央领导同志关于汽车工业的一系列指示，并把这些指示具体化的一次会议，这个会我觉得很必要。

"七五"计划，要做三件事情：一是搞经济体制改革；二是发展国民经济，并保持比较合适的发展速度；三是要适当改善人民的生活，以百分之四至百分之五的速度使城乡人民的生活有进一步改善。在这三项任务中，我们还是把改革放在首位，把经济关系理顺，为今后的十五年，甚至为下一个世纪，走出一条中国式的社会主义建设道路打好基础。

改革的内容越来越丰富，经验日益积累，有成功的经验，也有一些教训和问题。如这几年，特别是去年以来，基本建设速度过快了一些，由此而带来的生产速度也快了一些，城乡的消费水平、消费基金也高了一些，产品的质量也有些下降，外汇的使用方面也过多了一些，诸如此类问题。积极性是调动起来了，但是出现了这些问题。这些问题过去

---

* 这是李鹏同志在全国汽车行业工作会议上的讲话。李鹏同志当时任中共中央政治局委员、中央书记处书记，国务院副总理。

也出现过，不同点是现在党中央、国务院对这个问题头脑是清醒的，是实事求是的，因此，发现问题就及时采取措施纠正，使我们的经济生活能沿着正确道路前进，不至于大起大落。基建规模过大，积累和消费的比例失调，高速度是不能持久的，最后速度还得降下来。速度下来太陡会引起很大痛苦，经济生活就会大起大落，不能健康地向前发展，受损失就会很大，我们几十年来积累了这方面的经验。

作为一个行业来讲，都想把自己主管的事情搞得快一点，这是理所当然的。但大家都要求发展，对自己的力量估计过高，盲目性就很大了。拿汽车工业来讲，首先遇到的一个问题是材料。汽车工业发展需要很多钢材，而且是多品种的，钢材长期靠进口是难以维持的。还有市场的问题。前一段汽车畅销，但是到今年下半年也出现了积压的情况。我们这样一个十亿人口的国家，经济发展不平衡，信息也不很灵，市场预测也不那么准，这些都增加了我们工作上的困难性、盲目性。因此，我觉得汽车行业开这个规划会，对"七五"汽车工业发展进行指导，大家坐在一起对方针、对"七五"的盘子进行讨论是十分必要的，是开得好的。我们国家还是以计划经济为主，加上部分市场调节，把权力下放，这都是正确的，但是要搞好宏观调控。宏观规划、宏观控制是不可缺少的，只有这样才能引导我们的经济向着正确的轨道发展前进。

一、汽车工业的发展方针。

现在主要要解决好重型、轻型和中吨位的车子的比例关系，这也是随着国民经济的发展，人民生活水平的变化而发生变化的。我们现在的实际状况是两头小，中间大，中型车占了绝对多数，这是在过去的历史条件下形成的。今后，可能要对中型车的生产适当做些控制，主要是上水平，不作为今后发展的重点，重点要向重型和轻型这两头发展，这和我们整个的交通运输政策有关系。

交通运输过去相当一个时期以铁路为主。中国的交通运输的特点是以能源运输为主，中国的能源主要是煤炭资源，主要是在中国的西部，而能源消耗的重点在东南沿海一带，运输主要是靠铁路。今后，煤炭、粮食、大宗的矿石主要还是靠铁路运输，客运也主要是靠铁路。但目前短途运输，包括短途的旅客运输，也是主要靠铁路，运输里程过短，应该以公路为主承担的任务也由铁路来承担了，造成运输结构上的不合理。"七五"期间，要逐渐地改变这种状况，在大力发展铁路的同时，大力发展公路运输，把一些短途的客运和货运转到汽车运输上来。这会产生一个价格问题，铁路运输每吨公里是一分七厘钱到两分多，用四吨的汽车运输得用两角钱，划不来，所以公路运输一直发展不起来。怎么发展起来？要发挥价格的杠杆作用。一方面是适当提高铁路运输的价格。今年，铁路运输价调了，每吨公里的价格由一分七提到四分左右。单是这一项措施，每天大约有五十万吨货物由铁路转到公路上去了，初步见到效果。另一方面，公路运输价格要下降，必须要用大吨位的汽车，中型的汽车是不行的。如果发展到用十二吨、二十吨左右，可以把价格降到一毛钱左右。这样，和铁路的差距就不大了。汽车还有它的好处，可实现门到门的运输，发货时间机动灵活，等等，有很多优越性。大吨位汽车可用集装箱运输，如果吨位再大一点，就可以负担起为铁路分流的作用。世界上经济比较发达的国家，无论是资本主义国家还是社会主义国家，交通运输中公路都承担了很大部分，有的国家是划四百公里的半径，我们想在二百公里半径内主要用公路运输。

随着农村的改革，农村的经济由自然经济向商品经济发展，商品生产自然就要运输，需要一些小吨位的车子。因此，今后小吨位车除了为城市商业网点服务之外，主要的服务对象是农村，为农村的商品经济服务。

中国要不要发展轻型小汽车，已经提到议事日程上来了。小汽车像自行车一样作为个人的交通工具，这个问题是有争论的。一部分同志觉得，像中国这样一个国家，经济还比较落后，将来还是以公共交通为主，不一定搞小汽车。但也有一部分同志从摩托车的发展得到启示。在农村，好的摩托车也是畅销的。作为现代化的交通运输工具，可以提高工作效率，可以节省时间，受到用户的欢迎。资本主义国家的经济发展有三大支柱，钢铁是一大支柱，建筑是一大支柱，汽车工业也是一大支柱。钢铁工业之所以成为一大支柱，也是因为它为汽车工业、建筑业的发展提供原材料。美国、日本每年生产一千多万辆汽车或几百万辆汽车，主要是生产小汽车供个人消费。所以有的同志也认为，中国的经济发展到一定水平的时候，对小汽车需求也是一个不可阻挡的、客观的规律。从摩托车的发展看出这种趋势。你们搞汽车工业的，可以很好地研究这个问题。一辆很轻便的轻型小汽车，如果五千元一辆，在市场上出售，我想少数的富裕农民和部分城市职工的一个家庭经过三年五年的积累可能买得起，可给他的家庭生活提供很大的方便。小汽车在"七五"期间不一定会出现很大市场，但在"八五"、"九五"期间就可能在中国有一部分市场。我们过去就没想到电视机市场会来得这么快。今天提这个问题，不是说今天或明天就会形成小汽车的市场，但可把这个问题提到议事日程上来。

因此，今后汽车工业发展的重点，除了保持现有的中型车辆这个基础之外，要向两头发展，一是向重型发展，一是向轻型发展。我同意这样一个总的发展方针。

二、汽车工业的发展规模。

去年规划会议定的是九十万辆，现在生产能力大致是四十万辆，五年时间要翻一番，这个速度看来是快了一些，和整个国民经济的发展比较，超得太多。"七五"期间国民经济准备增长百分之七，你们现在定的大致是六十万辆，增长速度是百分之八点五，比国民经济增长速度稍快一点，更切合实际一些，因为我们各方面的投资是有限的。"七五"期间在大力发展国产车的同时，由于贸易平衡的需要，还不可避免地要进口一部分车子。这个盘子是比较合适的，也是一个不小的奋斗目标。我们搞了三十多年，搞到四十万辆，再过五年，就增加二十万辆，对汽车工业来说，还是个大的发展。

三、汽车工业的体制改革。

中汽公司是经济体制改革的一个试点，和其他一些公司的情况不太一样。作为工业公司来讲，汽车工业公司是另外一种公司，主要是管规划和计划，管协调的任务，也直接管了几个小一些的公司，但几个大的厂，像一汽、二汽都有更多的自主权。这种体制在宏观上由中汽公司控制，我认为是符合改革方向的。发展汽车工业的方针政策，以及汽车行业内、中央和地方之间需要协调的任务，由中汽公司来承担。

这个任务应该说比过去更重。要更多地使用经济的办法，更多地使用宏观控制办法来加以领导。同时，要给企业更大的自主权，让企业在国家计划的指导下得到发展。这种体制，在工业体制改革中还不多。你们首先走这条路，我们很希望大家坚持下去，按这种体制在工作中作出成绩来。

希望用一些新的工作方法，不要像过去那样，管得那么细，管得那么严，要给企业更大的自主权。但在宏观问题上要认真进行调查研究，如刚才提到的发展小汽车的问题。过去，恰恰在这些问题上没有人很好地进行调查研究。中汽公司具体的事情不管那么多了，生产调度的事情也比较少了，我们现在就出这个题目：中国究竟应不应该发展小汽车？应该发展什么类型的小汽车？在什么情况下它就有市场？应该选什么样的车型对中国最合适？要拿更多的力量来做这样一些调查研究工作和市场预测工作，使得今后小汽车真正上马时，路子走得比较对。

世界的工业都是走联合的道路，恐怕将来中国也要走联合的道路，不是一个汽车公司，而是形成若干个大的汽车集团，走联合、高起点、专业化、大批量的道路，形成几种拳头产品，然后在市场上发展。这种联合我认为应该是跨部门、跨行业的联合。中国汽车工业不应该建设更多的新厂，应该以挖潜为主，搞技术改造，走内涵发展的路。把现有的厂子经过技术改造以后来提高产品的质量，提高数量，增加生产能力。上海市发展桑塔纳小汽车，从发动机到铸造，所有的都要自己搞一套，那当然不行。后来把零部件厂分散到上海现有的工厂生产，有的分散到江苏地区。但是有一个指导思想我感觉到现在还没有解决，就是零配件的分散生产还限制在一个市一个省的范围，都想一个省、一个市、一个部门搞一个全的，这样必然带来基本建设的扩大，不能充分发挥现有的能力。我认为今后汽车工业发展应该走跨地区、跨部门联合的道路，但是要处理好利润分配问题。今后要从价格政策上、税收政策上来扶植鼓励联合，这个工作恰恰是中汽公司应该做的。

为了使汽车工业有一个适当的发展，适应国民经济商品生产的需要，适应我们改变运输结构的需要，国家在"七五"期间应予以适当的安排，并给予一些鼓励和保护国产汽车的政策。但这种保护不是闭关自守、不引进技术，恰恰相反。引进国外技术不能走装配工业的道路，开始一个阶段是要组装一部分，但是希望能很快地增加国产化的比重，最后做到基本上国产化。这应该是我们引进国外先进技术最正确的道路，使我们的生产能够立足于国内。在投资方面，除了国家的投资，也欢迎和吸收地方的一部分投资，但是我们不主张搞更多的车型，搞更多的厂子。地方的投资进来后，联合办厂，利益均沾，合理分配。地方搞汽车的积极性无非几个方面：一是有车用，前一段车是卖方市场；二是有一定的利润；还可以解决部分就业的问题。搞一个新厂子，汽车生产能力的形成，可不是那么简单，主要是一批技术力量，一批管理力量，不是一年两年就能形成，不是一年两年就能生产高质量的车子。世界上的汽车厂，真正能拿得出来的，都有几十年的历史，技术不断更新，有一批又一批的人才，这样才能保证产品质量。

办好国防大学，造就高级人才*

（一九八六年一月十五日）

国防大学的成立，不仅是军队建设的一件大事，也是教育战线的一件大事。办好国防大学，对于造就一大批能够驾驭和指挥现代战争的高级军事人才，以及提高地方省级以上有关部门领导干部的宏观决策能力，必将发挥重要作用。

当前我国的形势很好。政治上安定团结，经济上已进入持续稳定协调发展的时期，人民生活有了一定程度的改善，我国已开始摸索出一条建设有中国特色的社会主义的路子。

与此同时，我国教育战线也出现了前所未有的好形势。中央关于教育体制改革的决定正在贯彻执行。尊重知识，尊重人才，重视发挥教育在社会主义物质文明和精神文明建设中的作用，是中央的重要决策。各地党政领导机关和领导同志对教育工作引起了重视，加强了领导。教育战线出现了蓬勃发展的好势头。

搞好军队现代化建设，关键在于人才。军队院校是培养人才的基地。从红军时期到今天，我军教育事业走过了半个多世纪的历程，培养了大批军事人才，为赢得革命战争的胜利、保卫祖国的安全和社会主义建设作出了重大贡献。同

---

* 这是李鹏同志在国防大学成立大会上讲话的主要部分。

时，在长期的办学实践中积累了丰富的经验，形成了我军院校所特有的优良传统。今年是中国人民抗日军政大学成立五十周年，"抗大"精神是我们的宝贵财富，我们一定要很好地继承和发扬。同时，也应该看到，由于科学技术和军事科学的飞速发展，国际和国内形势的变化，军队院校在教育体制、教学思想、教学内容和教学方法等方面也需要进行相应的发展和改革。希望在中央关于教育体制改革的决定精神指引下，以"面向现代化，面向世界，面向未来"为指引，以培养我军现代化建设所需要的人才为着眼点，从实际出发，把军队院校建设不断推向前进。国防大学筹建领导小组在中央军委的领导下，认真总结国内外办好军事教育的经验，从我国我军实际出发，本着"着眼改革，理顺关系"的指导思想，在筹建国防大学的方案中提出了一系列改革设想，国务院和中央军委已经批准了这个方案。现在的问题，是要"坚韧不拔、埋头苦干、锲而不舍、知难而进"，全力落实这个方案。我军院校历来是政治思想强、学风好、出人才的地方，希望国防大学在新形势下，能在全国教育战线特别是高教战线带个头。今后，你们有什么困难，党中央、国务院、国家教育委员会将给予力所能及的支持。这里，我想着重谈几个问题。

一、要重视学习马克思主义理论和端正政治方向。

邓小平同志在党的全国代表会议上要求新老干部都要加强对马克思主义理论的学习。最近，胡耀邦同志在中央书记处会议上专门讲了理论工作问题，认为：理论工作的根本方向就是要理论联系实际，同实际密切结合。现在我们正处于我国社会主义现代化建设的关键时期，要进行各方面的探索和改革，建设有中国特色的社会主义，比以往任何时期都更加需要马克思主义。同样，建设革命化、现代化、正规化的军队和社会主义现代化国防，研究解决我国国防战略问题和我军战役指挥问题，也离不开马克思主义的指导。不能把学习各种现代科技知识、业务知识，解决新时期的新问题同学习马克思主义对立起来。从另一个方面讲，在当前对外开放、对内搞活经济的形势下，西方资本主义的文化和思潮必然传播进来，未免良莠相兼，鱼龙混杂，只有加强马克思主义理论学习，才能提高人们的思想政治觉悟和辨别是非的能力。国防大学培养的是高级军事人才，他们的政治素质如何，对我们军队和国家有着重要的影响。因此，一定要重视马克思主义理论教育。根据国防大学学员的特点，马克思主义理论教育的重点应放在提高学员运用马克思主义解决社会主义现代化建设和军队革命化、现代化、正规化建设中的新问题的能力，加强工作中的原则性、系统性、预见性和创造性上面。

在这里我还想强调一下党风问题。党的十二大以来，党风和社会风气有了好转，但效果不够理想。最近，中央决定把中央党、政、军机关和北京市机关的党风问题作为重点来抓，中央军委要求今年内实现军队党风的根本好转。国防大学是中央军委直接领导下的培养高级人才的教育单位，在实现党风根本好转方面也应起到表率作用。只有把学校的领导作风、党风、党的组织建设搞好了，才能带动学校的全面建设。

二、树立新的教育思想，不断改革过时的教学思想、内容、方法和学校管理。

我国目前的教育还没有完全跳出封闭式、注入式的框框，只重视知识传授，忽视智力开发和能力培养，与世界科学技术的发展和我国社会主义现代化建设的需要很不适应。国防大学筹建领导小组提出，国防大学要以综合性、研究性、开放性为显著特点，这个指导思想是正确的。综合性，是当代科学的发展趋势，不仅自然科学、社会科学各自内部的综合趋势在加强，而且自然科学与社会科学这两大知识体系之间的整体化趋势也在加强。这种趋势要求我们在培养千百万专门人才的同时，造就一批基础扎实、知识广博、富有创新精神的人才。军事科学本身就是一种融政治、经济、文化、历史、地理和各种科技知识为一体的综合性知识体系。国防这一领域还要宽一些，它包括军事和与军事有关的政治、经济、文化、外交诸方面。这就要求我们把国防问题置于国家经济建设的全局中，置于世界大战略的格局中，运用宏观的、系统的、战略的眼光去加以研究。

三、大力加强科研工作。

重点学科比较集中的大学，应该既是教学中心，又是科研中心。国防大学要既出人才，又出科研成果。这就要大力加强科研工作。国防大学的科研不仅要为教学服务，而且要为党和国家制定国防政策提供理论依据，为军队领导机关的决策起咨询作用。要完成这样艰巨的任务，就要进一步落实知识分子政策，切实尊重知识，尊重人才，按照科学研究的规律办事。

关于《中华人民共和国义务
教育法（草案）》的说明 *

（一九八六年四月二日）

各位代表：

去年五月《中共中央关于教育体制改革的决定》提出了要制订义务教育法的要求。国家教育委员会经过调查研究，比较广泛地听取了各省、区、市，教育部门和社会各方面的意见，拟订了《中华人民共和国义务教育法（草案）》。草案经国务院提交人大常委会审议。根据人大常委会第十四次会议和第十五次会议审议的意见，对原来的草案又作了修改，形成现在提交大会审议的草案。现在，我受国务院的委托，对这个草案作如下说明。

一、关于制订义务教育法的必要性。

建国以来，我国的中小学教育有了很大的发展，从根本上改变了旧中国基础教育事业极为落后的状况。在旧中国，只有百分之二十的学龄儿童能够入学，现在，百分之九十以上的学龄儿童都能够入学。初中教育有了更大的发展，初中校数由四千多所增加到近七万六千所，增加了十七倍，初中在校学生数由八十多万人增加到近四千万人，增加了四十六

---

* 这是李鹏同志在六届全国人大四次会议上就义务教育法草案所作的说明。

倍。但是，总的看来，我国的基础教育仍然比较薄弱，不能适应宏伟的社会主义现代化建设的需要。相当一部分农村地区至今尚未普及小学教育，许多适龄儿童特别是女童没有受完规定年限的小学教育，致使青壮年中的文盲、半文盲仍在继续产生；许多中小学教师缺乏应有的培训，师资的文化业务素质达不到国家要求的现象还相当普遍；相当一部分中小学的校舍破旧失修，教学设备和文体设施严重缺乏。这种状况不能不影响到教学质量的提高。在一些城镇和乡村，初中学生中途就业或从事劳动的情况比较突出；一些企业招用学龄儿童、少年的现象时有发生。基础教育种种落后的状况，不能不引起党和政府以及社会上广大有识之士的关注和焦虑，一致认为，这种状况同全国人民建设富强、民主、文明的社会主义现代化国家的宏伟目标形成了尖锐的矛盾。因此，我们国家迫切需要制订义务教育法，以法律为依据，在全国有步骤地实行义务教育。这既是进行社会主义物质文明和精神文明建设的需要，也反映了广大人民群众的愿望。

义务教育法的颁布和贯彻执行，将标志着我国普及基础教育工作进入到一个新阶段。经过坚持不懈的努力，到本世纪末，我国绝大多数地区的适龄儿童和少年将受到九年的学校教育，我国各民族的科学文化素质将提高到一个新的水平。它不仅为各类专门人才的培养奠定良好的基础，而且为"两个文明"建设创造必要的前提条件，促使教育"面向现代化，面向世界，面向未来"并将对今后的社会发展和科技进步产生深远的影响。因此，制订和贯彻执行义务教育法，是关系国家和民族未来的一项具有战略意义的重大措施。

二、关于义务教育的性质。

义务教育，是依照法律规定，适龄儿童和少年必须接受的，国家、社会、学校、家庭必须予以保证的国民教育。实行义务教育，既是国家对人民的义务，也是家长对国家和社会的义务。国家和社会要提供条件使每个中国儿童和少年受到法律规定年限的教育，家长也要保证自己的子女接受这种教育。草案第四条规定："国家、社会、学校和家庭依法保障适龄儿童、少年接受义务教育的权利"。第十五条规定："地方各级人民政府必须创造条件，使适龄儿童、少年入学接受义务教育"。在草案其他条款中，还分别对国家、社会、学校、家庭所应承担的义务作出了具体规定。

义务教育具有强制性质。因此，在草案中对不履行应承担的各项义务的行为，规定了适当的强制性措施。草案第十五条规定："除因疾病或者特殊情况，经当地人民政府批准的以外，适龄儿童、少年不入学接受义务教育的，由当地人民政府对其父母或者其他监护人批评教育，并采取有效措施责令送子女或者被监护人入学"，"对招用适龄儿童、少年就业的组织或者个人，由当地人民政府给予批评教育，责令停止招用；情节严重的，可以并处罚款、责令停止营业或者吊销营业执照"。目前，有些家长出于眼前的、暂时的经济利益，使自己的适龄子女中途退学参加生产劳动或就业，或者由于封建思想影响，使女童和少年中途退学；有些组织或个人出于眼前的利益，招用适龄少年就业。这些行为妨碍了儿童、少年接受教育的权利，不利于国家和民族的发展，也不利于儿童、少年和家庭的长远利益。因此，规定这些强制性措施是保证义务教育实施的必要手段。在使用这些强制性措施时，首先应重在批评教育，对那些经批评教育仍不改正、情节严重的少数人和单位，要采取必要的处罚措施。

三、关于义务教育的入学年龄。

同建国初期相比，我国的经济、文化、科学技术水平和人民生活水平都有了很大提高。这些都对我国儿童的智力和身体的发展产生了良好影响，为儿童的智力发展创造了有利条件。根据上述情况并从我国教育事业长远发展着眼，草案第五条规定："凡年满六周岁的适龄儿童，不分性别、民族、种族，应当入学接受规定期限的义务教育"。但是，应当说明，目前，在我国绝大多数地区，小学的入学年龄为七周岁。如要求在短期内全部过渡到六周岁入学，师资、校舍、设备和经费等条件都不具备。尤其是在农村，在尚未普及小学教育的情况下，面临的困难更大。各地应从实际出发，创造必要的条件，使小学的入学年龄逐步过渡到六周岁，步子必须稳妥，过渡时要注意衔接，以免造成在一个学年两个年龄段的儿童同时进入学校等情况。因此草案第五条还规定："条件不具备的地区，可以推迟到七周岁入学"。

四、关于义务教育的学制。

草案第二条规定要根据当地的"经济、文化发展状况，确定推行义务教育的步骤"。目前，我国小学和初中的学制年限有"六、三"制、"五、四"制、"五、三"制和九年一贯制等多种形式。多种学制并存，是我国现存的实际情况。在农村，小学和初中的学制年限多为"五、三"制，在师资、校舍、设备和经费都存在较大困难的情况下，勉强在短期内过渡为"五、四"制，实际上并不利于广大农村普及初中教育。因此，在实施九年制义务教育过程中，应允许"五、三"制作为一种过渡性学制在一定时期内存在。

但是，从长远来看，我国小学和初中应该有一个基本的学制。基本学制的确定是一个比较复杂的问题，需要根据儿童、少年身心发展的特点和教育规律，以及社会经济发展的需要等多种因素，在调查研究的基础上，经过周密论证，然后加以确定。所以，草案没有就这个问题明确加以规定，而授权"由国务院教育主管部门制定"。

关于初级职业技术学校是否作为实施九年制义务教育的一种学校形式，是同学制有关的另一个问题，在审议过程中多数同志同意，在初中适当增设一些职业技术教育课程，适合我国特别是农村经济发展的需要。至于独立设置的初级职业技术学校是否作为实施九年制义务教育的一种学校形式，则有不同意见。国外的做法也不相同。因此，草案未就这个问题明确加以规定。可以在总结现有初级职业技术学校经验的基础上，由国家教育委员会或省、自治区、直辖市在实施细则或实施办法中加以确定。

五、关于贯彻党的教育方针。

草案第三条规定："义务教育必须贯彻国家的教育方针，努力提高教育质量，使儿童、少年在品德、智力、体质等方面全面发展，为提高全民族的素质，培养有理想、有道德、有文化、有纪律的社会主义建设人才奠定基础"。这是实行九年制义务教育的一条重要指导思想。所有中小学都应该认真贯彻这一规定，当前要有效地减轻学生的学习负担，防止和纠正片面追求升学率的偏向。在中小学教育中，应当贯彻德、智、体、美全面发展的方针，适当进行劳动教育，使青少年儿童受到比较全面的基础教育。在不断提高语文、数学等科目的教学水平的同时，还要注意加强音乐、美术、体育科目的教育，培养中小学生的高尚情操和品质，为中小学生的文化素养和身心健康的全面发展打下良好的基础。各地教育部门正在采取具体措施解决这方面的问题。例如，在已经普及初中的地区，将逐步实行小学和初中就近入学，取消小学升初中的统一考试；进一步修订教学大纲和教学计划，提高教育质量，减轻学生负担；改革和加强思想品德和政治教育；等等。希望全社会都来关心和支持中小学的改革，促进儿童和少年全面的发展。

在这里，我还要讲一讲推广全国通用的普通话问题。我国地域辽阔，存在各种地方方言。为了便于思想和文化的交流，促进经济和社会的发展，非常有必要推广和使用全国通用的普通话。同时，我国又是一个多民族的国家，必须尊重各少数民族的语言。所以草案第六条规定："学校应当推广使用全国通用的普通话"，"招收少数民族学生为主的学校，可以用少数民族通用的语言文字教学"。这个规定，同宪法和民族区域自治法的规定的精神是一致的。

六、关于实行九年制义务教育的步骤。

我国是一个十亿人口的大国，各地经济、文化发展又很不平衡。实行九年制义务教育，必须坚持实事求是、因地制宜的方针，不能搞一刀切，也不要脱离实际地去追求高指标。从这个总的指导思想出发，全国大致可以分为三类地区。第一类地区是经济、文化比较发达的地区，要求在一九九〇年左右基本实现九年制义务教育。第二类地区是经济、文化中等发展程度的地区，要求在一九九〇年左右基本普及初等义务教育，同时积极创造条件，在一九九五年左右实现九年制义务教育。第三类地区是经济、文化不发达的地区，要随着经济的发展，争取在本世纪末大体上普及初等义务教育。

以上三类地区的划分，是就全国范围而言的。事实上，每个省、自治区内，经济、文化的发展也是不平衡的。在经济、文化发达的省内，也有经济、文化不发达的地区和县；而在经济、文化不发达的省内，也有经济、文化发达的地区和县。甚至在一个县内发展也是不平衡的。因此，每个省，每个市，乃至每个县，都要坚持从实际出发，区分不同类型的地区，提出切合实际的奋斗目标，有步骤地实施。草案把确定各地推行九年制义务教育的具体步骤、办法和实现期限的权力，交给省、自治区、直辖市，在第二条中明确规定："省、自治区、直辖市根据本地区的经济、文化发展状况，确定推行义务教育的步骤"。

七、关于基础教育由地方负责和鼓励社会力量办学。

随着我国经济体制的逐步改革，近几年来，我国中小学的管理体制也进行了改革，取得了明显的效果。《中共中央关于教育体制改革的决定》明确了把发展基础教育的责任交给地方，即在国务院领导下，实行地方负责，分级管理的原则。草案第八条对此作出了明确规定。中小学的管理权限适当下放以后，克服了过去集中过多、统得过死的弊端，调动了各级地方政府办学的积极性。应该指出，地方的繁荣、兴旺，社会的安定团结，精神文明的建设都同发展基础教育有着密切关系。各地方政府都应把发展基础教育放在重要的位置上。随着地方的经济发展，应当提倡把更多的资金用于教育事业，这既是地方政府对当地人民群众应尽的义务，也是进一步发展当地经济的需要。

我国普及初等教育的一条重要经验是坚持"两条腿走路"的办学方针。实行义务教育国家负有重要的责任，但不可能完全由国家包下来。所以草案第九条规定："国家鼓励企业、事业单位和其他社会力量，在当地人民政府统一管理下，按照国家规定的基本要求，举办本法规定的各类学校"。企业、事业单位和其他部门办学，同本单位的基本利益是一致的，不应视为不合理负担。职工和农民群众在自愿、量力的原则下捐资助学，应予以鼓励。

八、关于义务教育阶段免收学费。

免收学费，是实施义务教育的一项重要措施，也是世界各国，特别是经济比较发达的国家，目前在实行义务教育时所采取的一项政策。草案第十条规定："国家对接受义务教育的学生免收学费"。这项规定，将为适龄儿童和少年接受义务教育提供更好的条件。

至于是否征收少量杂费，问题比较复杂，原则上应该逐步做到免收杂费，但应视当地政府财政状况逐步实施，可由省、自治区、直辖市人民政府按实际情况在实施办法中决定。

九、关于实施义务教育的经费和办学条件。

增加必要的事业费和基建投资，逐步改善办学条件，是实施义务教育的重要保证。从我国的国情出发，教育费用必须实行多渠道筹措的方针。为了保证实施义务教育所需要的费用，草案第十二条规定："国家用于义务教育的财政拨款的增长应当高于财政经常性收入的增长，并使按在校学生人数平均的教育费用逐步增长"，"地方各级人民政府按照国务院的规定，在城乡征收教育事业费附加，主要用于实施义务教育"。教育经费做到"两个增长"，是中央关于教育体制改革的决定提出的。实现这"两个增长"，中央财政是一个方面，地方财政是一个方面，两个方面都要予以支持和保证。在"七五"期间，国家财政用于教育的事业费将达到一千一百六十六亿元，比"六五"期间增长百分之七十二，已高于同期财政计划增加的比例。要做到按在校学生人数平均的教育费用逐年增长，不但要靠中央靠地方各级政府的努力，还要靠社会各方面的资助。当前在控制基建规模时，国务院同意对办中小学和师范的基建可以不纳入控制指标。这是对自筹资金办教育的一种鼓励政策，是从政策上支持各种社会力量为实施义务教育作贡献的一项重要措施。

十、关于义务教育的师资。

建设一支数量足够、质量合格、结构合理并相对稳定的师资队伍，是实施义务教育的关键所在。加强师范教育培养各级学校的合格师资队伍，是我国教育事业的战略问题，必须引起各方面足够的重视并从财力和物力上给予支持。草案第十三条规定："国家采取措施加强和发展师范教育，加速培养、培训师资，有计划地实现小学教师具有中等师范学校毕业以上水平，初级中等学校的教师具有高等师范专科学校毕业以上水平"。当然，这个目标要根据本地区实际情况分阶段实现，切不可不顾条件一哄而起、搞形式主义。

我国现有七百五十多万小学和初中教师，他们为人民的教育事业作出了巨大贡献。为了适应九年制义务教育的需要，一方面要发展和改革师范教育，培养和补充新师资；另一方面必须采取多种形式、多种渠道抓紧对现有师资的培训、提高工作。通过函授和电视教育开展在职培训，是一种有效的方法。我们将利用电视卫星专门开设教育频道，为中小学教师培训提供服务。培训现有小学和初中教师，应该先着重实行教什么学什么、缺什么补什么的原则，逐步建立正规的学习制度。经过考核合格的，可分别授予相当于中等师范学校、高等师范专科和大学的各种学历证书。

逐步提高中小学教师的社会地位和经济待遇，吸引优秀人才到中小学任教，是稳定和提高教师队伍的根本措施。为此，草案第十四条规定："社会应当尊重教师。国家保障教师的合法权益，采取措施提高教师的社会地位，改善教师的物质待遇，对优秀的教育工作者给予奖励"。去年，发表了《中共中央关于教育体制改革的决定》，庆祝了建国以来第一个教师节，提高了中小学教师的工资待遇，尊师重教的社会风气得到了发扬。今后，应该继续贯彻"少讲空话，多办实事"的精神，切切实实为改善教师工作条件和生活条件解决一些实际问题。特别是民办教师，他们在比较艰苦的条件下坚持工作，为人民的教育事业作出了贡献。今后，无论在什么地方，在政治待遇和社会地位上，包括晋升职务、推选先进，对民办教师和公办教师要一视同仁。

全社会尊重教师，对教师提出了更高的要求，教师要不断提高自己的思想水平和文化、业务水平，既要教书，又要育人。广大教师真正做到为人师表，才能不辜负党、国家和人民的重托。人民教师是光荣的岗位，国家对教师应有严格的要求。草案第十三条规定："国家建立教师资格考核制度，对合格教师颁发资格证书"。所以，义务教育法的颁布和执行，将为广大教师创造出更好的条件，也对教师提出了更高的要求。教师应该在贯彻执行义务教育法的过程中，起到模范带头作用。

草案对实行义务教育的各项重大问题都作了原则规定，但不可能规定得十分具体。所以草案第十七条规定："国务院教育主管部门根据本法制定实施细则，报国务院批准后施行"，"省、自治区、直辖市人民代表大会常务委员会可以根据本法，结合本地区的实际，制定具体实施办法"。这就要求我们要发扬改革的精神，通过实践，不断地总结经验，使我国的义务教育逐步完善起来。

各位代表，制订义务教育法是关系国家和民族未来的大事，同广大工人、农民、知识分子、解放军以及千家万户都有密切关系。草案虽然比较广泛地征求了各方面的意见，经过反复修改，但还会有不够完善的地方，欢迎各位代表继续提出修改意见。

加强少年儿童的品德教育是
提高民族素质的根本大计 *

（一九八六年五月二十六日）

在"六一"国际儿童节即将到来的时候，共青团中央、全国少先队工作委员会在这里举行少先队辅导员和少年儿童工作者座谈会，共同商讨在全国改革的新形势下，如何对少年儿童加强共产主义思想品德教育，更有效地促进一代新人健康成长的问题。这是全党、全社会和全国各族人民都很关心的一件大事，必将得到大家的赞成和支持。我们高兴地看到，我国的教育事业如同全国各项事业一样正在蓬勃发展，教育改革也如同各项改革一样正在逐步深入，教育工作正在不断取得新的成就，少年儿童正在我们伟大祖国的怀抱里茁壮成长。应该指出，广大少年儿童教育工作者像勤奋的园丁一样精心培育幼苗，付出了辛勤的劳动，为社会作出了不可估量的贡献。我代表党中央、国务院向今天与会同志，并通过你们向广大教师、少先队辅导员、社会教育工作者和一切关怀、支持、从事少年儿童教育事业的同志们，表示崇高的敬意和亲切的慰问！并借此机会向全国的少先队员和小朋友们致以节日的祝贺！

---

* 这是李鹏同志在"六一"少年儿童工作者座谈会上的讲话。

　　我们的国家正处在一个改革和发展的崭新历史时期，我们正面对着一个科学技术日新月异的世界，面临着保卫和平和发展经济这样两大战略任务。中国是一个十亿多人口的发展中国家，经济发展很不平衡。要使中国真正达到繁荣富强，使经济、科技和文化达到世界发达国家的水平，还需要经过几代人的努力。因此，我们的少年儿童工作，是一项意义深远的，不仅是面向四化建设，而且是面向世界、面向未来的伟大工作。大家知道，人才的培养，要从少年儿童做起。民族素质的提高，它的基础也在于对儿童和青少年的教育。《中共中央关于教育体制改革的决定》和《中华人民共和国义务教育法》，就是以提高民族素质、培养人才为根本目的而制定的。我国是社会主义国家，社会主义制度的优越性不仅应该体现在生产力的高度发展上，而且应该体现在一代新人的全面塑造和培养上。培育一代新人，不仅要注重智力开发，而且要使他们具有共产主义的理想、道德、纪律观念和民主精神，还要有正确的劳动态度。因此，从少年儿童时期开始，就使他们在德育、智育、体育、美育等方面都能得到全面的发展，是社会主义教育事业的根本任务。

　　中华民族正经历着新的腾飞时代，在党的领导下，广大人民群众满腔热情地建设四化，信心百倍地开创未来，这样一种蓬勃向上的时代风貌会给少年儿童以深刻的影响。他们这一代人，将生活在安定团结的政治环境中，有着比较良好的生活和教育条件，物质文明建设和精神文明建设的社会实践又为他们增长和发挥聪明才智提供了广阔天地。他们这一代人有很多优点和特长，将成为有文化修养又有专业知识的新型劳动者，并且在他们当中还将会产生一批又一批的科学家、企业家、文学艺术家和各种优秀的社会工作者。他们是大有希望的一代。当然，新的一代也会遇到新的问题。随着社会上独生子女的增多，对下一代的培养也会带来新的课题。总的说来，独生子女无论在生活条件上，还是在受教育方面都能得到家庭和社会更为优越的照顾，这是好的一面；另一方面，也会产生父母和家庭对他们娇生惯养和过分溺爱的现象。同时，社会上某些不良倾向对部分少年儿童的思想和行为也会产生不良影响，如不关心集体、不关心他人、轻视劳动，甚至极个别的少年违法犯罪的现象也有所发生。这说明，加强对少年儿童的品德教育已成为十分紧迫和重要的任务。

对少年儿童的教育绝非一朝一夕之功，"合抱之木，生于毫末；九层之台，起于累土"[1]。对少年儿童进行品德教育要从小做起，从父母和家庭做起，从学校和社会做起。我们对少年儿童进行共产主义教育，绝不能用对待青年和成人的教育方法，应该用适合他们年龄特点和智力发展水平的方法和步骤，用孩子们能够接受的、喜闻乐见的形式，寓品德教育于课堂教学之中、于日常生活之中、于游戏娱乐之中。值得重视的是，现在对少年儿童的教育中，还存在一些生硬的、过时的做法没有得到改正，实践证明，这些做法不但效果不好，有时甚至适得其反，达不到品德教育的目的。我们对少年儿童进行品德教育，是为了培养他们的民族自尊心和爱国自豪感；培养他们的集体主义精神，从小树立为他人、为集体、为人民的好思想；培养他们从小热爱劳动、尊重劳动人民、珍惜劳动成果的好习惯；培养他们不怕困难、愿意学习、勇于创造、有毅力、讲效率，以及待人诚恳坦率、重友谊、守信用等好的品质和作风。中小学校和幼儿园一定要把品德教育放在与智育和体育同等重要的地位，抓紧抓好。当前，在中小学教育中存在的片面追求升学率的做法，是不利于少年儿童身心全面成长的错误倾向，各级教育部门和学校领导必须采取有效措施加以纠正。

在加强少年儿童品德教育的过程中，我们要十分重视发挥少先队的作用。少年先锋队是孩子们自己的、喜爱的组织，有着独特的组织形式和活动方式，因而起着学校教育不可替代的作用。少先队的宗旨、任务和教育内容都具有鲜明的共产主义教育的性质，孩子们可以通过自己的组织学习教育自己、管理自己的本领，在活动中培养善于思考、善于创造的才能。少先队的工作实践证明：哪里的少先队工作搞得活跃，哪里的品德教育就得到加强。因此，要把少先队的工作看作学校教育的有力助手，认真加以扶植、支持和领导。

广大少年儿童工作者肩负着培养祖国新一代的重任，你们在较为困难的条件下，脚踏实地地为社会和人民做了大量有益的工作，理应得到人民的信赖和社会的尊重。你们的工作可能不如其他人那样有名气，工作报酬也比较低，生活学习条件也不十分理想。但是你们的工作是社会所必需的，责任是重大的，因而你们的职业是光荣的。希望大家拿出勇气和毅力，克服前进道路上的困难，立志做一名优秀的少年儿童工作者。

实行全面改革，是我国当前的头等大事，是第七个五年计划的重点。在逐步深入进行的经济、科技、教育体制改革中，我们将面临许多新的情况。这就需要我们广大少年儿童教育工作者认真学习党的各项方针政策，了解改革的进程，投身到改革的事业中来。只有这样做了，我们才有可能正确地回答孩子们对现实生活提出的各种问题，引导他们得出正确的认识，否则，品德教育就可能流于形式，缺乏针对性和说服力。

少年儿童善于模仿，有很大的可塑性。教育者的言谈举止、所作所为，对他们都是一种潜移默化的教育。这就要求教育工作者加强自身修养，不断提高自己的思想品德素质，以自己的崇高理想去激发孩子们的理想，以自己的高尚情操去陶冶孩子们的情操，以自己的美好心灵去塑造孩子们的心灵。现代少年儿童，知识面广，求知欲强，愿意提问和思考。面对这种情况，少年儿童教育工作者必须勤于学习，掌握较为广博的知识，只有不断地充实自己，才能用新的知识启迪少年儿童。

培养一代新人是全社会的大事，需要各个方面出力尽责。应当在全党、全社会、全体人民中间树立一个观念：为少年儿童服务，就是为祖国的未来服务。每个同志都要自觉地热爱少年儿童，为他们着想，为他们服务。在这方面，许多老同志为我们作出了榜样，他们在离退休之后，仍以满腔的热情关怀教育少年儿童，在有生之年为培育一代新人不辞劳苦地作出了可贵的贡献。他们的这种远见卓识和献身精神应该在全社会得到发扬。我们的文学、艺术、影视、报刊、广播、出版等方面，都要以促进少年儿童健康成长为己任，千方百计为少年儿童多多提供丰富有益的精神产品。我相信，只要学校、少先队和社会各方面共同努力，中国的新一代乃至整个中华民族的素质就一定会得到提高，具有远大理想和创造精神的一代新人一定会茁壮成长起来。

注　　释

〔1〕见《老子》第六十四章。原文是："合抱之木，生于毫末；九层之台，起于累土；千里之行，始于足下。"

用电子技术武装传统产业，推进我国的技术进步*

（一九八六年六月二十九日）

当代科学技术正在迅速发展。一批新兴技术领域正在兴起，推动着传统产业的变革和新产业群的出现。在这些新技术领域中，影响最大、应用最广泛的，是以微电子为基础、由计算机技术和通信技术组成的信息技术。

在处理传统产业和新兴产业的关系时，我们首先要看到，传统产业仍然是我国国民经济的主体，是创造物质财富的主力。其次，传统产业要获得技术进步，使生产力有大幅度提高，必须用以电子技术为代表的新技术加以改造。第三，用电子技术改造传统产业，也为电子行业自身的发展开拓了广阔的市场。

传统产业中的机械工业在国民经济的各部门中占有重要地位，是国民经济的装备部。因此，机械工业的产品水平和它本身的现代化程度，在很大程度上决定了国民经济各部门的装备水平和现代化程度。所以，我们首先要把新型的电子控制技术应用到机械产品中去，大力发展新型的机电一体化产品，以推动机械产品的更新换代。如各种数控机床、各种

---

* 这是李鹏同志在全国计算机应用工作会议上讲话的一部分。

类型的机械手，还有由电子技术控制的成套设备，都属于机电一体化的产品。这些产品不仅能提高劳动生产率、改善劳动条件，更重要的是，它能把最优秀操作人员的技能和经验，归纳到电脑中去。因此，它能够生产出质量最好的产品，能够最安全地进行操作，能够大幅度节约原材料和能源，从而提高产品的经济效益。

电子工业属于新兴产业的范畴。这几年，我国的电子工业由于实行了开放政策，引进了大量技术，发生了比较大的变化。现在，已经能够批量生产五微米集成电路、八位和十六位微型计算机和小型计算机。但是，总的说来，与发达国家相比还有比较大的差距。不少电子产品只有发达国家五十年代或是六十年代初期的水平，采用的是分立元器件，有的虽然采用了集成电路，集成度也比较低。因此，产品体积大、精度低、可靠性差。我们要通过引进、消化、开发、创新，在集成电路、计算机、通信和软件四个重点技术领域，进一步提高电子产品的技术水平，逐步淘汰落后的产品，迅速改变信息产业的落后面貌。

现在，许多国家都在研究高技术。不管哪一种高技术，都离不开电子技术的支持。为了跟踪世界先进技术的发展，在国力允许的条件下，我国也要有重点地开展一些高技术研究。因此，电子技术也要为高技术的发展服务。

进一步开拓计算机的应用领域 *

（一九八六年六月二十九日）

我国计算机的应用，在国民经济和社会发展中，已开始取得比较显著的经济效益和社会效益，从而受到社会上广泛的重视。全国计算机应用展览和全国计算机应用工作会议，对计算机的应用作了一次全面的总结。实践证明，计算机的应用对推动技术进步、提高管理水平、节约能源和原材料、加速资金周转、提高产品质量和企业的经济效益，都发挥了重要作用。计算机的应用，在我们国家有着广阔的发展前景。

今后，我们要继续坚持以提高经济效益和社会效益为中心，推广现有的成果和进一步开拓新的计算机应用领域。首先，要把全国计算机应用展览中的一千五百多个项目加以推广。这些项目是从两万多个项目中筛选出来的，效果比较好，技术比较成熟。这些项目加以推广，就可以转化为生产力，促进生产的发展。

推广现有的计算机应用成果，要注意两个问题。一是要善于宣传和推销自己的产品。我们的企业还不大会做推销工作。如果只重视开发和生产，而不重视推销，产品就很难为

---

* 这是李鹏同志在全国计算机应用工作会议上讲话的一部分。

社会所接受。要把应用成果推广开来，除了采取开展销会、订合同等办法外，还要在社会上利用各种各样的渠道加以宣传，如利用广告。广告本身是发展商品经济所不可缺少的，要去弊存利，加以正确的引导。电子工业本身还要采取一系列办法推销自己的产品。比如，彩色电视机销路很好，市场脱销，而黑白电视机又有积压。卫星电视教育频道从七月一日开通以后，就为黑白电视机提供一个市场。无锡电视机厂正在采用赠送卫星地面站的办法，来推销黑白电视机。这样既对企业有利，也对社会有利。采用各种手段，包括宣传的、行政的、经济的手段，把现在已有的计算机应用成果加以推广，才能真正做到抓应用、促发展。二是要重视应用技术的培训工作。由于电子计算机不同于一般的商品，使用它的人要掌握技术，还要开发软件。如果没有会使用的人员，没有软件，计算机就没有使用价值。遗憾的是，到目前为止，不少单位的计算机还是摆在那里做样子，没有发挥作用。所以，各行各业都要培养自己的应用人才，建立层次不同的计算机应用队伍，这也是推广应用成果不可缺少的条件。

关于民航改革的意见 *

（一九八六年九月十一日）

（一）民航实行政企分开，下设七个管理局、六个航空公司，省只设代表。

（二）民航对六个公司实行行业管理。在现行体制下，仍由民航在计划上归口，逐级实行包干责任制。发展方向是除保留一家中国国际航空公司属国家直属外，其余都逐步下放到中心城市。

（三）为了稳妥起见，仿照港口的办法下放先试点，先下放上海公司，机场交上海市管理，其余所有公司党的关系也都下放。

（四）鉴于此方案与原来国务院批的[1]区别不大，只有下放试点原则过去未写过，所以拟先召开民航办公会议讨论，通过后报国务院领导批准后即实施。

（五）各省撤销公司可能有点阻力，拟在六中全会时与各省交换一下意见。

注　　释

〔1〕这里指民航系统管理体制改革方案。一九八七年一月三十日，国务院

---

* 这是李鹏同志就民航改革原则向国务院报告的主要部分。

批准中国民航局《关于民航系统管理体制改革方案和实施步骤的报告》。原来国务院批的方案，指国务院一九八五年一月七日批准中国民航局《关于民航系统管理体制改革的报告》，确定按照政企分开、简政放权的原则进行改革。

利用外资办钢铁需要的
五条政策 *

（一九八六年十一月三日）

从全国来看，钢铁工业的成绩很大，今年钢产量可以超过五千万吨，这在世界各国来说，也是数得上的。但是，就我们十亿多人口这样的大国来讲，人均产钢量、耗钢量在世界上还是处于比较落后的水平，钢铁是我们国家的薄弱环节。钢铁的供求关系很紧张，国家和地方、部门每年要花大量外汇进口钢材以维持生产和建设。现在，每年进口都在一千八百万吨左右，这是大家都知道的，长此下去，不仅耗费国家大量的外汇，而且会使我们长期处于被动局面。为了扭转这个局面，最近，经过中央批准，采取了一项重大决策，就是在实行对外开放政策的有利条件下，利用外资建设一千万吨钢的生产能力，用"以产顶进"的办法还本付息。这样，我们不仅可以减少进口，减少长期对外依赖，而且也把自己的钢铁企业发展、更新了。所以，这是一项关系到四化大计的重大决策。国务院为此专门成立了一个利用外资发展钢铁工业的领导小组，统筹规划这件事。我这次到你们这里来，也是为这件事。

---

* 这是李鹏同志在辽宁省考察鞍山钢铁公司和本溪钢铁公司时讲话的一部分。

　　经过对鞍钢、本钢的了解和冶金部前一段对马钢、武钢、梅山的调查研究，以及经过一系列会议的讨论研究，我们认为要把利用外资办钢铁这件事情搞好，大体上要有这样五条政策：

　　第一条政策，就是新建厂和改造、扩建的老厂比较起来，这一千万吨钢要以改造、扩建老企业为主，走挖潜、改造、扩建为主的路子。这是因为老厂有原有的企业和城市为依托，有技术和经营管理的优势，有很大的潜力。只要经过技术改造、填平补齐和必要的改建、扩建，就可以把潜力发挥出来，较快地提高生产能力，做到投资省、工期短、见效快、效益高。当然，也不排除利用这笔资金建设少量的、新的中小钢铁企业，以弥补钢铁企业分布上的不均衡状况。

　　第二条政策，就是在利用外资的同时还要注意利用内资。外资主要用于引进先进技术、先进设备，要把钱花在刀刃上。其他的建设费用，土建、配套工程，要尽量利用内资，充分调动地方、部门、企业的积极性。可以利用集资的办法筹集地方资金、钢铁企业自有资金，也要调动钢铁用户的积极性，请他们投资、参股，按照投资比例分给他们钢材或按股份分得利润。这样做，可以节约大量的外汇，加重地方、部门和企业的经济责任，从而可能缩短工期，节约总投资，更快地见效益。

　　第三条政策，就是强调用经济的办法办事。在冶金部和国家计委的双重领导下，以冶金部为主，准备成立一个中国国际钢铁投资公司，对外借外资、对内筹措资金、引进技术设备、谈判签约、落实"以产顶进"以及还本付息等，都由该公司统筹协调。但是在项目确定以后，该项目的建设和建成后的生产经营等经济责任则由企业负责。

中国国际钢铁投资公司，要仿照中国国际信托投资公司和华能国际电力开发公司的做法，应当是有效率、有权利、有经济责任的法人。不能一有对外项目就"周游列国"，一谈判就是一两年。要讲求效率，争取时间。在公司的职权范围内，要有决定权、批准权，不拖拉，不扯皮。有项目的企业可以根据需要设立分公司，逐级负责。总之，要用改革的办法、经济的办法，把这件事办好。

第四条政策，就是要落实"以产顶进"。我们国家这次之所以能够作出这样一个决策，在计划的盘子之外用十年左右的时间利用外资再搞一千万吨钢的生产能力，核心就是"以产顶进"，用新增产的钢材顶替进口钢材，把节省下来的外汇用于还本付息。所以，我们要把"以产顶进"落实的程度作为选择项目的一个重要条件。例如鞍钢要列上项目，增产二百万吨钢，根据使用外资的比例，粗算下来要落实五十万吨左右来"以产顶进"才成。

现在每年进口钢材是三大部分：国家物资局进口的、地方进口的和部门进口的。今后落实"以产顶进"也要分别由国家、地方和部门承担相应的份额。

第五条政策，就是在确定项目时要比较，要择优定项，哪个企业条件好就选哪一家。所谓条件好，主要指的是潜力大、改造扩建有基础、技术条件好、投资省和"以产顶进"的比重大等几个方面。

在对外谈判购买国外的技术、设备时，也要货比三家，选择那些设备质量好、供货期短、价格有竞争力、能够转让关键技术的国家或厂商。当然，在货比三家的过程中，不能又因此大刮出国风，不能泛泛地找许多国家和厂商来长时间的谈判。经过前一段的工作，我们已经掌握了不少有关钢铁的国际信息和行情，要充分利用这些条件，至多做个别的必要考察也就够了。找外商谈判要有针对性，一个项目选择成交可能性最大的两家三家来谈判也就够了。

在购买国外设备时，要充分注意利用国外二手设备的可能性。现在，国际市场上钢铁业比较萧条，市场不大景气，开工不足，所以不少西方国家抛售二手设备，而有些二手设备对我们还是适用的，价格又便宜，买来还是合算的。此外，购买国外设备，有时候也不一定要全套进口，有些关键技术、关键设备能搞到手，就可以大幅度地提高劳动生产率和产品质量。这一点也应重视。

以上这五条政策，是在前一段开会讨论和这次调查研究中初步形成的，在今后的实践中还要不断地充实完善。

改进派遣留学生工作 *

（一九八六年十二月二十二日）

中国派遣留学生的政策，不是一项权宜之计，而是对外开放政策的重要组成部分，对外开放是中国的基本国策，这个政策要长期坚持下去，因此，通过各种形式派遣留学生的政策也就不会改变。我们不仅从道理上是这样讲的，实际上也是这样做的。今年中共中央和国务院专门讨论了留学生工作并作出相应的决定，在第七个五年计划期间，中国派遣留学人员的数量只会增加，不会减少。

党的十一届三中全会以来，国家先后派出三万余人出国留学，还有一批人员自费出国留学。根据派遣计划和要求，目前已有一万六千余名公派留学人员学成回国。应当肯定，这几年派遣出国留学人员的工作取得了很大的成绩，在吸收国外先进的科学技术和经营管理经验，培养高级专门人才，提高人才素质等方面都发挥了积极的作用。

我们绝大多数出国留学人员在国外学习期间的表现是好的。他们热爱社会主义祖国，勤奋好学，成绩优良，遵守所在国的法律，尊重其社会习俗，和那里的人民友好相处。不少人在科研工作中还有所创新和突破，受到了国内外的好

---

* 这是李鹏同志接受《瞭望》周刊记者采访时谈话的要点。

评，为祖国赢得了荣誉。学成回国的留学人员，在科研、教育、生产等岗位上努力工作，成绩显著，越来越多的人成为各个行业的骨干力量，为四化建设作出了积极的贡献。

当然，毋庸讳言，这项工作也存在一些问题。主要是我们派遣留学生所选择的学科与专业紧密结合国家建设的需要不够，有些学用脱节，再加上其他方面也有一些不足之处，以致影响了留学人员回国后作用的充分发挥。应当看到，中国长期处于封闭状态，一旦开放，几万人出去留学，出现这样那样一些问题是毫不足怪的。只要我们实事求是，正视缺点，总结经验，不断改进，我们派遣留学生的工作就会做得更好。

正是基于这样的考虑，国家教委根据中共中央和国务院决定的精神，经过反复酝酿，广泛征求各方面人士的意见，最近制定了《关于出国留学人员工作的若干规定》。无论中央、国务院的文件还是教委制定的具体规定，核心都不是为防止人才外流，这些文件的主要精神可以用十二个字来概括，即：按需选派，保证质量，学用一致。

过去公派留学人员在学科选择上，不尽合理。理论性学科，如数学、物理，相对而言，派的人多了一些；而国家建设需要的应用、管理等学科，人又少了。有的人研究的课题，不是中国实际急需的，结果学成回来不能很好地发挥作用。所谓"按需选派"，就是按四化的需要派遣，重点是加强应用学科、管理学科的派遣，对于理论性学科，还要给予足够重视，继续派人出国学习。对于社会科学、文化艺术方面的留学人员，今后也要适当增派，以便吸收国外文化领域和思想领域里好的东西为我所用。同时要适当调整公派留学人员去往国家的分布比例。国家不分大小，都各有长处，只有这样做，才能博采各国之长。

　　鉴于国内高等教育事业已有较大的发展，教学与科研水平都有较大的提高，今后培养研究生应立足于国内，以国内培养为主。因此，公派出国留学人员应在保证质量的前提下，着重派出进修人员、访问学者；除学习语言和个别特殊学科外，一般不派大学本科生；要适当减少攻读硕士学位的研究生，增加攻读博士学位的研究生，并积极开辟中外合作进行科学研究和培养博士生的途径。

　　为了做到学用一致，在出国留学人员的招生办法上也要进行改革。今后，大部分公派出国研究生由各用人单位派出，小部分由国家统一掌握。提倡单位派遣的好处：一是派出人员在国外选学的专业和课题符合国内需要；二是便于对出国留学人选的思想品德和业务水平进行全面考核，保证质量。

　　由亲友资助出国自费留学也是培养人才的一条渠道，应予积极支持。国家对于自费出国留学人员，要像对待公派留学人员那样给予关心和爱护，帮助他们解决遇到的困难和问题，鼓励他们学成回国，为四化建设服务。对获得学士学位以上的回国自费留学人员，国家在回国旅费和国内安家费等方面将给予帮助。在分配和使用上，将与公派出国留学人员一样对待，量才录用，发挥他们的长处。

　　"博士后"也是个人们比较关心的问题，我们的态度同样是积极的，只要其研究或实习的课题对我国的科技发展有益，我们就支持。即使有的项目暂时用不上，但将来有用，只要条件允许，我们也支持，并在审批手续上给予便利。

关于公派出国留学人员回国休假。你们知道，国家外汇还不富裕，但对此我们还是作了合情合理的规定。例如在国外留学年限时间较长的，可享受公费回国休假一次。这样做既可以使他们与亲人团聚，又可以增强其对国内实际情况的了解，有利于他们联系实际，学用一致。对于公费研究生的配偶出国探亲，我们也作了合理的规定和适当的照顾。在这个问题上也应看到，我国还是个发展中国家，经济能力有限，不能与发达国家攀比。

现在教委制定的若干规定与过去有关规定相比，有的地方松了一些，也有的地方严了一些，但这都是根据中国的国情和几年来实践经验总结出来的，比过去更合理、更完善了。现在有一种说法，似乎严就是收，宽就是放。这种笼统地以宽严来衡量放收的说法，是不恰当的。如果我们作出决定不派或少派，那是收了，而实际情况是，我们派出的数量并未减少，质量还有所提高，这怎么能说是收了呢？我在英国访问期间，也有人问，中国为了防止人才外流，将要求每个留学生出国前缴纳两万元保证金，当时我笑着回答说："我还没有听说过有这个规定呢！"

我们对派出去的人是放心的！我们相信派出去的人绝大多数是热爱社会主义祖国的，他们希望祖国富强，愿意将所学奉献给祖国的四化大业，用不着担心他们不回来。现在存在的情况是，有的人按时回来，有的人推迟了一些时间回来。当然，既然是国家按计划派出去的人，就希望他们都能按计划如期回来，及早投身到四化建设中来，这样对整个工作有利。但有一些人，确因这样那样的原因，晚一点回来，也是可以理解的。

　　不久前，我与一些新老留学生座谈，大家从五十年代的留学生活，谈到今天遍及五洲的学生的情况，有一个共同的感受：出国留学是一件艰苦的事情。尽管国外的生活条件比较好，但是远离亲人，生活不习惯，语言不畅通，在这种情况下，还要完成学业，确实需要付出艰苦的劳动。留学生身在异国他乡，心里总是装着祖国，看到什么事情总情不自禁与祖国相比较，恨不能早一点学成归来报效祖国。两代留学生虽然成长条件、留学环境和教育模式都有很大的不同，但是他们热爱祖国、振兴中华的心愿是一样的。绝大多数中国留学生从自己生活实践中形成的政治信念，也是任何人改变不了的。

　　在一本杂志上，我看到有个五代留学生的提法，指的是从洋务运动以来中国派出的留学生，包括中国民主革命的先行者孙中山先生算是第一代；第二代是周恩来、邓小平等老一辈无产阶级革命家；第三代是钱学森这一辈科学家；第四代是指像我们这样五十年代派出国的留学生；现在出国留学的算是第五代。第五代出国留学生的条件比前辈要好得多。现在科学技术发展很快，他们可以学到更先进的东西。他们思想活跃，知识面广，他们身上有不少我们不具备的长处、优点。历史发展的规律就是这样，一代更比一代强。我寄希望于他们，当然，同样也寄希望于更多的国内青年，他们之中很多人将成为祖国建设的栋梁之材。

　　谁想成才，谁就要准备艰苦奋斗。回国以后，生活条件不如国外，国家将尽可能地给予一定的照顾，但国家财力有限，照顾也是有限的，也不宜与广大人民群众的生活水平距离过大，在物质条件上肯定会比国外差一些、苦一些。但我说的艰苦奋斗，主要还不是指生活方面，而是指在事业上，事业上的道路是曲折的。要准备与国内的同志共同奋斗、共同创业，要知道我们从国外学到的知识和技术还必须与中国的实践相结合，还必须准备在事业上、学术研究上遇到困难，受到挫折，要有百折不挠的精神，经过千锤百炼，才能真正成为振兴中华的有用之才。

正确把握城市建设与
经济社会发展的关系 *

（一九八七年一月一日）

城市建设与经济发展是相辅相成、互相促进的。城市是经济发展到一定水平的产物。经济的发展产生了城市，并为城市建设提供必要的物质技术基础。有了一定的经济实力，才能去修路、建住宅，才能不断提高城市的基础设施水平。没有经济的发展，没有财政收入，城市怎么发展？现在中央和地方财政收入的绝大部分是来自城市工商业。所以，首先要发展经济，增加财政收入，才能为城市建设提供条件。而城市建设搞好了，对生产的发展和文化教育事业的建设，也会有巨大的推动作用。现在，许多城市由于基础设施落后、电力不足、供水紧张、环境污染、交通拥挤等原因，限制了经济的发展，影响了现有经济能力的发挥。因此，我们必须从经济社会发展的全局来认识城市建设的重要作用。经济建设、城市建设、环境建设三者必须同步规划、同步实施、同步发展，以取得经济效益、社会效益和环境效益的统一。

在四化建设中，大家都希望自己的城市发展得快一些，基础设施搞得好一些，为生产发展创造更好的条件，这是可

---

* 这是李鹏同志在《红旗》杂志一九八七年第一期上发表文章的一部分。

以理解的。但是，城市建设要受经济发展水平的制约。我们的国家还不富裕，经济力量有限，建设的速度不可能太快，只能有一个合适的速度。"六五"期间，我国城乡出现了历史上所没有过的建设规模。城市每年建设一亿多平方米住宅，农村新建七亿平方米住宅。这样的规模不仅是新中国成立以来所没有的，在世界上也是罕见的。与我们的经济力量相比，现在的建设规模已经够大的了。盖房子，修马路，搞基础设施，都要用钢筋、水泥、木材，要有财力，要有一定的物质基础。要看到，我们的建设速度已经不低了。保持这样一个速度，坚持下去，到本世纪末，我国城乡的面貌定将会有一个更大的变化。

在城市建设中，要防止盲目攀比。城市之间、地区之间的经济发展水平不一样，各个城市建设的速度和规模，也必然不一样。不要以为自己的房子比其他城市盖得少就是落后。城市建设要实事求是，量力而行，有多大的财力办多大的事。不要不顾自己的财力和需要争相建高层建筑，更不要耗费大量物力、财力，盲目地建高级饭店、会堂、游乐场和纪念馆。建设要突出重点，先解决那些生产和人民生活迫切需要解决的问题，首先是供水和排水问题，道路、交通问题，煤气、集中供热问题，以及电力、通信问题。城市建设要面对现实，面向未来。面对现实，就是有多少钱办多少事，先解决最迫切的问题；面向未来，就是要有长远规划，一时办不到，但能够想到，规划到，一步步地去实现。这样，城市才能得到健康、协调的发展。城市基础设施当然需要有适当的提前量，但提前过多，也是不现实的。

我们要坚持"控制大城市规模，合理发展中等城市，积极发展小城市"的城镇发展方针。城市在发展过程中，应该具有一定的规模；达到一定的规模，才能发挥城市多种功能的作用。但城市规模发展过大，也会带来很多难以治理的毛病，如环境污染、供水不足、住房紧张、交通拥挤，等等。因此，控制大中城市规模要坚定不移。现在，由于农村经济的发展，劳动生产率的提高，农村出现了剩余劳力。我们的方针是按照"离土不离乡"的原则，就地进行安排，发展乡镇企业，发展第三产业，在农村发展小城镇。小城镇不仅是一定区域的生产中心、基层政权中心，也是文化、科学、教育的中心。小城镇的发展，能够促进农村经济的发展，缩小城乡之间的差别，作用不可低估。在中国大地上出现了星罗棋布的小城镇，是一件了不起的事情。我们走的是一条适合中国国情的社会主义城市化道路，可以避免资本主义国家和某些发展中国家曾经发生过的那种由于农民破产盲目流入大城市，造成城市畸形发展和严重的城市综合征。我们要提倡在大城市的周围发展卫星城镇，以扩散大城市的生产力、科学技术，带动周围农村发展。

目前，我国大多数城市都实行了市带县的体制，实践表明，这样做效果是好的。但带多少县，要因地制宜，要看经济实力。一般来说，经济实力强的市可以多带，经济技术水平较弱的就应少带，待经济实力提高后再逐步扩大。在这个问题上也要坚持实事求是的方针。

关于高等学校办学方向和
政治思想教育*

（一九八七年二月十五日、五月十八日）

坚持社会主义办学方向，
反对资产阶级自由化

（一）关于教育战线开展反对资产阶级自由化问题。

第一，学潮的性质及其严重性。

关于去年年底发生的学潮的性质，中央明确指出："去年年底波及不少城市的学潮，其性质是严重的。直接引发这一学潮的原因，各地各校有所不同。其中包括由于中央、地方以及学校某些工作中的失误所造成的对党的领导的不信任情绪。但总的来说，是几年来反对资产阶级自由化思潮旗帜不鲜明、态度不坚决的结果。"[1]中央已经有了明确的提法，我们就按照这一口径进行工作，不再提其他新的提法。当然，这一提法是就整个学潮的情况说的，具体到每个学校、每个参加学潮的人，则有不同的原因和情况，要做具体分析，区别对待。但不管参加这次学潮的动机有什么不同，它

＊ 这是李鹏同志的两次讲话。一是在国家教育委员会工作会议上讲话的主要部分，二是在全国高等学校思想政治工作会议上讲话的主要部分。

的社会效果是不好的，这种做法是错误的。总之，我们在处理这个问题上，既要实事求是地指出这次学潮的严重性，又要在具体做法上坚持争取团结绝大多数学生，通过耐心细致的工作使他们能够分清政治上的大是大非。

第二，进一步稳定高等学校的局势，改进和加强学校思想政治工作。

反对资产阶级自由化，是今年教育战线思想政治工作的重要任务。新学期开学后，最迫切、最突出的问题是稳定学生的思想，消除少数学生中存在的抵触情绪，进一步稳定学校的局势。现在，中央对反对资产阶级自由化，旗帜鲜明，态度坚决，政策明确，社会舆论已经发生了变化，大的气候同过去不一样了。再加上寒假期间，学生家长和社会各个方面对学生做了大量工作，新学期开学后，如果没有特殊情况，估计在全国范围内，学生不会再发生大的事情。但是，问题并没有根本解决，有一部分学生对反对资产阶级自由化还不认识、不服气，极少数学生在坏人的挑动和唆使下，可能利用假期进行串联，所以也不排除在局部地方或个别学校发生闹事的可能性。因此，开学后，各地党委和学校领导第一项工作就是进一步稳定高等学校的局势。

稳定高等学校的局势与保持正常的教学秩序是互相促进的，各学校在开学以后要按计划坚持正常的教学工作，不要随意停课、减课，以保证教学任务的完成。

怎样稳定高等学校的局势呢？要在思想上武装学校的领导干部、党员、工作骨干和教师，他们是反对资产阶级自由化的依靠力量。要组织他们学习中央最近发的一系列重要文件以及邓小平同志的讲话，使他们充分认识这场斗争的严重性、重要性和长期性，掌握中央规定的一系列政策，消除他们本身在思想上存在的一些疑虑。骨干队伍的认识提高了，才能在广大学生中间有效地开展思想政治工作，否则，中央的方针、政策难以在学校落实。

要抓紧对学生的思想情况进行细致深入的调查研究。这是我们进行工作的基础和前提。现在，我们对学生的思想情况了解得还不深。经过假期后，学生的思想有些什么变化，哪些认识提高了，哪些思想还没有想通，是否还存在着闹事的因素，等等。只有把学生的思想情况了解清楚了，工作才能有针对性并收到较好的效果。

要针对学生的思想情况，深入细致地进行思想政治工作。如果学校的局势比较稳定，学生的思想也能冷静下来，学校就应当因势利导，进行正面教育；如果有的学校发现有闹事的迹象，就要对可能参与闹事的核心人物抓紧做工作，晓以大义，把问题解决在萌芽状态中，解决在学校内部。

学生中存在的各种思想问题是长期形成的。冰冻三尺，非一日之寒。目前，少数学生还存在着抵触情绪。因此，工作一定要耐心细致深入，不可急躁、简单从事。工作简单化，不但不能解决思想问题，反而可能诱发新的问题，产生新的不安定因素。高等学校反对资产阶级自由化，一开始就要从改进思想政治工作入手。作为一个教育者，要研究如何针对受教育者的实际情况进行教育。不改进教育方法，受教育者听不进去，就达不到教育的目的。

各级地方党委要加强对高校开展反对资产阶级自由化教育工作的领导，领导干部要扎扎实实地亲自摸透一个或几个学校的情况，总结经验，指导全面工作。

各级党委特别是学校的领导，要经常深入到学生中去，同他们谈心、座谈，及时交流思想。要建立必要的制度，使学生有表达意见和要求的正常民主渠道，不要等事情发生了才去对话和做工作。对学生提出的合理要求和建议，要认真对待，并切实改进工作。学生的合理要求得到满足，学校工作切实有了改进，有利于消除不安定因素和稳定学生的情绪。对于那些虽然合理但一时又做不到的事情，要耐心解释清楚，争取学生的谅解和支持；对于那些不合理的要求也要明确地讲清楚，不能迁就和随意许愿，否则会给今后工作带来被动。

第三，教育战线开展反对资产阶级自由化的教育活动的范围、重点和政策。

中央已明确指出："这场斗争严格限于党内，而且主要在政治思想领域内进行，着重解决根本政治原则和政治方向问题，即主要是反对企图摆脱共产党的领导、否定社会主义道路的错误思潮。""党政军机关、城市企事业单位和人民解放军，主要是对广大党员进行正面教育。"[2]教育战线反对资产阶级自由化，必须严格按照《中共中央关于当前反对资产阶级自由化若干问题的通知》的规定进行。

这场斗争严格限于党内，主要指的是对党内那些系统散布资产阶级自由化观点的人，要进行批评与自我批评，极个别的人在报请上级批准后，公开指名批评或作出组织处理。这些批评或者处理，绝不涉及党外人士，并且对广大党员来说，坚持以正面教育为主。这个方针是就全社会说的，当然包括教育战线在内。

就教育战线本身来说，有高等学校、中等学校和小学，它们之间情况很不相同。去年一些高等学校发生了学生闹事，有的高等学校的讲坛成了资产阶级自由化思潮泛滥的场所。因此，从教育战线内部来说，开展反对资产阶级自由化的教育工作，重点在高等学校。

在高等学校，要在广大师生中组织好学习。新学期的思想政治工作要以坚持四项基本原则、反对资产阶级自由化为重点。首先在根本政治原则和政治方向上分清是非，提高认识。学习内容主要是中央的一系列文件，邓小平同志的有关讲话，全国人大常委会最近通过的《关于加强法制教育维护安定团结的决定》，以及马克思、列宁和毛泽东同志的有关论述。

在城市中学，党员主要是进行正面教育，中学教师主要是进行学习。中学生主要学习全国人大常委会的决定。这些学习和教育都要纳入政治学习课程之中。

我们对整个学生队伍要有一个正确的分析和评价。应当看到绝大多数学生是热爱祖国、拥护四项基本原则、支持改革开放政策的，参加闹事的只是极少数。这极少数学生，也是在前几年资产阶级自由化思潮的影响下，程度不同地存在着一些错误言行，一般属于思想认识问题。他们也是错误思潮的受害者。对他们，要采取教育疏导的方针，使他们逐步提高觉悟转变认识。中央已经明确指出，对参加闹事的学生，凡是没有触犯刑律的，一概不予追究。应当依法处理的人也要控制在最低限度。这些规定是为了防止把反对资产阶级自由化这场斗争扩大化，防止重犯"左"的错误。国有国法，党有党纪。个别党员，虽未触犯刑律，但坚持资产阶级自由化思想，带头闹，有错误言论又有错误行动，经批评教育坚持不改，要根据其情节的严重程度和态度，给予必要的党纪处分。上述处理，也要在大多数学生思想觉悟有了提高以后的适当时候进行。

在这次学潮中，暴露出许多学校的一个突出问题，就是纪律松弛，法制观念淡薄。因此，各类学校，特别是高等学校，从今年开学起，就必须严格校规校纪，加强民主与法制教育。这项工作，不管学校是否发生过闹事，都要进行。对违反校规校纪的人，要适当进行批评教育，对问题严重的要给予处理。

高等学校对学生的培养目标，已经明确规定要拥护党、拥护社会主义制度。因此，对坚持四项基本原则的态度，对资产阶级自由化思想的态度，应视为考核学生政治品德的重要标准。今后，出国留学人员的选拔和研究生的录取，都必须掌握德才兼备的标准，择优录取，二者不可偏废。

哲学和社会科学教学，以及校报校刊等宣传舆论工具是学校的重要思想阵地。从前一段情况看，大学哲学和社会科学的教学内容总体是好的，但也有少数教师在课堂教学中讲了一些错误观点，学校出的一些报刊中的问题更多一些。对这些问题，要按照过去从宽、今后从严的原则，对过去的不搞清理，今后必须努力以辩证唯物主义和历史唯物主义为指导，结合中国和世界的实际进行教学。

第四，加强高等学校领导班子建设。

绝大多数高等学校的领导班子是拥护中央的路线、方针、政策的，是坚持四项基本原则的。在这次学潮当中，许多学校的领导、教师和骨干在第一线都做了大量的耐心艰苦的工作，经受了锻炼和考验。这证明了我们高等学校的领导班子基本上是好的和比较好的。但在这场斗争中也暴露出这样和那样的问题和失误，需要认真总结经验，在思想政治上进一步提高自己的水平。

同时要看到，在少数领导班子中确有一些同志对资产阶级自由化思潮抵制很不得力。有的领导干部甚至在思想上同资产阶级自由化思潮有共鸣，还有极个别的人鼓吹资产阶级自由化思想，在这次学潮中起了不好的作用。因此，有关的主管部门要会同地方党委，在调查研究的基础上，对所属学校的领导班子的状况认真地进行分析，区别不同情况，对少数问题较多的学校的领导班子，要分别予以加强、调整或整顿。

（二）关于坚持高等学校的社会主义方向。

高等学校的基本任务是培养社会主义建设实际需要的有理想、有道德、有文化、有纪律的人才。这是我们贯彻党的教育方针，实现教育为社会主义建设服务的关键所在。学校的各项工作都要围绕这个基本任务。对教育质量的要求，就是要使受教育者在德育、智育、体育等方面得到全面的发展，使我们培养的人才符合社会主义建设的实际需要。简要地说，就是全面发展，面向实际。这是对一切学校的共同要求和衡量教学质量的共同标准。为此，还需要进一步明确高校各个科类的培养方针。对文科、理科来说，除了需要培养少量的理论研究人员以外，主要的还是培养社会需要的能够从事各种实际工作的人才。根据这个方针，要逐步调整文科、理科各专业教学内容。对工、农、医、师范等科来说，也要注意克服目前存在的向理科"靠拢"的倾向。

要改进研究生的培养制度，实行按需招生的原则。招收研究生，一要有合格的导师，二要有实际需要。今后招收研究生，按照这两个条件来确定招收数量和研究课题。要逐步提高从有实践经验的在职人员中招收研究生的比例。本科、专科的招生，也同样要注意招收有实践经验的在职人员，特别是文科和师范的一些专业，如政法、管理、政治教育等，要先实行这一改革。

要改进大学毕业生的分配制度。没有经过实践锻炼的大学生，包括本科、专科毕业生和研究生，不要直接分配到国家机关，一般也不提倡直接进入高等学校和科研机构工作。已经进入这些单位的，要给他们安排到基层实习锻炼的机会，并严格加以考核。现在大学毕业生一年的见习期，执行中往往流于形式。今后要规定考察标准，建立考核制度，改变放任自流的状况。

向国外派遣留学人员，是我国对外开放政策的组成部分，今后仍要继续派遣。留学人员的选拔派遣，国务院和教委已经制定了专门文件，明确了按需派遣、保证质量和学用一致的培养方针，要认真贯彻落实。

为了保证高等学校的社会主义方向和党的教育方针的贯彻执行，必须加强党对高校的领导，加强学校党的建设和共青团的建设。学校党组织发展新党员，尤其在学生中发展党员，必须切实保证政治质量，成熟一个，发展一个。青年学生是共青团工作的重点之一，必须在学校党委领导下切实改进共青团的工作。学校的团组织要引导青年学生信任党、拥护党的领导，紧密地团结在党的周围，成为党组织贯彻教育方针、培养"四有"人才的有力助手。

现在大学生几乎都是团员，这种情况不一定好。为了保

持共青团组织的先进性，要坚决纠正分数高就可以入团的
做法。

明确办学指导思想，提高
思想政治工作水平

（一）《中共中央关于改进和加强高等学校思想政治工作
的决定》[3]总的指导思想符合党的基本路线。

党的基本路线是以经济建设为中心，有两个基本点：一
是坚持四项基本原则，一是坚持改革开放。该决定把这两个
基本点有机地结合起来了，而不是片面地强调哪一个方面。

今年年初开始的反对资产阶级自由化的正面教育发展是
健康的。这次会议强调两个基本点的宣传，是为了更加深刻
地认识它的重要意义，从而使改革开放更加持久、健康地深
入下去。

（二）加强学校思想政治工作，必须明确办学指导思想。

办学指导思想本来是很明确的，但是近几年产生了一些
混乱。一些学校重视了智育，对德育、体育重视不够；重视
了传授理论知识，对实践环节重视不够。中学就有片面追求
升学率的现象，有的地方把有多少学生能考上大学作为衡量
中学教育成败的唯一标志。有的大学又把培养多少研究生、
有多少出国留学生作为衡量大学办得好坏的唯一标志。高等
教育的任务，应当是培养出社会主义建设需要的实用人才。
他们应该热爱社会主义，热心于改革和开放。我们是共产党
领导的社会主义国家，人民花了钱、出了力，如果培养出来
的学生却成了资产阶级自由化思想十分严重的人，成了社会

主义制度的反对者，那就是我们教育工作的失败。所以，这个决定的核心是解决好办学指导思想问题。

我们的教育方针是明确的，在不同时期有一些不同的提法，但总的精神是一致的，都是要培养德、智、体全面发展，为社会主义建设服务的合格人才。大学生的主流是好的，但也存在不少问题。学校的思想政治工作者有很大进步，同志们在第一线做了大量的、艰苦细致的工作，非常辛苦，取得了不少成绩。但是也要看到，学校的思想政治工作也是有缺点的，还有许多需要改进的地方，对此也要有清醒的头脑和正确的分析。

（三）思想政治教育是一门科学。

《决定》肯定了思想政治教育在整个学校教育工作中的地位、重要性，但是，还应该明确思想政治教育是一门科学。科学就要有自己的规律，并且要有发展，就要有这门学科的专家，要像对待其他学科一样来研究它的发展，来培养这方面的专家和教授。思想政治教育是塑造人的科学。每个时代的青年都有自己的特点，当代的青年在改革开放的环境中成长，有许多有利的条件，同时也遇到复杂的环境。我们就要研究适应新形势和当代青年特点的思想政治教育的新的内容、形式和方法，仍然用过去的老办法不一定都能发挥作用。不是讲要"入脑"吗？都用老办法恐怕就入不了脑。如果没有从事这项工作的专家、教授，就不可能提高思想政治教育的水平，就不能适应改革开放形势的需要。思想政治工作人员如果还只是一般地懂得党的方针、政策，了解党的传统，而不了解教育对象的特点和要求，没有一套科学的方法，就很难做到"入脑"。思想政治教育这门科学，有具体的对象，有实际的需要，是大有作为的事业。

思想政治教育既然是一门科学，就应当以此来要求思想政治工作队伍。这支队伍首要的问题不是增加很多人，而是要提高它的水平。今后这支队伍还是要从品学兼优的学生中选拔。这有两个好处，一是他们也生活在学生中，熟悉他们的情况，有更多的共同语言；二是他们自己也具有专业知识，便于开展工作。选拔这些人来担任班主任、辅导员，搞"双肩挑"，有利于克服政治与业务"两张皮"。这是我们今后培养德育教师的一个重要途径。而且，过去的实践已经证明，这样做还可以为党政部门、厂矿企业培养一大批骨干。思想政治工作的高层次人才可以通过设立第二学位、培养研究生等办法来解决。在《决定》中，还制定了一些政策和措施，来加强这支队伍的建设，为他们创造必要的学习、工作条件。这也是很重要的。

（四）教师要做到教书育人，为人师表。

学校办得好不好，关键在于教师。社会主义高等教育的一个重要特征，是我们要培养一代又一代有理想、有道德、有文化、有纪律的社会主义新人。这就要求教师不仅要传授文化科学知识，而且要有坚定正确的政治方向，高尚的思想道德情操，并以此来影响和教育青年学生。做好学生的思想政治教育，决不仅仅是专职队伍的任务，也是所有教师的职责。教师政治上比较成熟，教师的话学生也往往容易听进去，广大教师都能做到教书育人，思想政治教育就会出现全新的局面。

教书育人、为人师表是我们党的教育工作的优良传统，也是我们中华民族的好传统。孔子[4]就主张要教学生做人的道理。遗憾的是，这个好的传统在十年动乱中受到了严重干扰和破坏，使得一些教师不愿做学生的思想政治工作。这些年来，各个学校也补充了一批年轻的教师，他们大多是前几年毕业的，他们的思想状况，必然会影响现在的学生。该决定明确提出了要调动广大教师的积极性，既做好教书也必须做好育人，并且为搞好这项工作制定了一些措施，提供了必要的条件。

（五）要把思想政治教育提高到一个新水平。

改革开放是建设有中国特色的社会主义的一个基本点。几年来，高等学校开始了校长负责制的试点，试行了奖学金制度，实行了新的毕业生分配办法，增加了招收研究生的比例，积极开展国际交流，派遣留学生，聘请专家，引进图书资料，组织国际学术会议，对高等教育的发展和改革都有很大益处。因此决不能因为反对自由化就搞封闭，封闭的结果只能是落后、倒退。在改革开放的环境中，从外面进来的东西未免鱼龙混杂、泥沙俱下。对于各种腐朽、落后、消极的东西，完全不让学生接触是不可能的。要使思想政治教育"入脑"，使广大学生对各种错误思潮具有识别能力、抵制能力和免疫能力，就必须研究和改进我们的思想政治工作。如果采取封闭的办法，不让学生接触不好的东西，就如同在温室里培养的花朵一样，是经不起风雨的。

马克思主义是在斗争中发展的一门科学，通过对正确与错误思想的比较和鉴别，青年学生就能更好地掌握马克思主义。对一些在学生中影响较大的思潮，什么萨特[5]的存在主义，尼采[6]的哲学，弗洛伊德主义[7]等，我们要认真研究，用马克思主义的立场和观点引导学生正确地认识和分析这些思潮。即使是有些不健康的错误的东西，也可以组织学生讨论，最坏的情况无非是错误的观点一时占了上风，也可能是正确的和错误的观点都有，更多的情况是好的观点占上风。就是错误的观点一时占了上风，也不要怕，起码暴露了思想，引起了重视，可以有针对性地组织第二次、第三次讨论。真理总是越辩越明的，马列主义观点终究是会占上风的。

根据实践论的观点，要使广大学生树立正确的世界观和人生观，最根本的途径在于参加社会实践。只有接触社会，接触实践，联系人民群众，学生的思想才能健康成长。目前，对这个问题的认识是比较一致的，要从两个方面抓起：一是提倡全社会都来支持，把培养合格的大学生当作自己的责任，为他们参加社会实践提供条件。二是高等学校要总结经验，在引导学生参加社会实践方面走出一条路子来，要发挥高等学校智力和科研的优势，为学生参加社会实践的单位提供技术咨询、业务培训、普及文化科学知识等服务。要坚持勤俭节约的方针，实践基地就地就近安排，采取多种形式，生动活泼地进行。

（六）关于学校的领导体制。

高等学校的校长应当努力成为社会主义的教育家。现在一个学校就是一个社会，一校之长什么都要管，要管教学，做思想政治工作，也要管生活。因此，校长不但要有较高的业务水平，而且要有较高的思想政治素质，较强的组织领导能力，并且年富力强，能够胜任繁重的工作。从这个要求来看，成为一个社会主义大学的校长是不容易的。专家、教授可以在治学方面非常出色，但不一定都能够治校。现在有些校长一时还达不到这个要求，但可以朝着这个方向去努力，努力成为治校的教育家。

现在正在进行校长负责制的试点，要及时总结经验，逐步加以完善。实行了校长负责制的学校，学校党委仍然要对思想政治工作负责。党委要发挥政治核心作用，就是贯彻党的路线、方针、政策，执行党和国家的教育方针，讨论决定办学中的重大问题，按照党管干部的原则决定干部任免，保证学校的社会主义方向，培养德才兼备的合格人才。

（七）全党全社会都要关心青年学生的健康成长。

这个问题在决定中已经提出了一些原则，以后可以搞些配套文件。同志们回去以后要向党委和政府汇报这次会议的情况。各地党委和政府要紧密结合自己的实际，抓紧研究和落实决定，加强学校思想政治教育。各地党委和政府、中央有关部门要切实地把教育工作提到议事日程上来。不仅关心学校的教学、科研和后勤工作，特别是要关心教师、学生的思想动态。对学校的思想政治教育情况，每年要召开会议专门讨论一两次，认真分析、研究办法。不要等出现了问题，再临时抱佛脚。在高等学校比较集中的地方，尤其要这样做。要把领导干部同师生对话形成制度。我建议省委常委、正副省长都要联系一所高等学校，经常下去了解情况，解剖麻雀、指导工作。要关心学校领导班子的建设，对一些领导不力的班子的加强、调整和整顿工作要抓紧进行。

（八）关于当前的思想政治教育工作。

要抓好党的路线的两个基本点的教育。要组织有马列主义理论基础、熟悉经济建设和改革情况的负责人到学校介绍情况，深入搞好正面教育。要组织好今年暑假大学生参加社会实践的活动。最近中宣部、国家教委、团中央联合发了通知，作了部署，各地、各部门和各高等学校要抓紧落实工作。暑假期间还要注意发动学生家长和亲友做学生的思想政治工作，这是一支不可忽视的社会力量。要注意搞好今年的毕业分配教育，提倡和引导青年学生到基层、生产第一线、教育第一线去，到需要人才的边远地区去。要进一步稳定高等学校的局势，各级党委和学校的领导同志不能麻痹。要重视对骨干的培训，不断扩大党的积极分子队伍，把广大青年学生引导到正确的方向上来。

注　　释

〔1〕见《中共中央关于当前反对资产阶级自由化若干问题的通知》（《十二大以来重要文献选编》下册，中央文献出版社2011年版，第191页）。

〔2〕见《中共中央关于当前反对资产阶级自由化若干问题的通知》（《十二大以来重要文献选编》下册，中央文献出版社2011年版，第192、193页）。

〔3〕该决定于一九八七年五月二十九日发布。

〔4〕孔子（公元前五五一——前四七九），名丘，字仲尼，鲁国陬邑（今山东曲阜）人。春秋时期思想家、政治家、教育家，儒家学派创始人。

〔5〕萨特，即让-保罗·萨特（一九〇五——一九八〇），法国哲学家，存在主义主要代表之一。一九四三年，萨特的《存在与虚无》一书出版，形成了他的无神论存在主义哲学体系，基本内容是存在先于本质论和自由选择论。

〔6〕尼采，即弗里德里希·尼采（一八四四——一九〇〇），德国哲学家，唯意志论和生命哲学主要代表之一。主要著作有《悲剧的诞生》、《查拉斯图拉如是说》、《善恶的彼岸》、《权力意志》等。

〔7〕弗洛伊德主义，是弗洛伊德创立的心理学派别。弗洛伊德，即西格蒙

德・弗洛伊德（一八五六——一九三九），奥地利心理学家。一九〇八年，他发起并成立了国际心理分析协会，标志着弗洛伊德主义的诞生。弗洛伊德主义信奉的基本原则是精神决定论，分为古典和新的弗洛伊德主义。

全社会都要关心和保护
少年儿童的健康成长[*]

（一九八七年五月三十日）

今天，党中央书记处在这里举行少年儿童工作者座谈会，各条战线上的新老少儿工作者济济一堂，共同商讨在坚持四项基本原则和改革开放的形势下，培养教育新一代少年儿童的大事，必将得到全社会的赞成和关注。刚才全国儿童少年工作协调委员会、中国儿童少年基金会对孙敬修等四位从事少年儿童工作作出杰出贡献的同志授予"热爱儿童"荣誉奖章，这是值得大家庆贺的事。借此机会，我代表党中央、国务院向在座的各位同志，并通过你们向全国从事少年儿童工作的同志们表示崇高的敬意和亲切的问候！

随着我国四化建设的前进步伐，少年儿童事业蓬勃发展，不断取得新的成就。少年儿童教育正在得到加强，少年儿童文化艺术正在逐步发展，少年儿童体育生活用品日益增多，少年儿童工作者队伍不断发展壮大。现在，越来越多的人认识到少年儿童教育工作的重要性，一个有利于少年儿童身心健康的学校、家庭、社会三结合的教育环境正在逐步形成。但是，这些成绩用时代的要求、人民的要求、党的要求

　＊　这是李鹏同志在"六一"少年儿童工作者座谈会上的讲话。

来衡量，还是远远不够的。少年儿童的教育是一项基础工程，是关系着提高全民族素质和社会主义事业长远未来的大事情。要使这一代少年儿童成长为社会主义建设的可靠接班人，我们还要做很大的努力。

我们从事的是人类历史上最伟大的事业，同时也是艰巨而长期的事业，需要一代又一代的人不断奋斗，才能最终实现我们的理想。少年儿童是继往开来的一代，培养和教育好少年儿童，使他们健康成长，是使我们的事业后继有人的百年大计、千年大计。邓小平同志"教育要面向现代化，面向世界，面向未来"[1]的指示，正是从这一战略高度提出的。现在，全国人民正在坚持四项基本原则和坚持改革开放的总方针指引下，建设有中国特色的社会主义，到本世纪末，要使我国达到小康水平，到下世纪中叶，达到世界中等发达国家的水平。这个战略任务在很大程度上要靠今天的少年儿童来完成。为了实现这个战略目标，为了我们国家和民族的兴旺发达，我们的少年儿童必须是有理想、有道德、有文化、有纪律的一代新人。所以，无论从哪个角度上看都必须充分重视少年儿童的教育工作，每一个关心我国未来发展的同志，每一个马克思主义者，都应该从这个战略高度来认识这项工作的重要性。

关心保护少年儿童的健康成长，就要切实对少年儿童加强基础教育，使他们在德、智、体、美、劳诸方面得到全面发展。基础教育要从爱祖国、爱人民、爱劳动、爱科学、爱社会主义的教育做起。要大力加强理想教育、革命传统教育、集体主义教育、劳动教育，包括遵纪守法、助人为乐、艰苦奋斗等方面的教育。当然，这种教育只能是基础的、启蒙的。要以少年儿童乐于接受的方式进行，依据他们认识世界的规律循序渐进。对少年儿童进行理想教育，既要启发他们对美好社会理想的强烈的向往和追求，同时又要让他们懂得困难和曲折，坚持为社会主义理想乃至为共产主义远大理想而奋斗。要使少年儿童对理想有一个正确的认识，不管将来是当工人、农民，还是当专家、学者，只要能够在自己的岗位上对国家、对人民作出出色的成绩，就是有理想的表现。革命传统教育应引导少年儿童学习前辈们为中国人民的解放事业而英勇奋斗、不怕牺牲的精神。让少年儿童了解过去的艰难困苦，不仅是为了让他们对现实生活产生幸福感，更重要的是要学习前辈创造新世界和新生活的献身精神，以开拓未来。集体主义教育是社会主义和共产主义道德教育的基础，要教育少年儿童正确处理个人与集体、个人与他人的关系，做到心中有他人，心中有集体，心中有人民，心中有祖国，关心集体，热心为集体服务。还要对少年儿童进行智力和体育等方面的教育，激发他们的求知欲望，自觉地学习科学知识，锻炼成为体魄健全的人。

为了使少年儿童健康成长，需要努力改进我们的思想教育工作，使教育更符合实际，更富有成效。当前，影响教育效果的原因很多，主要有两个方面：一是教育思想还不够端正，"重智轻德"，教师、家长、学生围绕着升学转，片面追求升学率，思想品德教育没放到应有的重要位置上。二是思想教育脱离实际，结合少年儿童特点不够，存在着"成人化"的倾向。要解决这些问题，需要做许多切切实实的工作。端正教育思想要从各级党政领导干部的思想认识抓起，让领导干部、校长、教师、家长都来自觉贯彻执行使少年儿童得到全面发展的教育方针。要不断探索和改进教育的方式和方法。今天的少年儿童与过去的孩子有着很大不同，他们眼界更开阔了，知识面更广了，思想更活跃了，他们中间有许多独生子女，而且比例会越来越大，如何适应当代少年儿童的特点进行思想教育，是摆在我们面前的一个新课题。因此，教育要从今天的少年儿童的实际出发，使教育的内容通过少年儿童喜闻乐见的方式入心入脑。要创造条件，让他们了解社会，通过对社会现象的观察、比较，增长见识，懂得热爱祖国、热爱人民的大道理，懂得坚持四项基本原则和坚持改革开放总方针的道理。还要让他们参加一些力所能及的家务劳动和社会劳动，养成参加劳动的习惯。家长和教师都不宜对少年儿童溺爱，应当明白，温室里培养出来的花朵是经不起风雨的。加强少年儿童的思想教育，还要充分挖掘孩子们自身的潜力，通过少先队组织调动少年儿童的主动性和积极性。要根据少年儿童心理和智力发展特点，结合我国实际情况，按不同年龄层次，系统地制定少先队教育大纲。共青团组织和教育行政部门要充分运用和发挥少先队组织的教育作用，组织广大少年儿童开展时代特点鲜明、实践性强、能培养少年儿童的自主精神和创造精神的教育活动。

保护少年儿童的健康成长需要全社会的共同努力，培养教育少年儿童是全社会共同的责任和义务。少年儿童教育是一种启蒙教育，这个时期教育的优劣，直接关系到少年儿童今后成长的各个阶段。好的教育可以使人一生受益匪浅，坏的影响会在少年儿童时期就埋下隐患。我们要在全社会大力倡导爱护少年儿童、教育少年儿童、为少年儿童作表率、为少年儿童办实事的好风尚。现在，全国各地有许多老干部、老党员，他们把自己晚年的精力献给了培养教育下一代的伟大事业。解放军广大指战员为少年儿童的健康成长办了许多受到欢迎的实事，成为孩子们最知心、最崇敬的人。广大教育工作者呕心沥血、默默无闻地辛勤耕耘，哺育出一批批芬芳的桃李。还有那些为少年儿童尽职尽责的各界人士，都是我们全社会学习的榜样。

少年儿童的可塑性很大，模仿性很强，他们往往是从自己的老师、父母、社会成员的言行举止、社会风气、文化环境中去认识世界、学会生活、增长知识、接受教育，进而形成自己的思想和观念。全党、全社会、全体公民要自觉地、有意识地、有目的地为他们的成长创造一个良好的社会环境，使孩子们在一个朝气蓬勃、健康向上、充满生机和活力的环境中接受良好的教育。前一个时期，社会上出现了资产阶级自由化思潮，一些格调低下、荒诞、淫秽的小报、刊物、音像制品以及一些封建陋习直接腐蚀着少年儿童的身心健康。每个真正关心祖国前途、命运的人都要理直气壮地坚决抵制这些错误的思想和行为。我们的出版、广播、电影、电视和少年儿童活动场所要千方百计地为孩子们提供丰富有益的精神产品。全体社会成员要充分认识到自己肩上的重任，要教育少年儿童健康成长，首先要教育自己，只有不断提高成人自身的素质，以身作则，言传身教，才能真正为人师表，以自己崇高的理想点燃孩子们的理想，以自己良好的思想品德启迪孩子们的心灵，以自己的才智哺育孩子们成长。保护少年儿童的健康成长，还要同一切危害少年儿童的现象作斗争。现在个别地方竟出现拐卖儿童的现象，还有的地方出现了童工，这是我们社会主义制度所不允许的违法行为，我们各级党政领导机关、司法部门和妇联、共青团、少先队等社会团体要为维护少年儿童的合法权益作出自己不懈的努力，与一切违法行为作坚决的斗争。总之，要通过各方面的努力，使学校教育、家庭教育、社会教育形成一个强大的教育网络，卫生部门要加强儿童的卫生保健工作，使少年儿童在全社会共同的关心、保护下茁壮成长。

今天在座的有成绩显著的老一代少儿工作者，也有重任在肩的中年少儿工作者和朝气蓬勃、满腔热情的青年人。我要向你们和全国千百万少年儿童工作者致意：你们为培养祖国的下一代，辛勤操劳，尽心尽力，作出了卓有成效的贡献，理应受到人民的信赖，社会的尊敬。党要感谢你们！人民要感谢你们！我相信，在你们和全党、全社会和各族人民的共同努力下，一定会使我们的少年儿童茁壮成长，使我们伟大的建设事业后继有人。

注　　释

〔1〕见邓小平《为景山学校题词》(《邓小平文选》第3卷，人民出版社1993年版，第35页)。

接受联合国环境规划署
金质奖章时的答辞

（一九八七年八月二十八日）

联合国环境规划署授予我和曲格平先生金质奖章[1]，对此，我们感到极大的荣幸。但我们深知这不仅是我们个人的荣誉，而且也是联合国对我国环境保护事业的支持，是对我国环境保护战线全体人员的表彰。我们对此表示衷心的感谢。

中国的环境保护事业，在联合国斯德哥尔摩人类环境会议[2]以后有了较大的发展。现在我国从上到下建立了各级环境保护管理机构、研究机构和监测机构，制定了各种环境保护的法律、法规。我们在一九八三年第二次全国环境保护会议上，宣布环境保护是我国的一项基本国策，制定了经济建设、城乡建设和环境建设同步规划、同步实施、同步发展，实行经济效益、社会效益和环境效益相统一的发展方针，实行"谁污染，谁治理"的政策。实践证明，这一系列方针和政策是符合中国国情的，因而取得了一定的成效。

近年来，中国的环境保护工作以加强环境管理为中心，进入一个新的时期。在城市中开展了环境综合整治工作，结合整顿工业企业，调整工业的不合理布局，结合技术改造，防治工业污染；在自然保护方面，对珍稀动植物种采取了保护措施；在生态农业、植树造林、控制沙漠化、治理水土流失等方面也作出了新的努力，取得了一定的进展。

中国的环境保护工作虽然取得了一定成绩，但是，问题还很多。我国环境的污染和生态环境的破坏都比较严重。我们正在采取防治措施，一方面积极控制新的环境问题，一方面治理历史上形成的老的环境问题，争取在本世纪末使我国的环境状况有一个比较明显的改观。

联合国环境规划署在协调和组织世界环境保护工作中发挥了积极的作用，对此，我们表示赞赏。我国环境保护部门和环境规划署一直存在着良好的合作关系。我们希望，双方的合作和友谊能够得到进一步的加强和发展。

环境保护是全人类的共同任务，我们愿意同联合国环境规划署一起，同世界各国一起，为了保护人类的共同环境，为了我们共同的未来而作出应有的贡献。

注　释

〔1〕联合国环境规划署金质奖章，是联合国环境规划署颁发的最高荣誉。该奖项设立于一九八四年，由联合国环境规划署执行主任授予有关国家对环境事业有卓越贡献的领导人。一九八七年，国务院副总理、环境保护委员会主任李鹏和国家环境保护局局长曲格平获此荣誉。联合国副秘书长兼联合国环境规划署执行主任托尔巴专程来我国进行正式访问并于八月二十八日在人民大会堂举行授奖仪式。

〔2〕联合国斯德哥尔摩人类环境会议，即第一届联合国人类环境会议，一九七二年六月五日至十六日在瑞典斯德哥尔摩举行。会议通过了《人类环境宣言》，首次将环境保护作为人类目标写入国际文件中，提高了全世界对环境问题的认识，开启了关于环境问题的国际性对话和合作。

加速实现重大装备国产化 *

（一九八七年九月二十五日）

一九八三年成立国务院重大技术装备领导小组[1]和重大办[2]以来，确定了研制十二项重大技术装备。其中，六项已有了成果，国产化达到了一定水平；另外六项还在研究过程中，有的尚未立项，如三峡、核电、飞机等。四年来，重大技术装备领导小组和重大办的工作是很有成绩的，应当予以肯定。下面我讲几点意见。

一、充分利用开放有利条件，加速实现重大装备国产化。

现在，我们实行开放政策，从各种渠道引进了大量的先进技术和管理经验。十二套重大装备大多是采用技贸结合方式，在购买设备的同时引进技术。这种做法，要作为一条长期的方针定下来，长期坚持下去，必有成效。到一九九〇年，我们再来总结一下，可以看得更清楚。到一九九五年、本世纪末，重大装备国产化的水平会越来越高，自力更生的程度会越来越大，产品不仅能满足国内需要，有的还可以出口，进入国际市场。重大装备研制这件事情不要动摇，要坚持下去。

---

* 这是李鹏同志在国务院重大技术装备领导小组扩大会议上的讲话。

二、关于第二批项目。

第二批项目要搞，但今天先不定，原则应该是少而精，真正由国家掌握的项目不要太多。一个部门能解决的，由部门自己解决，部门也可以成立领导小组。跨部门的、难度大的、对国民经济有重大意义的项目，列入国家重大项目，由重大办负责协调，各个方面同心协力，加以攻克。

三、进一步深化改革。

在确定项目和承制单位时，要实行招标制和合同制。我们机械工业制造力量是过剩的，特别是军工厂任务不足，设备闲置，人员发挥不了作用。因此，除了要买一点技术、添置少量关键设备外，大部分都可立足国内制造。现在，部门观念还没有完全解决，不搞招标，部门就要借机会要大钱武装自己。因此，我们一定要实行招标制和合同制。通过招标，可以促进横向联合，共同投标，有效地利用和发挥国内各方面的力量，减少投资。核电通过招标，工厂技改费由八亿元降到三亿元，还有可能进一步下降。合同制要明确责任，不能招标时价格低，中标后再加价。现在确实存在这一问题，其中有些客观原因，如价格上涨。可以在签订合同时打一定量的不可预见费，或由国家保证一定量的试制材料。大型成套设备试制，要结合项目进行。没有项目，试制费谁也承担不起。总之，是以项目带动设备研制。

四、技术政策。

选用什么样的技术要很好地总结一下。技术引进，有的为了科研，跟踪世界先进技术，要引进先进的；如果只是为了增加生产能力，就要采用先进的适用技术。要把技术的先进性和经济性很好地结合起来。水平太高了，并不适用，有的技术国外还没过关，拿到中国来试验。所以，重大装备选型时，要特别注意这个问题。选用什么样的技术，要考虑国产化，不要脱离中国实际，否则会长期依赖外国。

五、对重大装备研制要实行优惠政策，适当加以保护。

优惠政策，无非是两条：一是钱，一是物。钱也不能要得太多。今年财政困难，明年下半年可以适当给一点。再有一点，很重要的是物资上要有保证。自己能造的、已通过鉴定的重大装备，包括一些重要的部件，要实行适当的保护政策。为了保证产品质量，制造厂还得进口一点材料和关键零件。外贸体制改革中，应该增加工厂外汇留成比例，调动企业积极性。我每季度抓一次电站，首先是我们生产能力不够，形成生产能力后，关键就卡在材料上了。这一方面要求冶金部对材料实行国产化，另一方面还要进口一部分材料。解决材料后，设备国产化比例还可以提高。每年进口的钢材，要用在刀刃上，要提前优先安排。

六、关于企业集团。

重大装备过关后，若有大量市场，能够成为拳头产品的，可以组织企业集团。电站设备已形成三大企业集团，输变电有两个集团。为了发展农业，化肥在本世纪内肯定会有一个大的发展。化肥成套设备过关了，将来应组织化肥企业集团。可以有多种形式，有的以拳头产品、骨干厂为龙头，其他厂参加，有松散的联合，有紧密的联合。乙烯装置将来也要大发展，也要组织企业集团。

总之，重大装备研制工作已经取得了很大成绩，关键是要坚持；坚持下去，几年以后，必然大见成效。

注　　释

〔1〕一九八七年十二月二十五日，李鹏同志在国家重大技术装备表彰大会上指出：国务院责成国务院重大技术装备领导小组负责处理重大技术装备研制中出现的问题，并具体负责组织协调、督促和检查工作。通过这样一种组织形式，把各行各业组织起来，包括制造部门和使用部门，通力协作，横向联合，全国大协作研制大型成套设备。我认为领导小组是一个很好的组织形式，应该继续坚持下去，要更好地发挥其组织协调作用。

〔2〕重大办，即国务院重大技术装备领导小组办公室。

关于加强对第三世界
工作的几点意见[*]

（一九八八年二月二十三日）

发展和巩固同第三世界的团结和合作是我们执行独立自主的和平外交政策的重要组成部分。多年来我们在这方面做了很多工作，取得了显著成绩。但是，随着我国同西方国家和东欧国家关系的迅速发展，我们对第三世界的工作相对来说显得弱了一些，已引起一些第三世界国家的误解和疑虑。对此，应当引起充分的重视，并采取切实措施，加强对第三世界的工作。

一、政治上继续支持第三世界国家争取和维护民族独立，反对殖民主义、霸权主义、种族主义和扩张主义的正义斗争。要适当加强同非洲国家的政治交往。今后每年仍应邀请一定数量的非洲国家领导人来访，我们每年也要安排政治局委员、国务委员以上领导人对非洲进行访问。

二、在发展问题上，要大力支持第三世界争取建立国际经济新秩序的努力，在力所能及的范围内支持他们发展经济。根据"平等互利、形式多样、讲求实效、共同发展"的

---

* 这是李鹏同志在中央外事工作领导小组会议上讲话的一部分。李鹏同志当时任中共中央政治局常务委员会委员、国务院代总理。

原则，加强我国同第三世界国家的经济技术合作。要适当调整对外援助结构，可考虑加大成套项目和技术援助的份额，缩小一般物资援助和现汇援助的份额。援外项目以搞中、小型项目为主，要着重搞些花钱少、见效快、影响大的项目。

三、改进对第三世界国家尤其是非洲国家的智力开发援助，加强同他们的科技和文化交流。接受非洲国家留学生的人数可大体维持目前水平，但留学生的结构要作些调整，缩小本科生的比例，多招收一些二年左右的大学专科生和进修生、研究生，也可以为非洲国家中、上层干部办些短期培训班，或组织他们来华考察、交流经验。可为非洲国家援建一些中等技术职业学校，适当扩大教师派出规模。要重视文化宣传工作，适当增加文化交流项目和互访人员，有重点、有选择地多邀请些知名人士来访。

四、对第三世界国家在政治上一视同仁，但在经济技术合作以及文教交流方面不能平均使用力量。各部门工作性质不同，可根据自己的情况确定相应重点，以便取得更好的效果。

五、宣传部门要增加对非洲的正面介绍，在社会上特别是在青少年中进行中非友好、种族平等的教育。

加快和深化科技体制改革 *

（一九八八年三月十日）

科技要进一步面向经济建设，经济建设要进一步依靠科技进步，都离不开深化改革。科技体制改革的中心问题，是如何使科技与经济建设密切结合。我们知道，经济、社会的需求是科学技术发展的强大推动力。只有同经济密切结合，科学技术的价值和作用才能充分显示出来。也只有在密切结合中，科学技术自身才能迅速发展。随着经济体制和科技体制改革的逐步深入，科技同经济发展相互脱节的状况已经有了一定程度的改变。但是，科技同经济密切结合的机制问题还未解决。我们必须遵循社会主义初级阶段的基本路线，从发展社会生产力这一中心任务出发，加快改革的步伐，逐步建立起与社会主义商品经济相适应的、科技同经济密切结合的新体制。

加快和深化科技体制改革，必须紧紧抓住转变机制这一核心。科研机构也要试行承包责任制，把竞争机制、市场机制引入科技工作，实行优胜劣汰；对科研项目要进一步推行基金制、招标制和技术合同制，继续推动技术市场的发展；技术开发活动，要以商品为龙头，到市场竞争中去接受检

---

* 这是李鹏同志在全国科技工作会议上讲话的一部分。

验，真正转变到为发展商品经济服务的轨道上来。通过这些机制的转变，把科研单位和科技人员的实际利益同他们所创造的经济、社会效益挂起钩来，从而增加科研单位和科技人员为经济建设服务的内在动力和压力，从根本上克服科技工作中"吃大锅饭"的弊端。基础研究和高技术研究是科研的重要组成部分，关系到科学技术的长远发展，应给予足够的重视。但也要引入竞争机制，其研究题目要有重点，要结合未来市场的需要。同时，还要不断补充和交流人才，保持一支精干的高水平的研究队伍。

近几年来，一批民办科技机构和科技型企业蓬勃兴起。这些机构自筹资金、自主经营、自负盈亏，以市场为导向，开发新产品，实行技工贸一体化，在人事上实行择优选聘，在分配上与经济效益挂钩。这些机构的出现，使得单一的国家办科研的局面开始改变，加快了科研成果向生产力的转化，同时使一批既懂技术又会经营管理的企业家和实业家脱颖而出。这对于如何搞活全民所有制科研机构，提供了有益的经验。我们不少大院大所、高等学校和大中型企业，至今科技人才积压的现象仍然比较严重。鼓励和组织更多的科技人员从人才积压的地方走出来，到社会上去创建科技先导型企业或民办科技机构，应当成为深化科技体制改革的一项重要内容，成为发挥我国科技优势的一条重要途径。同时，还可以采取与经济密切结合的多种形式，如科研单位承担企业开发项目，带着成果到企业去，成立科研与企业的联合体，建立科技为龙头的技工贸、技农贸联合体，等等。

当然，建立科技同经济密切结合的新体制，只靠科技体制改革还不行，还有赖于经济体制改革的深化。在经济体改革的过程中，在企业实行承包经营责任制时，都必须把依靠科技进步作为一项重要内容。总之，我们要在加快和深化改革的过程中，逐步建立起一个依靠科技进步的经济体制和面向经济的科技体制，使我国的科技优势在经济建设和社会的发展中充分发挥出来。

过去五年建设和改革
实践的五条经验*

（一九八八年三月二十五日）

回顾过去五年建设和改革的历程，我们从实践中获得了不少有益的经验，其中最值得在今后工作中认真吸取的有以下几点。

一、牢固树立建设要依靠改革，改革要促进建设的指导思想，坚持把改革放在总揽全局的位置上。

加快社会主义现代化建设，集中力量发展社会生产力，是社会主义社会尤其是社会主义初级阶段的中心任务。要实现这个任务，不改革长期形成的不适应生产力发展的旧体制，是不可能的。因此，建设必须依靠改革，改革必须促进建设。政府工作千头万绪，只有以改革总揽全局，才能高屋建瓴，驾驭复杂局势，带动各方面的工作。五年来的实践还告诉我们，由于我国是一个经济文化落后而又发展极不平衡的发展中国家，改革只能在经济环境还不宽松的情况下进行。我们必须坚持从实际出发，遵循客观规律，不断解决社会经济生活中的矛盾，促进经济建设的稳定协调发展。对于

---

* 这是李鹏同志在七届全国人大一次会议上所作《政府工作报告》的一部分。

改革进程中出现的问题，必须通过深化改革加以解决。只有这样做，才能使建设和改革相互促进，沿着有利于发展社会生产力和完善社会主义制度的方向前进。

二、无论建设还是改革，都必须坚持从实际出发，解放思想，尊重实践。

我们的建设和改革，既不能照搬书本或照搬外国的做法，也不能从主观愿望出发，脱离实际，随心所欲，必须立足于我国国情，坚持实践是检验真理的标准，努力探索自己的道路。中国共产党十一届三中全会以来，各项正确的建设方针和改革方案都是解放思想的产物；今后建设和改革的顺利发展，仍然必须以进一步解放思想为先导。解放思想，就要敢于破除阻碍生产力发展的传统观念和条条框框，摆脱僵化思想的束缚。对有利于生产力发展的事情，必须坚决支持；对不利于生产力发展的事情，必须坚决革除。只有这样做，社会生产力才能得到进一步解放，现代化事业才能蓬蓬勃勃发展。

三、建设和改革都要以提高经济效益为中心，不断推进科技进步和加强现代化管理。

随着改革的深入和各方面经济关系的逐步理顺，我国生产建设的经济效益逐步有所提高，但经济效益差的落后状况还远远没有改变。这个问题不解决，我国经济就不可能实现现代化。当前经济建设需要大量资金，体制改革和人民生活的改善都需要财力物力的支持，这些都只能从发展生产和提高经济效益中寻求出路。我们的建设和改革，必须以提高经济效益为出发点和落脚点，并以此来衡量它们的得失成败。我们必须在不断提高经济效益的前提下，求得结构合理的比较高的发展速度。而要实现经济效益的大幅度提高，逐步由粗放经营转到集约经营的轨道上来，必须大力促进科技进步，不断加强科学管理。我们一定要锲而不舍地在这方面作出成绩，否则的话，我们在经济上和技术上同发达国家之间的差距就会进一步扩大，在国际上就会没有我们应有的地位。

四、正确处理建设和改革中目标和步骤之间的关系，保证建设和改革的顺利发展。

中国共产党第十三次全国代表大会确定了到下个世纪中叶分三步走的经济发展战略，确定了经济体制改革的目标，以及其他方面体制改革特别是政治体制改革的总体设想。实践已经并将继续证明，这些建设和改革的目标是正确的。但是也必须看到，这些目标毕竟还是粗线条的，需要在实践中不断加以充实和完善。实现这些目标的具体步骤，也只能在实践中不断探索。过去五年的情况说明，为了实现建设和改革的目标，有的时候往往需要采取迂回的方式前进。我们既要坚持建设和改革的目标和方向，鼓舞斗志，提高信心，又要对前进道路上可能遇到的困难有足够的思想准备，充分考虑国家、企业和群众的承受能力，把量力而行和尽力而为结合起来，既积极又稳妥地前进。经济关系错综复杂，我们的国家又这么大，情况千差万别，不论是建设规划还是改革方案，都不可能一下子就设计得尽善尽美，总要经历一个不断完善、不断提高的过程。目标确定后，必须精心设计方案，确定实施步骤，搞好试点，取得经验后再加以推广，努力做到稳步前进。

五、妥善处理各方面的利益关系，充分调动广大干部和群众的积极性。

我国的改革能否顺利进行下去，在很大程度上取决于广大干部和群众对改革的理解和支持，取决于充分调动广大干部和群众的积极性。从根本上说，改革将极大地解放生产力，给人民带来新的利益和更高的生活水平，必然得到人民的拥护。但是，改革是一个长期的复杂的实践过程。新体制的诞生和完善，改革的成功，是需要付出辛勤的劳动甚至巨大的代价的。那种希望不花费什么力气就能把改革推向成功的想法，是不现实的。改革最终会给全体人民带来极大的好处，但改革的每项具体措施不可能都立即给大家带来实际利益，甚至有可能在一定时期内使一些人的利益受到影响。我们必须正视这个问题，密切注意改革过程中出现的各种摩擦和漏洞，认真研究解决。我们坚决保护一切按劳取酬、勤劳致富、合法经营的收入，但对过高收入也要依法通过税收等办法进行适当调节。对违法乱纪、非法牟取暴利的，必须坚决依法制裁。同时，要大力加强关于改革的舆论宣传，帮助广大群众弄明白改革措施的内容、意义和必要性，增强对改革的理解，自觉支持改革，参加改革。各级干部特别是领导干部肩负着领导改革的历史重任，必须在改革中走在前列，率领群众前进。无论建设或改革，都要妥善处理国家、集体、个人三者之间，中央与地方之间，城乡之间，各部门之间，沿海地区、内地和边远地区之间等各方面的利益关系，使它们能够得到较好的统筹兼顾。

不失时机地加快实施沿海
地区经济发展战略 *

（一九八八年三月二十五日）

当今世界各国在经济方面的相互合作、相互依赖和相互竞争日益增强。发达国家经济结构的调整和对外投资的扩大，为我们进一步进入国际市场提供了良好的机遇。我们必须继续扩大对外开放，加快发展沿海地区外向型经济，积极参加国际交换和竞争，以沿海经济的繁荣带动整个国民经济的发展。

我们要继续巩固和发展已经形成的对外开放格局，充分发挥现有经济特区、沿海开放城市和经济开放区的作用，同时在这个基础上对广东、福建和海南岛实行更加开放的政策，建立改革开放综合试验区，为进一步深化改革和扩大对外开放积累经验。根据海南岛独特的历史、地理和资源条件，国务院建议成立海南省，把海南办成全国最大的经济特区，实行比现有经济特区更加优惠的政策。海南岛开发建设的任务很艰巨，工作要扎扎实实地进行。必须立足本地资源优势，坚持全面规划、突出重点、分片建设的

---

* 这是李鹏同志在七届全国人大一次会议上所作《政府工作报告》的一部分。

方针，从改善投资环境入手，逐步建立起更加开放的外向型经济结构。

沿海经济比较发达的省市要进一步扩大开放地区，立足于本地优势，充分利用劳动力资源丰富和成本较低的优势，实行"两头在外"（即原材料来源在外和产品销售市场在外），积极扩大劳动密集型产品和劳动与技术密集型产品的加工出口，参加国际交换。在发展外向型经济中，沿海工业城市和经济特区要走在前头，发挥国营大中型企业在增加出口创汇中的骨干作用。要特别重视利用沿海农村劳动力的优势和现有乡镇企业的基础，发展外向型企业和创汇农业。大力发展沿海和内地的横向经济联合，积极向内地转让技术、管理经验和输送人才，带动中部和西部地区的经济发展，进一步发挥沿海地区在对外开放中的重要作用。实施沿海地区经济发展战略必须有紧迫感，决不能贻误时机，但也要有坚韧不拔的艰苦创业精神，踏踏实实地做好基础工作。在实施沿海经济发展战略的同时，必须按照生产力合理配置的原则，统筹规划全国的经济发展。内地要利用沿海地区发展外向型经济的机会，促进本地经济发展，并从自己的实际情况出发，在对外开放中迈出新的步伐。

适应对外开放和对外经济发展战略的需要，进一步加快和深化外贸体制改革。外贸体制改革要坚持"自负盈亏、放开经营、工贸结合、推行代理制"的方针，打破"吃大锅饭"的体制。从今年起，在全国全面推行外贸承包经营责任制，实行外贸出口创汇、向国家上缴外汇包干，适当调整外汇留成比例，给地方创造良好的经营条件。除少数关系国计民生的重要商品的进出口仍由国家统一经营外，大多数商品的经营权下放到地方，并相应下放到经营机构。必须把承包经营责任制落实到外贸企业和出口生产企业，以调动它们的积极性。全国性的外贸、工贸进出口公司，要逐步向综合性、多功能和国际化方向转变，有计划地把工作重心转移到努力开拓国际市场上来，积极为国内的外贸企业提供服务。加速推行进出口代理制，进一步发展横向经济联合，推动外贸事业的全面发展。

增加出口创汇是扩大对外开放和发展对外经济贸易的基础。按照择优出口的原则，逐步调整出口商品结构，发展出口生产基地，扩大和完善国际市场的销售和服务网络。努力做好国内市场需要和外贸出口的统一平衡，加强出口贸易的协调管理工作，发挥外贸、物价、财政、税务、银行、海关、商检、外汇和工商行政等部门的管理职能，审计和监察等部门的监督职能，外贸商会的协调职能，以保证对外贸易的健康发展。积极开拓国际承包劳务市场，加强管理和协调，进一步发展对外承包工程和劳务合作。大力发展旅游事业，积极开发旅游资源，提高旅游从业人员的素质和服务质量，改善经营管理。根据讲求经济效益、促进科技进步和增强自力更生能力的原则，进一步调整进口商品结构。技术引进的方式要多样化，防止盲目性，加强对引进技术的消化和创新，发展进口替代，加快国产化进程。

利用外资要广开渠道，根据偿还能力和国内资金与物资的配套能力，保持适当的规模和合理的结构，正确引导投资方向，提高使用外资的综合效益。重视吸引外商直接投资，大力发展中外合资企业、合作经营企业和外商独资企业。注重利用现有企业同外商进行合作，加快技术改造的步伐。进一步改善投资环境，加快基础设施建设，提高办事效率，保障外商投资企业的经营自主权，使外商能够按照国际通行方式在我国投资和经营。

中国同东盟各国发展
友好关系的基本原则[*]

（一九八八年十一月十日）

目前，中国执行改革开放的政策，举国上下集中力量进行现代化建设，迫切需要一个长期稳定的国际和平环境。无论现在和将来，我们都将坚定不移地奉行独立自主的和平外交政策。中国在柬埔寨问题上的正义立场，完全是从维护国际关系准则和本地区和平的目的出发，而不是为了谋求任何私利。同样，为了和平与发展的共同目标，中国也十分重视同东盟国家的睦邻友好关系，不仅现在，就是将来柬埔寨问题解决之后，我们这一政策也不会改变。中国政府愿意按照以下原则积极发展同东盟各国的关系。

第一，在国家关系中，严格遵循和平共处五项原则^{〔1〕}。中国和东盟各国虽然社会制度不同，但这不应影响彼此间建立和发展真正的睦邻友好关系。事实证明，决定国家关系的好坏并不取决于社会制度的异同，而在于能否严格遵守和平共处五项原则。中国将坚定不移地把和平共处五项原则作为

---

　　* 这是李鹏同志访问泰国期间在泰国总理差猜·春哈旺举行的欢迎宴会上讲话的一部分。李鹏同志当时任中共中央政治局常务委员会委员、国务院总理。

同东盟各国建立、恢复和进一步发展关系的政治基础。

第二，在任何情况下，都坚持反对霸权主义的原则。中国现在和将来都决不称霸，也反对任何谋求霸权的企图。中国在本地区不谋求自己的势力范围，不以任何方式干涉别国内政，对于国与国之间某些历史遗留下来的问题，我们愿意通过友好协商加以解决。

第三，在经济关系中，坚持平等互利和共同发展的原则。中国和东盟各国都是发展中国家，虽然国情不同，经济发展和技术水平也有差异，但彼此各有优势，需要取长补短、互通有无、互相补充。中国将努力加强与东盟各国在经济、贸易和科技领域的合作。中国希望与东盟各国发展成为重要的经济合作伙伴。

第四，在国际事务中，遵行独立自主、互相尊重、密切合作、相互支持的原则。我们高兴地看到，在当今世界上，由少数国家主宰世界事务的时代已经过时，东盟等区域性组织在国际舞台上正日益发挥着重要作用。中国将一如既往支持东盟为维护地区和平和加强区域经济合作所作的努力，支持东盟关于建立东南亚和平、自由和中立区的主张。

注　　释

〔1〕和平共处五项原则，指互相尊重主权和领土完整、互不侵犯、互不干涉内政、平等互利、和平共处。一九五三年十二月至一九五四年四月，中国政府代表团和印度政府代表团在北京就两国在中国西藏地方的关系问题举行谈判。一九五三年十二月三十一日，即谈判的第一天，中国总理周恩来接见

印度政府代表团，提出了和平共处五项原则。后这五项原则正式写入双方达成的《中印关于中国西藏地方和印度之间的通商和交通协定》的序言中。一九五四年六月，周恩来在访问印度、缅甸期间，先后于六月二十八日和二十九日同印度总理尼赫鲁、缅甸总理吴努发表联合声明，正式倡议将和平共处五项原则作为处理国与国关系的基本准则。此后，这五项原则为一系列国际组织和国际文件所采纳，得到国际社会广泛赞同和遵守，成为国际关系基本准则和国际法基本原则。

把改革和建设的重点切实放到治理经济环境和整顿经济秩序上来[*]

（一九八八年十二月五日）

全国计划会议和全国经济体制改革工作会议开了七天，今天就要结束了。由于大家的共同努力，会议开得是好的，达到了预期的目的。经过认真的学习和讨论，大家对十三届三中全会的精神有了进一步认识，提出了不少好的建议，基本上确定了明年的计划盘子和经济体制改革的安排。当然，明年计划安排中还遗留一些问题，生产、投资、财政、信贷、外贸等方面还有些矛盾，需要会后进一步研究和协调。大家回去以后，按照这次会议确定的计划盘子和改革安排，抓紧部署本地区和本部门工作，务必使明年的改革和建设取得扎扎实实的进展，使治理经济环境、整顿经济秩序、全面深化改革的工作取得明显成效。下面，我再讲几点意见。

一、坚决把改革和建设的重点切实地放到治理经济环境、整顿经济秩序上来，确保明年物价上涨幅度明显低于今年

十年来的实践证明，我们改革和建设的方向是正确的，

＊ 这是李鹏同志在全国计划会议、全国经济体制改革工作会议上的讲话。

所取得的成绩也是举世公认的，就今年总的经济状况来看也是向前发展的，但确实存在不少的困难和问题。突出的是出现了明显的通货膨胀，物价上涨幅度过大。这已经引起了社会的普遍关注和群众的严重不安。如果不采取坚决有力的措施，遏制通货膨胀，不仅各项改革难以深入，整个建设的发展会受到严重影响，甚至会损害十年改革所取得的成果。党的十三届三中全会正是根据对形势的这种正确分析和判断，提出了治理经济环境、整顿经济秩序、全面深化改革的指导方针，并确定明后两年改革和建设的重点，要突出地放到治理经济环境、整顿经济秩序上来。治理经济环境、整顿经济秩序，要做好许多方面的工作，首先要确保明年的物价上涨幅度明显低于今年。这个目标，已经向全国人民宣布了，能不能做到，是关系到能否取信于民的重大问题，是对我们各级党委和各级政府能否驾驭经济局势的严重考验。正因为这样，明年改革和建设的各项工作都要服从和服务于这个目标。有利于实现这个目标的工作，就必须积极地毫不动摇地去做，不利于甚至妨碍实现这个目标的事情，就坚决不做或者推迟进行。我们说，要把思想和行动统一到十三届三中全会精神上来，在明年最要紧的，就是要统一到这一点上来。

近两个月来，各地区各部门在贯彻十三届三中全会精神、落实国务院制定的各项规定和措施方面，做了不少工作，取得了一定成效。物价上涨过猛的势头有所减缓，群众对市场物价的紧张心理有所缓和，居民储蓄逐渐回升，信贷规模有所压缩，楼堂馆所项目停建缓建了一批，企业改革也在深化。但是应当指出，这些进展与中央提出的要求还有不少差距。从十月份和十一月份的情况看，全国固定资产投资、工资、奖金的增长和货币投放仍居高不下，经济过热、需求过旺的势头还没有得到遏制。特别是有些省、市不仅对在建项目没有认真清理，而且还在突击施工，抢上新项目，这是很不应该的。

行动上的差距，反映了认识上的差距。有些同志怕速度降下来影响财政收入，日子不好过；有些同志舍不得把辛辛苦苦上的项目砍下来，怕影响后劲；有些同志总说自己情况特殊，强调"你热我不热"；还有些同志甚至抱着拖一拖、风就过去了的侥幸心理。凡此种种，都说明这些同志对经济过热和通货膨胀的严重危害还认识不够，对面临的困难、克服困难的艰巨性和所需要的时间还估计不足，因而对十三届三中全会的决策和国务院采取的一系列治理、整顿措施理解不深，执行不力，左顾右盼，犹豫观望。应当看到，通货膨胀是多年积累下来的经济过热、社会总需求大于总供给的反映，现在已经发展到危及改革和发展全局的严重程度。解决这个问题，不是轻而易举的，不是几个月时间所能办到的，而是必须花很大力气，付出必要代价，需要相当一段较长时间坚持不懈的努力，才有可能办到的。我们必须充分认识治理通货膨胀的重要性、紧迫性和艰巨性，进一步增强执行十三届三中全会方针的自觉性和坚定性。

二、当前必须着重把过大的社会总需求压缩下来，同时改善和增加有效供给，以逐步实现社会供需总量和结构的大体平衡

造成通货膨胀的根本原因，是经济过热，社会总需求超

过总供给。治理通货膨胀，首先要把过大的社会总需求坚决压缩下来。

压缩社会总需求，最直接、最有效的措施是压缩固定资产投资规模特别是预算外投资规模。投资规模膨胀，是导致社会总需求膨胀的重要原因。现在全民所有制单位固定资产投资在建项目总规模已超过一万亿元，按照现在的投资能力，今后即使一个新项目不上，也要四五年时间才能全部完成。不仅投资规模远远超过国力所能承受的可能，而且投资结构也很不合理。初步预计，今年用于能源、交通、重要原材料等基础工业和基础设施的投资，还不到全社会固定资产投资总额的百分之二十。这就使许多加工工业因为缺煤少电，原材料和运力不足，不能发挥作用，造成投资的巨大浪费。为了改变这种比例失调的状况，如果不把过大的非生产性建设和加工工业建设的规模压缩下来，就必然要求更大幅度地增加对基础工业和基础设施的投资，迫使社会总需求进一步膨胀。控制投资规模，这次必须动真的，要真砍、真压，不能假砍、假压。不仅要砍掉一大批在建的楼堂馆所和其他不必要的非生产性建设项目，还要停建缓建一批生产性的建设项目；不仅那些不应该上的项目要坚决压下来，就是一些应该上的项目，甚至包括能源、交通和原材料工业在内，也要根据财力、物力的可能重新安排，有的也要停建缓建，以缩短建设战线，尽快发挥投资效益。我们力求少伤筋动骨，但要完全不伤筋动骨也不可能。明年计划安排，全社会固定资产投资规模比今年预计完成的规模要压缩百分之二十二。在这次会议上，经过各地区和各部门的努力，已压缩了百分之十九。看来还有一定的差距，要进一步做工作。许多地区和部门的同志都提出不要"一刀切"。如果说这是指压缩投资规模应当同调整投资结构结合起来，有压有保，那当然是对的。但是如果以不要"一刀切"为理由，不愿意下决心压缩自己地区和部门的投资规模，那就不对了。应当指出，区别对待，不搞"一刀切"，只能在"切一刀"的前提下来进行。如果各地区、各部门都强调自己的特殊情况，这也不能切，那也不能切，压缩投资规模就会成为一句空话，投资结构也无法改善。我们这次清理在建项目、压缩投资规模，一个与过去不同的特点，就是根据产业政策对号入座，该保的保、该压的压，力求做到在压缩规模的前提下调整结构，使压缩与调整密切结合。在这个事关全局的问题上，要求各地方和各部门一定要下更大的决心，通力合作，确保党中央、国务院的要求真正落到实处。

消费需求膨胀，也是当前经济生活中的一个突出问题。治理通货膨胀，不仅要压缩投资规模，还必须严格控制消费需求的过快增长，坚决扭转延续多年的消费增长超过生产增长的现象，并逐步解决社会分配不公的问题。要采取更为严厉的措施，压缩集团性消费，坚决克服各种铺张浪费现象；严格控制发放工资、正常奖金以外的消费性基金，同时，要改进工资和奖金的发放办法。总之，我们一定要把消费基金的过快增长控制住。除了因为压缩投资、降低过高的工业生产速度和清理整顿公司等措施的实现必然会相应减少一部分消费需求外，还必须采取经济的和行政的手段，转化和推迟实现一部分消费基金，特别要下决心把那些过高的消费压缩下来。国务院将在广泛听取各方面意见和认真研究的基础上，制定一个切实可行的消费基金管理办法，并严格付诸实施。

千方百计稳定和增加城乡居民储蓄存款，合理引导购买力分流，对于稳定金融、控制当前的消费需求、稳定市场，具有十分重要的意义。在明年计划平衡中，市场商品供应与城乡居民多年积累的购买力之间还有不小的差额。在这种情况下，如果不稳定和增加储蓄，只靠控制信贷规模，还不能有效地抑制通货膨胀。大力吸收居民储蓄，既可以增加银行资金来源，减少货币投放，又可以减轻市场商品供应的压力，有利于控制物价的上涨。为了做到这一点，需要扩大保值储蓄范围或者逐步提高存款利率，增加储蓄网点，改进服务质量。同时，还要做好提倡储蓄的宣传和组织工作。各级政府都要把这件事放到十分重要的地位上，认真抓好。

在压缩和控制社会总需求的同时，必须下大力量抓好明年的生产，改善和增加有效供给。我们所说的增加有效供给，是指增加粮棉油肉禽蛋等重要农副产品，人民生活必需的日用工业品，能源和短缺原材料，适销对路的轻纺产品和回笼货币多的紧俏商品，以及出口创汇产品等的生产和供应，而决不是笼统地增加所有产品的生产。保持与追求过高的工业增长速度，同增加有效供给决不能混为一谈。明年，各级政府要认真贯彻全国农村工作会议确定的各项政策与措施，以及这次计划会议确定的支援农业的各项安排，力争农业有一个好收成。农业丰收了，粮食、棉花和其他重要农副产品增产了，稳定市场、稳定物价，就有了基础，整个改革和建设就主动得多。工业生产在降低增长速度的同时，要大力调整产品结构。要控制和压缩那些长线滞销产品、质量低性能差的产品、过多消耗能源和原材料的一般加工产品，把节省下来的能源、原材料用于积极增产能够增加有效供给的各种产品。这件事从国务院各部门到各地方都要加以具体化，对该保该压的产品都列出目录，并且认真加以落实。只有这样，才能真正把有限的资源用在刀刃上，在调整中提高工业企业的素质，把工业生产的结构提到一个新的合理水平。

明年煤炭的生产和调运，关系社会生产的全局，各有关部门和地区一定要同心协力，继续认真抓好。铁路的煤炭运输实行统一计划、统一运价，并进行严格管理。电力的分配要根据增加有效供给的产品序列安排，在农忙季节要给农业用电让路。

许多同志担心明年生产会滑坡，从而造成财政收入减少，困难更加严重。这种担心不是没有道理的，需要我们加以重视。但是，把目前过高的工业增长速度降到计划要求的水平，不能叫做生产滑坡。工业速度的这种下降，是消除经济过热的要求，也是合理调整经济结构的需要。只有工业的增长速度下降得过低，连应有的有效供给也难以保证，这才是我们应当极力避免的。既要把过高的工业增长速度降下来，又要增加有效供给和财政收入，关键在于努力降低物质消耗、提高劳动生产率、改善产品质量、增进经济效益。要做到这一点，就必须深入持久地开展增产节约、增收节支运动，并努力取得切实成效。在经济调整的过程中，既会遇到许多困难，也提供了一种机遇，促使在组织生产的指导思想上真正实现一个根本转变，从主要靠增加投入、扩大规模、提高速度来增加财政收入，转到主要靠加强管理、改进技术、提高效益来增加财政收入的路子上来。这样，才能使我们的经济工作提高到一个新的水平。为了把大家的注意力从盲目追求和攀比产值增长速度，引导到提高经济效益上来，今后考核地方、部门和企业的工作，主要不是看速度的快慢，而是看效益的大小。国务院决定从明年起，由国家统计局按月公布各省、自治区、直辖市的八项重要经济指标，其中包括工业全员劳动生产率、工业销售利税率、工业资金利税率、工业可比产品成本降低率、工业能源消耗综合降低率等经济效益指标。如果说比的话，希望大家在这些方面认真地比一比。

三、切实组织好市场商品供应，严格物价管理，安排好人民生活

这是明年经济工作的一项十分重要的任务，必须予以高度重视。它直接关系到人心稳定、社会安定，关系到治理经济环境、整顿经济秩序工作能否顺利进行。

安排好明年市场，突出的是要搞好粮食、副食品和基本日用工业品的生产与供应；同时，努力增产回笼货币比较多的紧俏商品。当前，要切实抓紧粮、棉、生猪等重要农副产品的收购，并且认真组织好地区之间的调运。总的说，今年农副产品收购情况是好的。到十一月底为止，国家粮食定购任务已经完成百分之八十四，比去年同期多收购八十多亿斤，棉花收购完成百分之七十以上。现在看，粮食减产没有原来预计的那么多，今年的粮棉收购任务是完全可以完成的。这对明年安排好市场是一个重要保证。当然，现在收购任务还没有完成，各级政府还必须全力以赴，继续做好工

作，争取多收购一些粮食和棉花。各地反映，当前收购农副产品的主要困难是缺资金。解决收购资金问题，主要靠地方自己挖掘潜力，把该压缩的基本建设尽快压下来，腾出资金支持农副产品收购。人民银行也要给予适当支持，但这是很有限的，而且主要是靠资金调剂，不能再增发多少票子。所以，资金仍然是相当紧张的，大家不要因为人民银行准备给予适当支持，就松了一口气，纷纷伸手向上要钱。银行也有难处，希望大家谅解。

大中城市和重要工矿区一定要保证蔬菜种植面积，增加蔬菜供应。各地区和有关部门要认真抓好日用工业品的生产，尽可能地多拿出一些能源、原材料和运力用于发展轻纺工业，增加市场供应。国家和地方计划安排进口的粮食和其他市场物资，要抓紧组织定货，搞好运输和供应。城乡居民最基本的日常生活必需品，必须采取有效措施，保证不断档、不脱销。特别要注意安排好元旦、春节的市场供应，尽可能搞得丰富一点。

为了使明年物价上涨幅度明显低于今年，除了从宏观上压缩需求、增加供给以外，还必须严肃物价纪律，加强市场物价管理。凡是实行国家统一定价的商品，各地方各部门必须严格执行国家规定的价格，不得随意提价和变相涨价。实行"双轨制"价格的生产资料，计划外部分的价格不得超过国家规定的最高限价，任何地方、部门和企业都不能违反。对已经放开价格的比较重要的商品，也要进行适当控制，一是对企业实行提价申报制度；二是规定合理的地区、进销、批零的差价率，防止易地涨价、不合理的长途贩运和层层加价。要继续搞好清理、整顿公司的工作，大力减少流通环节和中间盘剥，特别是要严肃整治各种违法经营。各地方可以选择若干种人民生活必需品，明确规定不准涨价，并公之于众。要加强市场物价的监督检查，对违反物价法纪的单位和个人都要严肃处理。

四、把深化改革、坚持开放同治理经济环境、整顿经济秩序密切结合起来

要顺利实现明年治理经济环境、整顿经济秩序的任务，必须继续深化改革，充分利用对外开放的有利条件。同时，明年改革开放的具体步骤和方法，也要服务于治理经济环境、整顿经济秩序的要求。这次全国经济体制改革工作会议，正是根据这个精神对明年改革工作作了部署。现在看来，明年改革要着重抓好以下几个方面。

第一，要深化企业改革。消化涨价因素，增加财政收入，保证市场供应，归根到底，要靠企业特别是大中型国有企业提高经济效益。大中型企业在我国经济生活中占有举足轻重的地位，拥有较好的技术装备和管理经验，拥有众多的人才，希望它们在提高经济效益方面作出更多的贡献。明年燃料、运力和主要原材料供应都相当紧张，资金供给也紧张。在这种条件下，企业面临着很多困难，必须靠深化企业改革来克服这些困难。明年企业改革的重点是，继续完善和发展经营承包责任制，加强和改进企业内部管理，优化劳动组合，真正把广大职工的积极性引导到挖掘内部潜力、提高经济效益上面来。同时，要逐步推进企业之间的联合、兼并，有领导有步骤地发展企业集团，优化企业

组织结构。要稳妥地进行以公有制为主体的股份制试点。这些问题，体改工作会议作了具体研究，各地区、各部门要认真落实。

第二，积极推进那些对治理通货膨胀有重大作用的改革。住房商品化、出售部分国有小企业产权等改革措施，对于转移和分流社会购买力、改善消费结构和产业结构，都具有一定的作用。这些改革，需要有一个过程，但都要制定方案，进行试点，总结经验，为逐步深化这方面的改革创造条件。

第三，治理经济环境、整顿经济秩序，要求加强和改进宏观经济调控。这也是发展社会主义有计划的商品经济的要求，本身就是改革的一项重要内容。为了有效地治理通货膨胀，调整经济结构，宏观调控要通过经济的、行政的、法律的、纪律的和思想政治工作的手段来加以实现。无论经济手段还是行政手段，都要尽可能规范化、法制化，以减少主观随意性。在宏观调控中，运用经济手段能够见效的，要尽可能用经济手段；经济手段难以迅速见效的，则要采取必要的行政手段，包括一些过去用过的行之有效的手段和办法。采取这类措施，从总体上来说，也是为了给深化改革创造更好的环境，是有利于改革健康发展的。

要坚持对外开放的方针，充分利用对外开放的有利条件，以减少治理和整顿工作的困难。应当充分利用当前的时机，进一步发展对外经济合作和技术交流，继续贯彻执行沿海地区发展战略，使之与治理、整顿互相促进。对已经签约的涉外项目合同，要继续执行，严守信誉，要按照我国产业政策的要求，引导国外资金的投向，鼓励外商兴办独资企业和利用我国现有厂房、设备的合资企业，积极发展"两头在外"的、不消耗国内紧缺原材料的外向型经济。

明年经济建设和改革工作的任务相当艰巨，有许多复杂的矛盾和困难需要我们去解决与克服。有些问题我们现在想到了，有些问题可能还没有想到。各级政府和经济管理部门一定要尽可能考虑得周全一些，精心筹划，谨慎从事，进行大量的、细致的组织工作和思想政治工作。要密切注视经济生活中的新情况、新问题，深入调查研究，及时采取切实可行的解决办法。治理经济环境、整顿经济秩序，是一次经济调整。要搞好调整，势必要触及现有的利益分配格局，有一些局部利益需要作一些必要的让步，甚至受一点损失。因此，在治理、整顿、调整、改革中，必须做到局部服从全局。在改革和建设的重大问题和重要措施上，必须令行禁止，绝不允许讲价钱、打折扣，更不允许各行其是。既要对调整中的困难有足够的估计，又要充分看到克服困难的有利条件。我们的社会生产在持续增长，整个国家的经济实力比过去大大增强了，生产、建设、流通各个领域都蕴藏着巨大的潜力。把这些有利条件充分发掘和利用起来，就能够克服困难，达到稳定经济、深化改革的要求。我们还要抓住这次调整的机会，使我国经济发展出现一次新的转机。只要努力做好改革和建设两个方面的工作，并使它们紧密结合，就有可能在优化经济结构、提高经济效益这个我国经济根本出路的问题上，取得意义深远的新的突破，为我国经济长期稳定发展开辟道路。我们相信，只要认真贯彻落实十三届三中全会精神，坚决执行党中央、国务院制定的一系列政策措施，各级政府领导干部和工作人员振奋精神，同心协力，清正廉明，与广大群众一道努力奋斗，前进中的困难是可以克服的，治理经济环境、整顿经济秩序、全面深化改革的工作一定能够取得越来越明显的成效。

把技术开发、应用研究、基础研究有机结合起来[*]

（一九八九年二月十五日）

党的十一届三中全会以来，在党中央、国务院关于"经济建设必须依靠科学技术，科学技术工作必须面向经济建设"的方针指导下，我国科技工作的面貌发生了很大的变化。科技体制改革已经初见成效。科技工作正在逐步转向适应有计划的社会主义商品经济发展的轨道。科学技术对经济和社会发展的巨大作用，已逐步被更多的人所认识，尊重知识、尊重人才的社会风尚，正逐步形成。改革开放促进了科学技术事业的发展。正负电子对撞机电子对撞成功、气象卫星上天、潜艇水下发射运载火箭、黄淮海低产田的改造研究取得的新成就等，都标志着我国科学技术在不少领域内已经跨入世界先进的行列。

全面安排好科学技术工作不但是保证我国科学技术本身，也是保证国民经济健康发展的重要条件。一般地讲，我国科技工作可以分为三个层次：第一是直接为本世纪末国民生产总值翻两番这个战略目标服务的研究和开发工作；第二是高技术的研究与跟踪，推动高技术产业的形成和发展；第

三是基础性研究工作。这三个层次的工作是相互促进的、有机联系的整体，缺一不可。我们虽然要把大部分科技力量投入到直接为经济建设服务的主战场，广大科技人员应在这个主战场上大显身手，但是间接的或较长时期才能发生作用的基础研究工作，也必须作出必要的安排。重大的研究课题可以从经济建设中提出，也可以从学科发展中提出。有一些探索性课题，虽然一时或目前还看不出应用价值，并不直接满足当前生产建设的需要，但它使人类对于自然规律的认识大大加深一步，对于生产和社会发展具有长远的指导意义，我们应该积极地给予支持。要防止对面向经济作狭隘的理解。国务院已决定组织力量，制定国家中长期科技发展纲领，力求把技术开发工作、应用研究、基础研究有机地结合起来，统筹兼顾，协调发展，最有效地发挥科学技术的整体作用，推进我国经济、社会的发展，进而为世界科学技术的繁荣作出我们的一份贡献。

基础性研究的进展，高技术产业的兴起，自然科学成果广泛应用于经济建设和社会发展的各个领域，这是构成一个国家综合国力的重要方面并日益成为当今世界竞争中的重要的因素。如果我们中国不能吸收世界最新科学思想和科学成就，在重要的科技领域缺乏应有的能力，就不可能实现现代化，更不可能屹立于世界民族之林。因此，必须在保证科学技术为经济建设主战场直接服务的同时，继续加强基础性研究工作，使之得到持续稳定的发展，为下个世纪储备技术和人才，迎接二十一世纪世界经济和技术的挑战。

近四十年来，我国的基础研究和应用基础研究工作有了很大的发展，已经拥有了一批较强的科研机构，形成了门类比较齐全的学科体系，建立了一支优秀的研究队伍。我们的科学家、专家、技术人员，勇于开拓、勇于创新，任劳任怨、埋头苦干，数十年如一日地坚持在研究工作的第一线，献身于社会主义科学事业，取得了不少具有国际先进水平的成果，赢得了全社会的尊敬和支持。最近几年，国家已经逐步增加并将继续增加对国家自然科学基金的拨款。我们已建成了一批大型的科学工程和装置，建设了一批重点实验室。我国的科学研究工作进入了一个新的发展时期。

应该看到，我们是一个发展中国家，当前又处在治理整顿时期，国家还有不少困难，一时难以大幅度增加对科学研究的投入。但是，随着我国经济的发展，我们将进一步增加对科学研究的投入。我们也希望有关部门和地方，尤其是大中型企业集团，要在重视开发工作的同时对基础性研究给予必要的支持。

把治理整顿同深化改革
密切结合起来[*]

（一九八九年三月二十日）

治理经济环境，整顿经济秩序，是在坚持改革总方向的前提下进行的。我们决不会回到过度集中、管得过多过细过死的旧的经济模式上去，更不会走否定社会主义制度的私有化道路。当前我们采取的许多治理整顿措施，本身就是深化改革的重要内容。搞好治理整顿，也离不开深化改革。强调治理和整顿，决不意味着改革可以停顿不前。治理和整顿搞好了，就可以在宏观上为深化改革创造比较好的环境，更好地促进社会主义有计划商品经济的发展。

一九八九年的经济体制改革要着重完善和发展已经出台的各项改革措施，同时配合治理整顿，进行新的改革探索。重点是继续完善和发展工商企业承包经营责任制，积极探索加强和改善宏观经济调控的措施和方法，培育有秩序的市场，缓解分配不公的矛盾。各项改革必须紧紧围绕治理整顿这个中心，做到有利于压缩需求、调整结构，有利于增加有效供给、提高经济效益。

---

* 这是李鹏同志在七届全国人大二次会议上所作《政府工作报告》的一部分。

　　为了完善和发展企业的承包经营责任制，要抓好大中型企业的招标承包，尽量做到规范化、制度化，减少行政干预。积极推行全员风险抵押承包，促使经营者和职工的利益、风险与企业的经营状况密切联系在一起，调动经营者和职工的积极性，增强企业自我约束的能力和对市场变化的适应能力。继续推行并完善企业工资总额与实现利税、上交利税、提高劳动生产率、降低原材料消耗等多个指标挂钩的形式和办法，防止单纯靠产品涨价增加企业利益。认真贯彻执行企业法和破产法，继续推行厂长负责制，理顺企业内部的领导关系。企业有权根据自己的情况决定机构设置，上级有关部门不要强求上下对口。通过引进竞争机制，优化管理人员结构，优化劳动组合，这是提高劳动生产率的重要途径。富余人员主要通过内部消化，或开辟新的就业门路，不要把矛盾推向社会。

　　要继续发展和改善横向经济联合与协作，同时注意纠正联合协作过程中出现的某些不良倾向。以产业政策为指导，并坚持自愿原则和产权有偿转让原则，积极促进企业组织结构的合理化。稳步试行以公有制为主体的股份制。小型工商企业，可以继续推行租赁经营，有的可以公开拍卖。发展企业集团，实行企业兼并，试行股份制，都要制定统一办法，有领导、有步骤地进行，不要一哄而起。必须切实防止和坚决纠正廉价出售甚至侵吞国家财产，以及变相扩大消费基金等错误做法。

　　为了适应改革开放和发展有计划商品经济的要求，加强和改善宏观经济调控体系十分重要。我们在这方面还缺乏经验，必须在实践中积极探索。在治理整顿期间加强宏观调控，要综合运用经济的、行政的、法律的、纪律的和思想政治工作的手段，五管齐下，特别要注意更多地采取经济手段。无论采取经济手段还是行政手段，都要尽可能制定必要的法规和制度，避免主观随意性。注意保持政策的稳定性和连续性。重大决策应事先多方论证，努力提高决策的民主化、科学化水平。

积极稳妥地深化计划、投资体制改革。计划部门要加强和改进国民经济的综合平衡，使计划能够调节和指导全社会的经济发展，并着重加强对预算外资金、对消费基金、对非全民所有制经济单位经营方向和行为的引导与调节，促进经济总量的平衡和经济结构的协调，为发展社会主义商品经济服务。根据国家颁布的产业政策，实行合理的投资倾斜政策和改革投资体制，以利于引导和加强对能源、交通、原材料等基础产业的投资，促进投资结构和产业结构的调整。

加强和改善宏观经济管理，要特别重视发挥银行的调控作用。根据国家的产业政策和进出口政策，充分运用利率、再贷款、准备金率和备付金等经济手段，控制货币发行，调节信贷规模和结构，引导经济健康运行。中国人民银行承担着中央银行的职能，必须加强统一管理，强化垂直领导。各专业银行也承担着宏观调控的责任，决不能因为实行企业化管理而影响和削弱这方面的职责。各级政府要支持银行的工作，不要干预银行的具体业务，更不能强制银行发放贷款。要清理、整顿各类非银行金融机构，明确业务范围和资金使用方向。继续有领导、有秩序地发展短期资金市场，组织好资金拆借和其他多种形式的资金融通，为生产和流通服务。银行要加强现金管理制度，发展票据结算等现代化结算手段，并通过提高利率、改善服务等措施，进一步稳定和增加城乡居民储蓄，增加货币回笼。

健全审计监督制度，是加强宏观调控的重要内容。要坚决执行宪法中有关审计的规定和国务院发布的审计条例，使审计工作逐步实现经常化、制度化、规范化。当前，特别要加强对基本建设、行政事业单位开支、消费基金和流通活动的审计。加强统计工作和发挥统计监督的作用。

积极研究财政体制改革，逐步理顺中央与地方的财政关系。逐步实行复式预算，把经常性财政开支与政府投资区别开来。税务机构和人员逐步实行以垂直领导为主的体制。在有条件的地方，继续进行改税前还贷为税后还贷的试验，逐步向税利分流的方向发展。目前，国家财政收入占国民收入的比重过低，中央财政收入占全部财政收入的比重也偏低，必须采取有效措施，调整分配结构，适当集中资金。要进一步加强税务机构，健全各项税收的法律、法规和制度，清理、整顿和明确各级政府对各项减免税的管理权限，减少税收的严重流失。

为了抑制消费需求膨胀和缓解社会分配不公的矛盾，必须逐步改进分配制度。机关、事业单位的现行工资制度要继续进行改革，使之逐步完善。企业要推行和完善工资总额同经济效益挂钩的制度，使职工工资的增长真正建立在提高劳动生产率和经济效益的基础之上。坚决取缔非法收入，保护合法收入。从今年起，将尽快建立和完善个人应税收入的申报制度，进一步加强个人收入调节税的征收工作，以调节收入差距的过分悬殊。这项工作先从大城市做起，先在各级领导机关和各类公司人员以及个体工商户中开始实行。依法纳税是所有应税单位和个人应尽的义务和责任，必须通过广泛深入的宣传教育使所有企业和公民都养成依法纳税的守法观念，并同一切偷税漏税的违法行为进行坚决的斗争。

积极推进有利于遏制通货膨胀、控制社会需求和正确引导消费的其他改革。继续推行城镇居民住房制度的改革，合理制定出售公房的统一原则、分类标准和定价办法。通过逐步实行住房商品化，促进建筑业及其他相关产业的发展，促进消费结构合理化。继续进行社会保险和社会保障制度改革的试点。发挥保险事业在组织经济补偿、积累建设资金、稳定人民生活和引导消费资金分流等方面的作用。深化劳动制度和用工制度改革，发展和完善劳务市场。清理压缩计划外用工，严格控制乡村劳动力盲目流入城市。

在首都党政军干部大会上的讲话

（一九八九年五月十九日）

同志们：

今天，根据中共中央政治局常务委员会的决定，党中央和国务院召开中央和北京市党政军干部大会，要求大家紧急动员起来，采取坚决有力的措施，旗帜鲜明地制止动乱，恢复社会正常秩序，维护安定团结，以保证改革开放和社会主义现代化建设的顺利进行。

刚才中共北京市委负责同志介绍的情况说明，当前首都形势相当严峻。无政府状态越来越严重，法制和纪律遭到破坏。本来，五月初以前，经过大量的工作，形势已趋于平稳，但进入五月以后，又更加动乱起来。卷入游行示威的学生和其他群众越来越多，许多高等学校陷于瘫痪，公共交通到处堵塞，党政领导机关受到冲击，社会治安恶化，严重干扰和破坏了全市人民的生产、工作、学习和生活的正常秩序。举世瞩目的中苏高级会晤中的一些国事活动安排，也因此而被迫变更或取消，极大地损害了我国的国际形象和声誉。

天安门广场部分学生绝食请愿的活动还在继续。他们的健康已经受到极大的损害，有的人生命已处于危险之中。实际上这是少数人拿绝食同学作为"人质"，要挟、强迫党和政府答应他们的政治条件，连一点点起码的人道主义都不讲了。党和政府一方面采取了一切可能采取的措施，对绝食学生进行治疗和抢救；另一方面，多次同绝食学生的代表进行对话，并郑重表示今后将继续听取他们的意见，希望立即停止绝食，但都未能取得预期效果。在天安门广场人群拥挤、煽动性口号不断和人群情绪极度激动的情况下，绝食学生代表也表示，他们已不能控制局势。现在，我们如果再不迅速结束这种状况，听任其发展下去，很难预料不出现大家都不愿意看到的情况。

北京的事态还在发展，而且已经波及到了全国许多城市。在不少地方，游行示威的人越来越多。在有的地方，也发生了多次冲击当地党政领导机关的事件，发生了打、砸、抢、烧等严重违法破坏活动。最近，甚至铁路干线上的火车也遭到拦截，使交通被迫中断。种种情况表明，如再不迅速扭转局面，稳定局势，就会导致全国范围的大动乱。我们国家的改革开放和四化建设，人民共和国的前途和命运，已经面临严重的威胁。

我们的党和政府多次说过，广大青年学生的心灵是善良的，他们在主观愿望上是不想搞动乱的。他们有爱国热情，希望促进民主，整治腐败，这同党和政府要努力实现的目标是一致的。他们提出的一些问题和意见，已经对改进党和政府的工作起到积极作用。但是，任意采取游行、示威、罢课乃至绝食请愿等方式，破坏了社会稳定，不仅不利于问题的解决，而且事态的发展已经完全不以青年学生们的主观愿望为转移，正在越来越走向他们愿望的反面。

现在已经越来越清楚地看出，极少数的人要通过动乱达到他们的政治目的，这就是否定中国共产党的领导，否定社会主义制度。他们公开打出否定反对资产阶级自由化的口号，目的就是要取得肆无忌惮地反对四项基本原则的绝对自由。他们散布了大量谣言，攻击、污蔑、谩骂党和国家主要领导人，现在已经集中地把矛头指向为我们改革开放事业作出了巨大贡献的邓小平同志，其目的就是要从组织上颠覆中国共产党的领导，推翻经过人民代表大会依法产生的人民政府，彻底否定人民民主专政；他们四处煽风点火，秘密串联，鼓动成立各种非法组织，强迫党和政府承认，就是要为他们在中国建立反对派、反对党打下基础。如果他们的目的得逞，什么改革开放，什么民主法制，什么社会主义现代化建设，都将成为泡影，中国将出现一次历史的倒退。一个很有希望很有前途的中国，就会变成没有希望没有前途的中国。

我们之所以旗帜鲜明地反对动乱，揭露极少数人的政治阴谋，一个重要的目的，就是要把广大青年学生同挑动动乱的极少数人区分开来，是出于对青年学生的爱护。前一段，我们在处理学潮问题上之所以采取极其宽容、克制的态度，也正是出于这样的愿望和目的，不要伤害好人，特别不要伤害青年学生。而那些躲在背后策划和煽动动乱的极少数人，却以为党和政府软弱可欺，不断制造谣言，蛊惑群众，扩大事态，导致首都乃至全国许多地方的形势发展得越来越严峻，迫使我们不得不采取果断、坚决的措施来制止动乱。

必须强调，即使在这样的情况下，我们仍然要坚持保护广大青年学生的爱国热情，把他们同制造动乱的极少数人严格区别开来，对他们在学潮中的过激言行不予追究。不但如此，党和政府同广大学生和各界人士之间的对话，包括同参加过游行、示威、罢课、绝食的学生之间的对话，还将通过多种层次、多种渠道和多种形式广泛积极地进行，以充分听取各方面的意见。对学生们提出的合理要求，我们将给予明确的答复，对他们提出的合理批评和建议，如惩治官倒、消除腐败、克服官僚主义，我们将认真听取和采纳，以切实改进党和政府的工作。

在这段时间里，在十分复杂的情况下，许多学校的负责同志、广大教师和同学们，为劝阻游行示威、维护学校的教学秩序，做了大量的极其艰苦的工作；广大公安干警和武装警察在极端困难的条件下，为维护交通秩序、社会秩序和社会治安，作出了很大贡献；机关、工厂、商店和企事业单位的干部、职工，坚持生产，坚持工作，为社会生活的正常运转付出了艰苦的劳动。对这一切，党和政府是感谢你们的，人民是不会忘记你们的！

现在，为了坚决制止动乱，迅速恢复秩序，我在这里代表党中央和国务院紧急呼吁：

一、目前还在天安门广场绝食的学生，希望你们立即停止绝食，离开广场，接受治疗，尽快恢复健康。

二、广大同学和社会各界，希望你们立即停止一切游行活动，并从人道主义出发，再也不要对绝食学生进行所谓的"声援"了。不管动机如何，再搞"声援"就是把他们推向绝路。

同志们！在今天的大会上，我还要代表党中央和国务院，号召全党全军全国各族人民，和衷共济，团结一致，立即行动起来，在各自的岗位上为制止动乱和稳定局势作出贡献。

各级党组织必须团结广大群众，做好深入细致的思想政治工作，在稳定局势中充分发挥核心领导和战斗堡垒作用；

全体共产党员必须严格遵守党的纪律，不仅不参与任何损害安定团结的活动，而且要在团结群众、制止动乱中发挥先锋模范作用；

各级政府必须严肃政纪法纪，切实加强对所属地区和单位的领导和管理，认真抓好稳定局势以及各项改革和建设工作；

全体国家机关工作人员必须坚守岗位，忠于职守，维护正常的工作秩序；

全体公安干警和武装警察要进一步努力维护交通秩序、社会秩序，强化社会治安，坚决打击各种违法犯罪活动；

所有工商企业和事业单位都要遵守劳动纪律，坚持进行正常的生产秩序；

各级各类学校都要坚持正常的教学秩序，凡罢课的应一律无条件地复课。

同志们！

我们的党是执政党，我们的政府是人民的政府。为了对神圣的祖国负责，对全体人民负责，我们必须采取坚决果断的措施，迅速结束动乱，维护党的领导，维护社会主义制度。我们这样做，相信一定会得到全体共产党员、共青团员、工人、农民、知识分子、民主党派、各界人士和广大群众的支持和拥护，一定会得到肩负着宪法赋予的保卫祖国、保卫人民和平劳动的光荣任务的人民解放军的支持和拥护。同时我们也希望广大人民群众对人民解放军和武警部队干警为维护首都正常秩序所作的努力给予全力支持。

同志们！

我们一定要在坚决维护安定团结的条件下，继续坚持四项基本原则，坚持改革开放，加强民主和法制建设，努力清除各种腐败现象，为把社会主义现代化事业不断推向前进而努力奋斗！

中美关系应建立在
正确的基础上 *

（一九八九年七月二日）

中国和美国在政治制度、意识形态、价值观念上完全不相同，这是双方都应承认的现实。既然双方这样不同，但又成为朋友，总是有一些共同的东西。这就是我们都希望有个稳定的世界，和平的世界；我们两国人民都希望友好相处。这些就是我们之间的差异和共同点。美国人怎么看中国，怎么评价中国发生的事情，是美国人自己的事情。我们不能同意的是，美国政府和美国人总用自己的观点来影响其他国家的政策。在这一方面，美国在世界上的所作所为，有成功的，但也有失败的例子。对中国来说，是不会获得成功的。这是我要讲的第一点意思。

其次，不论哪个国家的政府和领导人，在制定政策时都应是以事实为根据，而不能依据不确切的情报和社会上的谣言来确定自己的方针、政策和行动。中国有一句话：不能以感情代替政策。我感觉在这段时间里，美国的决策者，包括国会和领导人，并没有把中国最近发生的事情搞得很清楚、很准确。你们的感情，是由一些不确切的消息和社会的谣言

---

* 这是李鹏同志会见美国总统特使斯考克罗夫特时谈话的要点。

煽动起来的。

我理解布什[1]总统对中国的感情和对中美关系的担忧。从这次派你秘密来华访问，可以证实这一点。美国的价值观念和感情，我们无法干涉。但是现在不仅仅是感情问题，而是由感情进入了采取行动的阶段，你们已经采取许多制裁措施。你们停止了对中国的军售，已经签订了的合同，你们也不执行，不发货。你们停止了双方军事技术的合作。你们中止了高级政府官员的往来。你们还推动影响国际金融机构停止向中国提供贷款。你们还表示要延长中国留学生在美国的逗留时间。所以，这不仅是一种感情的表达，而且是有实际行动的。西欧国家也采取了类似措施，尽管各国情况不尽一样。在西方世界，美国是带头的，是带头羊。他们的行动虽然不受你们指挥，但受你们的影响，你们是盟国。这些我们很清楚。

你们采取这些措施对中国会起什么作用，产生什么影响，带来什么后果，我也想讲清楚。坦率地讲，这对我们的经济建设、国际交往和外交活动，都会带来一些影响。但是，这决不会达到使中国政府改变其基本政策的目的。我可以给你讲讲历史。刚才，邓小平主席给你讲了，中国打了二十几年的仗，死了几千万人，才建立了中华人民共和国。新中国成立后第一场战争，是在朝鲜与你们打的。尽管那时中国很弱，很困难，但最后还是顶住了，你们没有过鸭绿江。后来你们采取了封锁政策，我们只能"一边倒"，同社会主义国家交朋友。那时我们也不是不想与你们交朋友，是你们封锁我们。我们开始与苏联关系很好，中国的很多制度都是向苏联学习的。苏联帮助我们建立了中国工业化的基础，一百五十六个项目，那些在当时是大规模的企业。但后来关系破裂了，原因很多，其中重要的一条是苏联要干涉中国的内政，对我们采取经济制裁措施，撤走了专家，撕毁了合同，向我们逼债。当时我们自己的政策也有失误。再加上三年自然灾害，我们的经济处于十分困难的局面。即使在那样困难的时候，我们也没有屈服于苏联的压力。他们甚至用武力威胁我们，在珍宝岛打了一仗[2]，规模很小。我们并没有在他们的压力下屈服。我们依靠自己的力量，勒紧裤带，渡过了困难。最后导致你自己也参与的尼克松[3]和基辛格[4]访华，中国开始了与西方发展关系的时期。这场压力与反压力的斗争延续了三十年，双方没有高级领导人互访，直到今年戈尔巴乔夫[5]访华。

中国争取的是国家的独立，这一条比任何东西都神圣。经济上的压力，无非影响一下我们经济建设的速度。但是，如果国家的独立都没有，要这个速度有什么用？这是我们看问题的逻辑。

中国经过这样一场动乱、暴乱后，已经恢复正常。我们已产生了新的中央领导核心。中国的政局是稳定的，新的领导核心是团结的。这个新的领导核心吸收了一些新的同志，是以原上海市委书记现任党的总书记江泽民同志为核心。从他在上海做的几年工作看，他是坚决执行改革和对外开放政策的，对内是坚决维护社会主义制度的。

我希望美国政府考虑一下，经过这场暴乱以后，中国政局会稳定下来，你们总还要与我们十一亿人口的国家打交道。一个九百六十多万平方公里土地、十一亿人口的大国是不会从地球上消失的。要知道我们这次不欠美国什么账，不是中国政府对美国采取了什么不友好行动。邓小平主席讲，解铃还须系铃人。布什总统是有远见的人，应能从大局出发，从世界局势和中美关系的长远利益考虑。希望他能排除阻力，为中美关系做些有益的事。中国政府一方面准备承受世界各方的压力，不会屈服于压力；另一方面，也愿做我们能做的一切，打破目前的僵局，恢复和发展与各国的关系。中国按自己的法律处理问题，包括对参与示威的大多数人采取宽厚态度，并不是做给美国看的，而是出于中国自己的需要。这是团结大多数的需要，包括团结犯过错误的人。另外一点，美国总统的权力不是不受到制约的，但总统的权力是很大的，特别是在执行外交政策方面，总统不是无所作为的。

布什总统今年二月来访时，邓小平主席同他进行了长时间的谈话。邓主席比较了中美和中苏关系，他有一个基本的分析。我们不希望他对局势的这一基本分析因为这一次的不幸事件而改变。这是我们所不愿看到的。因为维持中美以及中国同西方国家的关系符合中美两国和西方世界的利益。如能看到制裁措施尽快撤销，我们将感到高兴。如果继续升级，扩大范围，则将会进一步伤害中国人民的感情，将会使局势恶化。目前在处理中美关系方面，克制和冷静是十分需要的。我们两国的关系本来就不是建立在相同的社会制度和意识形态基础之上的，而是建立在对国际局势稳定的关心和经济上平等互利的基础之上的。政治家处理问题时，应该看得远一点，看得宽一点，相信布什总统有这个眼光，他并没有把事情做绝，希望美国政府朝正确的方向作出努力，争取有一个好的结果。

注　释

〔1〕布什，即乔治·赫伯特·沃克·布什（一九二四——二〇一八），美国共和党人。一九七四年至一九七五年任美国驻中国联络处主任。一九八九年至一九九三年任美国总统。

〔2〕这里指珍宝岛自卫还击战，即一九六九年三月中国边防部队击退苏联军队侵犯中国黑龙江省乌苏里江珍宝岛地区的战斗。

〔3〕尼克松，即理查德·米尔豪斯·尼克松（一九一三——一九九四），美国共和党人。一九六九年至一九七四年任美国总统。在其总统任内，逐步调整美国对华政策。一九七一年七月，派遣总统国家安全事务助理基辛格秘密访华，就改善美中关系与中方进行会谈，改变了美中两国长期隔绝的局面。一九七二年二月二十一日至二十八日，作为在任美国总统首次访问中国，中美双方于二月二十八日在上海发表联合公报，中美关系开始走向正常化。

〔4〕基辛格，即亨利·艾尔弗雷德·基辛格（一九二三——二〇二三）。一九六九年至一九七四年任尼克松总统的国家安全事务助理，一九七三年至一九七七年任国务卿。一九七二年二月陪同尼克松总统访华，积极推动恢复中美两国的正常关系。

〔5〕戈尔巴乔夫，即米哈伊尔·谢尔盖耶维奇·戈尔巴乔夫（一九三一——二〇二二）。当时任苏联共产党中央委员会总书记、苏联最高苏维埃主席团主席。

对《中共中央关于进一步治理整顿和深化改革的决定（草稿）》的说明*

（一九八九年十月三十日）

这次会议的中心议题是研究经济工作，讨论《中共中央关于进一步治理整顿和深化改革的决定（草稿）》。下面我就文件所涉及的几个主要问题讲点意见。

一、关于对当前经济形势的估计。

正确分析当前经济形势，是进一步搞好治理整顿和深化改革的前提。十年来的经济建设和改革开放，取得了巨大成就，这是有目共睹、举世公认的，这是主流。同时，经济生活中也存在着许多困难和问题。对于成绩，必须充分肯定；对于面临的困难，既不能估计过重，也不能估计过轻。现在，从各级领导干部的思想状况来看，总的来说，主要的问题是要防止对困难估计不足。只有对困难和问题有足够的估计，才能真正认识治理整顿的必要性和紧迫性。统一认识，首先就是要把对当前经济形势的认识，统一到坚定不移地搞好治理整顿上来。

---

* 这是李鹏同志在中央工作会议上的讲话。

当前的经济困难，不是这一两年突然出现的，而是从一九八四年下半年以来逐年积累起来的。国民收入多年超分配，货币发行过多，财政连年有赤字，产业结构不合理，经济秩序混乱。这些问题，现在已经到了不能再拖下去的时候了。必须下大的决心，进一步搞好治理整顿。我们的内债已经超过八百亿元，明年将进入偿还高峰，要还债三百一十五亿元。外债余额已超过四百亿美元，很快也将进入偿还高峰，每年要还债七八十亿美元甚至更多一些。老百姓存在银行的钱，到年底将突破五千亿元，手里还有一两千亿元的现金。如果市场不稳，这个"老虎"跑出来，可不得了。现在一些西方国家对我们进行经济"制裁"，到目前为止，虽然口头上已有种种要松动的表示，但实际上没有松动。他们讲得很明确，松动的条件是我们撤销戒严。中国是主权国家，我们的人民是站起来的人民，绝不能拿原则做交易。应该看到，一不能屈服于他们的压力；二即使在条件具备后解除了戒严，西方也不一定就给贷款，它们根本的企图是要我们放弃社会主义制度。因此，我们不能指望靠西方的贷款来渡过眼前的困难。

一年来治理整顿取得了一定的成效。大家都还记得去年七八月发生的抢购风，物价节节上涨，市场上有什么就抢购什么。去年票子发了六百九十亿元，财政赤字八十多亿元，全年物价上涨百分之十八点五。经过一年治理整顿，经济情况发生了很大变化。与去年同期相比，今年年初物价还上涨了百分之二十六点五，但由于全党和各级政府的共同努力，到九月份已降到百分之十二。估计今年全年物价上涨仍在百分之十九到百分之二十。虽然两年物价上涨幅度差不多，但群众的感觉大不一样。原因一个是今年的物价上涨里面，大约有一半是从去年转过来的，新涨价因素只有百分之八至百分之九，而去年新涨价因素约为百分之十六。另一个是四十七种居民基本生活必需品和劳务价格大体是稳定的，只上涨百分之二至百分之三，最近几个月还有下降的趋势。今年发的票子也少了，主要是银行实行了保值储蓄，居民存款大幅度回升。到目前已经增加一千亿元，估计全年可以增加一千二百亿元。由于信用回笼好，到现在为止还没有新发票子，而去年这个时候票子已经发了四百七十多亿元。物价涨势趋缓和票子控制住了，这是好的方面。不够的方面主要是固定资产投资压缩没有达到预期的效果，全年可能压缩五百亿元，没有完成原定压缩九百亿元的任务；同时消费基金增长也没有完全控制住，预计全年增长百分之二十左右，仍然超过国民收入和劳动生产率的增长幅度。

现在出现的新问题是市场疲软，工业生产特别是轻工业生产增长速度下降过多。从八月份开始，过去的一些紧俏商品开始滞销，到九月份以后就更加明显。轻工产品普遍滞销，这是新中国成立以来很少见的。工业生产速度一至九月份增长百分之八，其中九月份比去年同期只增长百分之零点九。看起来很低，但也要作些具体分析。去年由于抢购风，九月份的工业生产增长速度特别高，达到百分之二十以上，就是说基数比较大。实际上今年九月比八月还是增长的，增长百分之二点五，按日产平均水平还增长百分之五点六。这是就全国来说的，但各地发展不平衡，有的省市仍然保持较高的增长速度，有的省市已明显回落，个别省市出现了负增长。这种情况，应该引起我们的重视。

　　对新出现的这种形势怎么看，究竟是好事还是坏事？一方面，经过治理整顿，物价涨势趋缓，市场平稳，人民情绪稳定，当然是好事。另一方面，市场疲软，生产速度下降过猛，也带来了一些新问题。一些企业处于停工半停工状态，奖金少发了，甚至有的发不出工资，各级财政收入也受到影响。我们认为，对当前经济生活中出现的问题要有一个正确的分析。有的问题是治理整顿取得成效的反映，有的问题则是治理整顿过程中出现的暂时现象。市场上某些产品买方市场的出现，为促使企业调整产品结构，提高产品质量和经济效益，提供了有利的机会。如果生产速度不降一些下来，结构就很难调整；如果企业生产什么产品都能卖得出去，企业也就不会去注意如何才能适销对路，去注意提高产品质量、降低消耗和降低成本。当然，生产也要保持一定的速度，速度太低了也不行。现在要采取一些疏导措施，帮助企业克服困难。在这个方面，国家在宏观上还是有一些调控能力的。一是今年货币回笼好，第四季度可以适当多发放一些贷款，增加企业流动资金，给商业和外贸部门也增加一些贷款，让它们多收购一些适销对路的商品，发挥"蓄水池"作用。二是由于结构调整，目前能源、原材料、交通运输紧张的情况有了一点改变，增加了一点余地，也有条件使工业生产提高一点发展速度。

　　总之，我们既要看到经济形势的严峻性和治理整顿的艰巨性，又要看到我们的有利条件。我们全党一定要真正做到统一思想、统一认识，把经济工作的重点真正放到治理整顿和深化改革上来，而不是实际上仍然把重点放在要投资、上项目上。我们面临的困难毕竟是前进中的困难，这些困难是完全可以逐步克服的。

二、关于治理整顿的时间和目标。

这次文件提出，用三年或者更多一些时间基本完成治理整顿任务。三年包括今年，是到一九九一年，如果不够，延长一年，就是到一九九二年。目前存在的困难和问题还很多，解决起来难度很大，时间短了不行，但拖得过长也不利。

治理整顿的目标有六条，其中重要的一条是到一九九二年使通货膨胀降低到百分之十以下。为什么不能降得快一点，降得多一点？主要是因为今后两年有些产品价格非调不可，比如煤炭、石油、粮食、棉花等基础产品价格偏低，不适当调整，生产就上不去，这样就势必延长降低通货膨胀的过程。而且压缩基建规模，农业要搞上去，总供给与总需求要基本平衡，包括今年在内的三年时间看来也不够，可能需要再延长一年。

经过治理整顿，总的是要使我国经济摆脱目前的困境，为九十年代经济的持续、稳定、协调发展创造条件。按照"三步走"的发展战略，今后十来年内，平均每年经济增长速度保持在百分之六左右，就可以实现到本世纪末国民生产总值翻两番。治理整顿期间，不可能大干快上，这一点大家都能理解，都能接受；治理整顿之后，我们仍然要记取过去多年的教训，继续防止脱离国情国力的大干快上，不要片面追求高速度。主要的问题是必须注重经济效益，保持国民经济平稳发展，防止大起大落。

在我们的指导思想上，应该提出三个不能急于求成，这就是：建设不能急于求成，改革不能急于求成，治理整顿也不能急于求成。

三、关于治理整顿和深化改革的关系。

在十年改革中，我们实行了许多改革的重大政策和具体的措施，推动了生产力的发展。在治理整顿期间，总的指导思想是对这些改革的政策措施要保持稳定性和连续性，对的要坚持，不够的要补充，不完善的要加以完善；对那些实践证明是不对的，当然要纠正，但要十分谨慎。现在有一种认识，就是把治理整顿同深化改革对立起来，这是不对的。治理整顿是在坚持改革开放总方向的前提下进行的。在治理整顿期间，改革也需要深化。治理整顿同时也是为今后的改革开放创造更加有利的条件，使改革搞得更好。治理整顿也是深化改革所必不可少的条件。现在通货膨胀严重、经济秩序混乱、经济结构恶化，如果不改变这种状况，许多改革都难以进行。在宏观经济严重失控的情况下，许多微观搞活的措施都不能达到预期的效果，有些甚至会起不好的作用。所以从这个意义上来说，对治理整顿不积极就是对改革不积极。我国经济发展的现状，决定了治理整顿是不可逾越的阶段。

我国的经济体制改革，是社会主义经济制度的自我完善，必须坚持以公有制为基础，坚持有计划的商品经济。实践证明，在我国完全实行计划经济，统得过多过死，是不行的；完全实行市场经济，必然会造成经济秩序混乱，也是不行的。还是要像小平同志说的那样，实行计划经济与市场调节相结合。这是我国经济体制改革的主要指导方针。根据这个方针，在治理整顿期间，深化改革的重点，一是要稳定、充实、调整和改善前几年的改革措施；二是要根据治理整顿时期应当多一点计划性的要求，适当加强集中；三是要在继续搞活微观经济的同时，逐步建立能够促进经济稳定发展的宏观调控体系。

完善和深化改革特别要注意保持政策的稳定性和连续性。农村家庭联产承包责任制，适合我国绝大多数农村生产力发展水平，仍然具有旺盛的生命力，要继续保持稳定并不断完善。工业企业承包经营责任制对促进生产的发展起了重大的作用，对克服当前的困难仍将发挥积极的作用，要继续坚持下去。在承包中也出现一些缺点和弊端，主要是在处理国家、企业和个人三者之间的关系上，在处理长远利益和眼前利益的关系上，要克服承包引发的企业短期行为，合理解决企业之间分配不公正的问题。对承包制要通过总结实践经验，兴利除弊，不断加以改进和提高。厂长负责制要继续贯彻执行，同时要注意发挥企业党组织在思想政治工作方面的领导作用。现在最好不要去争论是中心大还是核心大的问题。多年实践证明，不管在企业里实行哪一种制度，如果没有党政之间特别是厂长与书记之间的密切合作，企业是办不好的。前一段忽视了企业党的建设和思想政治工作，现在强调一下，加重一点分量，是必要的。特别是现在，企业遇到的困难多，有的企业生产下降，收入减少，职工情绪动荡，更需要依靠思想政治工作来稳定情绪，克服困难。当然，加强党委对思想政治工作的领导绝不等于党委要包办一切，厂长对生产的指挥权和经营管理权必须得到保证。多年实践证明，这也是办好企业必不可少的条件。其他诸如对乡镇企业，对个体经济和私营经济，对经济特区和沿海开放地区的政策措施，都采取基本不变的方针，只要求在执行中逐步加以完善。今后，党中央和国务院对改革措施作重大的调整或有新的措施，都要走群众路线，同地方、部门商量，还要经过认真的调查研究，经过试点，才能出台。要纠正过去那种重大政策措施变化频繁、极不慎重的态度和做法，使我们的改革既积极又稳妥、扎扎实实地进行下去。

四、关于农业发展问题。

我国的粮食生产，已经连续五年在八千亿斤左右徘徊。随着人口的增长，人均占有粮食产量正在逐年减少，已由一九八四年的八百斤下降到七百三十斤。中国以占世界百分之七的耕地，养活世界百分之二十二的人口，基本上解决了温饱问题，这是一件了不起的事。同时也说明，世界上没有任何一个国家能帮助解决中国人的吃饭问题。过去我们靠自己的力量，解决了吃饭问题，今后也只能依靠自己的力量，解决吃饭问题。所以，在这个文件里，把发展农业放在极为重要的地位，号召全党全国动员起来，集中力量办好农业。由于各级党委和政府的重视，由于广大农民的努力，今年以来，农业生产形势是好的，农民的积极性进一步调动起来了。今年，粮食、棉花、油料和各种经济作物都有一定幅度的增长，若不是东北地区和华北部分地区遇到严重的干旱，今年的粮食生产会更好一些。我们必须看到农业生产存在的困难，这就是耕地逐年减少，许多农田水利基础设施多年失修，农用生产资料价格上涨和供应不足，这些都影响了农民的积极性。随着人口增长，人民消费水平提高，以及工业的发展，对农产品的需求越来越大，供求之间的矛盾进一步加剧。但是只要我们继续保持今年以来各地重视农业生产的劲头，争取农业的进一步发展是大有希望的。

发展农业生产需要增加投入。中央要尽可能增加对农业的投资，但现在国家财政很困难，不可能增加很多。除了地方机动财力要增加对农业的投资以外，主要的是积极引导农民增加对农业的投入，特别要重视增加劳动积累，这是中国的优势，也是潜力所在。农民的投入应当成为农业投入的主体。各级政府的投入，主要用于进行大型的农田水利建设，用于发展重要的农用生产资料，如化肥、薄膜、农药、农机等工业的建设，以及支持农业科研事业。在治理整顿期间，随着投资规模的压缩和产业结构的调整，将有一大批多余的劳动力回到农村，为农业深耕细作，提高单产，发展养殖业、种植业、家庭副业和庭院经济，提供了有利的条件。要抓住这个时机，组织农民大力开展兴修水利，改造中低产田，进行农业资源开发，以及修建农村公路等各项事业。各级地方政府要加强这方面工作的组织领导，并给予必要的支持。

为了调动农民发展农业生产的积极性，在国家财政十分困难的情况下，国家还要逐步调整主要农产品的收购价格。明年提高棉花、油料收购价的通知，已经发下去了。调整农产品价格，同控制物价上涨幅度有极大的关系，因此，步子不能太大，只能逐步地适当进行。

发展农业还要靠政策，需要处理好稳定家庭联产承包责任制与发展适度规模经营的关系。在有条件的地方，根据农民自愿的原则，提倡适度规模经营，同时要提倡发展集体经济，但一定要稳妥，不能造成对现有生产力的破坏。条件不成熟的地方，不要硬性推行。

乡镇企业对发展农村经济以至整个国民经济，具有重要的作用，解决了农村部分多余劳动力的就业，增加了对农业的投入，必须充分肯定。同时，也要根据治理整顿的要求，积极加以引导，限制过快发展。对符合国家产业政策、效益好的乡镇企业要积极加以支持；对消耗高、质量差、污染严重以及与大企业争原料、争能源而效益又很差的乡镇企业，要下决心关停并转一批。

五、关于工业发展问题。

工业问题主要是调整结构和提高效益的问题。经过多年来的建设，我国工业生产的规模已经不小，基本上建立了一个门类齐全、具有相当技术水平和规模的工业体系，这是建国四十年来伟大的不可磨灭的历史功绩。

但是，在工业内部存在结构不合理的状况。一般加工工业发展过快，超过了能源、原材料工业、交通运输的承受能力。由于基础工业和基础设施薄弱，造成了许多生产能力闲置，整体经济效益很差。同时，这几年由于缺乏宏观指导和控制，各地盲目发展和盲目引进了一批重复的生产线，如电视机、电冰箱、洗衣机、空调器、计算机、汽车、手表、西服、各种饮料、易拉罐、化妆品等，造成了资金和人力的浪费。现在市场一疲软，供大于销的矛盾就暴露出来了，使许多企业生产不正常，陷入极为困难的境地。在治理整顿期间，必须下决心控制投资规模的增长，保持工业合理的增长速度。我们希望国民生产总值增长速度保持在百分之六左右，工业生产增长速度保持在百分之八以下。就是比这个数字低一点，只要结构趋于合理，该升的升了，该降的降了，也是可以的。在这个前提下，集中力量调整投资结构和生产结构。在治理整顿时期，企业主要不是增加产量，而是提高产品质量和增加花色品种。什么叫有效供给？只有适销对路的产品才能算有效供给。现在工厂产成品库存大幅度增加，这是一个严重的矛盾。国家准备拨一部分资金，增加企业流动资金和增加外贸与商业的收购，但绝不能回到包购包销的老办法上去。企业要眼睛向内，挖掘潜力，集中力量抓好技术进步和企业管理，向技术进步要效益，向管理要效益。要认真开展增产节约、增收节支，千方百计降低能源、原材料消耗，这才是企业摆脱困境的真正出路。

固定资产投资规模原地踏步两年，甚至更低一点。这是一个硬杠子，各地区、各部门都不要突破。今年压缩百分之二十的任务没有完成，原因之一是各地决心不大，舍不得；原因之二是确有许多在建工程已进入收尾阶段，不完成损失太大，效益太差。只要控制住新的开工项目，我看明后年压缩基建投资的效果一定好于今年。要想治理整顿取得真正效果，把需求控制下来，最关键的措施还是压基建，希望大家真正下定决心，少搞一点一般性的建设，不搞新的楼堂馆所，少展宽一些马路，少拆迁一些民房，少占用一些耕地，真正过几年紧日子。当然基础设施和基础工业等薄弱环节还是要搞的，但也不能样样都保，只能量力而行，保证必不可少的投资需要。

控制消费需求的过快增长，是治理整顿的一个重要环节。前几年盲目提倡高消费、超前消费，造成了严重的后果。不仅在经济上造成了国民收入超分配，而且把群众的消费胃口吊得很高，把行政事业单位的开支也抬起来了，大大助长了奢侈豪华、铺张浪费的坏风气。在治理整顿期间，我们一定要下大决心，下大力气，把这股风刹下去，把高消费热冷却下来。消费基金的增长必须低于国民收入和劳动生产率的增长，这个原则必须遵守。只有这样，才能遏制住通货膨胀，使经济健康发展。

在控制消费的同时，要采取措施缓解收入分配不公的社会矛盾。这个问题不仅是一个经济问题，而且影响广大人民群众情绪和积极性，成了一个很敏感的社会问题，必须高度重视，并且采取极为稳妥的措施，认真加以解决。也就是说，该限制的要加以限制，该取缔的要依法加以取缔，绝不手软，但是该保护的还必须保护，切不可造成生产力的破坏和正常流通渠道的中断。

六、关于适当集中问题。

适当集中财力、物力和外汇，是治理整顿中要解决的问题。最近几年，国家财政收入在国民生产总值或国民收入中的比重不断下降，中央财政收入在国家财政收入中的比重也不断下降。前一个比重从一九八四年的百分之二十六点七下降到去年的百分之二十二，后一个比重从一九八四年的百分之五十六点一下降到去年的百分之四十七点二。目前这两个比重不仅是新中国成立以来最低的，而且也低于某些发达国家和发展中国家，更不用说明显低于其他社会主义国家了。这两个比重的不断下降，直接影响到国家的财政平衡，影响到农业、能源、交通等重点建设项目所需要的资金，影响到教育、科研事业投入的增加，影响到维持必要的国防力量，并且使国家宏观调控能力大大削弱。这种局面不能再继续下去了。现在我们经常听到这样一种意见，就是认为本部门、本行业经费和投资的比重比过去降低了，要求恢复到原来的比重或加大自己的比重。这是难以做到的：第一，现在财政开支的构成较过去发生很大的变化，不可简单类比。第二，"蛋糕"就这样大，给某些部门多切一块，势必只能给另外一些部门少切一块。要想增加经费和投入，不能只在比例上做文章，而主要应在发展生产、增加财政收入、把"蛋糕"做得大一点上做文章。

现在中央和地方两级财政的负担都比较大。每年要进口一千万吨粮食、一千三百五十万吨化肥，还有一些重要原材料要进口。这些进口的补贴都是由中央财政负担的。去年企业亏损补贴和价格补贴共有五百三十九亿元，加上外贸亏损补贴共七百六十多亿元，占国家财政收入近百分之三十，其中有相当部分是要由中央财政负担的。这几年军费支出基本上踏步不前，每年增加一点军费也只能部分弥补物价上涨的因素。部队一些武器装备老化，需要更新，尤其是国防科研要加强，都需要适当增加一些军费。武警和公安干警的力量要加强，经费也需要增加。不适当提高国家财政收入占国民收入的比重和中央财政收入占国家财政收入的比重，势必影响国家综合实力的增加，更谈不上加强国家的宏观调控能力了，而且也会影响国家的安全防御能力。本来想在这个文件中提出改变现行的财政包干体制，用分税制代替财政包干，因为包干基数的形成有历史因素，负担有轻有重。有的同志说，包干的办法，中央拿的是"死面"，地方拿的是"发面"，中央拿的越来越少。世界上多数国家也都采用分税制。但是在征求各省市意见时，许多省长讲了很多理由，不赞成立即改为分税制，表示愿意提高包干上缴比例，帮助中央解决困难。所以，决定上没有写改分税制，但准备进行试点，要看一看究竟哪种办法能真正解决提高"两个比重"的问题。这是一个很重要的问题，希望引起各地负责同志的重视，真正从全局出发来考虑这个问题。中国是一个发展中国家，生产力水平还比较低，如果按人均水平计算，国家还很穷。但中国又是一个统一的国家，统一带来综合国力，中国才能立足于世界民族之林，不受外人的欺负。中国的农业生产靠天吃饭的成分大，但中国地方大，常常是东方不亮西方亮，一个地方遭灾，其他地方丰收。举一个例子来说，今年东北遭受特大旱灾，辽宁粮食大幅度减产，但是迄今为止，人心稳定，市场稳定，因为人民深知中国是一个统一的国家，一方有难，必然会得到国家和各方的支援。因此，适当加强集中，才能真正办成几件大事，这对于全国各地都是必要的和有利的。

现在外汇过于分散。中央掌握的外汇只占全国外汇收入的百分之四十，省、区、市一级支配外汇的比重也在下降。外汇过于分散，一方面造成重复引进，进口了许多不该进口的东西，特别是进口了许多不该进口的消费品；另一方面，许多必不可少的进口物资用汇又没有保证。去年实行外贸体制的改革，有一定的成绩，外贸实行亏损包干，调动了地方和企业发展外贸的积极性，出口增加到四百亿美元。但也带来不少问题，主要是外贸经营过于分散，新成立许多外贸公司，总数由下放前两千多家一下子骤增到五千多家。一些公司既无货源，又无管理人才，经营管理混乱；一些公司在国内抬价抢购，到国外削价倾销，肥水流到外人田；由于出口产品履约率不高，质量下降，受到外商埋怨，影响外贸的信誉。有的同志提出对现行外贸体制进行彻底改革，这个问题要慎重研究。为了保持外贸进出口的稳定，目前还不宜做大的变动。外贸权全部都集中到中央也不行，但需要对原来的办法进行调整、完善。

提高"两个比重"涉及调整中央与地方、国家与企业的利益关系，在方法步骤上必须十分慎重。一要逐步地做，二要掌握适度，三要各方面多商量。要让中央过得去，也要让地方过得去，但重点是中央过得去；要让国家过得去，也要让企业过得去，但重点是国家过得去。

七、关于对外开放问题。

实行对外开放，是长期不变的方针。总的说，我们要充分利用国际形势有利的部分，积极扩大对外开放，使对外开放与治理整顿互相促进。

平息暴乱以后，一些西方国家对我国实行经济"制裁"，给我们造成了一些困难。我们的方针是：坚持原则，多做工作。我们要努力做好工作，进行有理、有利、有节的斗争，克服不利因素，增加有利因素。我们当然希望争取多使用一些国外贷款，尤其是一些长期低息的外国政府贷款和国际金融组织贷款，只要能够争取到的，就要积极争取，但也要做好借不到或不可能多借的准备。在对外关系上，宁可把困难估计足一点，也不要盲目乐观。我们决不能拿原则做交易，决不能屈服于西方国家的压力。我们是自力更生为主的国家，在世界上，我们的国家是最不怕压力的国家。压力可以激发我国人民奋发图强、克服困难的决心，在一定意义上说可以变坏事为好事。

要进一步改善投资环境，办好三资企业。对已经建成的三资企业，要集中力量办好一批，发挥示范作用，增强对外商的吸引力。对外商的直接投资，一是要积极大胆地吸收；二是要注意避免盲目性，要符合我们国家的产业政策，还要特别注意产品是否真正能够外销。要进一步办好经济特区，继续发挥特区对外窗口的作用，继续提倡和鼓励沿海一些地区发展外向型经济。

八、关于加强党对治理整顿领导的问题。

加强党的领导是完成治理整顿任务的根本保证。我们党是执政党，是全国人民的领导核心。我们要克服困难，把中国的事情办好，首先必须从党内抓起。党内能不能统一思想、统一行动，这是治理整顿成败的关键所在。

中央提出要过几年紧日子，这不仅对于克服当前的经济困难是十分必要的，而且对于端正党风，恢复党的优良传统，改善社会风气，都具有重大的意义。我们现在面临许多经济困难，但比六十年代初的困难，比革命战争时期的困难，要小得多。我们现在的物质生活条件比那些时候要好得多，过去那种艰苦日子都过来了，现在把消费的增长速度降低一点，把开支的盘子缩小一些，把奢侈豪华、铺张浪费的作风刹下来，这难道还不能做到吗？如果我们连这一点都做不到，还怎么能得到群众的拥护呢？还怎么能带领群众艰苦奋斗呢？因此，要全国过几年紧日子，首先要从党内做起，从中央做起，从高级干部做起。

关于廉政建设，中央在七月底公布了近期要办的七件事[1]，有些已经落实了，有些正在落实。对这些措施，群众的反映是好的，是拥护的。中央还准备再研究采取一些新措施。现在的关键是抓落实。这次动乱发生和发展的一条重要教训，就是近几年来我们严重忽视了党的建设和廉政建设。我们要以此为转机，把廉政建设长期不懈地坚持下去，一定要抓出成果来。对那些败坏党和人民事业的腐败分子，必须按照党纪国法严加惩处，决不能姑息迁就。

注　释

〔1〕七件事，指中央政治局会议一九八九年七月二十八日通过的《中共中央、国务院关于近期做几件群众关心的事的决定》提出的七个方面的内容。即：（一）进一步清理整顿公司。要把清理整顿公司作为惩治腐败、解决分配不公问题的一项重要工作，切实作出成效来。全国现有二十九万多个公司。从我国目前的经济结构和实际经济生活的状况看，流通领域和金融领域里相当数量的公司没有存在的必要。必须从宏观调控的角度，制定清理整顿的方针，下决心砍掉一大批公司，重点是砍流通领域中过多、过滥的从事商业、外贸、物资供应的公司和金融性公司。按照金融与实业分开的原则，信托投资公司和其他金融机构不得直接举办非金融性企业，已办的要限期分开。要尽快制定关于公司的法规，使清理整顿工作制度化、法律化。对公司人员的工资福利待遇要有严格的规定。（二）坚决制止高干子女经商。首先从中央政治局、书记处成员和国务院常务会议组成人员做起，实行回避政策，他们的配偶、子女及其配偶，不得从事流通领域的经营活动；不得在流通领域公司任职、兼职，凡有任职、兼职的必须于一九八九年九月一日前退出，另行安排工作。领导同志不得利用职权为亲友经商提供任何方便条件。（三）取消对领导同志少量食品的"特供"。固定供应点的所有食品一律按市价、按市民定量供应；价格及经营业务接受物价、工商部门的监督。（四）严格按规定配车，禁止进口小轿车（除执行政府间已签定的长期贸易协定和国家批准的技术贸易合同外）。中央政治局、书记处成员和国务院常务会议组成人员一律使用国产车。其他领导人根据实际情况，尽可能仍使用现有车辆，不要大换新车，造成新的浪费。（五）严格禁止请客送礼。中央政治局、书记处成员和国务院常务会议组成人员，不准用公款宴请内客；到下级单位和基层，吃饭一律为工作餐，并规定工作餐的标准，严格执行；不得接受馈赠的土特产品和其他物品。（六）严格控制领导干部出国。严格执行关于出国的各项规定。省、部以上领导干部出访，必须是为执行其主管公务的国事或工作访问，不得接受外商资助和境外中资企业的邀请出访，不得以考察等为名进行非其主管公务所必须的、与其职级身份不相称的出访。严格控制出访团组及出访人数。（七）严肃认真地查处贪污、受贿、投机倒把等犯罪案件，特别要抓紧查

处大案要案。必须坚持公民在法律面前一律平等的原则，凡依法该受惩罚的，不管是谁，一律受惩罚。当前，为了给犯有贪污、受贿、投机倒把行为的人一个悔过自新的机会，更有力地打击严重经济犯罪活动，有必要规定统一的期限，在期限内坦白自首、积极退赃的，依法从轻、减轻或免于处罚，在规定期限内拒不坦白自首的，依法从严惩处。建议最高人民法院、最高人民检察院根据有关法律，发布具体的司法解释。要鼓励和保护举报，对重大举报属实者给予奖励，对打击陷害举报者的人予以严惩。要排除干扰和障碍，对在办案过程中说情袒护、徇私包庇者，要公开揭露，严肃处理。舆论要注意配合，组织好宣传报道。同时，要大力宣传各级干部中廉洁奉公、艰苦奋斗的典型。

兴办特区、开放沿海地区是
改革开放的重要部署[*]

（一九九〇年二月八日）

关起门来是建不成社会主义现代化的，我们必须坚持改革开放的基本政策，而且要不断深化。兴办经济特区[1]，进一步开放沿海地区，是改革开放的重要部署。在治理整顿和深化改革中，经济特区和沿海地区要更好地发挥自己的优势，积极参与国际经济合作，进一步发挥在对外开放方面的窗口和基地作用。

今年经济工作总的要求是：加强治理整顿，进一步深化改革，使国民经济逐步走上持续、稳定、协调发展的道路。去年，我们贯彻治理整顿和深化改革，已经取得初步成效。当前遇到的某些困难是暂时的，是前进中的困难，只要大家齐心协力，这些困难是可以克服的。为此，国务院已经采取了一系列措施，正在逐步取得成效。

在治理整顿时期，我们要求全国经济发展速度适当放慢一点，但是经济特区从自己的实际情况出发，可以而且应该比全国平均速度高一点。经济特区前几年有大量投入，现在已到了发挥效益的时候，只要产品适销对路，企业经济效益

---

* 这是李鹏同志在深圳举行的经济特区工作会议上讲话的要点。

好，能够进入国际市场，就可以发展得快一点。这样特区就可以为国家克服在治理整顿中出现的困难，为促进特区经济更好地发展作出更大的贡献。

经济特区的发展方向是进一步发展外向型经济。党中央、国务院给予特区特殊的经济政策，允许特区实行某些特殊的经济管理办法，其目的就是要特区更好地发展外向型经济。现在，特区工农业生产持续发展，吸收外商投资占到全国的四分之一，外贸出口接近全国的十分之一，这说明经过十年的开发建设，外向型经济已经有了一定的基础，初步打开了局面，成绩是显著的，并逐步摸索出一整套发展特区的宝贵经验。特区的发展经历了一个从无到有、从小到大的过程：开始时建设基础设施，搞些服务业、商业，创造投资环境；接着发展工业生产，抓产品出口，增强经济实力。特区要继续求得发展，不能只限于劳动密集型的产业，而应该充分发挥自己的优势，向技术密集型转变。要联合内地，搞好合作，搞好技术开发，增强出口创汇能力。国家支持特区发展外向型经济，要求在治理整顿中，在总结经验的基础上，把经济特区办得更好。

特区经济同全国一样，也要实行计划经济与市场调节相结合的原则。由于特区主要是发展外向型经济，因此市场调节的范围要大一些，方式要灵活一些，作用要发挥得更充分一些。但也不可忽视计划指导和宏观调控，计划指导和宏观调控正是为了引导经济向外向型发展。

深圳经济特区毗邻香港。香港的稳定和繁荣对内地经济发展具有不可忽视的作用，香港的稳定和繁荣也离不开内地的支持。实行"一国两制"，保持香港国际金融中心、贸易中心和航运中心的地位，对香港有利，对内地也有利。深圳与香港，内地与港澳，要互补互利。

经济特区要坚持四项基本原则，大力加强社会主义精神文明建设。特区在对外交往中，在努力学习国外先进技术和管理经验、吸引外资的同时，在政治上要保持清醒的头脑。要加强党的建设，发挥党组织的战斗堡垒作用，特别要重视思想政治工作，搞好廉政建设。要打击一切刑事犯罪活动，扫除各种腐败现象，努力创造出一个稳定的和良好的社会环境，使人民安居乐业，使外国投资者放心，使特区更好地显示出社会主义精神文明的新风貌。

注　　释

〔1〕一九七九年七月，中共中央、国务院批转《广东省委、福建省委关于对外经济活动实行特殊政策和灵活措施的两个报告》，同意在广东省深圳、珠海、汕头和福建省厦门试办出口特区。一九八〇年五月，中共中央、国务院《关于〈广东、福建两省会议纪要〉的批示》中将出口特区改称为经济特区。同年八月，第五届全国人民代表大会常务委员会第十五次会议批准《广东省经济特区条例》，这四个经济特区相继兴建。一九八八年四月，第七届全国人民代表大会第一次会议通过决议，批准海南岛为海南经济特区，实行更加灵活开放的经济政策。我国现有五个经济特区。

关于开发开放浦东的意见 *

（一九九〇年二月——四月）

一

上海利用外资开发浦东是一条路子。上海有很好的工业基础，有各方面的人才，又有较多同外国资本打交道的经验，利用外资开发，可能更有条件，能搞得更好。但是，上海有过一段"外国租界"的历史，老百姓记忆犹新，因此在具体做法上要争取做到既能把外资引进来，又能管得住，群众接受得了。根据其他地方的经验，对利用外资成片开发，有这样几点考虑：

（一）关于开发区的管理。要为外商提供良好的投资环境，让外商投资企业有充分的经营自主权，有钱可赚。但在开发区内的司法和行政管理权，包括公安、外事、税务、海关、邮电、港口等的管理，必须在我手中，不要出现任何类似"治外法权"的东西。

（二）关于开发方式。可以由外商独资开发，也可以我土地入股合作开发。后者因有我股权在内，群众比较容易接受些。一般应该以项目带开发，按项目批地，以防止投资者

---

* 这是李鹏同志关于开发开放浦东三次讲话的节录。

"炒地皮"。

（三）关于土地使用权的转让。投资者对土地使用权的转让，必须符合我有关规定，未经开发不得转让。土地开发后再次转让，由我征收土地增值税。

（四）关于项目引进，应符合我产业政策。就上海而言，引进的项目应着重是技术密集型的，还应是外向型的，不和内地争原料、争市场。对水、电、公路、煤气等公用设施，可以鼓励外商投资兴办，给予更多优惠，但这些公用设施关系千家万户，是经济命脉，其管理权应归我。如电厂，可保证投资商得厚利，但电的分配和调度归我电网管理部门。

（五）开发区内只能搞社会主义精神文明建设，不能有"黄赌毒"等公害。

（一九九〇年二月十七日就开发开放上海
浦东与时任国务院副秘书长兼特区办公室
主任何椿霖的谈话）

二

我这次来上海，主要是对外宣布中央决定要开发开放浦东，给一些优惠政策，对浦东实行经济技术开发区和经济特区的某些政策，有的政策可能就不完全和特区一样。

关于浦东开发，中央认为，上海有许多优越的条件。上海的经济腹地要比广东大得多。广东的经济腹地基本上是珠江三角洲，如果再辐射大一些，现在衡广铁路复线通了以后，也不过加上福建、广西、湖南的一部分地区。但上海辐射面是整个长江流域，这是中国经济比较发达的地区，还有长江这样的黄金水道。历史上，上海就是中国最大的商业中心、经济中心、工业中心。由于当时对国际形势的分析，要准备大打、早打，所以没有处理好内地和沿海的关系，上海在新中国成立后的三十年发展比较缓慢，这十年才得到了一定的发展。

我希望上海的同志不要妄自菲薄。你们说发展得不快，但我觉得还是有很大的发展。

宝钢，现在二期建成以后年产钢就有六百万吨，而且是最现代化的，质量是最好的，品种是最全的（薄板、钢管）。我们建宝钢的时候是集中了全国的冶金投资，所以全国的冶金行业在这十年间基本是靠自己更新改造，没有再上新的项目。

上海的金山石化总厂也不错。这次建成三十万吨乙烯工程，以后可达到年产四十五万吨，品种也是比较配套的。一个新兴的城市在金山已经建立起来了，我几年前来看过，这两年有了更大的发展。

上海大众汽车，现在是按年产三万辆小汽车的规模考虑的，设计能力六万辆，另外，还年产汽车发动机十万台。上海的桑塔纳小汽车前一段主要是在国产化方面走得比较慢，后来市委、市政府大力抓了，现在形势就比较好，如果发动机再解决，国产化的比重就会更大。现在就全国来讲，小汽车的唯一生产基地是在上海。过去年产上海牌小汽车八千辆是在上海，现在真正形成较大的小汽车生产能力还是在上海，因为一汽的小汽车生产线还没有形成，二汽的小汽车项目现在还在谈判中。

至于电子行业，中国现在真正具有二点五微米芯片技术的也是上海，上海贝尔（上海贝尔电话设备制造有限公司）从年产三十万线数字程控电话交换机也可以增加到年产五十万线。

造船业，上海也是第一。现在国际船运在发展，许多老船已到了更新期，上海造船业应该抓住这一机遇。

上海的轻纺规模也很大，这几年棉纺衰退一些，这势必会让位给其他的棉产区。上海今后要发展高档的、高质量的轻纺产品。

至于说到投资，有同志刚才讲，十年向广东投资了一千七百亿元，我也不知道你的数字准不准。在我印象里好像没有那么多。

上海这十年投资多少？我看恐怕也有一千多亿元，宝钢和金山石化总厂都在这里摆着，比广东少一点，但也差不多。

现在要开发浦东，如果再走广东的路子，恐怕是不行的。广东这个路子叫"两个扇面"：一个是打出去，把中国产品打出去；一个是引进来，引进国外的先进技术和外资。前一段，中央给广东的优惠政策是出口创汇全部自己留成。当时的外汇调剂市场[1]价格和国家牌价的差价有的时候达到两元到三元。广东利用了价差，全国各地的商品流向广东，广东再通过自己的渠道出口，然后用赚来的外汇到国际市场上买日用消费品，回来以后又在国内市场上赚钱。这个路子现在走不通了。

另外，市场也发生了变化，如果再引进家用电器就没有那么高的利润了。再经过一年到两年，中国的电视机生产要发生大的变化，国产化的比重大大地提高。现在各地都建设了彩管厂，如果河南安阳的玻壳上来，上海的玻壳国产化，那么电视机价格肯定就要降下来，再想从国际市场上进口来赚大钱，恐怕不行。广东的四大支柱产业——家电、化纤纺织、食品和建筑材料，由于市场变化，发展速度也降下来了，再加上广东的物价水平又比较高，现在广东也是有困难的，也在认真总结经验，调整产业结构。

我们在开发浦东的时候，不能够再走广东发展的路子。上海应该走什么路子呢？首先，要利用上海本身的优势，就是基础工业比较好，科技力量比较强，经营管理水平比较高，发展的起点高；其次，发展外向型经济，尽可能地吸引外资，然后把市场放到国外去。

浦东开发我们是赞成的。前十年广东的珠江三角洲地区发展得比较快，因为它毗邻香港，再加上中央给了一些优惠的政策。今后十年，国务院觉得上海应该作为发展的重点，要发挥上海的优势，这个观点中央是一致赞成的。就上海本身来讲，不发展浦东也不行，因为浦西已经饱和了。浦东的条件很好，主要是解决交通问题，桥一修通，浦东、浦西就连起来了，把浦西的工厂疏散过去，然后再搞一些保税区，发展一些外向型企业。这样可以把上海的潜力进一步发挥出来。我最近一次来上海是一九八六年，那时候还没有什么旅馆饭店，现在旅馆饭店也不少了，也算是创造了一个投资环境，至少外国企业家来了以后有地方住了，生活条件也比较好了。另外，上海的电力供应情况有所好转，能够发展高技术，发展外向型经济。

关于浦东开发的政策和投资。我们同意姚依林[2]同志讲的开发浦东要依靠两类投资：一个是财政投入，一个是银行贷款。大概算起来五年之内中央给浦东六十五亿元，其中技术改造十五亿元，其余五十亿元用于改善基础设施和上新的项目。在中央财政很困难的情况下，也算是一点支持吧。但是，开发浦东恐怕要从四个渠道来筹资：中央算一块，不能算大头；外资算一块；上海市算一块，包括吸收一点老百姓的钱；还有一块，其他省市符合你的投资方向，符合你的产业政策，也应该吸收一点。深圳吸收的相当大一部分投资是各省市去的"内联"，各省市都是把深圳作为一个窗口搞"内联"。所以我想，把上海发展起来，成为长江流域发展的基地，应该从这么几个渠道来筹集资金。

"老市区用老办法，新市区用新办法"，原则上可以这么说。但是，中央给的开发浦东的优惠政策，"新市区用新办法"也只能是一块一块地给。比如全部浦东新区是三百五十平方公里，是不是全部都按新办法呢？就不一定。保税区有保税区的办法，浦东内环里面有内环里面的办法，要区别对待。另外，在时间上是不是就是十年呢？或者说永远如此呢？那也不一定，恐怕是一段一段地给。

国务院将要发布一个文件[3]，提倡外商也包括台湾、香港、澳门的商人投资开发经营成片土地。国务院还准备发布一个具体实施办法，明确外资进行土地成片开发的时候，我们要给哪些政策、哪些优惠，哪些可以搞，哪些不可以搞。对土地要加强管理，要防止单纯出卖土地这种行为。我们的想法是，出租土地使用权后，能引进项目来发展生产。当然，在发展生产的同时，也要搞些第三产业。出租土地使用权的收入是不是能够全部留给本地，要"个案处理"。财政部将来跟你们商量具体办法，但是原则上同意给你们优惠政策。

关于浦西迁往浦东的企业能不能享受浦东的优惠政策的问题，姚依林同志回北京讲了，他提的意见我们都赞成，就是要根据产业政策、项目性质决定。这个事情大体上定了以后，有的项目需要上面批，有的项目你们在职权范围内自己批就行了。

（一九九〇年四月十五日考察上海时听取
上海市委市政府工作汇报后的讲话）

三

中共中央、国务院同意上海市加快浦东地区的开发，在浦东实行经济技术开发区和经济特区的某些政策。这是我们为深化改革、扩大开放作出的又一个重大部署。我们欢迎外国的企业家以及港澳同胞、台湾同胞和海外侨胞投资，参加浦东开发，我们将为此提供优惠的合作条件和日趋完善的投资环境。

开发浦东、开放浦东，对于上海和全国都是一件具有重要战略意义的事情。中央要给予必要的支持，全国各地也要给予积极的支持，但更主要的是要依靠上海人民的支持和努力。上海有良好的工业基础，有众多的科学技术人才和经营管理人才，有几百万具有光荣革命传统的产业工人，有四通八达的交通网络，又有同国外广泛联系的渠道。依据这些综合优势和中央给予的政策，上海完全可以有计划有步骤地、扎扎实实地把浦东建设成为一个设施比较配套、齐全、现代化的和外向型的工业基地。

上海的同志要进一步坚持四项基本原则，坚持改革开放，搞好治理整顿，充分利用上海的优势，群策群力，艰苦奋斗，把开发浦东的事情办好，为进一步发展外向型经济，巩固和发展政治、经济、社会稳定的局面而努力。

（一九九〇年四月十八日在上海大众汽车

有限公司成立五周年大会上的讲话）

注　　释

〔1〕外汇调剂市场，指一九八〇年十月以后，陆续在我国各主要城市设立的外汇调剂中心或外汇交易所。企事业单位可在这一市场利用留成外汇进行调剂。后期，个人和外商投资企业也可进入。一九八八年三月放开汇率后，调剂市场汇率由买卖双方根据外汇供求状况议定，与官方（挂牌）汇率形成了两种汇率并存的局面。一九九三年十二月二十五日，国务院发出《关于进一步改革外汇管理体制的通知》，从一九九四年一月一日起，实现汇率并轨，建立以市场汇率为基础的、单一的、有管理的人民币浮动汇率制度；建立全国统一的外汇交易市场，外汇指定银行为市场的交易主体；但继续保留外汇调剂中心，办理外商投资企业的外汇买卖业务。一九九八年十二月，外汇调剂业务正式停办。

〔2〕姚依林（一九一七——一九九四），安徽贵池人。当时任中共中央政治局常务委员会委员、国务院副总理。

〔3〕这里所说的文件，指国务院一九九〇年五月十九日发布的《外商投资开发经营成片土地暂行管理办法》。

铁路系统的改革要充实完善*

（一九九〇年六月二十一日）

在改革开放中，铁路系统实行了"大包干"的改革，对于这一改革应当给予肯定。像任何新鲜事物一样，现在这一改革也还有不够完善的地方。因此在下一个承包阶段中，铁路"大包干"应兴利除弊，进一步充实提高和加以完善。

首先，要正确处理国家、地方、集体和个人之间的关系，要时刻不忘把国家利益放在第一位。

第二，要正确处理企业的经济效益和社会效益的关系，把社会效益放在第一位。铁路是我国对国民经济调控的主要手段之一。现在，我国实行计划经济与市场调节相结合，在进行调节的时候，铁路应发挥杠杆的作用。

第三，要正确处理两个文明建设的关系，在加强物质文明建设的同时，要注意加强精神文明建设，保持和发扬铁路部门的优良传统，把铁路队伍建设成为一支具有高度的政治觉悟、有为人民服务的精神，同时又是技术上过硬的好队伍。我们要向一切以权谋私、以车皮谋私等各种败坏路风的现象展开不懈的斗争。要大力维护铁路沿线和列车上的治安，使广大旅客放心，使各级政府放心。

---

* 这是李鹏同志会见全国铁路领导干部会议全体代表时讲话的要点。

　　第四，要正确处理技术进步和管理现代化的关系。技术进步和管理现代化是推动铁路进步的两个主要车轮。我们的管理制度不能离开铁路的主要特点。铁路的特点就是运输的高度集中统一，一切管理制度要适应这个特点，这样才能发挥铁路的优越性。在注意铁路的高度集中统一这个特点的同时，也要注意发挥路局、分局、站段、企业以及职工个人的积极性，把两者很好地结合起来。现在国际上铁路技术日新月异，在"七五"期间，我国铁路在这方面有进步，今后还要进一步推广、应用、创造适合中国铁路情况的各项新技术，并且进一步提高铁路设备国产化的水平。应该说，在这五年中，我国铁路设备制造能力有了很大提高，国产化工作有了很大进步，今后要继续这样做下去。

关于改进政府工作作风和
密切联系群众的问题*

（一九九〇年七月十一日）

当前，我国政治稳定，经济稳定，社会稳定，总的形势是好的，发展的前景将越来越好。但是，摆在我们面前的困难仍然很多，任务还很艰巨，需要我们继续努力。在以江泽民同志为核心的党中央领导下，国务院和各级政府必须进一步改进工作，转变作风，这样才能带领广大人民群众克服面临的困难，巩固和发展已经获得的好形势。

人民群众中蕴藏着极大的社会主义积极性。只要我们得到人民群众的理解和支持，再大的困难也能够克服，再大的风浪也能够顶住。因此，我们必须深入到群众中去，倾听群众呼声，接受群众的批评和监督，在各项工作中紧紧依靠群众，始终和广大人民保持血肉联系。

各级政府机关都要坚决克服官僚主义习气，转变机关作风，深入基层，研究新情况，解决新问题。广大干部特别是各级领导干部，都要以身作则，到那些困难多、问题大的地方去，帮助解决实际问题。干部下基层既是改进领导作风的重要之举，又是增长干部才干的重要途径。干部下基层务必

---

* 这是李鹏同志在国务院全体会议上讲话的一部分。

讲求实效，切忌搞形式主义。

一年多来的廉政建设已取得了一些成效，目前正在继续查处一批大案要案。进行廉政建设，思想教育是基础，制度建设是保证，领导干部以身作则是关键。今年下半年，要把行业的廉政建设放到重要地位上来抓。行业不正之风，不仅引起人民群众的强烈不满，而且严重腐蚀我们的干部和职工队伍，损害政府威信。国务院要求各部委根据本部门、本行业的实际情况，集中精力对本行业的廉政建设作出具体的部署安排，并采取切实有效措施，一定要抓出成效来。特别是主管公用事业，手中有钱有权的部门，行业不正之风比较严重的部门，要认真抓出成效来，并向国务院作出专题报告。我们还要求执法部门和监督机构以身作则，大力查处本部门的违法违纪行为，只有己正，才能正人。

经过近两年来的努力，清理整顿公司已经取得一定成绩，撤销合并公司占总数的三分之一，查处了一批违法违纪案件，惩处了一批违法犯罪分子。这对于治理经济环境，整顿经济秩序，惩治腐败，促进廉政建设，都起到了积极作用。今后各地区、各部门，要注意克服松劲情绪和畏难情绪，进一步清理整顿公司，同时抓紧公司正常秩序的建设，把这项工作进行到底，以不负人民的期望。

目前，各地正在深入开展严厉打击刑事犯罪活动的斗争。认真抓好这件事，符合广大群众的共同愿望，是人民的迫切要求。各级政府要加强领导，周密部署，务必使这场斗争取得预期成果。加强社会治安，以保障人民的生命财产安全，保障社会生产和生活的正常秩序。

经过两年来的努力，国务院机构改革已经基本完成，现在应该保持相对稳定，除了作个别的调整和完善以外，不作大的调整。地方政府的机构改革很重要，应当在做好充分准备的基础上，经过试点，有计划、有步骤地进行。国务院各部门，对下不要强调机构对口，更不能直接或间接干涉地方机构的设置。国务院各部委现在有一种要求增加编制、增加领导职数的倾向，这是不好的，是不符合机构改革的原则的。

我们的政治体制改革，要随着经济体制改革的进程不断深化。各级政府都要自觉接受各级人大及其常委会的工作监督，接受广大人民的批评和监督，有事要和各级政协、各民主党派人士及时进行协商，听取各方面的意见，发挥各方面的积极性，集思广益，使我们的决策逐步做到民主化和科学化。

我们现在的党中央领导集体是团结的，有能力的，通过处理国际国内复杂的事务，正逐步走向成熟。这个领导集体的核心是江泽民同志，我们大家都要自觉地维护这个核心，支持和协助他做好工作。我希望政府系统的同志，要以自己的实际行动来维护党中央的领导。我曾经说过，我们的部长，不仅应该是熟悉本行业务的专家，而且首先应该是政治家，要统帅一个方面的千军万马。现在各部委党委、党组已恢复或成立，要求部长们要用更多的精力来考虑如何全面贯彻党的方针政策问题，加强各级领导班子团结的问题，以及加强职工队伍建设的问题。这样，我们才能在复杂的国际国内形势下把工作做得更好，以长期保持我国的政治稳定、经济稳定和社会稳定，把改革开放和现代化建设不断推向前进！

让万隆精神不断发扬光大 *

（一九九○年八月八日）

今天是中华人民共和国和印度尼西亚共和国正式恢复外交关系的喜庆日子，我能有机会在这里同印度尼西亚各界朋友见面，感到十分高兴。自从抵达你们美丽的国家以来，我们就受到热情的款待，一直沉浸在印尼人民对中国人民的友好情谊之中。我愿借此机会，向在座的各位部长和各界人士，并通过你们向伟大的印度尼西亚人民表示衷心的感谢！

中国和印度尼西亚都是历史悠久的亚洲大国。两国人民有着长达十几个世纪友好交往的历史。尤其近百年来，两国人民在反抗殖民主义和外来侵略的斗争中，患难与共，互相同情，互相支持。我们的友谊是有深厚基础的。

自一九五○年两国建交以来，我们双方在各个领域的交流与合作曾经有过良好的发展。尽管两国关系出现过一段曲折，但这与我们友好交往的悠久历史相比，毕竟只是一段短暂的插曲。结束过去，展望未来，我们感到高兴的是，由于两国政府和人民的共同努力，两国的友好合作关系已经得到恢复。我深信，两国关系的正常化，不仅为双方在政治、经济、贸易、科技、教育与文化等领域的全面合作开辟了广阔

＊ 这是李鹏同志访问印度尼西亚期间会见印尼各界人士时的讲话。

的前景，而且将对亚洲的和平与共同发展产生积极的影响。在此，我对苏哈托[1]总统阁下为恢复两国友好关系所表现的远见卓识和为两国复交所做的英明决断表示钦佩，我也要向所有为促进两国关系正常化作出贡献的印度尼西亚朋友表示衷心的感谢。

由于历史和地理的原因，在印度尼西亚和东南亚各国居住着不少有中国血统的华人。长期以来，他们同居住国的人民友好相处，在争取独立和发展经济的事业中作出了一定的贡献。现在，他们当中的绝大多数已经加入了居住国的国籍。对于居住在印尼和其他国家的具有中国血统的华人，中国政府的政策是十分明确的：我们历来不赞成双重国籍，凡是加入或取得了居住国国籍的，就成为该国的公民，而不再是中国的公民。他们应该像该国所有其他公民一样，履行对国家应尽的义务。对那些仍保留中国国籍的华侨，我们一向要求并教育他们遵守居住国的法律、法令，尊重居住国的风俗习惯，和当地其他各族人民友好和睦相处。我们相信，他们的正当和合法权益是会得到居住国政府保护的。中国政府的这一政策，是决不会变的。我们高兴的是，经过中、印尼双方的友好协商和共同努力，历史上遗留下来的双重国籍问题已获得圆满解决，侨居在印尼的华侨必定会同印尼人民友好相处，为进一步发展中、印尼两国人民的友谊发挥积极作用。

印度尼西亚是万隆精神的诞生地。三十五年前，在贵国的万隆，一批亚非新兴国家的领导人欢聚一堂[2]，经过友好协商，制订出了著名的万隆会议十项原则[3]。它同和平共处五项原则[4]一样，反映了世界上绝大多数国家要求建立新型国际关系的共同愿望。几十年来，它在国际关系中发挥了重要的作用，显示了强大的生命力。和三十五年前相比，今天的世界已发生了很大的变化。但是，万隆会议十项原则并没有过时，相反，却越来越显示出它的正确性和重要性。今天，国际形势虽然趋向缓和，军事对抗减弱，但是，我们的世界并不安宁，一些地区又出现紧张和动荡。新的国际政治秩序还远没有建立。这就更需要发扬万隆精神，坚持万隆会议十项原则。十项原则同和平共处五项原则一样，概括了指导国与国之间关系的一些基本准则，其中重要的一条是互不干涉内政。霸权主义和强权政治的重要特征之一恰恰就是干涉别国内政。它们往往以各种借口插手他国事务，企图把自己的意志和价值观念强加于人。这就造成了当今世界新的紧张和动荡。作为和平共处五项原则的创始国之一和万隆会议的参加国，中国一贯坚持和平共处五项原则和万隆会议十项原则，一贯主张互不干涉内政。我们一贯认为，世界各国，不论大小、强弱、贫富，也不论社会制度异同，都应该互相尊重、平等相待、求同存异、友好合作、共同繁荣。我愿借此机会重申：中国珍惜自己的独立和主权，也尊重别国的独立和主权；中国反对别国干涉中国的内政，也决不干涉别国的内政。中国愿意在和平共处五项原则和万隆会议十项原则的基础上，同世界各国保持和发展友好合作关系。多年来，印尼政府为维护和发扬万隆精神作出了不懈的努力，赢得了国际社会的普遍赞赏。中国愿同印尼和其他国家一起，为进一步发扬万隆精神，为争取建立国际政治和经济新秩序而共同努力。

八十年代以来，中国政府和人民以经济建设为中心，致力于实现现代化，取得了巨大成绩。我国已经提前两年实现了八十年代国民生产总值翻一番的目标，人民的温饱问题基本上得到解决。我们在发展中曾经出现过经济过热的问题。经过近两年来的治理整顿、深化改革，通货膨胀已经得到控制，物价保持基本稳定，整个经济正在向好的方面发展。我们发展国民经济总的战略目标是，到本世纪末使国民生产总值再增长一倍，人民生活达到较好的水平。中国有十一亿人口，资源相对不足，建设资金缺乏，实现上述战略发展目标要付出巨大的努力。中国将坚持进行经济体制和政治体制的改革，巩固和完善社会主义制度，不断发展社会生产力，集中力量把国民经济搞上去，逐步改善人民群众的物质文化生活。同时，新中国四十年的经验告诉我们，搞建设不能离开我们的国情，不能急于求成，要坚决贯彻国民经济持续、稳定、协调发展的方针。

中国的经济建设需要和平的国际环境，需要同世界各国发展经济技术合作和贸易往来。朋友们都知道，我们确立了实行对外开放的基本国策，采取了一系列切实的步骤，并且取得了积极的成果。在八十年代，我国进出口贸易额增长了四倍，吸收外资打开了局面，外商直接投资项目达两万多个，形成了包括五个经济特区在内的广阔的沿海开放地区，促进了对外经济贸易活动的不断发展。中国政府多次重申，不论国际上发生什么变化，我们都不会把已经打开的国门关上。中国愿意在平等互利的基础上，发展同所有国家的经济、科技合作。

中国政府历来重视发展同东盟各国的友好合作关系。东盟国家是中国的近邻。近年来，中国领导人和东盟国家领导人经常互访，增加了彼此之间的了解和信任，推动了双方在经济、贸易和科技等各个领域的友好合作。中国已先后同泰国、菲律宾和马来西亚签订贸易、航空等各项协定。中国同新加坡已建立了良好的经济和科技合作关系，同文莱的往来也有所增加。中国、印尼自一九八五年恢复直接贸易后，两国贸易额逐年增加，去年已超过八亿美元。一九八九年，中国同东盟国家的贸易总额已接近七十亿美元。东盟国家已成为中国重要的地区贸易和经济合作伙伴。

中国和印尼都面临着发展本国经济的重任。我们两国资源丰富，人口众多，不仅有地理位置接近和市场广阔的有利条件，而且有传统的贸易关系。两国之间可交换的产品很多，互补性很强，发展潜力很大。双方已经签署了两国新的贸易协定。我们欢迎印尼各界朋友到中国参观考察访问。我相信，经过双方的共同努力，我们两国在各个领域的友好合作关系必将获得更大的发展。

注　　释

〔1〕苏哈托（一九二一——二〇〇八），当时任印度尼西亚总统。

〔2〕指万隆会议，即亚非会议，一九五五年四月十八日至二十四日在印度尼西亚万隆举行。会议由缅甸、锡兰（今斯里兰卡）、印度、印度尼西亚、巴基斯坦五国发起，中华人民共和国和阿富汗、柬埔寨、埃及等二十九个亚非国家参加会议。会议广泛讨论了民族主权、反殖民主义斗争、世界和平以及与会国之间的经济文化合作等问题，发表了《亚非会议最后公报》，提出了著名的关于促进世界和平与合作的十项原则。

〔3〕万隆会议十项原则也称和平相处十项原则，即《亚非会议最后公报》中《关于促进世界和平和合作的宣言》提到的十项原则：（一）尊重基本人

权、尊重联合国宪章的宗旨和原则。（二）尊重一切国家的主权和领土完整。（三）承认一切种族的平等、承认一切大小国家的平等。（四）不干预或干涉他国内政。（五）尊重每一国家按照联合国宪章单独地或集体地进行自卫的权利。（六）不使用集体防御的安排来为任何一个大国的特殊利益服务；任何国家不对其他国家施加压力。（七）不以侵略行为或侵略威胁或使用武力来侵犯任何国家的领土完整或政治独立。（八）按照联合国宪章，通过如谈判、调停、仲裁或司法解决等和平方法以及有关方面自己选择的任何其他和平方法来解决一切国际争端。（九）促进相互的利益和合作。（十）尊重正义和国际义务。

〔**4**〕和平共处五项原则，指互相尊重主权和领土完整、互不侵犯、互不干涉内政、平等互利、和平共处。一九五三年十二月至一九五四年四月，中国政府代表团和印度政府代表团在北京就两国在中国西藏地方的关系问题举行谈判。一九五三年十二月三十一日，即谈判的第一天，中国总理周恩来接见印度政府代表团，提出了和平共处五项原则。后这五项原则正式写入双方达成的《中印关于中国西藏地方和印度之间的通商和交通协定》的序言中。一九五四年六月，周恩来在访问印度、缅甸期间，先后于六月二十八日和二十九日同印度总理尼赫鲁、缅甸总理吴努发表联合声明，正式倡议将和平共处五项原则作为处理国与国关系的基本准则。此后，这五项原则为一系列国际组织和国际文件所采纳，得到国际社会广泛赞同和遵守，成为国际关系基本准则和国际法基本原则。

希望青年在爱国、团结、学习、创业
四个方面不断作出新的努力 *

（一九九〇年八月十九日）

中华全国青年联合会七届一次会议和中华全国学生联合会第二十一次代表大会，今天开幕了。这是全国青年注目的两个盛会。我代表党中央、国务院向两个会议表示热烈的祝贺！向出席会议的全体委员和代表，向工作、劳动在各条战线的各族各界青年，向全国大、中学生和留学生，表示亲切的问候！向台湾青年同胞、港澳青年同胞、国外青年侨胞致以良好的祝愿！

党的十一届三中全会以来，以邓小平同志为核心的中央领导集体，坚持马克思主义同我国具体实践的结合，开创了我国社会主义现代化建设的新时期。伴随这场伟大变革而成长起来的我国青年一代，跟随党奋勇前进，为建设四化、振兴中华作出了积极贡献。在经济建设、改革开放和精神文明建设中，广大青年工人、青年农民、青年知识分子发挥了生力军的作用，在平凡的岗位上创造出不平凡的业绩。在保卫祖国、建设祖国和维护社会稳定的斗争中，人民解放军的广

---

* 这是李鹏同志在全国青联七届一次会议和全国学联第二十一次代表大会上的祝词。

大青年官兵甘为人民献青春、洒热血。在祖国九百六十万平方公里的土地上，到处都有广大青年的奉献和创造。十多年来各条战线涌现的一批又一批青年英模和先进人物，就是当代中国青年的优秀代表。事实充分说明，当代中国青年是大有作为、大有希望的，正在成长为有理想、有道德、有文化、有纪律的新一代。

我在这里，还要提到青年学生的进步。通过学习和锻炼，广大青年学生增强了辨别政治是非的能力和维护社会稳定的自觉性。校园里出现了许多新气象：同学们有的组织起来读马列和毛泽东著作；有的积极开展社会调查，了解国情，了解工农；有的热情参加重点工程建设和社会公益劳动；有的努力用学到的知识为治理整顿和深化改革服务。这些变化表明，中国的广大青年学生是完全可以信赖的，同时也说明，青年学生的健康成长，关键在于党的正确引导。

世界已经进入九十年代。今后的十年，是实现我国社会主义现代化建设总体战略目标的关键阶段，也是决定中华民族在未来世纪兴衰荣辱的紧要关头。不管国际政治风云如何变幻，最重要的是把我们国内的事情办好；不管国内有什么样的矛盾困扰，坚持以经济建设为中心、坚持四项基本原则、坚持改革开放的基本路线不能变，实现我国经济发展分三步走的战略目标不能变。实现这个宏伟蓝图靠什么？靠改革开放，靠科技进步，靠发挥我们的政治优势。正如邓小平同志所指出："改革，现代化科学技术，加上我们讲政治，威力就大多了。"[1] 在这种新的历史条件下，青年们应当做些什么呢？我们认为，在以江泽民同志为核心的新的中央领导集体率领下，各族各界青年团结一致，继续为实现我们的共同理想——建设有中国特色的社会主义而奋斗，这就是当代中国青年的历史使命。

为了肩负起这个伟大的历史使命，青年们要发挥自己的优点和长处，克服自己的弱点和不足，在改造客观世界的同时，改造自己的主观世界，在实践中锻炼成长。这里，我特别希望大家在爱国、团结、学习、创业四个方面，不断作出新的努力。

第一，要热爱祖国，发扬爱国主义的光荣传统。在中国历史发展的长河中，爱国主义作为一种巨大的精神力量，在维护祖国统一、抵御外来侵略和推动社会进步中，显示了伟大的凝聚力和生命力。在中国青年的身上，爱国主义同样有着鲜明的体现。"五四"时期，千百万热血青年以天下为己任，为拯救民族而不畏强权、英勇奋斗；在创建新中国的征程中，无数革命先烈从青少年时代起不惜毁家纾难，浴血奋战；在社会主义建设时期，亿万有志青年为了改变祖国贫穷落后的面貌，四海为家，艰苦创业。青年们要学习历史，深入了解祖国的过去和现在，继承和发扬爱国主义的光荣传统，准确把握新时期爱国主义的内涵，使爱国热情建立在更加坚实的基础上。从根本上讲，青年的前途命运与国家的荣辱兴衰息息相关。面对祖国许多方面还比较落后的现状，面对现实生活中存在的困难、问题，应当奋发图强，把爱国之心化作为建设社会主义祖国而矢志奋斗的切实行动。

第二，要维护稳定，巩固和发展安定团结的政治局面。我国还是发展中国家，稳定、改革、发展三者必须很好统一、相互促进。稳定是压倒一切的大局。没有稳定，根本谈不上改革、发展，也根本谈不上人民生活的改善和青年理想抱负的实现。当前，维护稳定，巩固和发展安定团结的政治局面，仍然具有头等重要的意义。一切有爱国之心和社会责任感的青年和学生，都应当做维护稳定的模范。不仅自己不说不利于稳定的话，不做不利于稳定的事，而且要积极宣传维护稳定的重要性，敢于同危害稳定的言行作斗争。我们的稳定是充满生机和活力的稳定。我们的既定目标是造成一种又有集中又有民主，又有纪律又有自由，又有统一意志、又有个人心情舒畅的生动活泼的政治局面。建设和改革事业的发展，需要广大青年的参与；各项工作的改进，需要听到来自广大青年的声音。欢迎大家本着对国家和民族负责的精神，通过正常民主渠道，提出自己的意见和建议。这样做，不仅不会影响稳定，恰恰是国家长治久安所必需的。

第三，要勤奋学习，掌握建设四化的过硬本领。当今世界科学技术突飞猛进。我国综合国力的强弱，经济发展后劲的大小，越来越取决于科学技术和劳动者的素质。面对严峻的挑战，如果科学技术搞不上去，我们的国家就难以立足世界先进民族之林；作为一个公民，如果没有知识、没有技术，也难以在将来的社会中找到自己的位置。当代青年将是开创二十一世纪大业的主力军。青年们要珍惜青春时光，刻苦读书，勤学苦练，以顽强的毅力攀登科学技术文化高峰。目前，社会分配不公等不合理现象，国家正在努力加以改变。读书是有用的。知识越多，对人民、对社会贡献就可能越大，通过勤奋努力，为社会作出了贡献，是会得到应有的肯定和奖赏的。大家不仅要学习书本知识，而且要积极参加实践，培养解决实际问题的能力；不仅要提高业务水平，而且要提高思想觉悟和加强品德修养。要认真学习马列主义和毛泽东思想，认真学习邓小平同志的著作，逐步掌握马克思主义的世界观和方法论，加深对党的"一个中心、两个基本点"的基本路线的理解，增强反对和平演变和抵御资产阶级自由化影响的能力。青年学生还要到实践中去，向具有实践经验的工农群众学习，从人民群众的历史创造活动中汲取营养，增长才干。

第四，要艰苦奋斗，在各自的岗位上建功立业。我们的国家大，人口多，底子薄，只有长期艰苦奋斗，才能赶上发达国家的水平。将来我们经济发展了，生活改善了，还要提倡艰苦奋斗。艰苦奋斗是我们在整个社会主义现代化建设过程中必须长期坚持的方针。对于广大青年来说，提倡艰苦奋斗，不仅仅是提倡勤俭节约、反对奢侈浪费，更重要的是提倡辛勤劳动、奋力拼搏，为社会多作贡献，多创造财富。分布在各行各业的三亿青年，都要像雷锋那样，从自己做起、从现在做起、从小事做起，干一行、爱一行、钻一行；不嫌弃平凡琐碎的工作，不畏惧艰苦繁重的劳动，把做好本职工作作为实现理想的起点。当前，企业经济效益的提高，农业再上一个新台阶，科技难关的攻克，以及改革开放和经济社会发展中许多难题的突破，都需要广大有志青年勇挑重担，求实、创新、实干，披荆斩棘，建功立业。

青联和学联，都是党领导下的青年群众团体，青联又是爱国青年的统一战线组织。几十年来，青联、学联同共青团一起，为了中华民族的独立和自由，为了祖国的繁荣和昌盛，进行了长期不懈的努力，发挥了重要的作用。在新的历史时期，党和国家殷切希望你们继续高举爱国主义、社会主义旗帜，最广泛地团结广大青年和学生，充分发挥党与政府联系青年和学生的桥梁纽带作用，引导他们奋发向上、健康成长，为建设有中国特色的社会主义，为实现祖国统一，为增进中外人民和青年的友谊、维护世界和平而努力。各级党委和政府都要重视和关心青联和学联的工作，尽力为他们创造良好的工作条件，提供必要的社会支持。

毛泽东同志曾经把青年比作早晨八九点钟的太阳，并说"世界是属于你们的。中国的前途是属于你们的"[2]。历史不会也不可能越过任何一代青年，青年总要用自己的创造推动历史前进。处在世纪之交的我国青年一代，任重而道远。党和人民期待着你们，二十一世纪召唤着你们。相信你们一定会创造出无愧于我们伟大的社会主义祖国、无愧于人民、无愧于时代的英雄业绩。

注　释

〔1〕见邓小平《视察天津时的谈话》(《邓小平文选》第3卷，人民出版社1993年版，第166页)。

〔2〕见毛泽东《在莫斯科大学会见中国留学生、实习生时的讲话》(《建国以来毛泽东文稿》第12册，中央文献出版社2023年版，第105页)。

加强廉政建设，纠正
行业不正之风*

（一九九〇年八月二十三日）

今天会议的主题是"加强廉政建设，纠正行业不正之风"。这是一次重要的会议。应当看到，加强廉政建设，改进机关作风，是我国政权建设的一个极其重要的内容，是关系到国家兴衰的一件大事。廉政才能稳定，勤政才有希望。今年的《政府工作报告》中讲到今年的廉政建设要抓四件事，其中的一件事就是大力整顿和坚决纠正部门和行业的不正之风，特别是加紧整顿和惩处执法部门和监督机构的违法违纪行为。前不久召开的国务院第九次全体会议已经决定，今年下半年要把行业的廉政建设放到重要地位上来抓。今天的会议就是要把这项工作向前推进一步。下面，我再讲几点意见。

一、为什么当前要集中精力抓好行业的廉政建设，纠正行业不正之风呢？

近一个时期以来，党和政府已经和正在采取一系列有力措施，依法打击贪赃枉法、行贿受贿、投机倒把等经济犯罪

活动；对用公款请客送礼、大吃大喝、奢侈浪费、假公济私等腐败现象也进行了治理，使社会上的不良风气得到了初步遏制，使政府机关廉政建设出现了一个好的开端。应该说，我们的各级政府是为人民服务的，从总体上看，我们政府工作人员和各行各业职工的多数是好的和比较好的。但是，也要清醒地看到，前几年在政府机关和社会生活中产生的各种消极腐败现象仍然很严重。一些人经不起金钱和物质的诱惑，染上了以权谋私的恶习。当前，人民群众意见最大、议论最多的一种消极腐败现象，就是行业不正之风。所谓行业不正之风，主要就是指一些国家机关和公用事业部门凭借手中的权力，为本单位、为小团体、为个人谋取利益。广大群众对此极为不满，甚至已达到了深恶痛绝的程度。这些行业不正之风不但败坏了这些部门和行业本身的声誉，而且已经影响到党和政府与人民群众的关系。产生这些现象的原因，固然有它的历史根源，许多现象也不是现在才有的。但是事情发展到现在这样普遍和严重的程度，则是与这些年放松了思想政治工作，社会上受"一切向钱看"的思想影响有着重要的关系。当然，我们应当指出，为了维护社会秩序和工作的需要，对某些事情作出相应的规定是必要的，这不能与不正之风混为一谈。人民最不满意的是那些以权谋私、办事不公、走后门、官僚主义作风、态度蛮横等现象。一些人手中有了一点权就恣意滥用，还有少数坏人掌握了权力就目无法纪、横行乡里、欺压人民，这在我们这样一个共产党领导的社会主义国家是绝对不能允许的。因此，各级党委和政府必须把纠正行业不正之风提高到巩固党的领导、维护社会安定团结大局的高度来抓。集中精力，下大力量，解决这个问题。

二、加强廉政建设，纠正行业不正之风，是一项十分迫切的任务。

我们的政府是人民的政府，各级政府的工作人员都是人民的公仆。我们在各自的岗位上只有全心全意为人民服务的义务，而绝无以权谋私的权力。我们是社会主义国家，在各行各业工作的广大职工不但应当遵纪守法，而且应当有高尚的职业道德，自觉地为社会作贡献，鄙视损公肥私、损人利己的行为。行业不正之风完全背离了我们国家制度的本质和人民群众的愿望，它对我们的干部和职工队伍是一种腐蚀剂，对党群和干群关系则是一种离心剂。正如党的十三届六中全会决议指出的那样，"如果听任腐败现象蔓延，党就有走向自我毁灭的危险"[1]。因此，我们对行业的不正之风的严重危害性，千万不可以低估。

加强廉政建设，纠正行业不正之风，不仅具有重大的政治意义，而且对保证治理整顿和深化改革的顺利进行，对促进社会的稳定，也都具有极其重要的作用。治理整顿和深化改革涉及到方方面面。经济、政治和社会的稳定，为稳定人心创造了客观的必要的条件，而人心的稳定反过来对促进社会、政治和经济的稳定产生巨大的作用。如果任凭行业不正之风在那里泛滥，在那里侵害人民的正当利益，在那里玷污党和国家机关的形象，人心就不能稳定，社会生活也不能稳定，治理整顿和深化改革的目标就难以实现。各级政府及部门担负着直接组织经济建设和实施社会管理的职责，特别是经常同人民群众打交道的执法部门、监督部门、经济管理部门和公用事业单位，一举一动都直接与人民息息相关，行业不正之风在人民群众中的影响也就更大。因此，不论从政治稳定上看还是从经济发展上看，不论从长远目标上看还是从当前需要上看，我们都必须把加强廉政建设、纠正行业不正之风、树立良好的社会风尚当作一件大事，认真抓好。

三、各级政府、各部门都要根据自己的实际情况，认真地而不是敷衍地制定出具体的部署安排，采取切实有效的措施抓出成效。

加强廉政建设，纠正行业不正之风，必须抓好三个环节。第一，思想教育是基础。要使我们的同志时刻牢记全心全意为人民服务这一根本宗旨，加强职业道德教育。要使我们的工作人员真正认识到廉政建设的必要性、重要性，从而提高纠正行业不正之风的自觉性。第二，制度建设是保证。各部门、各行业要依据国家有关法律、法规，结合自己的具体情况，制订一套合乎本行业的科学而严明的制度与措施，严格贯彻执行，并持之以恒，不断检查督促。第三，领导干部是关键。各级领导干部都要严于律己，一级抓一级，一级带一级，起表率作用。我国有一句古话，叫作"弊绝风清"，意思是说，手中有权的人把各种不正之风清除了，社会风气也就会随之好转。我们抓廉政建设，纠正行业不正之风，就要从各级政府特别是要从各级领导干部做起。

最近，宣传部门表彰了一批在这方面做得好的单位和个人，司法和监察部门也分别查处了一批违法违纪的国家行政工作人员。今后我们还要这样做。同时也希望新闻舆论界在纠正行业不正之风工作中加以配合，但以正面宣传为主，宣传好人好事，对某些严重的不正之风，一定要在核实情况后加以揭露。

要搞好廉政建设，纠正行业不正之风，还必须加强监察、审计等部门的行政监督和检查，充分发挥社会各界民主监督的作用。各个部门、各级政府都要自觉接受各级人民代表大会及其常委会的监督、检查，主动征求人民政协、各民主党派、无党派爱国人士及群众团体的意见，同时，还要认真听取直接来自基层群众的意见和呼声。今天在外地收听电话会议的还有各省、自治区、直辖市和计划单列市政府的负责同志。我希望你们在抓好本地区各级政府廉政建设、纠正行业不正之风的同时，对国务院各部门的廉政建设也起到监督作用。这也是对国务院工作的配合和支持。

听说有些同志对纠正行业不正之风信心不足，担心"积重难返"，顾虑"法不责众"。这种担心不是没有一点道理的。但这些困难是可以克服的，因为我们有以江泽民同志为核心的党中央的集体领导，有党的十三届四中、五中和六中全会的三个决议为指导，特别是我们党的性质和政权性质决定了不能允许这种腐败现象蔓延滋长，因此，我们应该对克服行业不正之风充满信心。党中央、国务院对开展反腐败斗争的指导思想非常明确，态度非常坚决。这次抓纠正行业不正之风，就是党中央、国务院为推动廉政建设、清除腐败现象而采取的一个重要步骤。现在，国务院各部门、各行业和地方各级党政部门都正在积极行动起来，而广大人民群众一定会给我们以有力的支持。只要我们提高认识，采取切实有力的措施，以身作则，依靠群众，坚持不懈地抓下去，在加强廉政建设、纠正行业不正之风方面就一定能够作出切切实实的成效来。

注　释

　〔1〕见《中共中央关于加强党同人民群众联系的决定》(《十三大以来重要文献选编》中册，中央文献出版社 2011 年版，第 342 页)。

正确对待和处理宗教问题是建设有中国特色社会主义一个重要内容 *

（一九九〇年十二月五日）

目前，在宗教工作方面，从总体上说形势是好的，这几年落实党的宗教政策取得了一定成绩，宗教活动在大多数地区也是正常的，各民族宗教界的爱国政治联盟得到巩固和扩大，宗教界爱国人士和广大信教群众拥护党的路线、方针和政策，在社会主义建设中作出了贡献。与此同时，我们也必须清醒地看到，在宗教工作方面，近年来所出现的许多新的情况、新的问题。今后十年是关键性的十年。我们要集中精力把经济搞上去，最重要的是对外要有一个和平的国际环境，对内要有一个安定团结的政治局面。缺少这两个条件，我们不可能把经济建设顺顺当当地搞上去。努力做好宗教工作，妥善处理我国的宗教问题，对维护安定团结的局面具有十分重要的意义，从而对九十年代经济和社会发展具有重要意义。

下面，我就宗教工作讲几点意见。

---

* 这是李鹏同志在全国宗教工作会议全体会议上的讲话。

一、全党和各级政府要充分
认识宗教工作的重要性

我们共产党人是彻底的唯物主义者，历来认为宗教是一种社会意识形态，是社会存在的一种反映，有其发生、发展和消亡的客观规律。说消亡，是从广义上讲的，有发生就有消亡，这是辩证法的规律，我们共产党本身最后也要消亡。我们必须而且能够掌握和运用客观规律正确对待和处理宗教问题。在我国社会主义历史条件下，宗教在一部分人中的影响还将长期存在，需要在党的领导下，经过若干代人的长期努力才能解决好宗教问题。因此，正确对待和处理宗教问题，是我国社会主义建设事业中一个重要的课题，也是建设有中国特色社会主义的一个重要内容。

我国是一个有多种宗教的国家。历史上，宗教曾对我国社会生活的许多方面产生了极其深刻的影响。现在，我国信仰各种宗教的群众虽然在全国总人口中所占比例不算很大，但绝对数字并不小。尤其是我国有近二十个少数民族几乎全民族信仰某一种宗教。宗教在我国仍有比较广泛的群众基础。因此，从某种意义上讲，正确对待宗教问题就是正确对待群众的问题。周恩来同志曾经说过："既然宗教信仰是长期的，又有那么多信教的群众，我们就要做工作。"[1] 在我国社会主义条件下，信教与不信教的群众在政治上、经济上的根本利益是一致的，没有什么尖锐的矛盾，更不能说是对抗性的矛盾。他们都是国家的主人，共同致力于社会主义现代化建设事业，他们在思想信仰上的差异是次要的。我们要在全社会造成这样一种风气：就是要讲团结，信教群众和不信教群众之间、信仰不同宗教和不同教派的群众之间，都要彼此尊重，互相团结，和睦相处。特别应当强调，在多数群众不信教的地方，要注意尊重和保护少数信教群众的权利；在多数群众信教的地方，也要注意尊重和保护少数不信教群众的权利，从而使信教群众和不信教群众团结起来，共同建设我们伟大的社会主义祖国。如果我们不适当地强调或夸大群众在信仰上的差异，就会人为地造成群众之间的隔阂或对立，对社会安定不利。如果我们在对待宗教问题上产生急躁情绪，试图用行政命令的办法或其他强制性手段对待宗教，将会破坏党和政府同信教群众之间的关系，从而给社会主义事业带来严重损害。如果我们不注意尊重各少数民族群众的宗教信仰，就会影响我们同少数民族群众的关系，影响民族团结和国家的统一。各民族信教与不信教的群众之间的团结，是全国各族人民大团结的一个重要组成部分，而全国各族人民的大团结是我国社会主义事业取得胜利的一项根本保证。

我国的几大宗教，除道教外，其他宗教在历史上都由国外传入。因此，我国各种宗教与境外宗教有一种历史的联系。处理宗教问题是否得当，往往会在国际上产生影响。我们应该在平等友好的基础上积极地正确地开展宗教方面的对外交往。这样做，有利于增进我国人民同世界各国人民之间的了解和友谊，有利于我国的对外开放。这是问题的一方面。另一方面也必须看到，境外敌对势力一直把宗教作为其推行和平演变战略的一个重要手段，近年来这种渗透和破坏活动明显增加，已成为一些地方的一种不安定因素。因此，我们既要支持宗教界坚持独立自主自办教会的方针，发展同境外宗教界的友好往来，为改革开放服务，为维护世界和平作出贡献；又要对境外敌对势力利用宗教进行渗透保持高度警惕，采取有效措施进行防范和抵制。两个方面我们都要注意。对这个问题如果重视不够，麻痹大意，就会造成严重后果。

宗教是一种十分复杂的社会现象。新中国成立以来，我国的宗教状况已经发生了根本变化，摆脱了反动阶级和帝国主义的控制和利用，成为我国信教群众自办的宗教事业，宗教问题上的矛盾主要属于人民内部矛盾。历史的经验告诉我们，宗教是群众的思想信仰问题，但在一定条件和一定情况下，也可能被国内外敌对势力所利用，从而使某些矛盾激化，甚至成为对抗性的矛盾，影响国家和社会的稳定。因此，各级党委和政府，对宗教问题一定要采取十分慎重的态度，从维护稳定大局出发，严格区分和正确处理两类不同性质的矛盾。对于人民内部的思想认识问题，要坚持团结的方针，坚持民主和教育的方法；对国内外敌对势力的破坏活动，不管它以什么形式出现，都要坚决予以制止和必要的打击。

正确处理宗教问题，做好宗教工作，对于国家的稳定、民族的团结、祖国的统一、世界的和平，都有着不容忽视的重要意义。但是，在各级政府的实际工作中，不重视宗教工作的现象还相当程度地存在着。我们讲重视不够，是讲在日常工作中重视不够。需要在全党、各级政府和广大干部中进行教育宣传，从思想上充分认识宗教工作在党和政府工作中的地位，恰当地处理宗教工作与其他工作的关系，更加自觉地做好宗教工作。特别要认识到宗教工作是一个长期的工作，需要有一个工作的积累，急不得，也放松不得。从现在看，很需要加强对宗教工作重要性的认识。

二、要全面正确地贯彻执行
宗教信仰自由政策

一九八二年党中央曾经制定了一个文件，就是《关于我国社会主义时期宗教问题的基本观点和基本政策》，这个文件是建国以来我们党对宗教工作正反两方面经验的总结，实践证明，这些方针政策是正确的。中央认为，这个文件仍然是指导宗教工作的重要文件，这个文件的主要精神要继续认真贯彻执行。

党的宗教信仰自由政策建立在马克思列宁主义、毛泽东思想的科学理论基础之上，以团结全国各族人民共同建设社会主义现代化国家为目标，符合全国各族人民的根本利益，是正确的宗教政策。一九八九年以来，中央曾多次重申党的宗教政策不变，保持政策的连续性和稳定性。我们要继续实事求是地解决落实宗教政策中遗留下来的一些问题，坚决纠正侵犯公民宗教信仰自由权利和宗教团体合法权益的现象。同时，也要看到当前国际国内形势下出现的新问题，采取正确的措施，妥善地加以解决。

依法对宗教事务进行管理，并不违背宗教信仰自由政策，而是全面贯彻宗教信仰自由政策的需要，是维护安定团结和各民族人民根本利益的需要。不要把对宗教事务的管理同宗教信仰自由对立起来。这种管理，是指政府对有关宗教的法律、法规和政策的贯彻实施进行行政管理和监督。具体地说，就是区别不同情况，分别采用教育的、行政的、法律的手段，既保护公民信仰宗教的权利，也保护公民不信仰宗教的权利；既保护宗教团体、寺观教堂的合法权益，保护宗教教职人员履行正常的教务活动的权利和信教群众正常的宗教活动，又要坚决制止和打击利用宗教和宗教活动进行的违法犯罪活动。对借宗教问题煽动群众闹事、扰乱社会治安、破坏国家统一和民族团结的犯罪行为，要依法处理，首恶分子要从严惩办。这种管理，是为了使宗教活动纳入宪法、法律、法规和政策的范围，而不是干预正常的宗教活动和宗教团体的内部事务。相反，党和政府应当支持和帮助爱国宗教团体按照自身的特点和规章自主地开展活动，充分发挥它们的作用和积极性。

要十分警惕和坚决抵制境外敌对势力利用宗教对我国进行渗透。这种渗透是指以颠覆中华人民共和国政权和社会主义制度、破坏祖国统一为目的的反动政治活动和宣传，以控制我国宗教团体和宗教事务为目的的活动和宣传，以及在我国境内非法建立和发展宗教组织和活动据点，而不是指宗教方面的友好往来。政府各有关部门要互相配合，做好抵制渗透的工作。做好这方面工作的基础在于切实处理好国内的宗教问题，加强对世界宗教的历史和现状的调查研究，努力培养能够从事宗教方面的国际活动人才。要团结教育宗教界人士和广大信教群众，提高爱国主义和社会主义的觉悟，自觉维护国家的主权和尊严，坚持独立自主自办和"自治、自养、自传"的原则。

三、加强党和政府对宗教工作的领导

今后一个时期，党和政府宗教工作的基本任务是：认真贯彻党的宗教政策，维护公民宗教信仰自由的权利，加强对信教群众和宗教界人士的爱国主义和社会主义教育，调动他们的积极因素，支持他们开展有益的工作，巩固和发展同宗教界的爱国统一战线，依法对宗教事务进行管理，制止和打击利用宗教进行的违法犯罪活动，坚决抵制境外宗教敌对势力的渗透，为维护稳定、增进团结、统一祖国、振兴中华服务。各级党委和政府、各有关部门都要认真贯彻执行这一基本任务，有计划有步骤地做好宗教工作。

加强党和政府对宗教工作的领导，是正确处理宗教问题、做好宗教工作的根本保证。要把宗教工作列入党委和政府的议事日程，认真研究分析宗教工作的形势，检查贯彻落实宗教政策的情况，及时解决存在的问题。统战、宗教工作部门要定期主动地向各级党委和政府汇报工作。要认真学习贯彻党中央和国务院即将发出的《关于进一步做好宗教工作若干问题的通知》，重新学习中共中央《关于我国社会主义时期宗教问题的基本观点和基本政策》。在全党和各级干部中进行一次马克思主义宗教观和党的宗教政策的教育。各级领导干部要带头学好，做执行党的宗教政策的模范。

要坚定不移地团结各民族宗教信徒，巩固和壮大党领导的最广泛的爱国统一战线。爱国主义、社会主义是党同各民族宗教信徒建立爱国统一战线的政治基础。宗教界一大批爱国人士是同党长期合作共事的亲密朋友，党和政府要一如既往地尊重他们、团结他们，同他们交知心朋友。在工作中，听取他们的意见，涉及宗教工作的重大问题，要征求他们的意见。对当前爱国宗教教职人员后继乏人的问题，要予以充分的重视，采取有效的措施，选拔和培养一大批热爱祖国，接受党和政府领导，坚持走社会主义道路，维护祖国统一和民族团结，又有宗教学识，并能联系信教群众的中青年教职人员，解决后继乏人的问题。这不仅对做好宗教工作是必要的，而且关系到我国宗教组织的将来面貌。对港澳台同胞和国外侨胞中的宗教信徒，只要他们爱国，赞成祖国统一，我们都要团结他们。

宗教问题涉及社会生活的许多方面，宗教工作是全党的工作。各级党委和政府要有力地指导和组织一切有关部门，包括统战、宗教、民族、公安、司法、外交、经贸、文化教育、科技、卫生、新闻出版、旅游等部门，以及工会、共青团、妇联等人民团体，统一思想，统一认识，统一政策，分工负责，密切配合，共同做好宗教工作。各有关部门在涉及宗教的问题时，要及时同统战、宗教工作部门联系，互通情况。

各级政府的宗教事务部门，是主管宗教事务的职能部门。各级政府要健全宗教工作机构，配备政治素质好、工作能力强、熟悉宗教工作业务的干部到这个工作岗位上来。党和政府要在政治上、工作上、生活上关心宗教工作干部。党中央、国务院希望从事宗教工作的同志们树立高度的事业心、责任感，努力学习，不断提高自己的政治和业务素质，出色地完成党和政府交给的任务。

我们相信，只要加强党的领导，各有关部门、人民团体以及爱国宗教界人士密切合作，共同努力，通过学习贯彻这两个文件，通过这次会议，宗教工作一定能够出现一个新的局面。只要坚定不移地执行党的各项宗教政策，正确处理宗教问题，就能够使全体信教与不信教的群众团结起来，共同为促进国家的稳定、发展和繁荣作出贡献。

注　　释

〔1〕见周恩来《在中共中央统战部举行的茶话会上的讲话》（《周恩来统一战线文选》，人民出版社 1984 年版，第 201 页）。

十年规划和"八五"计划的基本指导方针[*]

（一九九〇年十二月二十五日）

制定十年规划和"八五"计划，不仅要科学地估量形势，恰当地确定奋斗目标，而且要有正确的指导方针。最重要的，有以下几点：

第一，坚定不移地走建设有中国特色的社会主义的道路。我们党从十一届三中全会以来，经过十二大和十三大，在深刻总结历史经验和当前实践的基础上，形成了以经济建设为中心、坚持四项基本原则、坚持改革开放的基本路线，以及一系列行之有效的方针政策。我们讲坚持四项基本原则，其中一条就是坚持人民民主专政。现在，从现实的力量对比看，资本主义比社会主义要强大，我国在国际上仍然面临着被和平演变、渗透和颠覆的危险，在国内仍然存在着复杂的斗争，必须坚定不移地坚持人民民主专政。只有这样，才能保持我国的社会安全和稳定。这是非常重要的。《中共中央关于制定国民经济和社会发展十年规划和"八五"计划的建议》对建设有中国特色的社会主义的基本理论和基本实

践，概括出了十二条[1]。这十二条是党和人民智慧的结晶，其中凝结了邓小平同志在新的历史条件下继承和发展毛泽东思想的卓越贡献。八十年代我们之所以取得了历史性的巨大成就，归根到底，就是由于贯彻执行了建设有中国特色的社会主义的路线、方针、政策，并克服某些错误倾向的结果。因此，实现九十年代的奋斗目标，最根本的，也是进一步全面贯彻落实这些路线、方针、政策，并在实践中不断地加以丰富和发展。

第二，坚定不移地推进改革开放。八十年代，我们按照发展社会主义有计划商品经济的要求，对原有经济体制中不适应生产力发展的方面，进行了比较全面的改革。在坚持公有制为主体的前提下，发展个体经济、私营经济等多种经济成分；农村中普遍推行家庭联产承包责任制，建立双层经营体制；扩大地方和企业的权力，国营企业实行多种承包经营责任制；缩小指令性计划范围，扩大指导性计划和市场调节的作用；发展商品市场，以及资金、技术、劳务等生产要素市场；围绕着搞活企业，对计划、投资、财政、金融、价格、物资、商业、外贸和劳动工资等方面，进行了不同程度的改革。与此同时，还进行了政治体制的改革，以及科技体制、教育体制等方面的改革。在对外开放方面，扩大对外贸易和经济技术交流，创办经济特区，开放一批沿海城市和地带，开辟经济技术开发区，实施沿海发展战略，发展外向型经济，引进外资、技术和智力，兴办"三资"企业，等等。所有这些改革开放的政策措施，对于调动各个方面的积极性，增强经济活力，促进社会生产力发展，起了重大的作用。我们的改革开放是为了巩固和完善社会主义制度，今后必须继续坚持正确的方向，并进一步努力探索，使改革不断深化，开放更有成效。

第三，坚定不移地贯彻执行国民经济持续、稳定、协调发展的方针。这条方针是长期正反两个方面历史经验的总结，是实现到本世纪末奋斗目标的重要保证。持续，就是保持经济每年都应该有适当的发展速度；稳定，就是稳步前进，避免大起大落；协调，就是按比例发展，包括农业与工业，基础工业与加工工业，第一、第二产业与第三产业，经济建设与社会发展，积累与消费等重大关系保持合理的比例。持续、稳定、协调三者之间有着紧密的联系。比例协调，是持续稳定发展的基础，按比例的速度才是合理的、效益好的、能够持续稳定发展的速度。我国人口增长的压力大，经济比较落后，要解决各种经济社会矛盾，改善人民生活，逐步实现现代化，没有一定的经济增长速度是不行的，在条件许可和提高经济效益的前提下，应该努力去争取经济发展有较快的速度。但是也不能急于求成，对速度要求过高，就会造成经济的不稳定，欲速则不达。从历史经验来看，我们往往容易犯急于求成的毛病。我们的人民，我们的党，我们的干部，都有尽快改变国家落后面貌的愿望和要求。这种愿望和要求是向上的，是好的，是我们前进的一种动力。但是，有的时候往往离开客观实际的可能，所以也就容易犯急于求成的毛病。这是必须经常注意防止的。《建议》提出的今后十年平均每年增长百分之六的速度，既考虑了需要，又考虑了可能，是比较适当的。当然，有的年份可以略高一点，有的年份可以略低一点；有的地区可以高一些，有的地区可以低一些。

为了实现国民经济持续、稳定、协调的发展，最重要的是，必须努力保持社会总需求与总供给的基本平衡，合理安排全社会固定资产投资总规模，使之与国力相适应；恰当掌握生活消费增长的幅度，使之与生产的发展相适应。我们既要充分发挥各种资源的潜力，促进经济增长，又要防止国民收入超分配，造成通货膨胀。要始终坚持速度与效益的统一，注重产业结构的调整，把科学技术进步和加强管理放在突出位置，不断提高经济的质量和效益。

第四，坚定不移地执行自力更生、艰苦奋斗、勤俭建国的方针。坚持自力更生与实行对外开放不是对立的，而是统一的。对外开放，利用国外的资金、技术和智力，有利于增强我国自力更生的能力。现在，西方国家对我们的"制裁"有了较大的松动，有些方面已经开始打破，向我们的贷款也在增加。出现这种情况的一条重要原因，就是因为我们的外汇结存有了较大的增加。这表明我们有比较好的国际信誉，有比较强的偿债能力。这个事实也充分说明，只有坚持自力更生，把立足点放在自己力量的基础上，才能立于不败之地，也才有条件更好地扩大对外开放。九十年代的国际环境，要求我们准备更多地依靠国内资金和自己的力量进行建设。要克服经济建设中资源相对不足，资金严重短缺的矛盾，最重要的，是要千方百计地节约一切可能节约的财力、物力和人力，坚决克服生产、建设、流通等各个领域中存在的严重浪费现象。今后十年乃至更长的时间，我们都将处在现代化建设的创业时期，必须使全国人民懂得，生活的改善只能建立在生产发展的基础上，必须树立长期艰苦奋斗的思想。

　　第五，坚定不移地贯彻物质文明建设和精神文明建设一起抓的方针。任何时候也不能忘记，我们要实现的四个现代化，是社会主义的四个现代化。在推进物质文明建设的同时，必须加强精神文明建设。建设社会主义精神文明，既是我们的重要目标，又是促进物质文明建设的重要保证。只有抓好精神文明建设，才能使人们有明确的前进方向，坚定社会主义的信念，增强民族的凝聚力。这是我们的真正优势所在。社会主义精神文明建设，包括思想建设和文化建设两个方面。根据多年的经验和当前的实际情况，加强精神文明建设可以考虑突出以下几点：长期不懈地进行坚持四项基本原则的教育，抵制和反对资产阶级自由化；大力加强思想政治工作，深入持久地进行爱国主义、集体主义、社会主义的教育，使广大人民努力做到有理想、有道德、有文化、有纪律；改善社会风气，切实纠正行业不正之风，加强廉政建设和职业道德教育，反对各种损害公众利益的行为，进一步繁荣社会主义文化，坚持开展"扫黄"和"除六害"[2]斗争，巩固和发展社会主义的思想文化阵地；加强社会主义法制，坚决打击严重的经济犯罪分子和刑事犯罪分子，建立良好的社会秩序。加强社会主义精神文明建设，是一个庞大的系统工程，需要各个部门、各个方面密切配合，共同努力，尽心尽责，广泛吸引群众自觉参与，把精神文明建设的任务真正落实到基层。我们加强精神文明建设，当然主要是靠精神的力量，但是，精神文明建设本身也需要有物质基础，需要增加一点开展这方面建设的经费和必要的设施，这一点在《建议》里面也有了表达。

注　释

〔1〕十二条，指建设有中国特色社会主义的十二条原则，是中共十三届七中全会一九九〇年十二月三十日通过的《中共中央关于制定国民经济和社会发展十年规划和"八五"计划的建议》提出的。即：（一）坚持工人阶级领导的以工农联盟为基础的人民民主专政，不断完善人民代表大会制度，不断完善共产党领导的多党合作和政治协商制度，不断巩固和发展最广泛的爱国统一战线，努力加强社会主义民主和社会主义法制建设；（二）坚持把发展社会生产力作为社会主义的根本任务，专心致志地搞好现代化建设，不断提高人民的物质文化生活水平；（三）通过改革不断完善社会主义的经济、政治体制和其他领域的管理体制，充分调动中央、地方、企业和广大劳动人民的主动性、积极性和创造性；（四）采取发展对外经济贸易关系、利用外资和引进先进技术等多种形式，通过举办经济特区、经济开放区和实行必要的特殊政策与灵活措施，不断扩大对外开放；（五）坚持以社会主义公有制为主体的多种经济成分并存的所有制结构，发挥个体经济、私营经济和其他经济成分对公有制经济的有益的补充作用，并对它们加强正确的管理和引导；（六）积极发展社会主义的有计划商品经济，实行计划经济与市场调节相结合，努力促进国民经济持续、稳定、协调发展；（七）实行以按劳分配为主体、其他分配方式为补充的分配制度，允许和支持一部分人、一部分地区通过诚实劳动和合法经营先富起来，鼓励先富起来的帮助未富起来的，以利于全体人民和各个地区逐步实现共同富裕；（八）坚持以马克思列宁主义、毛泽东思想为指导，继承和发扬祖国优秀文化遗产，借鉴和吸收世界上一切优秀文化成果，不断提高全民族的思想道德和科学文化素质，建设社会主义精神文明；（九）建立和发展平等互助、团结合作、共同繁荣的社会主义民族关系，坚持和完善民族区域自治制度，反对民族歧视、民族压迫和民族分裂；（十）按照"一个国家、两种制度"的构想和实践，促进祖国统一大业的逐步实现；（十一）坚持独立自主的和平外交政策，在和平共处五项原则的基础上发展同一切国家的友好关系，反对霸权主义和强权政治，支持被压迫民族和被压迫人民的正义斗争，维护世界和平和促进人类进步；（十二）坚持共产党的领导，不断改善党的领导制度、领导作风和领导方法，加强党的政治、思想、理论和组织建

设，使党始终成为社会主义事业的坚强领导核心。

〔2〕"除六害"，指当时开展的集中打击败坏社会风气、危害社会安定的六种犯罪活动的斗争。六种犯罪活动是：卖淫嫖娼，制作、贩卖、传播淫秽物品，拐卖妇女、儿童，私种、吸食、贩运毒品，聚众赌博，利用封建迷信骗财害人。

生存权和发展权是发展中国家首要的人权[*]

（一九九一年三月——一九九三年十月）

一

中国重视人权，并且积极参与国际人权问题的讨论。人权不是抽象的、绝对的概念。由于社会制度、文化和历史背景的不同，对人权的理解也不相同。美国自称是最讲人权的，为什么只许按它自己的观点解释人权而不许中国有自己的解释呢？人权应通过本国的法律加以确认，使公民不仅有义务，而且也有享受人权的权利。你们美国并没有批准两个人权公约，也没有加入消除种族隔离、消除种族歧视和禁止酷刑、禁止歧视妇女等方面的国际公约。其理由是，人权本质上是属于美国国内管辖的，认为这些国际公约中有的条款与美国的法律相悖。可见在这方面美国也是要根据本国的法律来实施人权的。

中美之间的三个公报以及尼克松[1]、福特[2]、卡特[3]、里根[4]和布什[5]五位总统访华时的讲话及所签署的文件从未说过中美关系的基石是人权。指导中美关系发展的基石是

---

[*] 这是李鹏同志关于人权问题五次谈话的节录。

三个公报，特别是公报中关于互不干涉内政、和平共处和反对霸权主义等原则。听了史密斯先生的讲话，使人不禁想到，有的美国人一手拿着胡萝卜，一手拿着大棒。如果中国接受美国的人权观念，美国就同中国搞合作，就给中国甜头吃。否则，我就对你不客气了。我想，这种逻辑大多数美国人也是不会同意的。美国很富有，科学技术很发达，有值得学习和借鉴的地方，但不要忘记，中国是一个拥有十一亿人口、幅员九百六十万平方公里的大国。有悠久的历史和灿烂的文化，也有蓬勃发展的今天。中国有自己的分量。必须承认，中国是个客观存在，是国际社会中平等的一员，应受到尊重。美国自己的问题也不少，还是多关心自己的事情为好，不要到世界其他地方发号施令，教训别人。现在世界形势仍是动荡不安的，并非因为美苏关系缓和，世界就安宁了。和睦相处是中美两国人民的共同意愿。美国提出要建立世界新秩序。应该在什么目标下建立这种新秩序？我看不是什么人权，而应是和平共处五项原则，特别是互相尊重主权、平等互利、互不干涉内政的原则。中国重视中美关系，愿意在经济、贸易、科技、文化教育等方面保持和发展同美国的互利合作关系。只要双方互相尊重、平等相待、和睦相处，两国关系就能得到改善和发展。由于两国社会制度、意识形态不同，在某些问题上存在不同看法也是自然的。但这完全可以通过加强接触、交换意见、增进了解的办法加以解决。

我们愿意同美国在贸易方面进行合作。如果美国利用人权等问题向我们施压，采取包括中止最惠国待遇等措施，这将严重损害中美关系，使两国关系大大倒退，是我们所不愿看到的。

有人攻击中国的人口政策，是出于偏见和敌意；也有人是因对中国的国情不甚了解，所以对中国的人口政策的看法可能不全面，但他们并不敌视中国。中国有十一亿人口，以占世界百分之七的耕地养活占世界百分之二十二的人口，不得不实行较严格的计划生育，以防止发生人口爆炸。尽管如此，中国每年人口净增一千六百万到一千七百万，相当于一个伊拉克。如不实行计划生育，国家的经济将承受巨大的压力，这些每年新出生的人就得不到足够的营养和良好的教育。起码的生存条件都困难，还谈什么人权？中国的计划生育政策是建立在群众自愿的基础之上的，靠宣传、教育、说服的办法，政府还免费提供避孕药具。当然也不否认会有个别地方的基层工作中有强迫堕胎的现象，但这不是中国政府的政策。至于堕胎作为一种社会现象，美国可能比中国要多得多。

（一九九一年三月二十八日会见美国议员团
时的谈话）

二

我不拒绝讨论任何问题，包括人权问题。由于世界各国情况不同，社会制度不同，对人权的理解也不相同。西方富有，人均国民生产总值一万美元、二万美元；发展中国家人均只有一百美元、二百美元，这就是差异。对发展中国家来说，最重要的是独立权、生存权、发展权。去年十二月我访问印度时，两国在人权问题上观点一致。中国加上印度人口有二十亿，再加上十亿穆斯林就有三十亿人，究竟是多数服从少数，还是少数服从多数，可以来个世界公民投票。西方人权观中也有我们可以接受的，但是我们不赞成利用人权问题干涉别国内政或作为提供援助的先决条件。人权的内涵很丰富，不仅限于公民的政治权，还有生存权、发展权，还有妇女和儿童的权益、残疾人的权利、民族的平等权利等。至于具体问题，中国是法制国家，有一部分事务属政府管，如警察。有的是法院管，如刑事判决等，中国政府无权干涉法院的事。

中国有十一亿人口，几千年的历史；瑞士有七百年的历史，近七百万人口。两国的国情，包括历史、文化传统、意识形态和社会制度等各不相同，理应相互尊重。在瑞士普遍接受的思想，如果要求十一亿中国人民也必须接受是没有道理的。近百年来，世界历史证明，不是多数人欺侮少数人，而是少数人欺侮多数人。帝国主义、殖民主义国家人数不多，但依仗强大的经济实力和精良的武器肆意侵略和压迫拥有多数人的不发达国家。现在世界上还有许多人处于极度贫困之中，在死亡线上挣扎，在这种情况下是一人一票更重要，还是有饭吃、有衣穿更重要？中国有句古话，"饱汉不知饿汉饥"，富人不知道穷人是如何生活的。穷人要求有饭吃、有衣穿、有房住、有起码的生活条件。中国以世界百分之七的耕地养活了世界百分之二十二的人口。近四十年来，人均寿命从三十五岁增长到七十岁，这是对世界人权的最大贡献。

翻开某些西方国家的历史来看，也根本谈不上维护人权，而是践踏和毁灭人权。黑人是怎么到美洲去的，还不是被当作黑奴贩卖去的？能说美国黑人和白人享有同样的经

济、政治权利吗？美国的印第安人到哪里去了？不是基本被
消灭了吗？

（一九九二年一月二十九日访问瑞士期间
会见联邦主席费尔贝、议会国民院议长
内比克尔和联邦院长迈埃尔时的谈话）

三

　　西班牙的文化是辉煌的，中国也有几千年的文明史。两
国虽生活在同一世界里，但在文化传统方面有差异，有不同
的民族和信仰，这是客观存在的。这就要求彼此相互了解，
求同存异，这样才能相互合作。一个国家的文化传统硬让别
人接受是不行的。让世界更好地了解中国的工作，我们做得
不够。现在谈人权问题有两种情况，一种是以人权为借口推
行霸权主义，另一种是出自对人的关心。中国重视人权，只
是在人权概念上因历史和文化传统不同而同西方有区别。评
价一个政府的工作，要看它是否给人民带来了好处，给国家
带来了繁荣。如果是，那么它就是好政府。有人说，由于通
讯事业的发展，地球变小了，应有共同的价值观念。但我认
为，地球变小不应成为少数人把自己的价值观念强加于他人
的借口，而应有助于各国在求同存异的基础上加强政治、经
济、科技和文化领域的交流与合作。

（一九九二年二月五日、六日访问西班牙
期间会见众议长庞斯和参议长拉沃尔达
时的谈话）

四

中美关于人权问题的对话必须在平等的基础上进行。人权问题在很大程度上是一个哲学概念问题。中国是东方国家，在几千年的历史发展中形成了自己特有的价值观、文化传统和风俗习惯。中国历史上许多思想家和政治家都强调要把为社会服务和"公"字放在第一位，把个人放在第二位，这形成了中国传统价值中一个很重要的观念。在西方哲学中，从文艺复兴到卢梭[6]都是突出个性解放，这与东方有很大不同。执意把西方的观念强加于中国是行不通的。在中国的现代化进程中，我们总结了一条历史经验，即像中国这样的发展中国家，有了政治稳定才会有经济发展。

（一九九三年三月九日会见美国前国务卿
舒尔茨时的谈话）

五

我们搞建设，最重要的有两条：一是要以经济建设为中心，坚持改革开放；二是发展经济要有一个稳定的国内、国际环境。发展中国家有丰富的人力和自然资源，这是优势。但国际上仍然存在着霸权主义和不等价交换，技术性产品价格高昂，资源性产品价格低廉，这对发展中国家是不公平的，阻碍了它们的经济发展。人权对发展中国家来说不仅是政治权利，更重要的是生存权和发展权。中国对此有深刻体会。

（一九九三年十月九日会见赞比亚总统
奇卢巴时的谈话）

注　释

〔1〕尼克松，即理查德·米尔豪斯·尼克松（一九一三——一九九四），美国共和党人。一九六九年至一九七四年任美国总统。

〔2〕福特，即杰拉尔德·鲁道夫·福特（一九一三——二〇〇六），美国共和党人。一九七四年至一九七七年任美国总统。

〔3〕卡特，即詹姆斯·厄尔·卡特，一九二四年生，美国民主党人。一九七七年至一九八一年任美国总统。

〔4〕里根，即罗纳德·威尔逊·里根（一九一一——二〇〇四），美国共和党人。一九八一年至一九八九年任美国总统。

〔5〕布什，即乔治·赫伯特·沃克·布什（一九二四——二〇一八），美国共和党人。一九八九年至一九九三年任美国总统。

〔6〕卢梭，即让-雅克·卢梭（一七一二——一七七八），法国启蒙思想家、哲学家、教育学家、文学家。主要著作有《论人类不平等的起源和基础》、《社会契约论》（旧译《民约论》）、《忏悔录》等。

治理"三乱"事关党和
国家的兴衰成败[*]

（一九九一年六月十七日）

七届全国人大四次会议通过了《国民经济和社会发展十年规划和第八个五年计划纲要》。今年是执行"八五"计划的第一年。从现在的情况看，国家为调整宏观紧缩力度而采取的各项措施正在陆续到位，社会经济生活中存在的一些问题正在解决之中，整个经济形势继续朝着好的方向发展。一至五月份，全国工业总产值比去年同期增长百分之十三点三，保持了上年第四季度以来较快的增长势头。农业生产形势稳定，夏季粮油可望再获较好的收成。市场销售趋向活跃。物价总水平继续平稳。固定资产投资回升速度有所加快，能源、原材料工业投资占全部工业投资的比重有所上升。进出口贸易进一步扩大，国际收支状况继续好转。财政收入稳定增长，银行存款增加大于贷款增加，财政金融形势基本平稳。

我们看形势必须坚持两点论，既要看到治理整顿和深化改革已经取得很大成绩，也要看到一些深层次矛盾还没有从根本上解决，必须正视经济生活中存在的问题。例如，企业

经济效益不高的局面仍然没有明显改观，国营大中型企业困难还比较多；产品结构和产业结构调整进展比较迟缓，产品积压严重的现象还没有大的改善；企业相互拖欠货款较多，"三角债"严重干扰着经济生活的顺利进行。这些都需要我们认真加以解决。

最近，国务院研究分析了当前的经济形势，确定当前重点抓好三项工作：一是要狠抓提高企业经济效益，通过继续调整结构，开拓市场，加强管理，提高效益，实现增产、增销、增收。二是要努力搞活国营大中型企业，使国务院最近确定的十一条政策措施[1]尽快落实到位。搞活国营大中型企业，提高经济效益，主要靠企业眼睛向内，实行严格的纪律和科学的经营管理，推进技术进步。各级政府也要从多方面为企业的发展创造良好的外部条件，但外因毕竟是通过内因起作用的。三是要抓紧清理"三角债"，作为解决经济运行不畅的突破口。各地区、各部门都要在这方面下大决心、花大力气，继续抓紧清理。国务院已经在抓一个省和一个行业的试点，经过总结经验，完善办法，然后全面推广。现在西方国家对我们实行和平演变的策略，以压促变，我们更需要把经济搞上去，才能保持社会稳定，巩固和扩大已经取得的成果。

治理"三乱"的工作，同上述三项任务都有紧密的关系。乱收费、乱罚款和乱集资摊派加重了企业和群众的负担，加剧了经济生活中的矛盾，干扰了经济的治理整顿和深化改革。因此，我们必须把治理"三乱"同当前的中心工作结合起来，当成一件大事来抓。"三乱"的歪风刹住了，就会为搞活企业，特别是搞活大中型企业提供外部条件，从而有利于提高企业的经济效益。

关于前一段治理"三乱"的工作

自从《中共中央、国务院关于坚决制止乱收费、乱罚款和各种摊派的决定》发布以来，已经有近九个月的时间了。在这段时间里，各地区、各部门加强领导，深入宣传，广泛发动群众，抓住重点，以点带面，完善内外监督机制，做了大量的工作，取得了初步的成效。

一是各级党政领导亲自抓，有关部门紧密配合，从中央到地方都成立了治理"三乱"的领导机构和工作班子，在全国范围内初步形成了治理"三乱"的工作网络。也就是说，我们已经有了一支治理"三乱"的队伍，这是我们今后进一步抓好治理"三乱"工作的必要条件。

二是经过认真学习文件、宣传动员，我们各级干部的思想认识有了一定提高，并且得到了广大群众的理解和支持，纷纷举报揭发"三乱"方面的问题。有些地区边整边改，退还资金，使广大群众真正看到了党和政府治理"三乱"的决心。

三是通过前一段自查和重点检查，基本上摸清了"三乱"的底数。根据你们的汇报，自查面已接近百分之百，重点抽查面已超过百分之三十。当然，这里面可能有水分，或者有工作质量问题。但总的说，对"三乱"的基本情况，心里有了一个底。

四是初步纠正和取消了一批"三乱"项目。根据你们的汇报，汇总二十多个省、区、市初步的统计，共清理收费、罚款和集资项目约三十万个,属于乱收费、乱罚款、乱集资摊派的项目约五万个,已取消约两万个,减轻企业和群众负担约五十亿元。如果把治理"三乱"继续深入地搞下去,一年减轻企业和群众负担一百亿元是完全可能的。

五是通过初步治理"三乱",检查处理了一批以权谋私、行贿受贿、贪污盗窃等违法乱纪案件。各地还撤销了一批非法及重复设置的公路站卡,仅湖北等七个省就撤销了六千多个。这个事实说明,治理"三乱"有利于打破地区封锁、活跃城乡物资交流,有利于端正党风、纠正行业不正之风、加强廉政建设,也有利于密切我们党和群众的关系。

但是,我们应当看到,目前治理"三乱"的工作仅仅是初步的,同中央的要求还有很大的差距,对成绩不能估计过高。我们的思想发动工作还不够广泛深入,在地区之间、部门之间工作进展还不平衡,甚至还有边整边犯的情况。根据党中央和国务院的要求,今后治理"三乱"的工作,除了继续搞好清理检查以外,要逐步转入审核处理和整顿、健全规章制度的阶段。因此,下一步的工作任务更重,矛盾更多,难度更大。工作做得好的地区和部门,要乘胜前进,争取更大的成效;工作比较差的地区和部门,更应该急起直追,迎头赶上。要警惕可能出现的畏难、松劲和厌战情绪,努力奋进,克服困难,坚决完成党中央、国务院交给我们的任务。

关于对治理"三乱"的认识问题

治理"三乱"是中共中央、国务院的一项重要决定。治理"三乱"有其重要的政治意义,能够密切党同群众的关系；也有其重要的经济意义，是治理经济环境、整顿经济秩序的重要组成部分。就其现实意义来讲，是搞活大中型企业十一条措施中的重要一条。我们必须把思想认识统一到党中央和国务院的决定上来，增强工作的责任感和紧迫感。这里我们不妨回顾一下历史的经验。中国古代的封建王朝，在其全盛时期，一般都对农民实行休养生息、轻徭薄赋的政策。农民富裕起来以后，有了粮食，社会才能稳定，国力也才能得到增强。到封建王朝的后期，政治腐败的一个标志就是苛捐杂税多。这个历史教训，很值得我们深思。更深一步地讲，治理"三乱"涉及我们党和国家的兴衰成败。"三乱"也是腐败的温床。各级领导同志如果通过这次会议进一步提高对治理"三乱"的认识，而且下了大决心，大家都能统一思想、统一认识，我看这次会议的目的就达到了一半。应该说我们党是坚强的，我们的政府也是强有力的，问题就是要统一思想。如果大家认识一致了，齐心协力去抓这项工作，任何困难都是可以克服的。

我们要以国家、全局利益为重，真正树立为人民服务的思想，绝不能从本地区、本部门的狭隘利益考虑和处理问题。有的同志认为，早治理固然比晚治理好，但谁先治理谁吃亏；有的怕治理"三乱"之后会把经济搞死，断了自己的财路；有的怕得罪人，怕打击报复，等等。这在很大程度上是个人主义和本位主义的反映。这些思想认识不解决，就会影响治理"三乱"工作的顺利开展。"三乱"之风得不到纠正和制止，任其蔓延下去，全国安定团结的局面和经济发展的好形势就会受到影响，你那个地区和部门也搞不好。我们绝不能因小失大。产生"三乱"的深层次原因是什么？我看，在经济利益原则起作用的情况下，由于利益的驱使，有些地区和部门往往从自身的利益出发，不顾国情和财力，急于求成，总想把所有的事情一下子都办成，以致相互攀比、相互仿效。我们要实现四个现代化，总要搞建设、办事业，而资金不足也是一个事实，正因为这样，我们才强调宏观调控、供需平衡，提倡量力而行、有多少钱办多少事，绝不能因为资金不足，就在乱收费、乱罚款、乱集资摊派上做文章。这个思想问题不解决，"三乱"歪风就不会彻底刹住，而且会乱上加乱，即使暂时有所收敛，一旦遇到一定的气候和土壤，仍会死灰复燃。

目前，在治理"三乱"工作中，有些同志存有疑虑，担心风头一过，又会回潮；也有一些同志认为，"三乱"是个社会问题，积重难返，怕短期内制止不了。我认为，这些担心不是没有道理的。解决这些问题，关键也在于提高对治理"三乱"的认识。只要充分认识"三乱"的危害性、顽固性、复杂性，就能下定决心，坚定信心，以百折不挠的毅力，把治理"三乱"工作搞好。至于推一推动一动，甚至拖着不办，这是组织纪律问题，是不能允许的。目前，正是治理"三乱"工作的有利时机，全党正在治理经济环境，整顿经济秩序，正在抓以搞活大中型企业为中心的深化改革，正在深入开展反对腐败、提倡廉政的斗争，而治理"三乱"不仅是上述工作的组成部分，也有利于推动这些工作的深入。

关于做好治理"三乱"工作的要求

为了搞好治理"三乱"工作，这里我提几点要求：

（一）切实加强领导。治理"三乱"工作搞得好不好，关键在领导，特别是中央和省级的领导。在前一阶段工作中，各地区、各部门的领导比较重视这项工作，措施也比较得力。下一步由于矛盾多、难度大，更要加强领导。要统一规划，制定近期和远期的治理目标，把治标和治本结合起来。要综合治理，把治理"三乱"同整顿公司、纠正行业不正之风、执法监督、深化改革、法制建设和廉政建设结合起来。要把制止、纠正"三乱"问题的成效，作为考核各级领导政绩的内容之一，并且作为衡量各地区、各部门领导人执行党中央、国务院决定是否坚定的标志。与此同时，还要注意抓好基层的工作和干部培训，注意听取各方意见，接受群众监督，使他们正确地执行治理"三乱"的各项法规和制度。

（二）治理"三乱"要做到四个坚持。第一，一切收费、罚款、集资都必须坚持依照法律、法规和规章办事，法律、法规和规章没有规定的，一律停止执行。即使是合理的，也要在履行必要的立法手续或经过批准之后才能执行，绝不能以领导人的个人表态作为执法的依据。第二，坚持严格审批权限。收费、罚款、集资立项和标准的审批权，除国务院另有规定的以外，集中在中央和省两级，不能层层下放。在治理"三乱"期间，权限宁可收紧一些，不可失之过宽。项目经审批确定下来以后，要向执收执罚单位和人员颁发许可证，凭证依法办事。第三，坚持收支两条线的管理原则，不能坐收坐支，更不能同执收执罚单位及其个人的经济利益挂钩。罚的多，个人得的多，这是滋生腐败的温床，等于是国家赋予他腐败的权力。第四，坚持群众监督。各级政府制定的治理方案,哪些项目保留、哪些项目废止,凡是能够公开的,都要公之于众,以便使群众对政府的不当行为加以监督。

(三)加强部门协作,密切配合。治理"三乱"不是一个部门的事情,也不是某一级政府的事情,而是各地区、各部门共同的职责,需要在各级党委、政府的统一领导下协同进行。在工作中,要主动交流情况,提供信息。既要抓好面上的治理"三乱"问题,更要抓重点部门和重点项目的清理,着力纠正一批企业和群众最反感、影响最大的"三乱"项目。在农村要经过认真整顿,减轻农民负担,以支持农业生产的发展。

各新闻宣传部门要积极支持配合治理"三乱"工作,及时报道治理"三乱"的成果,介绍好的做法和经验,通过舆论宣传工具,推动治理"三乱"工作的开展。

(四)精兵简政,加强管理。目前机构仍然在不断扩大,人员不断膨胀,人多钱少、经费不足,也是产生"三乱"的原因之一。现在有些地区和部门,行政编制列不上,就列事业编制,没有经费就去"创收",通过收费解决人头费开支。因此,必须下决心精兵简政,减少人头费开支。各级编制部门要合理确定人员编制。经编委审定的行政编制,其经费由财政负责拨付。行使行政职责的机构和人员,不得列为事业编制,也不能将行政职能转由所属事业单位去行使,不得靠乱收费的办法养活行政人员。

实行差额预算管理和自收自支的事业单位,只能在自愿、互惠的基础上,以提供劳务、咨询及其科研成果转让等合法方式取得业务收入,不得用强行摊派和乱收费方式解决经费问题。

现在各类学会、协会太多，民政部门要认真加以清理和整顿。该合并的合并，该撤销的明令撤销。经过整顿允许保留的，也不能行使行政职能，只能靠收取合理会费和开展咨询服务等活动取得收入，做到独立核算、财务自理。决不允许靠强行收费和摊派解决经费问题。现在各种各样的庆祝会和民间活动，也是名目繁多，相当一部分是靠集资摊派搞的，要下决心加以整顿。

现在很多单位没有严格执行国务院的规定，擅自扩大着装范围，"大盖帽"满天飞，加重了财政负担，群众也很有意见。各地要把整顿着装问题列为治理"三乱"的一项内容，把着装范围控制到最低限度。

（五）抓好法制建设。要围绕治理"三乱"问题制定一些基本法规和办法，使收费、罚款、集资项目和标准都纳入法制管理轨道，以巩固和扩大治理"三乱"的成果。这次会上讨论的一些条例草案和办法，要抓紧修改，报批后尽快下达。即使不那么成熟的，也可以先试行，以便在大的方面有个统一的政策依据。有了法就要坚决执法，并逐步建立起强有力的监督机制，保证中央方针政策的贯彻执行。

现在，由于缺乏全面规划，职责不清，政出多门，法规与法规之间、法规与文件之间，在规定上存在相互矛盾的情况，致使在执行中无所适从。在各部门制定的规章当中，也存在职能交叉等不协调的情况，造成重复收费、重复罚款等问题。责成国务院法制局和财政部对此进行一次全面的审查协调，用改革的精神，该修订的修订，该统一的统一，以便从根本上解决这个问题。

（六）国务院各部门要作出表率。现在有些收费、罚款、集资项目和标准是国务院有关部门制定的。中央各部门要带头清理，该纠正的纠正，该整顿的整顿。对不合法不合理的，要坚决纠正，决不手软。对下属地方部门的"三乱"行为，不能采取默认和支持的态度。今后也不要再乱提口号。有时，伤害一点局部利益，才能维护全局利益。各级地方政府要积极进行清理整顿，不要把责任上推。对各地区自行清理和纠正乱收费、乱罚款、乱集资摊派的项目，中央各部门不要去干预，或者说情护短，更不要去唱反调。只要国务院各部门作出表率，就会更好地推动各地治理"三乱"工作的开展。各级政府对搞"三乱"的人要着重教育，对那些确属性质严重的问题，要处理严格一些，可以公开登报批评，以达到惩前毖后的目的。

治理"三乱"的任务很重，时间紧迫，人民群众对我们抱有很大的期望。我们要在提高治理质量上下功夫，不要因为时间所限而忽视质量和效果。今年要求治理的工作基本完成，如果时间不够，也可以延长一些。还要看到，治理"三乱"绝不是干一年就能解决问题的，今后还要继续抓。常抓不懈，必有良效。我相信，只要我们上下共同努力，一定能够完成党中央、国务院交给的任务。

注　　释

〔1〕这里指国务院一九九一年五月十六日发出的《关于进一步增强国营大中型企业活力的通知》中进一步明确的改善企业外部环境、增强企业活力的政策措施，共十一条。这十一条政策措施是：（一）适当增加企业技术改造

的投入；（二）酌情减少部分企业的指令性计划任务，扩大其产品自销权；
（三）适当提高部分企业的折旧率，逐步完善折旧制度；（四）适当增加新产
品开发基金；（五）补充一些企业的自有流动资金；（六）适当降低贷款利率；
（七）给予部分企业外贸自主权；（八）进一步做好若干国营大中型企业的
"双保"工作；（九）继续清理"三角债"；（十）选择一百个左右大型企业集团
分期分批进行试点；（十一）切实减轻企业负担。

共同推进环境与发展国际合作*

（一九九一年六月十八日）

全球环境和发展问题，是世界各国共同关心的焦点。在今天的世界上，既面临着全球环境恶化的严峻挑战和威胁，也存在着繁荣和发展的机遇和活力。如何迎接挑战，有效地解决环境问题，实现持续发展的目标，使我们的子孙后代能够有一个永续利用和安居乐业的星球，是人类必须作出的回答和抉择。

占世界人口大多数的发展中国家，有着十分相近的经济背景和共同的发展要求，在解决全球环境与发展问题的进程中，可以互相借鉴、加强合作，为谋求全人类协调一致的行动，发挥重要的影响和积极的作用。今天，我们聚会在这里讨论全球的环境与发展问题，集思广益，目的就在于找到一条保持地球生态系统平衡和实现良性循环的发展道路。

目前，我们发展中国家面临着发展经济和保护环境的双重任务。许多发展中国家长期处在贫困和落后状态。他们低价出售原料，高价买进工业制成品，财富继续向发达国家流动和积累，资源被大量消耗，生态环境受到严重破坏。因此，只有改变不合理的经济秩序，消除贫困，促进发展，发

---

* 这是李鹏同志在发展中国家环境与发展部长级会议上的讲话。

展中国家才能既保护自己的环境，又能更好地参与全球环保合作。我们发展中国家必须走符合自己国情的发展道路，不要重蹈历史上某些发达国家为实现工业化而不顾生态环境的覆辙，尽量做到经济增长和环境保护协调发展。广大发展中国家曾经为人类文明作出过不可磨灭的贡献，现在正为摆脱贫困、改善环境而艰苦奋斗，表现出对人类共同利益高度负责的精神。我们召开这次会议，就是这一精神的集中体现。

环境问题作为一个重要的课题，已经在国际讲坛上占据突出的地位。不论是发展中国家长期深受其害的土地退化、水土流失和沙漠化等问题，还是近年来提上国际议事日程的气候变化、臭氧层耗损和生物物种多样性消失等问题，都已跨越了国家或地区的界限，成为全球性的问题。这些问题的产生和演变，与经济和社会发展有着密切的联系。它们所造成的后果，不仅影响当代人，而且将延续到子孙后代。解决这些问题，需要世界各国和地区协调一致的努力和开展卓有成效的合作。发展经济和保护环境是建立国际新秩序的一个重要组成部分。具体来说，我们认为应该包括以下主要内容：

——国家不论大小、贫富，都有参与国际环境保护与发展事务的权利，在这一方面，大国负有特殊的责任和义务；

——各国有权根据自己的情况决定经济发展和环境保护战略，各国对其自然资源、生物物种享有永久主权；

——应该兼顾处于不同自然条件和不同发展程度的国家的利益，在国际环境立法中充分反映占世界人口大多数的发展中国家的需要；

——应该明确造成目前环境恶化的历史和现实的主要责

任，同时体现公平和有区别责任的原则；

——对发展中国家面临的环境问题应给予足够的重视，并不失时机地加以解决；

——发展中国家应加强自身的环保努力，同时，国际社会应向这些国家提供必要的资金和技术援助，从根本上增强发展中国家参与全球环境和发展合作的能力。

历史和现实还告诉我们，各国发展经济、保护环境，需要和平与稳定的国际条件。今天，世界正处在新旧格局交替之际，形势动荡不安。事实证明，大规模战争和地区冲突不仅威胁人类生存，而且对环境造成很大的破坏。因此，我们主张在国际事务中应遵循以下原则，即尊重国家主权和领土完整、互不侵犯、互不干涉内政、平等互利及和平共处。这是实现经济持续发展和改善全球环境的必要条件。

中国政府十分重视生态环境保护工作，把环境保护作为一项基本国策，努力实现经济建设与环境保护的协调发展。当然，同大多数发展中国家一样，中国在环境与发展问题上，同样面临着艰巨而繁重的任务。在本世纪最后十年里，我们将坚持改革开放和稳定发展的方针，在经济发展的同时，把环保工作提高到一个新的水平。与此同时，我们将与世界各国和地区开展广泛的合作和交流，在保护全球环境的事业中，作出自己的贡献。

中国政府坚决支持一九九二年联合国环境与发展大会[1]的召开，并积极参与一九九二年大会的筹备过程。我们认为这是一次具有重大意义的国际会议，希望这次会议在推动国际环境合作、促进世界经济发展方面取得更大成就。

我衷心希望通过这次在北京召开的会议，在发展中国家之间建立起更加紧密的联系，也使发达国家更多了解发展中国家所关切的问题，从而共同为推动一九九二年联合国环境与发展大会的成功召开和为全球环境与经济的健康发展作出更大的贡献。

注　　释

〔1〕这次会议又称"地球会议"。为纪念斯德哥尔摩联合国人类环境会议召开二十周年，联合国决定于一九九二年六月三日至十四日在巴西里约热内卢举行联合国环境与发展大会，国务院总理李鹏应邀到会并讲话。见本卷《在联合国环境与发展大会首脑会议上的发言》。

夺取抗击江淮地区
特大洪水的胜利*

（一九九一年七月二十二日）

四十年来，我们的水利建设取得了巨大成就。如果没有这些成就的话，恐怕就不可收拾，灾情会更加严重，所受的损失恐怕就不仅是一些灾民的问题，我们的工业、交通，如京沪线会遭受更大的损失，国民经济至少是这一块会陷于瘫痪状态。这些现象我们都避免了。说明我们水利建设还是取得了巨大成就。但是，我们的水利建设所能抵御洪水的能力还是低的，这一点是很清楚的，淮河能抵御的是四十年一遇洪水，太湖只能抵御二三十年一遇的洪水。这次洪水超过四十年一遇了。我们清醒地看到现在的防洪设施还没有防御特大洪水的能力，所以要吸取教训，加快水利建设的步伐。

我讲五个问题。

第一，经过努力，抗洪救灾已经取得初步成果。

这次江淮地区发生的洪水是特大洪水，超过了我们的设防能力。解放以来，我们在这个地区做了大量的工作。治淮，毛主席过去号召"一定要把淮河修好"[1]。太湖流域，

---

* 这是李鹏同志在上海举行的安徽、江苏、浙江和上海三省一市负责人会议上的讲话。

也很早提出要治理。首先要肯定，四十年来我们做了大量的工作，提高了防御的标准。过去淮河流域是小雨小灾，大雨大灾。现在是小雨无灾了，中雨也可以防御了。这次发生了特大洪水，所以遭受到这样大的自然灾害。降雨量平均都在八百毫米，最高的地方达到一千二百毫米，黄山地区达到一千七百毫米。这样的灾害，人力难以避免，就是在发达的国家，也是难以避免的。我们经过努力后，把水灾造成的损失减低到我们力所能及的最低限度。我们安全转移了几百万灾民，这就是一大功劳。同时，我们采取了牺牲局部保整体的措施，在安徽省开了几个蓄洪区，江苏、浙江、上海都破了圩子，炸了几个口子。保全了什么呢？保全了几个大城市没有被淹，保证了京沪铁路的畅通，保全了淮北、淮南煤矿，保全了几个大的电厂。淮北大堤保住后，淮北一千万亩土地也保住了。我们整个的生产力没有遭到破坏。

为什么我们能取得这样的胜利？扬州市委书记总结得很好，就是四条。第一条，靠我们社会主义制度的优越性，集体经济的力量。我们的社会主义制度，是为全体人民的制度，首先考虑的是广大人民。一家一户救不了灾，靠的是全村动员、全县动员，大家集体救灾。第二条，改革开放以来，经济实力有很大的增长。现在仓库里有东西，手中有粮，再加上个人也还有一定的经济实力，所以灾区才能这么稳定。第三条，在这次抗洪救灾中，我们的党员、我们的干部、我们的党组织、我们的政府发挥了作用。干部都是走在前，撤在后，带领群众，把群众团结起来。我在堤上看了一个干部家属，她开始话里有点埋怨情绪，别人东西都抢出来了，她的东西没抢出来。为什么？因为她丈夫是村支部书记。我说，你可要支持啊！她说，我也没有拖他的后腿啊！短短的几句话，说明了这里的干群关系。前一段党群关系、干群关系存在一些问题，看来在灾区这个局面得到了很大的改变。大家看到，党确确实实是我们的核心力量，一切事业的核心力量。第四条，我们的人民解放军在救灾中起到了突击队的作用。我们的军队是人民的子弟兵，哪里有困难，就出现在哪里，有组织，有纪律，而且有装备。所以一些最险要的工程，都是他们去完成。因此，我们说，在这两个地区，在这场罕见的历史洪灾面前，我们取得了抗洪救灾的初步成果。

第二，要防止麻痹大意思想，立足于防大水。

全国的主汛期是七月下旬、八月上旬，看来这两个地区防范工作还要到八月底九月初，因为还有台风。现在淮河水位比较高，太湖的水位也比较高，再承受台风袭击的能力低，而这种台风是很可能发生的。上海过去有过"三碰头"[2]，今后还可能出现"三碰头"的情况。所以，我们思想上不能因为抗洪救灾取得了初步的成果，就认为现在的问题已经解决了，今年汛期就过去了。现在我们首先要利用一切可以利用的措施，把淮河的水、太湖的水，尽可能往海里排，这还要求牺牲局部保全整体。要看到现在的太湖水位还超过警戒水位，要看到现在的淮河水位还非常高。现在正是低潮的时候，要尽可能把这个水排出去。加大太浦河泄量，降低太湖水位。我们再视情况，看看是否还能加大。现在这是一条主渠道。为了防止太湖再进洪水，我同意利用这个时机将太湖的环湖大堤适当加高。要动员群众，加固大堤，有些险工险段薄弱环节补一补。当然，现在要全面加高，那是不可能的。至少要水位到了五米时，能尽可能减少损失。总之两条：利用一切可以利用的时机，尽可能把淮河和太湖的水位降低；另外，加固环湖大堤，在太湖水位升高时，还有承受能力。苏州、湖州有些工厂，要动员他们厂自为战，把东西准备好，一旦水来时，把厂区保卫住。

第三，在立足于防大汛的同时，把工作重点转移到救灾上去。

看安徽的情况，救灾任务比江苏还要重。我到寿县去看了，一百二十万人，八十万灾民，四十万人无家可归了，就住在堤上。现在的重点问题是保吃、保住、保不生病三件事。"留得青山在，不怕没柴烧"，只要灾民有旺盛的体力，以后可以重建家园。现在不是没有粮食，而是运输的问题、钱的问题，救灾款要很快发到。如果断炊的话，先打开粮仓，借用一点也是可以的，不过要办一定的手续。现在灾民手中还是有粮的，是担心粮食接不上。我们有粮，有救济物资，问题是要恢复运输。安徽的救灾情况和江苏不大一样，所以讲"五个一"，也就是"一条船，一名干部，一台磨面机，一个医疗点，一口井"。江苏的路基本是通的，安徽的路不通了。江苏水退了后，可以重建家园，修复原来的房子。安徽的滞洪区里，可能相当长的时间里要靠简易棚，有的可能要过上两年、三年。大灾以后不饿死人，这条我们可以保证，吃、穿、过冬也没有问题。但是，疫情要很好注意，我们现在要全力加强卫生部门的领导，医疗队下乡，做好服务，药品要供应充足。最重要的是饮水问题，如果能够保证饮水的消毒，疾病就可以大大减少。还有一个问题，灾民住得非常集中的地方，粪便的管理也很重要。现在看来，已经有三万多医疗人员下乡，加上乡下本身还有些乡医院、村卫生点，都可以组织起来到灾区，小病就及时看了，传染病要想办法制止，主要是把力量组织好。水退了以后，要以发扬自力更生精神为主，国家支持、社会援助为辅，生产自救，重建家园。生产自救最核心的问题，我觉得就是抢种。能够抢一块，就种一块，能种什么就种什么，因地制宜。晚秋能够补就补，补不了就种点瓜菜。农业损失可用副业来补，有的地方乡镇企业可以马上恢复，那就更没有问题了。乡镇企业组织恢复生产，需要一些流动资金，这个问题国家考虑，当然自己也要想些办法。我们把灾区工作重点从抢险抗洪转移到全面救灾上，要做长期的打算，至少今年要安全过冬，一直到明年夏粮下来。

第四，彻底治理淮河和太湖。

这次团结治水很好。我们已把洪水灾害减小到了我们能达到的最小限度，但是毕竟暴露了我们在水利方面的一些弱点，就是淮河和太湖的防御能力都还比较低，而且不通畅。所以，我们应该按照原来的淮河治理的方案和太湖治理的方案，来加快治理的速度。

治理淮河的重点，主要是打通淮河水的入海通道。受历史上黄河夺淮的影响，加之一九三八年国民党炸了黄河花园口大堤〔3〕后，泛滥的黄河水把淮河水系打乱了，淮河没出口了。现在从长江出口，入海不通畅。现在治淮有几个基本的骨干工程，我看都应该考虑。比如说，怀远到洪泽湖的怀洪新河，增加苏北的出海口，特别是洪泽湖到长江的入江通道要打通。另外，就是滞洪区了，淮河还要在必要时候利用滞洪区。临淮岗洪水控制工程也是要建的。

太湖也是疏浚的问题，也是打开通道的问题。太浦河、瓜泾口、望虞河，还有就是浙江省的南排工程，这些我们将来在治淮和治太湖会议上，具体地通过国家计委和水利部进行落实。资金问题，总的精神我看是这样：国家要拿一点，地方也要拿一点，农民也要搞些劳务投入。将来这些河修堤占一点地，如果能得到农民的支持，地价各方面能搞得合理一点，就可以节省大批的资金。当然，治理方案也包括在滁县的那一段铁路路基的提高。这个路基提高以后，解放一大片。把资金筹集好了以后，农民的劳务投入是一大块。今年有那么多灾民，除了恢复家园，还有大量的剩余劳动力，以工代赈，是有积极性的。大家思想都统一了，今后凡是跨流域、跨省市河流的管理，只能由中央来管，国家防汛指挥部、水利部来管，或是它的派出机构来管。但是，同样的，地方当然也要有代表来参加，以便了解情况，加强对跨省市流域的主要涵闸的统一管理。

第五，发动人民群众募捐救灾，妥善处理救灾资金和物资。

今年主汛期还未结束，也不排除其他地区还会发生灾情。现在民政部的救灾费已经用得差不多了，我们国家要考虑适当地再增加一部分。我这里的预备费也不多了，不多了也要再拿点出来，实在不行从财政上再筹集一些。国家还增加一些防洪费用。另外银行提供一点恢复生产的指标，给有偿还能力的企业。没偿还能力不行，银行发了等于是挂账。各方面的钱，有地方能集中的可以集中。我们准备继续动员全社会，发动募捐，对灾区进行支援，体现"一方有难，八方支援"的精神。但是，这种支援一定要建立在自愿的基础上，不搞任何形式的摊派，这点很重要。我们的国家虽然还很穷，从人均来讲我们综合国力还不强，但我们作为人口很多的国家，一方有难，八方支援，在我们这样一个社会主义大国，动员的力量就是很大的。我们还没有普遍动员，现在募捐都是自发的。这些资金我看不是拿来用在治河工程，主要是拿来救灾，重建家园，恢复生产，买粮、盖房子。我们继续欢迎国际社会的援助和支持。这些救灾款由民政部统一管理，要迅速到位，要能够有交代。

注　释

〔1〕见毛泽东《为治淮工程题词》（《建国以来毛泽东文稿》第4册，中央文献出版社2023年版，第343页）。

〔2〕"三碰头"，指天文大潮、台风雨和风暴潮这三种自然现象同时出现在同一地区。

〔3〕一九三八年五月，日本侵略军攻占徐州，随即沿陇海路西进。六月初，蒋介石下令炸开郑州以北花园口黄河大堤，以黄河之水阻止日军西犯，也给人民造成空前灾难。决口之后，黄水漫流，留下了一片连年灾荒的黄泛区。抗日战争胜利后，国民党政府为配合其发动全面内战的需要，决定堵死黄河花园口决口，使黄河东归故道，企图分割并淹没解放区。中国共产党为此与国民党政府进行多次谈判，争取时间组织解放区军民抢修黄河故道两岸的大堤和搬迁故道中的居民，最终于一九四七年三月堵口前完成了复堤和迁移工作。

关于进一步搞好国营
大中型企业 *

（一九九一年九月二十三日）

在今后的经济工作中，要把增强国营大中型企业活力和提高企业效益的问题，摆到突出的位置上来。

国营大中型企业是国民经济的支柱，国家财政收入的主要来源。我国现有独立核算的国营大中型工业企业一万多个，占全国工业企业总数的百分之二点五，而它们创造的工业产值却占全国工业总产值的百分之四十五点六，上交国家的利税占百分之六十以上。进一步提高国营大中型企业的效益，对于增强我国经济实力，促进社会发展，提高人民生活水平，具有举足轻重的作用。建设有中国特色的社会主义，让社会主义制度的优越性充分发挥出来，从经济上讲，最重要的就要体现在国营大中型企业活力的不断增强和效益的不断提高上。只有这样，才能巩固公有制经济的主体地位，坚定广大人民走社会主义道路的信心，使我们永远立于不败之地。我们要从防止和平演变，巩固和发展社会主义制度的高度，来认识搞好国营大中型企业的重要意义。

坚持在公有制为主体的条件下发展多种经济成分，是建

---

* 这是李鹏同志在中央工作会议上讲话的一部分。

设有中国特色社会主义的一条基本方针。改革开放以来，多种经济成分有了较大的发展，但公有制经济仍然居于绝对优势，而且国营企业还掌握着关系国民经济命脉的重要产业。适当发展非公有制经济是完全必要和正确的，现在也绝不是要刹车，而是继续鼓励它们适当发展，同时加强管理和引导，使之更好地成为社会主义公有制经济的有益补充。值得注意的是，不少国营大中型企业活力不强，发展速度和经济效益低于其他所有制工业，如果这种趋势任其延续下去，就有可能动摇国营经济的主导地位。

一段时间以来，大家都在谈论搞活国营大中型企业的问题。看来，对企业怎么才算有活力取得比较一致的共同认识，是很有必要的。根据一些搞得好的企业的经验，概括起来，企业的活力主要应该表现在：一、产品有竞争力；二、技术有开发力；三、资产有增值力；四、对市场有应变力；五、领导班子有团结进取力；六、职工群众有凝聚力。这几点讲得是否准确和完备，还可以讨论。从中央到地方，从主管部门到企业，都应该为企业形成这样的活力而共同努力。

目前我国国营大中型企业的状况，大体上好、中、差各占三分之一，当然各地情况也有所不同。部分企业活力不强，效益不高，发展后劲不足，既有外部原因，也有内部原因，主要有以下几个方面：宏观上经济结构不合理。由于重复生产、重复建设，许多企业开工不足，达不到规模效益。价格尚未理顺。能源、原材料价格偏低，一些下游企业又承受不了上游产品价格的上调。"大锅饭"和"铁饭碗"的机制仍然没有得到根本改变。人浮于事，生产效率不高。职工个人收入增长速度高于生产增长速度，分配向个人倾斜。许多企业保两头，即保税、保奖金福利，挤了技术改造和新产品的开发。企业商品经济意识和市场观念不强。许多企业产品畅销时要求放开经营，产品积压时又要求国家收购，还没有投身到国内外市场去参与竞争。企业负担重。国营企业税负和社会负担高于其他所有制企业，替国家承担了许多社会责任。市场疲软的影响。市场疲软的原因，有的是因为压缩基建使需求减少，有的是因为生产能力过大，有的是因为产品不适销对路。

为了增强企业活力和提高企业效益，从根本上说，要靠深化改革、加强管理和进行技术改造，使企业逐步成为自主经营、自负盈亏的社会主义商品生产者和经营者，具有自我改造、自我发展和自我约束的能力。部分企业缺乏活力有着多种原因，就需要进行综合治理，恐怕很难设想靠一两种办法就能奏效。关于如何提高企业活力和效益的问题，一种意见强调改善企业外部条件，另一种意见强调挖掘企业内部潜力。企业外部条件不可忽视，需要继续改善，但往往同样的外部条件，同样类型的企业，有的搞得好，有的搞得差。按照唯物辩证法，内因是变化的根据，外因是变化的条件，外因只有通过内因才能起作用。作为企业，要积极改革内部机制，通过加强管理和技术进步来挖掘潜力，来提高效益。作为各级政府，应当坚持政企职责分开，少对企业进行不必要的行政干预，努力为企业搞好服务，积极创造良好的外部条件。国务院已提出了改善企业外部条件的十一条措施，正在贯彻落实。下面，我按照十一条的原定顺序具体讲一些意见。

第一，增加企业技术改造的投入。明年国家安排的技改资金有较大的增加。今后每年还要拿出一部分国家外汇结存，用于技术改造。鼓励企业用更多的自有资金进行技术改造。

第二，逐步缩小对国营大中型企业的指令性计划。缩小指令性计划会产生连锁反应，要考虑企业和市场的承受能力，明年将选择一些企业的部分产品加以实施。

第三，适当提高企业折旧。有两个办法，一是提高折旧率，二是进行固定资产重估，增大基数。对大中型企业增提的折旧资金，具体落实到若干技术改造任务重的企业。逐步取消对折旧基金征收"两金"（能源交通重点建设基金和预算调节基金）。准备按国家产业政策，逐步落实到企业，分三年实施。

第四，增加新产品开发基金。要继续实行从销售收入中提取百分之一作为新产品开发基金，新提的部分免交"两金"。

第五，继续补充企业流动资金。近年来企业流动资金不足，一直没有得到解决。今后，随着市场好转和企业收入的增加，要求企业从自有资金中补充流动资金。计划由国家补充的，由财政陆续补充。

第六，对利率再做些适度调整。降低贷款利率是减轻企业负担的重要措施。经过三次调整，现在的利率已恢复到一九八八年以前的水平。明年，根据货币回笼的实际情况，对利率再做些微调。

第七，抓紧落实给予部分企业外贸自主权。这样做，可以促使企业加快技术改造，开发新产品，提高产品质量，增强在国际市场上的竞争能力。这件事，方针已经定了，外贸部门也已经拿出办法。要成熟一批，批准一批。

第八，继续对国营大中型骨干企业实行"双保"。"双保"，就是保证资金供应和国家分配的物资。这项工作已经做了两年，对于缓解部分骨干企业的困难，起了积极的作用。继续实行"双保"的企业，要为国家多作贡献，保证上交国家利税和统配产品生产，提高经济效益，发挥带头作用。随着经济形势的进一步好转，要逐渐减少对企业的"双保"。

第九，抓紧清理"三角债"。"三角债"已成为当前经济正常运转的严重障碍。要作为搞活国营大中型企业的突破口，组织力量，进一步解决"三角债"问题。清理"三角债"除了靠银行和财政投入资金外，也要靠企业投入自有资金。企业要纠正"欠债有理，欠债有利"的错误认识和做法，积极主动清理拖欠。为了防止前清后欠，要堵住基本建设资金缺口。决定上的项目，除了建设资金必须打足外，要考虑到贷款的利息、物价指数和流动资金。要坚决压缩或停止积压产品的生产。严肃财经纪律，采取托收承付、扣滞纳金等经济手段巩固清欠成果。

第十，进一步做好组建大型企业集团的试点工作。现在已经组建了五十五个紧密型企业集团，在取得经验后，可进一步扩大。企业集团应有利于生产要素的合理组合，有利于企业技术进步，增强自我发展的能力，从而提高在国内外市场的竞争能力，发挥企业的整体效益。企业集团绝不能搞成行政性公司。

第十一，坚决治理"三乱"。为了切实减轻企业负担，要继续治理"三乱"。乱摊派、乱收费、乱罚款对企业的生产经营干扰很大，必须加以根治。要把治理"三乱"与正在进行的清理整顿公司、廉政建设、纠正行业不正之风、精简机构等结合起来进行。对收费、罚款、集资项目的审批权，要集中到中央和省市两级政府；要坚持收支两条线，不能坐收坐支，罚没款决不能与执法单位的经济收入直接挂钩。要接受群众监督和舆论监督。现在检查评比也很多，企业穷于应付。当然，财政、税收、物价、审计等国家职能部门正常范围之内的监督和检查，是必要的，要依法进行。除此之外，一切干扰企业正常生产经营的检查评比，都要停止。今后要改变方式，由市场和用户去评价企业及其产品优劣。

除了以上十一条外，再增加一条。

第十二，降低国营工业企业的所得税率。即在国家财政还十分困难的情况下，仍决定把国营工业企业的所得税率降低到百分之三十三，实行多种经济成分公平税负，创造一个平等竞争的环境。考虑到国家财政的承受能力，降低国营企业所得税率，要按照国家产业政策和技术改造的任务，结合扩大利税分流、税后还贷改革的试点，落实到企业，分三年完成。

增强国营大中型企业活力，除改善外部条件外，从企业来说，更重要的是通过进一步深化改革，转换经营机制，加强政治思想工作，加强企业管理，促进技术进步。以下提出八点意见。

第一，坚持完善承包经营责任制。实行承包制，调动了企业的积极性，但也带来了一些问题，比如负盈不负亏，技术改造资金得不到保证，以包代管等。总的看，承包制适合我国目前经济发展的实际情况，中央已经决定，"八五"期间继续实行承包制，但要进一步完善。要兼顾国家、企业和职工个人三者之间的利益，兼顾长远和当前利益。完善企业留利办法，合理确定生产发展基金、福利基金和奖励基金的比例，增强企业发展后劲。企业要按规定提取折旧、大修理基金和新产品开发基金，并正确地加以使用。对某些企业的虚盈实亏行为，要加以制止，防止国有资产流失。同时，要选择一批对国民经济全局有重大影响、符合国家产业政策、经营管理水平较好的大型企业和企业集团，实行投入产出总承包，赋予企业更大的自主权。

第二，继续贯彻全民所有制工业企业法，健全企业内部领导体制。在企业内部，厂长、党组织和职代会各自的作用，要以十三届七中全会通过的建议[1]的提法为准，这就是：进一步发挥党组织的政治核心作用，坚持和完善厂长负责制，全心全意依靠工人阶级。这是健全企业领导体制的关键问题。解决好这个问题，既要有制度保证，也要有党性保证。对那些厂长、书记合作得好的，要予以表扬；长期合作不好的，要采取组织措施加以解决。现在一些地方和企业反映，企业法还没有得到很好的贯彻，应当切实改变这种状况。国务院已责成体改委起草企业法的实施细则。厂长、经理对企业中层干部有任免权。在行使这项职权时，要求经过党政领导集体酝酿，是为了使干部的任免做得更好，而不是改变厂长的职权。企业对自身机构的设置有充分的自主权，各级政府和部门都不得干预，企业对这种干预有权拒绝。对企业在招工、用工和辞退职工方面的自主权，各方面都应该切实予以保障。关于停止不必要的检查评比、治理"三乱"和切实减轻企业负担，方针措施都有了，各级政府和部门要认真贯彻执行。

第三，积极推进劳动工资制度改革。改革开放以来，企业的人事、劳动以及工资制度进行了改革，取得一定成效，但是问题还不少。企业人事劳动制度的改革，主要是搞好优化劳动组合，或称合理劳动组合，主要内容是加强生产第一线，减少富余人员，以提高劳动生产率。由于各地方各企业情况不一，优化组合或合理组合，要因地制宜、因厂制宜，不要强求一律。裁减的富余人员要以企业消化为主，社会调剂为辅。出路是有的，如发展第三产业，厂内培训，厂内待业，提前退休，厂际交流和自谋出路。各级劳动部门要做好就业服务工作，建立和发挥待业保险基金的作用。企业内部要逐步实行全员劳动合同制，管理人员和技术人员逐步实行聘任制。

企业工资制度的改革，必须体现按劳分配原则，着重解决企业内部的平均主义问题。提倡实行以岗位技能工资为主要形式的企业内部分配制度，向苦、脏、累、险岗位和一线生产职工倾斜，真正把劳动报酬与劳动贡献挂起钩来。当前经济生活中的一个突出问题，是职工收入的增长超过劳动生产率的增长，国民收入分配过多地向个人倾斜。这是企业缺乏后劲的重要原因，对整个经济的发展也很不利。因此，企业工资制度的改革乃至社会其他方面的改革，都应该有利于缓解国民收入向个人倾斜，而不能加剧这种倾斜。今后要加强对企业工资总额的管理，凡是经营性亏损和虚盈实亏的企业，不能增发奖金和效益工资。产品无销路或经营混乱而停产半停产的企业，应停发奖金和减发工资。国务院已经成立了分配制度改革委员会，正在组织力量，进行研究，提出进一步改革的方案。

第四，把国营大中型企业推向市场。当前企业缺乏活力的一个重要原因，是市场调节的作用发挥不够。要按照政企职责分开，计划经济与市场调节相结合的改革方向，改善国家对企业的管理方式，逐步放开对企业生产经营、一般性技术改造和小型建设等经济活动的直接管理。缩小企业的指令性生产计划，由企业在国家计划指导下按市场的需要进行生产经营活动。逐步把部分指令性生产计划，改成国家合同订货的形式，做到以销定产。要改变价格形成机制，逐步使国家管理的产品按生产成本、平均利润率确定价格，使大多数产品通过市场形成符合价值规律的价格。国营大中型企业有很多优势，比如技术的优势、装备的优势、规模经济的优势和日益扩大的国内市场。国营大中型企业只要注意发挥优势，积极开拓市场，就不愁不能发展。我国人口多，消费品市场很大，各地消费观念和水平也不一样，企业既要关心城市市场，尤其要关心农村市场。这些年，由于重复建设和重复引进，造成了某些行业生产能力过剩。盲目扩大了的生产能力，超过了市场需求。当前，机电、轻工、纺织和化工产品积压比较严重。对长线产品要进行限制，实行以销定产。在压缩积压产品生产的同时，还要积极促进销售。看来，为了提高国民经济的整体效益，有些长线产品必须限产，有些企业必须关停并转，实行兼并或联合。希望我们这次会议对这个问题形成共同的认识，以便采取坚决的措施。这是一项积极的工作，也是一项政策性很强的工作，必须在各级党委和政府周密指导下进行，妥善处理好改革和稳定的关系。这项工作只能有计划有步骤地进行，并尽量多采取经济手段，少用行政手段。

国营大中型企业要积极面向国际市场，在国际市场竞争中发展和壮大自己。从发展来看，国际市场的前景是广阔的，要多方面地加以开拓。在继续发展对西方国家贸易的同时，还要积极发展对苏联和东欧国家的贸易，重视中东、非洲、拉美市场，重视周边国家的市场。

第五，进一步加快技术进步。科学技术是第一生产力，加快技术进步，是增强企业活力的重要手段和物质技术基础。凡是前几年技术改造抓得比较紧的，企业活力就强；没有搞技术改造，或者技术改造搞得少的，处境就比较艰难。所有国营大中型企业，都必须积极提高自己的技术开发能力，推广应用新技术、新工艺，使自己的产品更好地适应国内外市场的需要。长期以来，企业在技术改造中搞了不少单纯扩大生产能力的低水平重复的项目，技术水平提高不多，这种状况要改正过来。要坚决淘汰一批消耗高、性能差、污染严重的落后产品。

要特别注意开发和推广高新技术，加快高新技术的产业化和商品化进程。我国每年都有大量的科研成果。把科技转化为现实生产力的工作抓好了，就可以大大提高企业效益。这对于缩小我国同发达国家在技术上的差距，也具有极为重要的意义。

要多渠道筹措技术改造资金。适当提高折旧率、有计划地减免大中型企业的"两金"，以及增加新产品开发基金，为企业技术改造提供有利的条件。此外，还准备对那些经济效益好、见效快的技改项目，给以利率比较优惠的贷款。还有一种企业技改专项贷款，要用在工期短、效益好的技术改造项目上。企业还可以通过使用生产发展基金、发行债券等方式，筹集改造资金。吸引外资，要按照国家产业政策，正确引导资金投向，支持办技术先进型和出口创汇型企业。由于国际市场竞争激烈，在引进外资时要注意限制那些与我国争夺出口配额和国内外市场的项目。要注意把吸收外商投资与加快企业技术改造结合起来，推动我国技术进步和产品的升级换代。

第六，坚持从严治厂，加强企业内部管理。这些年来，我国企业管理水平是有提高的，一批企业建立了严格、科学的管理制度，管得井井有条。全国一百三十三个一级企业，主要产品质量达到国际八十年代初的水平，资金利税率是大中型企业平均水平的二点九倍。四千零七十八个二级企业，产品质量、物质消耗和利税水平都达到本行业先进水平。这说明我们有许多大中型企业还是管理得好的，只要把它们的经验加以推广，使更多的企业进入先进行列，就是一个了不起的力量，也是我们的希望所在。现在，也还有不少企业管理水平低甚至生产秩序混乱，给企业和整个国民经济带来很大损失。要通过改革来加强管理，向管理要效益。当前要着重建立健全企业内部的各种经济责任制，包括财务制度、质量管理制度、考勤制度、安全生产制度等。要加强企业的基础工作，包括各项定额制度、工艺标准和规程，以及班组建设等。企业领导干部要严字当头，敢抓敢管，深入到第一线，关心群众疾苦，倾听群众呼声，解决具体问题，这是加强企业管理的关键所在。同时，要大力提高企业领导干部的素质。要制定规划，加强企业干部的培训，争取在两三年内，对国营大中型企业的厂长、经理轮训一遍。

第七，全心全意依靠工人阶级。中国共产党是中国工人阶级的先锋队。工人阶级是国营企业的主人，他们当中蕴藏着建设社会主义的极大热情。充分发挥广大职工的聪明才智和创造力，是进一步搞活大中型企业的群众基础，也是我们社会主义企业的最大优势。搞活大中型企业，必须尊重群众的首创精神，真正做到职工当家作主，使每一个劳动者在自己的岗位上，以主人翁的姿态工作。要加强企业民主管理，发挥职代会的作用，保证和维护职工的正当权益。要加强职工队伍的建设，采取多种形式对职工进行培训，提高职工的文化素质、技术素质和政治素质。提倡和鼓励工人在工作中自学成才，注意从优秀工人中选拔管理干部。

第八，切实加强对国营大中型企业的领导。增强大中型企业的活力和提高企业效益，是全党的迫切任务，是各级党委、各级政府的责任，要高度重视这项工作，尽心尽力，把它作为一件大事来抓。各级领导干部，都要深入基层，深入群众，加强调查研究，及时总结和推广先进经验，做好协调工作，积极为企业排忧解难，认真帮助有困难的企业解决实际问题。

增强国营大中型企业的活力，提高企业效益，涉及各个方面，我们既要看到它的紧迫性，又要看到它的艰巨性。现在经济体制正在发生深刻的变化，不少问题需要进一步探索，企业的情况也千差万别，想用一两年时间把企业问题解决是不可能的，需要有比较长期的打算。可以考虑，把整个"八五"计划时期列为集中力量增强国营大中型企业活力和提高企业效益的时期。希望这次会议作为一个新的起点，大家集思广益，统一思想，协调步伐，群策群力，努力搞好国

营大中型企业，不断提高企业的效益。相信经过长期艰苦的
工作，我们的目的是一定能够达到的。对此，我们应该充满
信心。

注　　释

　〔1〕这里指中共十三届七中全会一九九〇年十二月三十日通过的《中共
中央关于制定国民经济和社会发展十年规划和"八五"计划的建议》。

当前形势与明年工作 *

（一九九一年十二月二十三日）

在一九九一年即将过去、新的一年即将到来之际，国务院召开本年度最后一次全体会议。会上，国务院的一些领导同志和一些部委的负责同志就计划、外交、教育、科技、体改、监察、经贸、冶金、能源、纺织等项工作，通报了情况，发表了很好的意见。会议开得是好的。

一九九一年，国务院的工作是在以江泽民同志为核心的党中央的领导下进行的，认真、积极地贯彻执行了邓小平同志倡导的党的基本路线，即以经济建设为中心、坚持四项基本原则、坚持改革开放，各项工作都取得了明显的或一定的成就。

根据党的十三届七中全会决议，国务院编制了《国民经济和社会发展十年规划和第八个五年计划纲要（草案）》，并经七届全国人大四次会议批准，向全国人民指出了九十年代实现国民经济第二个翻番、人民生活达到小康水平的奋斗目标及相应的政策和措施。

在外有压力内有困难的情况下，特别是在一些地区遇到了严重自然灾害的情况下，抗洪救灾工作卓有成效。农业取

得了历史上第二个丰收年，粮食产量可能达到八千七百亿斤，棉花在一亿担以上。整个经济进一步向好的方向发展。国民生产总值可能比去年增长百分之七，物价指数可能控制在百分之四，外贸净出口增长在百分之十六以上。我们的国家现在市场繁荣，物价稳定，商品琳琅满目，人民安居乐业。

曾几何时，西方某些人还在为和平演变在苏联得手而兴高采烈、弹冠相庆。对我们来说，具有七十多年社会主义历史的苏联的解体是非常令人痛心的，但这绝不能证明社会主义已经在世界上失败。现在，中国政治稳定、经济稳定、社会稳定，全国人民正满怀信心地走有中国特色的社会主义道路，社会主义的旗帜将永远在我们这个有九百六十万平方公里土地的东方大国的上空高高飘扬。越来越多的人认识到，在一九八九年那场惊心动魄的、关系我们党和国家生死存亡的斗争的关键时刻，在以邓小平同志为代表的老一辈无产阶级革命家的支持下，党中央坚决果断地一举平息动乱和暴乱是十分正确的。现在的形势证明了这一点，历史的发展还将进一步证明这一点。不然的话，苏联的今天就是中国的明天，甚至我们的国家比今天的苏联更糟糕，人民会更悲惨。

三年来，国务院坚决贯彻执行了中央制定的治理整顿、深化改革的方针。从总体上说，治理整顿的任务已经基本完成，严重的通货膨胀得到了控制，混乱的经济秩序得到了治理，结束了农业连续四年徘徊的局面，农、林、牧、副、渔业得到了全面的发展，总供给和总需求基本平衡，国民经济开始走上持续、稳定、协调发展的轨道。更令人感到高兴的是，在治理整顿中，改革开放的进程不仅没有停止，反而有了适度发展。比如，物价改革采取了一些重大的步骤，煤炭、原油、电力、铁路运输的价格有所调整，增加了这些行业的自我发展能力；国家连续两次提高了农产品的价格，进一步调动了农民生产的积极性，减少了政府的补贴，减少了农产品的浪费，促进了节约。对外开放也有了重大的发展，这两年是外商投资最多、发展最好的一个时期。我们不但巩固和发展了已有的经济特区、经济技术开发区和沿海经济开放区，而且建立了上海浦东新区，使特区和开发区更好地发挥了"四个窗口"[1]的作用。我们还进行了外贸体制改革，调整了汇价，促进了外贸的发展。住房制度、社会保险制度、医疗制度的改革以及宏观调控体系建设等方面，也都取得了一定的进展。我们不仅保证了十一届三中全会以来各项政策的连续性和稳定性，而且有所发展。国外有些评论家往往把治理整顿与改革开放对立起来，认为治理整顿妨碍了改革开放。实践证明，与他们的评论恰恰相反，治理整顿为改革开放创造了更加有利和更为宽松的条件，使改革开放迈出了新的步伐。

党中央在今年九月召开的工作会议是一次很重要的会议。在我们经济形势比较好的情况下，我们的经济工作还存在着一些深层次的没有解决的问题：经济结构不合理，调整速度也比较缓慢，部分大中型企业经济效益差，"三角债"还比较严重，一些企业的产品长期质量不好或不适销对路，造成积压。这些问题都严重地阻碍着我们的经济向良性循环的方向发展。这次中央工作会议的历史功绩，在于在大好形势面前保持了清醒的头脑，把搞好国营大中型企业提高到巩固社会主义经济基础的高度来认识，并在处理内因和外因的关系上做了正确的结论，强调转变企业的机制。会议确定的二十条措施[2]正在贯彻落实，并且看到了初步成效。搞好大中型企业是一项长期的任务，需要在整个"八五"时期加以实施。

十一月召开的十三届八中全会，总结了十一届三中全会以来的农村工作，为九十年代的农村工作确定了发展方向，制定了全面、完整的政策，是一次十分重要的会议。这些年来，国务院及其有关部委抓农业及农村工作是努力的，是有成绩的。这些成绩的取得是全党重视农业、全国人民特别是八亿农民努力的结果。我们党有一个好的传统，就是全党重视农业。十三届四中全会以来，以江泽民同志为核心的党中央对农业是重视的，除保持了原有的政策的稳定性之外，还根据已经发展了的情况，对农村的政策做了补充和完善。我们在农村工作中还存在一些不可忽视的问题，统计数字告诉我们，这几年工农业产品剪刀差在进一步扩大，农民收入增加的幅度趋缓，至今还有一些老、少、边、穷地区的群众没有解决温饱问题，农村的发展还很不平衡。这些问题都必须引起我们的高度重视。

一九九二年国民经济的任务是，进一步深化改革，扩大开放，在巩固和发展治理整顿成果和坚持总量平衡的基础上，把经济工作转移到调整结构、提高效益的轨道上来，保持国民经济持续、稳定、协调地发展。近来，国务院召开了计划、财政、企业技术进步工作会议，还要召开体制改革会议，今天又召开了国务院全体会议，对明年的经济工作作了全面部署，希望国务院各部、委、办根据今天全体会议和上述四个会议的精神，安排和布置自己的工作。现在，我对明年的工作，提出以下几点具体要求。

第一，继续努力为经济建设创造一个和平的国际环境和国内安定团结的政治局面。

什么是我们的中心任务，我们全党、全军和全国人民是有共识的，就是以经济建设为中心。但是这还不够，还必须认识到，如果没有一个和平的外部条件和安定团结的内部条件，我们的经济建设是不可能顺利进行的。所以在对外关系上，我们要继续执行独立自主的和平外交政策，在和平共处五项原则的基础上与世界上一切愿意与我国发展友好关系的国家，保持正常的友好合作关系，重点是搞好与邻国和周边国家的关系，达到安定周边的目的。现在苏联已经解体，各加盟共和国纷纷宣布独立，我们将按照和平共处五项原则与这些独立的国家，特别是与我们相邻的国家，发展正常的睦邻友好关系，以求得稳定一方。中国和印度是世界上两个最大的发展中国家，人口加起来占世界总人口的百分之四十。我这次访印取得了一定的成功，下一步是做好后续工作。日本是我国一衣带水的邻邦，是经济大国。中日之间发展关系各有优势、各有所需，要善于利用，多做工作。朝鲜半岛出现的缓和局势，我们表示欢迎，并进一步做好促进工作，使我国与韩国的关系在现有基础上争取有所前进。柬埔寨民族团结的大势不可逆转。中越关系正常化后，要加紧双边业务上的合作。对美国，我们仍应尽最大的可能，以最大的努力，在不损害我国主权的前提下维持中美关系，并力争有所改善。我们要维持并改善同西欧国家的关系，以经济促政治，多购买一些先进技术与设备，在高层互访上争取有新的突破。现在世界正向多极化方向发展，各种不同形式的地区集团式的政治或经济联盟是多极化的标志。随着形势发展，要认真研究有条件、有选择地参加有关区域性集团的问题。我们对国际社会活动持更加积极态度，因势利导，有所作为，但决不当头。进一步改善同以色列、南非的关系的条件已经成熟，这对支持阿拉伯和非洲前线国家的立场不仅无害，而且可能有利。

目前，国内的政治局面基本上是稳定的。苏联的变化，使不少人提高了认识。对在一九八九年春夏之交那场政治风波中犯过错误的，或有不同认识的人，特别是对青年学生和知识分子，要在更大范围内，团结一切可以团结的力量。要用苏联、东欧演变的事实教育大家，使他们当中坚定的更坚定，持中间立场的向党靠拢，有模糊和错误认识的得到纠正，对仍然坚持错误立场、顽固搞自由化并进行破坏活动的依法予以惩处。我们要清醒地认识到，西方国家对中国这个最坚强的社会主义堡垒推行和平演变的方针是不会改变的，各级领导同志和专门做对敌斗争工作的同志要心中有数，随时保持清醒的头脑，周密部署，善于斗争。但对广大干部和群众来说，主要是进行社会主义、爱国主义教育，以增强走中国特色的社会主义道路的信念。治安综合治理工作今年取得了成绩，明年还要加强。要坚持依靠群众，专政机关要和群众相结合，依法与一切刑事犯罪分子开展不懈的斗争，严厉打击刑事犯罪分子，使人民有安全感。希望经过大家的共同努力，明年治安工作有较大的进步。

第二，明年的经济建设要保持持续、稳定、协调的发展。

原计划一九九二年的国民生产总值增长百分之五点五，

在执行中争取超过。物价继续保持稳定，零售物价上涨指数控制在百分之六左右，同时选择适当时机提高粮食购销价格，争取在粮食购销同价方面迈出较大步伐。基本建设总规模定在五千四百亿至五千七百亿元之间，防止新的过热。要严格执行产业政策，把建设重点放在能源、交通、通信、原材料工业和人民住宅建设上。加工工业主要对现有老厂进行技术改造，提高产品质量，增加花色品种，把企业推向市场。现在中央和地方都在贯彻执行改善企业外部条件的十二条政策，从各种渠道增加技术改造资金，为企业创造了相当好的外部环境，各部门的注意力应放到挖掘企业内部潜力、转换企业机制上来。今年开展的"质量、品种、效益年"活动，是有成绩的，明年要继续开展。调整结构是一项长期的任务，冶金部利用现有的设备进行适应性和开发性的产品结构调整，收效较快；同时，还重视投入性的结构调整，使企业的产品提高了一个档次，其经验是值得借鉴的。要继续清理"三角债"，并防止前清后欠，明年至少要取得相当于今年的成绩。要限产压库促销、"压贷挂钩"，把压下来的一部分资金用于技术改造。目前已有一大批技术改造项目进入实施阶段，明年要争取其中一些项目尽快见效。

争取明年农业有一个好的收成仍然是我们经济工作中的首要任务。现在我国农业综合生产能力已经有所提高，大体上粮食产量在八千五百亿斤左右，棉花产量在一亿担左右。今年，我国中部地区遭受了严重的秋旱，有许多地区小麦没有种上，有的地区种上了苗也出不齐，这将对明年夏粮构成严重威胁。当然，最近下了几场小雨、小雪，一些地区旱情有所缓解，但整个旱情仍很严重，因此要加强对农业的领导，加强小麦的田间管理和改种措施，争取明年夏粮有一个比较好的收成。根据当前粮棉比价，农民会进一步向种棉倾斜，估计明年会出现卖棉难。如果出现卖棉难，国家要增加收购，恢复和建立棉花的储备。要继续稳定家庭联产承包为主的责任制，完善统分结合的双层经营体制，积极发展农业社会化服务体系，逐步壮大集体经济实力。山东的同志告诉我，发展农村经济，要靠班子、路子和引子，就是要加强乡、村两级领导班子，找到符合当地实际的发展路子和给予一定的资金投入，我认为是有一定道理的。发展集体经济，可以有不同的方式，因地制宜，不强求一致。但利用农副产品加工发展乡镇、村办企业仍然是一条带有普遍意义的路子。秸秆过腹还田，发展养殖业，有重大经济效益，但必须以市场为导向。山西省隰县认真进行县级机构改革，把一些管理经济的政府部门转变为服务中心，组成服务体系，为农业、加工行业服务，取得很好的效果，应引起重视。

今年的洪涝灾害激发了全国人民兴修水利的热情，现在有五千万人战斗在水利工地，对这种可贵的热情要加以引导，要按科学规律办事，做好规划，不能再干那种劳而无功的事。明年国家水利工程的重点是治理淮河和太湖。黄河小浪底工程已经开工。上三峡工程的呼声也日渐高涨，不久前全国人大、政协和一些省市组织了考察组现场考察，看过的人一致认为，三峡工程是具有防洪、发电、航运、灌溉综合效益的宏大工程，尤其防洪意义是别的工程不可替代的，宜早上马。党中央、国务院对这一举世瞩目的工程，一贯持积极而慎重的态度。国务院在明年一月将对这项工程方案进行审查，并将审查结果报党中央和全国人大。如上三峡工程，其资金将通过发行债券、股票，动用国家储备，向银行贷款等方式筹集，计划单列，不会影响"八五"计划和十年规划中确定的建设项目。

第三，要进一步深化改革。

邓小平同志倡导的改革开放方针，收到了举世公认的成效。中国有今天的稳定，人民生活水平有较大提高，得益于改革开放。明年，我们在改革方面要适当加大分量，并且按照"一切经过试点，先立后破"的原则，既积极又稳妥地进行。

明年改革的重点应放在企业改革上，特别是转换企业机制，在计划经济与市场调节相结合的原则指导下，把企业推向国内外市场，使自己的产品接受市场的检验。企业改革的要点仍然是打破"大锅饭"、"铁饭碗"和"铁交椅"，因此就要进一步改革人事制度、劳动用工制度、干部聘任制度和内部的分配制度。办好企业仍然是三句话：进一步发挥党组织的政治核心作用，坚持和完善厂长负责制，全心全意依靠工人阶级。全民所有制工业企业法是适合中国实际情况的，必须严格贯彻执行。国务院准备起草一个企业法的实施条例，以便企业法能够更好地贯彻实施。这个条例的重点是要处理好所有权和经营权的关系，国家、企业和个人的关系，建立好两个约束机制（分配约束机制和建设投资约束机制），使企业在国家宏观调控下真正成为自负盈亏、自主经营的经济实体。明年企业集团的试点工作要进一步推进。

无论工业还是农业、城市还是农村，明年都要重视流通体制的改革，使货畅其流。现在已经建立了不少批发市场，要扶持这些市场健康发展。在生产资料经营中出现了一些服务性组织，应加以提倡。

明年在住房制度、医疗制度、劳动保险制度的改革上要迈出较大步伐。应当指出，这三方面的改革，群众不单单是受益者，而且也要增加一部分负担，这比过去那种以让利放权为主要内容的改革有一定难度，但经过前一段的工作和舆论宣传，这三项改革的方向已逐渐为广大群众所接受。由于各地经济发展水平各异，在进行这三方面改革时，中央有统一的方针，各地可因地制宜，不搞一刀切。国家体改委和各专业部门要加强领导，及时总结好的经验，加以推广。

一九九二年国家要实行财政复式预算，这是一项重大改革。这几年经济生活中出现一些新的情况，最引人注目的是，人民群众收入不断增加，个人存款余额达到九千亿元，而国家财政在国民收入中的比重、中央财政在整个财政预算中的比重逐年下降，国家赤字每年都在增加。现在，实际上由于分配格局的变化，建设投资已逐步走上多元化的道路，不像过去那样，主要依靠国家财政拨款来解决。复式预算规定了经常性支出和建设性支出两个组成部分，经常性支出主要用于维持国家机器的正常运转和非营利性的社会事业，实行硬约束，不能打赤字；而建设性支出则实行投资多元化，包括财政、金融、外资以及向群众集资、发行股票等多种渠道，有多少钱办多少事。

发行股票是一种集资形式，目前正在上海、深圳进行试点工作。群众买股票热情很高，但要因势利导，要告诉大家，买股票有利也有风险。要使股票为中国发展社会主义经济服务，最大可能地避免资本主义社会所产生的大的投机性，以及股票向少数人集中。因此，试点一定要搞好。要建立比较完整的规章制度，培训经营股票的人才，在有了比较成功的经验后再推广，切忌一哄而起。从总的趋势看，发行股票是有吸引力的集资形式，可以很好地加以应用。

第四，要进一步扩大对外开放。

当前，我国对外开放事业保持良好的发展势头。这首先是由于我国政治稳定、经济发展，十一亿人口的巨大市场对境外客商有很大的吸引力；其次是由于投资环境不断改善，保护外商投资的法规不断完善。我们要继续办好经济特区、经济开发区、高新技术产业开发区。国家的优惠政策不仅面向这些地区的外资企业，而且也面向各地一切合乎产业政策的外资项目。我们对外开放的根本目的还是要增强自力更生的能力，引进境外的先进技术和先进管理经验，包括优秀的科学文化，使我国的科学技术水平能迅速提高，使我国产品能打入国际市场，加快现代化进程。

现在吸引外商投资已经进入一个新的时期，有一些问题需要我们及时加以研究解决。我们不能再引进那些低水平的、重复的、占我国出口配额的项目，而应把重点放到吸引高新技术以及国际市场上适销对路、有竞争能力的项目上来。我们的特区有比较好的投资环境和生活条件，容易吸引高新技术人才，应该把重点放到这方面。我们应该保障外资获得合法利润，但现在也有一些外资企业，搞内外勾结、偷税漏税，进行非法经营，应该引起我们的注意，要依法对这些企业进行管理。

建立上海浦东新区是党中央和国务院的重大决策，是今后十年改革开放的重大战略措施，"八五"期间主要是进行基础设施的建设，创造一个好的投资环境，同时也可以建设一些效益好的项目。浦东的开发资金，主要通过银行贷款、利用外资和集资来解决，不会影响现有计划的实施，要鼓励各地、各部委选择合适的项目，到浦东去投资。

外贸体制改革是成功的，促进了出口大幅度增长和国家外汇结存的增加，明年的任务是巩固和发展已有的改革成果，把更多的注意力放在外贸市场多元化的工作上，开拓更广阔的市场，增强中国商品的竞争能力。关于美国对华最惠国待遇问题，我们的基本方针是向好的方面努力，尽量予以维持，但也要作最坏的打算。现在，我们谋求恢复在关贸总协定[3]中缔约国的地位，目的是更好地扩大对外开放。恢复我国在关贸总协定中的合法席位，从总体上讲对我国有利。我们享受协定的权利，但也必须承担义务。进入关贸总协定，就要承诺保护知识产权，这会给我们利用外国先进技术和科学文化增加一些费用，但最终将促进我们自己的发展，从长远看是有好处的。外贸企业要进一步加强管理，改善经营，降低换汇成本，投身到国际市场的海洋中去。今后，建立综合性贸易公司要严格控制，但要给予有竞争能力的工业企业以外贸自主权，要建立一批工贸结合、内外贸结合的经济联合体，以发挥更大的综合效益。

第五，教育、科技、文化、新闻等部门的工作在明年都应有相应的发展和进步。

经济发展要依靠科学技术的进步，科学技术要为发展国民经济服务，对国外先进技术要实行消化、吸收、发展、创新的方针。国家的重点攻关项目，如"八六三"计划[4]，"星火"[5]、"燎原"[6]、"火炬"[7]、"丰收"[8]等计划都取得了可喜的成绩，要继续坚持下去。高校由于加强了思想教育，校园出现了比较稳定的局面。教育要以提高民族素质、培养德才兼备的社会主义建设人才为己任，进一步推进教育制度的改革。文化战线应该贡献更多无愧于伟大时代的优秀作品，以激励广大人民的爱国主义、社会主义热情和信念。当今是信息时代，新闻战线对传播信息、宣传党的方针政策、反映社会主义建设的面貌和人民群众的要求，有着巨大的作用，希望新闻战线为巩固和发展社会主义事业作出更大的贡献。

一些公职人员，生活还是比较清苦的。党和政府有责任随着生产的发展改善公职人员的生活条件和工作条件。现在已决定从明年起，工龄津贴由零点五元提高到一元。还准备适当增加奖金，原来是一个半月，现在准备适当扩大，原则已经确定，正在拟订方案。今年我们对有特殊贡献的科技专业人员实行了特殊津贴制度，收到了较好的效果，明年准备在名额上有较大幅度的增加，并且形成制度，坚持下去。现在正在研究实行公务员制度，随着公务员制度的建立，政府公务员工资制度也要相应改革。

本届政府根据党的十三大制定的政治体制改革方案，进行了国务院系统组织机构的改革，同时对地方政府机构的改革进行了试点。在今后一年多的时间里，国务院的组织机构一律不再变动。中央已经成立了机构编制委员会，拟在明年对机构改革进行全面研究，总结机构改革正反两方面的经验，为党的十四大和下届政府提出机构改革方案。这个方案还要充分听取各部委和省市的意见，因为这个机构改革方案不仅包括各级政府机关，还要包括非政府序列的机关。机构改革方案要遵循几个原则，这就是机构要精干、人员要精简、职能要转变，要增加政府的宏观调控能力，减少直接管理经济事务的职能。一切有条件的事业单位，包括科研、教育、医疗等单位，都要深化改革、转变机制，解决"大锅饭"和"铁饭碗"的问题。有条件的单位可向经营型和半经营型的管理方式过渡，以调动大家的工作积极性和增强这些单位的活力。

第六，国务院及其所属的部委，在反腐败斗争和廉政建设中要起表率作用。

江泽民同志在今年"七一"讲话中，指出了反腐败斗争的重大意义并表明了党中央反腐败的决心，引起了全党、全军和全国人民的响应。现在来看，任何力量都打不倒中国共产党，只有一种可能，就是共产党自己打倒自己。腐败就是一种最危险的现象。国务院及其所属的部委，大都是管钱管物的单位，手中掌握不小的权力，这些权力是人民赋予的，决不能用来以权谋私。国务院是国家最高行政机关，廉政建设要从自己做起，并自觉接受全国人大、全国政协和人民群众的监督。希望国务院及其各部委，明年在自己的机关及其所属单位，把廉政建设进一步提到议事日程上来，认认真真地抓下去，并抓出成效。各部门特别要抓住本行业廉政建设的突出点，解决那些和人民群众关系密切、人民群众反映强烈的事情。各行业都有自己的热点问题，要抓住这些热点问题加以解决。现在有种观点，把反腐败和经济建设对立起来，这种观点是不对的。反腐败斗争什么时候都不能放松。审计是国家对一切经济活动监督的一种手段，有人说"经济要上，审计要让"，这是不正确的。我们始终要两手抓，一手搞改革开放，发展经济；一手抓反腐败，加强廉政建设。

最近，用公款请客送礼、购买高档消费品和办公用品的不正之风有所抬头，社会集团购买力又大幅度增加，必须引起高度重视。为了制止年终突击花钱，国务院已发专门的通知，各单位要严格执行。国务院还准备发一个通知，控制明年召开全国性的会议，促使领导机关转变作风、深入基层，帮助基层发现问题、解决问题，希望大家也能自觉遵守。

有关经济研究部门对我国明年的经济运行进行了研究，经过计算机的模拟测算，得出了比较一致的结果。他们认为，经过治理整顿，经济运行的客观条件是比较好的，只要政策、措施得当，我国经济可望保持稳定发展的好势头，并将进一步向好的方向发展；同时，也对我们提出警告，要防止经济过热现象再次出现。

最后，让我们大家共同努力，以进一步深化改革、扩大开放、发展经济的优异成绩，迎接党的十四大的召开。

注　　释

〔1〕"四个窗口"，指经济特区技术的窗口、管理的窗口、知识的窗口和对外开放政策的窗口作用。

〔2〕这里指中共中央一九九一年九月二十三日至二十七日召开的中央工作会议确定的为搞好国营大中型企业创造良好外部条件决定采取的十二条措施和李鹏同志在这次会议上提出的八点意见。见本卷《关于进一步搞好国营大中型企业》。

〔3〕关贸总协定，全称为关税及贸易总协定，是有关关税和贸易政策的多边国际协定，也指执行这一协定的国际组织。一九四七年十月三十日，该协定由参加联合国经济及社会理事会国际贸易组织筹备委员会第二次会议的二十三个国家在瑞士日内瓦签订。以后多次修订，成员也不断增加。一九九四

年四月，关贸总协定的第八轮全球多边贸易谈判（因一九八六年在乌拉圭启动，被称为乌拉圭回合）结束。该轮谈判达成建立世界贸易组织的协议。一九九五年，世界贸易组织成立，一年后取代关贸总协定。中国是关贸总协定的创始缔约国之一。窃据中国席位的台湾当局于一九五〇年退出关贸总协定，是非法的、无效的行为。中华人民共和国恢复在联合国的合法席位后，逐步与关贸总协定恢复了联系。一九八二年十一月，中国政府派代表团以观察员身份列席了关贸总协定第三十八届缔约方大会。一九八六年七月，中国政府正式向关贸总协定提出恢复缔约方地位的申请。二〇〇一年十一月十日，世界贸易组织第四次部长级会议通过了中国加入世界贸易组织的决定。二〇〇一年十二月十一日，中国正式加入世界贸易组织。

〔4〕"八六三"计划，即《高技术研究发展计划纲要》。一九八六年三月五日，邓小平对王大珩、王淦昌、杨嘉墀、陈芳允四位科学家提出的关于跟踪高技术发展的建议作出批示，要求对这一建议进行讨论，提出意见，以凭决断。强调："此事宜速作决断，不可拖延。"在邓小平的推动下，同年十一月，中共中央、国务院批准了《高技术研究发展计划纲要》，简称"八六三"计划。计划中选择对中国未来经济和社会发展有重大影响的生物技术、航天技术、信息技术、先进防御技术、自动化技术、能源技术和新材料技术的一些领域作为突破重点，在几个重要的高技术领域跟踪世界水平。

〔5〕"星火"计划，是由国家科学技术委员会（一九九八年更名为科学技术部）一九八六年组织实施的一项旨在依靠科技进步和科学技术普及振兴农村经济、带动农民致富的科技计划。

〔6〕"燎原"计划，是由国家教育委员会（一九八八年更名为教育部）一九八八年组织实施的一项旨在通过改革发展农村教育促进农村经济发展和社会进步的教育计划。

〔7〕"火炬"计划，是由国家科学技术委员会（一九九八年更名为科学技术部）一九八八年组织实施的一项旨在促进我国高新技术成果商品化、产业化和国际化的科技计划。

〔8〕"丰收"计划，是由农牧渔业部（一九八八年更名为农业部）和财政部一九八七年共同组织实施的一项旨在通过加快农牧渔业科研成果和先进技术的普及推广促进农牧渔业丰收的综合性计划。

实现全国各民族共同繁荣[*]

（一九九二年一月十八日）

关于进一步加强民族团结的问题

加强民族团结，维护祖国统一，促进经济和社会的稳定发展，是中华民族的最高利益，也是全国各族人民的共同愿望。在我们这样一个统一的多民族国家里，无论是革命还是建设，都离不开各族人民的团结奋斗。在当前的国内国际形势下，这个问题尤为重要。

从国内看，我国的社会主义现代化建设已经进入了新的关键时期。十年规划和"八五"计划纲要，为实现我国经济和社会发展的第二步战略目标，绘制了壮丽的蓝图。各民族的大团结，是把这个蓝图变为现实的前提和基本保证。总的来看，我国的民族工作经受住了种种严峻考验，各民族的团结是稳固的，各族人民的关系是和睦的。在充分肯定这种基本形势的同时，也要清醒地看到在民族问题上还存在一些不利于安定的因素。对此，我们决不可掉以轻心。

从国际上看，世界形势正在发生着急剧的变化，旧的格

＊ 这是李鹏同志在中央民族工作会议上讲话的一部分。

局已经终结，新的格局尚未形成，世界向多极化发展的趋势在加速。当前，国际社会很不安宁。尤其值得注意的是，随着东欧的演变和苏联的解体，国际敌对势力必然会把和平演变的重点逐步转向我国。它们往往打着"民族"、"宗教"的旗号对我国进行渗透、破坏和颠覆活动，妄图分裂中华民族，推翻我国的社会主义制度。面对这种错综复杂的国际形势，我国各族人民更加需要进一步加强团结，坚定社会主义的信念，把建设有中国特色社会主义的共同事业不断推向前进，使我们永远立于不败之地。

为了加强各民族人民的大团结，我们在处理民族问题时，都要始终立足于相信和依靠各民族的绝大多数干部和群众。在社会主义时期，我国各民族的关系基本上是各族劳动人民之间的关系，各民族之间和民族内部的矛盾基本上是人民内部矛盾。对这样的矛盾，要本着相互尊重、相互谅解的原则，妥善加以解决，以利于增进民族团结。至于对极少数分裂主义分子和其他违法犯罪分子，不论在哪一个地区，不论是哪个民族的，都必须依法处理。要把极少数民族败类同他们所属的民族严格区别开来，是什么问题就按什么问题解决，决不要把个别人或极少数人的问题，看成是一个民族的问题或民族关系问题。

各民族的团结和民族内部的团结，关键在于各民族干部尤其是领导干部之间的团结。各民族的共产党员和干部都要做民族团结的表率。不利于团结的话不说，不利于团结的事不做。团结就是力量。只要全国各族人民高举团结的旗帜，共同努力，我们就能战胜各种困难，取得各项事业的胜利。

关于加快少数民族和民族地区
经济和社会发展的问题

新中国成立以来，特别是改革开放以来，少数民族和民族地区的经济和社会面貌发生了巨大的变化。这次会议期间，大家对民族地区同经济比较发达地区存在的差距十分关切，这是完全可以理解的。对这个问题，确实应该引起各方面的重视，同时也要有一个比较全面的认识。民族地区在经济和社会发展中存在的差距，是历史遗留下来的，是长期的社会条件和自然条件造成的。建国以来，我们为了逐步缩小这种差距，做了大量工作，进行了艰苦的努力，取得了明显成绩。改革开放以来，实行允许一部分人、一部分地区先富起来的政策，对于促进全国各个地区的发展起了重大的作用。但在共同发展的过程中，有的地区发展得快一些，有的地区慢一些，有的地区相对来说差距还拉大了。这种发展不平衡的状况，在民族地区存在，在其他地区也存在，它是在所有地区都有所发展的情况下产生的，也是难以完全避免的。从民族地区来说，发展也是不平衡的，并非所有的民族地区都落后，部分民族地区已经步入全国较发达地区的行列，有些少数民族群众已经过上比较宽裕的生活。为了逐步缩小乃至最终消除各地区经济和社会发展中的差距，需要经过长期的努力，既要抓紧工作，又不能急于求成。既要作地区间的横向比较，也要和自己作纵向比较。我们总的政策和最终目标，是要实现全国各地区和各族人民的共同富裕，实现各民族的共同繁荣。随着我国社会主义现代化事业的不断前进，这个目标一定能够实现，我们应该充满信心。当前，全国各地区包括各民族地区，都要从当地实际出发，抓紧抓好"八五"计划和十年规划的落实。

党中央、国务院对加快少数民族和民族地区经济和社会的发展，一直是很重视的。近些年来，采取了一系列的政策措施，在促进民族地区的发展方面取得了很大的成效。对已经采取的行之有效的政策措施，将继续贯彻执行，并在实践中不断完善和发展。总的来说，加快少数民族和民族地区经济和社会的发展，主要靠三条：一是国家的继续支持；二是经济比较发达地区的对口支援；三是少数民族和民族地区自身的奋斗。这三个方面要统筹规划，有机结合，形成合力，这样就能发挥更大的作用。但是，归根到底要依靠各族人民进一步发扬自力更生、艰苦奋斗的精神，不断增强自我发展的能力。

这里，需要明确一个方针性问题。国家和有关部门在民族地区开发资源，兴办工厂企业，建设各种项目和基地，都要树立着眼于带动和促进民族地区经济发展的指导思想。在开发和建设的过程中，要同当地形成密切的合作关系。有些配套产品要尽可能地让给地方去生产，服务性社会事业要尽可能地依靠地方去办，并且切实注意从当地少数民族中招收职工，培养人才。过去已经这样做的，要做得更好；没有这样做的，是个缺点，要努力改正；今后兴办的各种开发和建设项目，都必须坚持这样做。

关于对口支援问题，过去已经做了一些工作，要认真总结经验，完善措施，做得更好。关键是要加强组织领导，搞好协调。最近，国家民委向国务院写了专门报告，国务院作了研究，确定由国家计委负责牵头，国家民委和国务院生产办公室共同参加，归口统一领导、组织和协调对口支援的工作。有关的省、区、市和计划单列市都要积极参加，推动这项工作，切实作出成效。

发展民族教育，提高劳动者素质，培养大批的专业人才，是加速少数民族和民族地区发展的一项根本性措施。现阶段民族地区的教育工作，在发展基础教育的同时要特别注意发展职业技术教育，做好基层干部和技术人员的培训。民族地区在发展经济的同时，还要注意加强科技、文化、卫生、体育等各项社会事业的建设，使之协调发展，相互促进。

在少数民族散居地区，应利用各种有利条件，加快当地少数民族经济和各项社会事业的发展。

关于加快少数民族和民族地区
改革开放的问题

经过三年来的努力，我国治理整顿的任务已经基本完成，整个国民经济形势继续朝着好的方向发展。从今年开始，要适当加快改革开放的步伐，加大改革开放的分量。全国是这样，民族地区也是这样。

为了适应改革开放形势的需要，少数民族和民族地区的广大干部，要进一步解放思想，积极探索路子。各民族地区可以有领导、有计划、分期分批地组织一些少数民族干部到沿海地区和经济比较发达地区考察、访问，互相学习，取长补短，共商改革开放和发展有计划商品经济的大计。

民族地区的改革开放要充分注意少数民族和民族地区的特殊性，坚持从实际出发，既要认真吸收内地和沿海地区的好经验和好做法，又要防止盲目照搬、照套。

民族地区的开放，首先要面向国内比较发达地区，加强多层次的横向经济联系，扩大双方的经济技术合作。在这种横向联系和合作中，经济比较发达的地区应该积极主动地向民族地区转让技术，帮助他们培训人才，并给以必要的财力物力支援。还可以通过联合办厂、联合开发资源、补偿贸易等办法，实行优势互补，促进民族地区形成自己的支柱产业和拳头产品，加快经济的发展。

我国有两万多公里的陆地边界线，绝大多数在民族地区。同我国毗邻的周边国家，在经济贸易方面与我国有着很强的互补性，市场潜力很大。积极发展边境贸易，是我国实行对外贸易多元化的一个重要方面。扩大陆地边境的对外开放，是我国整个对外开放的重要组成部分。要选择若干各方面条件比较成熟的边境城镇，作为对外开放的"窗口"。在具备条件的地方，可以定期或不定期地举办一些商品交易会。在民族地区引进外资，兴办"三资"企业，凡是符合国家产业政策的项目，应该给予同沿海地区一样的优惠政策。总之，我们要像重视沿海发展那样，重视沿边的发展，采取必要的政策和措施，大力发展边境贸易以及同周边国家的经济技术交流与合作，兴边富民，促进边疆地区的稳定和繁荣，促进我国同周边国家睦邻友好关系的发展。

中国的改革是社会主义制度的
自我完善和发展 *

（一九九二年一月三十日）

刚才，主席先生说明这次会议的主题时，特别谈到全球合作，我很赞赏这个主题。五十五亿人共同生活在这个地球上，尽管各自国家的文化传统、意识形态、社会制度和经济发展差异很大，但只有合作才是最明智的选择，要合作就要相互了解。借此机会，我想对中国今天和未来的经济发展趋势作些简要介绍，希望有助于大家对中国的了解。

各位可能有个共同的感觉，就是当今的世界并不安宁。刚刚过去的一年，局势动荡尤其剧烈，继海湾战争[1]之后，苏联的解体成为人们普遍关注的焦点，它对中国当然也是有影响的。但是，这种影响并不像有些人估计的那样大，根本的原因是中苏两国各方面的情况不同，实行的方针政策也不同，不少有识之士已经看到了这一点。目前，世界正处在新旧格局交替时期，向多极化发展的趋势在加速。面对国际风云变幻，世界究竟向何处去，已成为全球共同关心的问题。

我们认为，和平与发展依然是当今世界的两大主题。经过世界人民的共同努力，世界出现了一些缓和的迹象，但国

———————————

* 这是李鹏同志在瑞士达沃斯举行的世界经济论坛年会上讲话的主要部分。

际形势的动荡和地区冲突的不断出现，又表明了世界和平尚未得到根本保障。中国一贯主张并致力于维护世界和平，愿意在和平共处五项原则的基础上，努力同世界上一切国家保持和发展友好合作关系。

人们已经注意到，亚洲形势相对稳定，亚洲经济的增长高于世界平均增长速度，东亚地区的发展更快一些。这个地区的国民生产总值在世界总产值中所占的比重，十年前不到六分之一，现已上升到四分之一，经济活力是显而易见的。

中国是世界上人口最多的发展中国家。从这一基本国情出发，中国在八十年代初确定了现代化建设分三步走的发展目标。第一步，大致用十年时间，使国民生产总值增长一倍，主要是解决人民的温饱问题。这一任务在八十年代已经完成。第二步，是到本世纪末，使国民生产总值再增长一倍，人民生活达到小康水平。第三步，是到下个世纪三十至五十年代，使人均国民生产总值达到世界上中等发达国家的水平，实现国民经济的现代化。

为了保证这个发展目标的实现，十多年来中国执行邓小平同志倡导的改革开放政策，进行了卓有成效的经济体制改革。这一改革，首先在农村取得成功，并逐步把重点转向城市。改革开放给中国带来了经济的发展、社会的繁荣、人民生活水平的提高和精神面貌的巨大变化。

中国是一个有十一亿多人口的国家，八亿多人在农村。农村经济状况如何，是决定整个中国经济的关键。我们在农村实行了家庭联产承包责任制。土地仍然归集体所有，但由农民自主经营，这一政策极大地调动了农民的生产主动性和积极性，改革后同改革前相比，中国的粮食生产水平由三亿多吨增加到了四亿多吨。与此同时，农林牧副渔各业都得到了普遍的发展。为进一步提高农业生产的水平，需要继续增加对农业的投入，特别是依靠科学技术的进步和农民素质的提高，为此需要在农村建立各种形式的生产和社会服务体系。乡镇企业的兴起，是中国农民在改革中的一大创举。八十年代，各类乡镇企业得到迅速发展，为一亿农民提供了就业机会，促进了小城镇建设，避免了大量农村剩余劳动力向大城市集中。现在，在农村社会总产值中，乡镇工业和第三产业的产值已超过农业产值，这对农民生活水平的提高，对整个农村乃至全社会的稳定，都是有重大意义的。

城市改革的重点在企业改革。现在，国家管理企业的方式已有了改变，各级政府减少了对企业经营活动的直接干预。经过物价改革，目前在我国全社会的商品价格和生产资料价格中，国家定价部分已不足百分之三十。国家注重发挥市场调节的作用，并尽最大可能运用经济手段和法律手段，对社会总供给和总需求的平衡，对经济结构的优化，进行宏观调控。这些改革都逐步取得效果，有力地促进了我国经济活力的增强。

三年前我们为解决经济过热造成的困难，开始进行经济环境和秩序的治理整顿，使通货膨胀得到有效控制，农业生产有了长足发展，工业生产适度增长。现在治理整顿任务已经基本上完成。国民经济进入了正常发展阶段。在治理整顿期间，改革开放不仅没有停顿，而且继续深入进行，在不少领域取得了新的进展。治理整顿的结果，为进一步深化改革、扩大开放创造了更为有利的条件。

中国的改革，不是改变社会主义制度，而是社会主义制度的自我完善和发展。改革总的原则是：坚持公有制为主体，同时鼓励非公有制经济适度发展；坚持按劳分配为主体，其他分配形式为补充；坚持计划经济与市场调节相结合的方针，使计划和市场这两种调节功能的优点都得到充分发挥。我们鼓励一部分地区和一部分人先富起来，提倡先富起来的地区帮助经济不发达的地区，逐步达到共同富裕的目标。按照这些政策原则进行的改革，符合我国的国情，符合我国人民的根本利益，因此推动了中国生产力的发展。八十年代是我国经济发展最快的十年，也是中国人民得到实际利益最多的十年。从一九八〇年到一九九〇年，中国的国民生产总值平均每年增长百分之九；城乡人民生活有了明显改善，农民人均纯收入平均每年实际增长百分之八点四，城镇居民收入平均每年实际增长百分之五点三。

刚刚过去的一九九一年，是我国执行第八个五年计划和十年规划的第一年，这个头开得不错。在华东地区发生特大洪水灾害的情况下，国民生产总值仍然保持百分之七的增长速度，通货膨胀率控制在百分之四以下，农业生产继续获得丰收，几千万灾民的生产和生活得到妥善安置。近年来到过中国的朋友们都可以看到，中国市场繁荣，商品丰富，人民安居乐业。十一亿人民通过改革开放改善了生活，从而进一步看到了国家和民族的光明前途，正满怀信心地去创造自己美好的未来。因此，中国决不会改变得到人民广泛支持的改革开放的方针，而且还要进一步加快改革开放的步伐。我们在深化农村改革的同时，在城市将继续以企业改革为中心，推动企业面向市场，转换经营机制，成为自主经营、自负盈亏的经济实体。围绕企业改革，将进一步推进住房、医疗、社会保险等制度的改革。我们还要继续进行外贸体制的改革，使所有外贸企业实行自负盈亏，以适应国际贸易的通行规则和我国进一步扩大开放的需要。

在我国现代化建设的进程中，本世纪最后十年是一个关键时期，我们要通过改革开放，促进科技进步和提高劳动者素质，努力完成调整经济结构和提高经济效益的艰巨任务，把整个国民经济提高到一个新的水平。为此，我们要向世界各国借鉴一切有用的经验。

搞好经济建设始终是中国的头等大事。我国只有世界百分之七的耕地，而人口则占世界总人口的百分之二十二。要在这样有限的土地资源上，保证十一亿人口吃饭、穿衣、住房等基本生活需要，而且要保证经济的持续发展和人民生活的不断改善，逐步缩小同发达国家的差距，这绝不是一件轻而易举的事。要把经济搞上去，对外需要有一个和平的国际环境，对内需要有一个安定的政治局面。世界上没有哪一个发展中国家能够在动荡不安的情况下发展经济和改善生活。中国的稳定繁荣和长治久安不仅造福于中国人民，对亚太地区和整个世界也都具有重要意义。

中国实现现代化的过程，离不开与世界各国的经济技术合作和交流。在自力更生的基础上不断扩大对外开放，是中国的一项基本国策。在八十年代，我国与世界的经济联系日益密切，进出口贸易成倍增长，外商来华投资踊跃，陆续兴办的外商投资企业已有一万七千多家投产，实际投资达到二百三十多亿美元。在九十年代，我国在继续办好经济特区和沿海开放地区的同时，将努力利用国内外资金开发和建设上海市的浦东新区。上海是中国最大的工业城市和经济中心，有着长江沿岸广阔地区作为腹地，发展前景是极为广阔的。随着对外开放的进一步扩大，投资环境也将进一步改善。我们欢迎各国各界人士到中国参观考察。对工商界人士来说，在中国肯定可以得到很多投资与合作机会。九十年代中国在能源、交通、通信、原材料等方面要建设更多的项目，在加工工业方面要进行大规模的技术改造，中国的市场是对世界各国开放的，既对发达国家开放，也对发展中国家开放。中国愿意以各种方式，包括使用政府贷款和买方信贷等方式，与外国企业合作。中国出口的扩大，将为增加进口国内建设需要的技术、设备和物资提供更大的可能。去年中国进口在六百亿美元以上，按此推算五年之内当在三千亿美元以上。

早日恢复中国关贸总协定缔约国的合法地位，有利于中国与世界各国进一步发展平等互利的贸易关系。中国如果享受总协定规定的权利，也必然承担总协定规定的一切义务。中国作为主权国家恢复缔约国地位后，不会反对台湾作为一个单独关税区加入总协定。

注　释

〔1〕海湾战争，指一九九一年以美国为首的多国部队对伊拉克进行的战争。一九九〇年八月二日，伊拉克出兵侵占科威特；八月八日，正式宣布吞并科威特。伊拉克的行为严重违反国际法，也打破了海湾地区的战略利益格局。联合国安全理事会多次通过决议要求伊拉克立即撤军，苏联、西欧国家、中国和大多数阿拉伯国家也提出多项政治解决方案，均遭伊拉克拒绝。经联合国安全理事会授权，一九九一年一月十七日，以美国为首包括英国、法国、埃及、沙特阿拉伯等三十九国军队的多国部队对伊拉克发动军事打击。多国

部队通过三十八天的空袭，削弱了伊拉克的抵抗能力。二月二十四日，多国部队发起地面进攻，迅速突破伊军防御。伊拉克被迫接受停火，宣布从科威特撤军。二月二十八日，战争结束。

应该建立一个什么样的
国际新秩序 *

（一九九二年一月三十一日）

在联合国长达四十七年的历史中，今天首次举行安理会成员国的首脑会议。我很高兴有机会代表中华人民共和国出席这次会议，和各位一起共商国际大事，特别是就支持联合国在维护世界和平与发展方面进一步发挥作用，以及就其他共同关心的问题交换意见。

当今世界正处在重大的转折时期，旧的格局已经结束，新的格局尚未形成，世界正朝着多极化方向发展。世界要和平，国家要稳定，经济要发展，这是世界人民的共同愿望。两大军事集团在欧洲近半个世纪的紧张对峙已不复存在，一些地区热点问题已经解决或正在解决之中，世界局势出现了某种缓和。但是，危及世界和平、导致国际形势紧张的因素并未根本消除，原有的某些矛盾和对抗结束了，又产生了新的矛盾和对抗，这个世界既不安宁，也不太平。海湾战争[1]结束之后，中东问题并没有解决，阿以之间的和谈可能还要经历一个长期艰难的过程。欧洲的某些国家，由于民族矛盾而引发了程度不同的冲突，甚至战争。很难断言，这

---

* 这是李鹏同志在纽约联合国安全理事会首次成员国首脑会议上的讲话。

类冲突和战争不会在欧洲其他地区发生。值得国际社会关注的是，占世界人口绝大多数的发展中国家的处境越来越困难。南北差距进一步扩大，富的国家愈来愈富，贫困的国家愈来愈贫困，这种状况如不改变，将最终导致新的动荡，乃至成为引发新的地区冲突的根源。严峻的现实说明，作为当今世界的两大主题，即和平与发展，都没有得到解决。

与欧洲动荡的形势不同，亚太地区相对比较稳定。巴黎协定[2]的签署，为柬埔寨问题的最终解决奠定了基础。继朝鲜北南双方同时加入联合国之后，双方又签署了有关互不侵犯和朝鲜半岛无核化协议。朝鲜半岛局势正朝着缓和与稳定的方向发展。亚太地区不少国家由于政局稳定，经济也保持了比较快的发展势头。在世界经济中，亚太地区已成为富有活力和发展前途的地区。中国的稳定和发展不仅符合中国人民的根本利益，而且是亚太地区乃至世界和平与稳定的重要因素。十多年来，中国坚定不移地执行邓小平同志所倡导的改革开放的方针，国家面貌发生了很大变化。现在中国政治稳定，社会安宁，民族团结，经济不断发展，中国人民正满怀信心地在建设有中国特色的社会主义道路上前进。中国是一个人口众多的发展中国家，深知要实现现代化，需要一个较长的历史时期。为了实现这一目标，有两个条件是不可缺少的。这就是，对外需要一个长期稳定的和平国际环境，对内要保持一个长期稳定的政治局面。中国执行独立自主的和平外交政策，一贯主张社会制度、意识形态、文化传统和宗教信仰的差异不应成为国与国之间建立和发展正常关系的障碍。中国愿在和平共处五项原则基础上与世界上一切国家发展友好关系。中国不会对世界上任何国家和地区构成威胁。中国认为，不谋求霸权、不搞强权政治应成为国际上普遍遵循的原则。中国不谋求自己的势力范围，现在不称霸，将来国力发展了也不称霸。近几年来，中国同周边国家的睦邻友好关系得到进一步巩固和发展。这是我国和邻国共同努力的结果。我们认为，这是中国同周边国家的共同利益所在，对本地区乃至世界的和平与发展也是有利的。

为了真正赢得世界和平，为各国人民创造一个发展的有利环境，现在国际社会正愈来愈多地议论应该建立一个什么样的国际新秩序的问题。中国认为，联合国宪章所确认的成员国主权平等、不干涉内政等基本原则，是所有成员国都应该共同遵守的。中国政府根据联合国宪章的精神和公认的国际关系准则，并考虑到变化了的国际形势，对建立一个稳定、合理、公正和有利于世界和平与发展的国际新秩序有以下一些基本看法，愿意与各国政府共同探讨：

国际新秩序应该建立在互相尊重主权和领土完整、互不侵犯、互不干涉内政、平等互利、和平共处等项原则的基础上，其核心是互不干涉内政，各国政府和人民，都有权根据自己的国情选择自己的社会制度和意识形态。

国家不分大小、强弱、贫富，都有权作为国际社会的平等成员参与国际事务，为世界的和平与发展作出自己应有的贡献。

国际新秩序应包括经济新秩序。当前，南北差距仍在扩大，矛盾更加突出，已成为国际生活中一个不稳定因素。建立一个公正合理、平等互利和妥善处理债务负担的国际经济新秩序比以往任何时候都显得更加迫切和重要。

整个人类的人权和基本自由应得到普遍尊重。人权的内涵是十分丰富的，不仅包括公民政治权利，而且包括经济、社会和文化权利。对于广大发展中国家来说，首要的是独立权、生存权和发展权。人权从本质上来说是一个国家主权范围内的问题。因此，观察一国的人权状况，不能割断该国的历史，不能脱离该国的国情。要求世界各国照搬一国或少数几国的人权标准和模式，既不恰当，也行不通。中国重视人权，并主张在相互理解、相互尊重、求同存异的基础上，同国际社会就人权问题进行平等的讨论和合作，而反对借人权问题干涉别国内政。

按照公平、合理、全面、均衡的原则，实现有效裁军和军备控制。争取早日全面禁止和彻底销毁核武器、化学武器，并禁止发展空间武器。拥有最庞大核武库与常规武库的国家，应率先行动，履行对裁军的特殊责任。所有拥有核武器国家应保证不首先使用核武器，也不对无核国家和地区使用或威胁使用核武器。苏联解体后核武器应得到有效的控制。裁军问题事关各国安全，应由各国共同参与讨论和解决。

联合国应主持公道，伸张正义。在维护世界和平与谋求发展，以及在建立国际新秩序方面发挥更积极的作用。联合国成员中，绝大多数是发展中国家，人们有理由期待联合国在维护发展中国家的权益方面有更大的作为。

近年来，联合国在维护世界和平与安全、推动解决地区冲突、促进各国经济与社会发展方面发挥了重要的作用，从而提高了联合国及其安理会的地位，增强了人们对联合国的信任。在肯定上述事实的同时，我们也应清醒地看到，国际形势发生急剧而深刻的变化，过去掩盖着的很多矛盾正在表面化，对世界和平与发展增加了更多不稳定因素。在这个意义上说，联合国及其安理会肩负的责任更加艰巨了，面临的挑战更加严峻了。

中国愿意同安理会所有成员国进行合作，对国际社会共同关心的问题进行平等的探讨，交换意见，求同存异，扩大共识。中国衷心地希望联合国及其安理会，在国际事务中，发挥更为积极的富有建设性的作用。

我们希望，这次会议将对维护世界和平与安全产生积极影响，在建立国际新秩序和维护广大发展中国家权益方面发挥重要作用，为人类的进步事业作出贡献。

注　　释

〔1〕海湾战争，指一九九一年以美国为首的多国部队对伊拉克进行的战争。一九九〇年八月二日，伊拉克出兵侵占科威特；八月八日，正式宣布吞并科威特。伊拉克的行为严重违反国际法，也打破了海湾地区的战略利益格局。联合国安全理事会多次通过决议要求伊拉克立即撤军，苏联、西欧国家、中国和大多数阿拉伯国家也提出多项政治解决方案，均遭伊拉克拒绝。经联合国安全理事会授权，一九九一年一月十七日，以美国为首包括英国、法国、埃及、沙特阿拉伯等三十九国军队的多国部队对伊拉克发动军事打击。多国部队通过三十八天的空袭，削弱了伊拉克的抵抗能力。二月二十四日，多国部队发起地面进攻，迅速突破伊军防御。伊拉克被迫接受停火，宣布从科威特撤军。二月二十八日，战争结束。

〔2〕巴黎协定，即《巴黎和平协定》，指政治解决柬埔寨冲突的文件。一九九一年十月二十三日，由柬埔寨四方组成的柬埔寨全国最高委员会十二名成员、联合国安会五个常任理事国、东盟六国及越南、老挝、澳大利亚、加拿大、印度、日本、南斯拉夫等十八个国家的外长与联合国秘书长德奎利亚尔签署了《巴黎和平协定》。该协定包括四个文件，对柬埔寨过渡时期的权力机构、军事安排、大选、难民及国际保证等，都作了明确的规定。

结束治理整顿，加快改革步伐*

（一九九二年三月二日）

这次政府工作报告向人代会提出，三年治理整顿，作为一个阶段，基本上结束了，今年转入国民经济正常发展阶段。这个问题从去年中央工作会议后就提出来了，这一次要正式提交全国人民代表大会讨论。治理整顿达到了预期的目的，这是改革开放十三年过程中的一个阶段，是必要的。治理整顿这样顺利进行，也得益于前几年改革开放打下的基础，不然不会这么顺利。同时，我们也看到，在治理整顿的过程中，我们不仅继续了改革开放的政策，而且为改革开放创造了更为宽松的条件。要进一步发展经济，推动社会进步，建设有中国特色的社会主义，离不开深化改革、扩大开放。

邓小平同志最近视察南方一些地方时作了重要谈话[1]。这个谈话是我们今后工作的指导方针，改革开放将会搞得更好更快。结合邓小平同志的谈话，我们分析了国际国内形势。国际形势对我们有严峻的一面，也有有利的一面。海湾战争[2]、苏联解体、许多原来实行社会主义制度的国家发生了变化后，世界既不安定也不太平，充满了矛盾，和平与发展这两大主题都没有解决。我这次到西欧访问以及参加联

合国安理会首脑会议和达沃斯世界经济论坛年会，就有这样一个感觉。现在世界上不仅充满了矛盾，而且各种矛盾还在发展。苏联解体后，欧洲矛盾加深，地区冲突、新独立各共和国之间的矛盾上升，资本主义国家经济的衰退和相互之间的矛盾增加，特别是美日矛盾、西欧和美日之间的矛盾、德国崛起的影响在发展，南北之间的矛盾以及一些国家的民族矛盾也日益突出。在这种情况下，我们如果很好地贯彻小平同志的外交思想，利用矛盾，多做工作，是可以有所作为的，可以为我们的经济建设争取一个比较好的外部环境。现在看来，国际形势还不会像有的人想象的那样，在苏联解体之后，西方敌对势力会立即把矛头直接指向中国。就是说，我们有一个可以利用的时期来发展。

从国内形势来说，十一届三中全会以来，中央已为改革开放、经济发展制定了一系列方针政策与措施，各级组织和人民群众在改革开放中也积累了不少的经验，治理整顿的主要任务已基本完成。因此，我们有条件加快改革的步伐，扩大开放，以经济建设为中心，进一步把国民经济搞上去。现在关键是落实，是狠抓实干。邓小平同志最近阐述了这样一个指导思想：我们有这样的条件，也应该有这样的雄心壮志，经过努力，每隔几年使我们的经济上一个台阶；同时，要扎扎实实，讲求效益，稳定、协调地发展。这也是我们今年政府工作报告总的指导思想。在改革方面继续抓调整结构，提高效益，加快步伐。在指导思想上要立足实际，积极探索，敢于大胆试验，及时总结经验，成功的就要积极推广。在开放方面也要加快步伐，除了利用和吸引外资外，要发展同周边国家、地区之间的关系，从俄罗斯到西边独联体的几个国家以及西南面的缅甸、老挝等国家的关系都要好好发展，这些国家同我们国家在经济上有很大的互补性，这样就有助于把我们的经济尽快地搞上去。

我们在进行经济改革的同时，政治体制改革也要配套进行。政治体制改革中有一项很重要的内容，是进一步进行机构改革。现在的机构状况，财政负担很重，全国上下有六百万行政人员、两千三百多万事业单位人员，有一半的县是赤字县。机构臃肿，人员过多，也助长了官僚主义。按照十三大的精神和"八五"计划，我们有这一项任务，就是要进一步精简机构，核心是转变职能，政府的工作重点是抓好宏观调控，把企业真正推向市场。我们要提出一个从中央政府到各地方政府的改革方案，并按照十三大的精神建立公务员制度。今年的政府工作报告提出了这个任务。

三峡工程建设问题，这次政府工作报告也提到了，我们准备向全国人民代表大会提出议案。三峡工程已经议论了很多年，决策的条件已经成熟，希望这次代表大会能够批准三峡项目，列入十年规划，由国务院根据国民经济发展的具体情况和国家财力、物力的可能，选择适当的时机组织实施。

注　　释

〔1〕这里指邓小平同志一九九二年一月十八日至二月二十一日在武昌、深圳、珠海、上海等地的谈话。这些谈话的要点已收入《邓小平文选》第三卷。

〔2〕海湾战争，指一九九一年以美国为首的多国部队对伊拉克进行的战争。一九九〇年八月二日，伊拉克出兵侵占科威特；八月八日，正式宣布吞并科威特。伊拉克的行为严重违反国际法，也打破了海湾地区的战略利益格

局。联合国安全理事会多次通过决议要求伊拉克立即撤军，苏联、西欧国家、中国和大多数阿拉伯国家也提出多项政治解决方案，均遭伊拉克拒绝。经联合国安全理事会授权，一九九一年一月十七日，以美国为首包括英国、法国、埃及、沙特阿拉伯等三十九国军队的多国部队对伊拉克发动军事打击。多国部队通过三十八天的空袭，削弱了伊拉克的抵抗能力。二月二十四日，多国部队发起地面进攻，迅速突破伊军防御。伊拉克被迫接受停火，宣布从科威特撤军。二月二十八日，战争结束。

加快科技体制改革，
促进科技成果转化 *

（一九九二年三月十四日）

这次全国科技工作会议是在关键时刻召开的。大家认真学习了邓小平同志的重要讲话[1]和中央政治局关于进一步解放思想、加快改革开放、集中力量把经济建设搞上去的精神，研究了今后几年科技工作的任务和方针政策，会议是开得好的。现在我讲几点意见，供大家参考。

第一，关于科技战线的形势。

目前，我国政治稳定，社会稳定，经济进一步向好的方向发展，形势是好的。科技战线的形势也是好的，在改革和发展两方面都迈出了较大步伐。我国科技体制改革，无论在理论还是实践方面，都是成功的、富有创造性的，各项科技发展项目也取得了丰硕成果，科学技术的整体水平有比较明显的提高，对于推动经济发展起了很大作用。全社会的科技意识得到加强，依靠科技进步促进经济发展，已经成为各级领导干部的共识。这是一个很大的进步。

第二，关于科技发展的基本方针。

基本方针要保持稳定性和连续性。九十年代，我们要继

---

* 这是李鹏同志在全国科技工作会议代表座谈会上的讲话。

续坚定不移地执行"经济建设必须依靠科学技术，科学技术工作必须面向经济建设"[2]的方针。这一提法已经为大家所公认，代表了科技工作的主导方向，要保持长期不变，当然，还要在实践中进一步完善，丰富其内涵。现在有一些这样那样的提法，也有些新意，但基本方针不要变，变了会使人无所适从。

科技战线有几个方面军。一个是面向经济建设主战场的，一个是从事高新技术的研究和开发的，一个是从事基础性研究的。科技面向经济也好，经济依靠科技也好，首先要求科学技术事业自身不断发展与提高。从我国现代化建设的需要出发，经济建设是科技工作的主战场，这一点不可动摇。同时，加强基础性研究、高新技术研究，发展高新技术产业，也是非常重要和不可缺少的。只有从这三个层次全面推动科技事业的发展，科技和经济的发展才有后劲。这次会议提出要把努力攀登科学技术高峰，多出成果，快出人才，作为对科技工作的战略要求，具有十分重大的意义。我们期待着广大科技工作者在三个层次的科技工作中，为祖国和人民建功立业。

第三，关于加快科技体制改革。

这次全国科技工作会议以及不久前召开的全国经济体制改革工作会议，都提出要进一步加快科技体制改革的步伐，这是非常重要的。改革是发展生产力，也是解放生产力。前几年，科技体制改革虽然已经取得一定的进展，但现行的科技体制在许多方面仍然束缚着科技事业的发展，进一步深化改革势在必行。改革的核心是科技与经济的结合问题，要把是否有利于解放和发展科技这个第一生产力，作为判断是非、权衡利弊和决定政策的标准。要大胆实践，大胆试点，加快改革步伐，促进科技事业更快地发展。深化科技体制改革要着重解决好这么几个问题：

（一）加速科技成果的转化。加速科技成果商品化、产业化，使之从潜在的生产能力转化为现实生产能力，这是经济与科技结合的关键。这里我想强调两点。一点是要发挥计划与市场两个优势。计划和市场都是调节经济的手段，科技领域也应该很好地运用这两个手段。比如通过计划组织国家级的、省一级的科技攻关，并有计划地组织推广和应用。这是长期以来行之有效的方法，还要继续实行。这样做，可以发挥社会主义制度集中力量办大事的优越性。同时，要利用市场机制推动科技成果的转化。国家已制定了专利法、技术合同法，技术市场已初具规模，但是还不够，还要大力促进技术市场的发展。我们既要把自己的科技成果推向国际市场，也要从国际市场上吸收更多的科技成果。对自己开发的成果，要通过国内市场渠道来推广和转化。要把计划与市场很好地加以结合，推动科技成果的转化。另外一点，科技成果的转化需要条件，需要纽带和桥梁，因此，要抓好转化这个中间环节，比如加强中介机构、中试基地，建立风险基金、建设工程中心，等等。在这方面，发达国家和我们自己都有不少成功的经验，应该善于学习和借鉴。

（二）要做到人尽其才，才尽其用。这是一篇大文章。我国有一支很好的、很有水平的科技队伍，一千多万科技人员，五千多个独立的科研机构，这是我们的优势所在。要用好这支队伍，就必须进行体制的改革，克服科研机构与国营大中型企业同样普遍存在的弊端。现在这支队伍的作用还没有得到充分的发挥。不是科技人员不努力，不是他们不想努力，主要是体制上的许多问题阻碍着他们积极性的充分发挥。如何才能进一步发挥他们的积极性？这需要大家去摸索，大胆地试验，然后把大家的经验加以总结，成功的加以推广，还是"从群众中来，到群众中去"。科研机构的聘用制度、工资制度、人事制度都要改革，才能创造出人尽其才、才尽其用的环境和条件。这几年不少单位已经在这样做了。比如，通过政策的引导，从科研院所、高等院校中分流出一部分科技人员，专门从事科技成果的转化工作。这个经验是成功的，应该加以肯定。同时，要注意保留一支精干力量，从事基础性研究、高新技术研究和重大项目攻关，二者不可偏废。要引入竞争机制，竞争才能出人才、出成果、出效益。有些科研机构在分配制度上实行工效挂钩，但是有一个前提，就是这些单位首先应该成为自主经营、自负盈亏的经济实体，实行企业化管理。不能一方面工效挂钩，一方面接受财政拨款，按事业单位管理。

（三）增加科技投入。科技是需要投入的，人才的培养也要投入。科学实验，有成功，也有失败，是有风险的。重大的科技项目要投入相当的资金和力量。我国科技投入是不足的，这是现实，为了发展科技事业，从总体上讲，国家要增加科技投入。现在国家的分配格局已经发生了很大变化，财政收入在整个国民收入中的比重现在不到百分之二十。增加科技投入，出路在于形成多渠道、多层次的全社会投入的新机制，并且要注意投入的效果。随着经济的发展，国家要增加对科技的财政拨款，重点是支持基础建设、基础性研究和一些大型的科技攻关项目。地方政府可以拿出一定的财政收入搞科技。对一些有明显经济效益的项目或科技企业，可以采取集资的办法，多渠道筹集资金。解决科技投入，很重要的一个来源是依靠企业集团，因为企业集团具有较强的科技投入力量。在西方发达国家，石油、汽车、钢铁等大公司，自己都有强大的科研机构，直接为公司的发展提供科研成果。中国石化总公司今年要投入八亿元搞科技，这种做法很好。

刚才大家提出一个建议，能不能从销售收入中提取一定比例建立技术开发基金。搞活国营大中型企业的二十条政策措施中，有一条是可以从销售收入中提取百分之一用于技术开发，已经做了规定，现在的问题是落实。

农业也要依靠科技进步。刚才山东的同志讲得好，要搞高效农业。现在是产量上去了，效益没上去，虽然达到了吨粮田，但是成本很高。农业方面的科技投入，比如良种的实验和推广，节水性农业，以及综合实验基地等，国家和地方政府要予以支持。像水产、养殖、畜牧和经济作物，也可以从销售收入中提取一定比例建立技术开发基金。有的形成了农工商或贸工农一条龙的联合开发体，这些单位就有力量进行科技投入。总之，要动员全社会共同努力，通过多层次、多渠道筹集资金的办法，提高我国科技投入的总体水平。地方政府和一切经济部门都要真正把科技工作当作大事来办。没有科技的进步，就没有经济的持续增长，就没有现代化。真正牢固树立起这样的观念，积极性就有了，科技投入就来了。

第四，关于培养科技人才。

科技进步最关键的是人才问题。邓小平同志对人才的培养是十分关心的。社会主义现代化建设是亿万人民的伟大实践，有计划地培养和造就大批科技专门人才，并且充分发挥他们的聪明才智，是摆在我们面前一项极为重要的战略任务。这里我想强调两点。一是要注意培养科技成果转化方面的人才，造就一批新型企业家。办科技型企业，要有这样一种人才，他们不仅是科技人员，而且是企业家。这个问题已经提上我们的议事日程。二是要加强青年科技人才的培养。青年是国家的未来，是实现社会主义现代化的希望。当然我们要继续发挥现有科技人员包括老专家的作用，但是从根本上来说还是要靠青年，把希望寄托在年轻人身上。要大胆地培养和使用年轻的科技人员，为充分发挥他们的聪明才智创造条件，放手让大批具有新的知识结构的优秀青年科技人员进入关键技术岗位和管理岗位，使他们成为新技术革命的骨干和学术带头人。对于近年来到国外学习的科技人员，不管他们过去的政治态度如何，我们都热情地欢迎他们回来工作，参加祖国的社会主义现代化建设。有些科技人员在国外也并不都能人尽其才，为了谋生，有的不得不放弃自己的专业，从事一些低层次的工作，心情也不舒畅。祖国这么宏伟的建设事业，才是他们施展抱负的广阔天地。对于因种种原因留在海外的人员也欢迎他们回国进行学术交流、合作研究，参加科技成果商品化、产业化、国际化的工作。国家从政策上保障他们来去自由，往返方便。

目前，我们国家科技人员的待遇是比较低的。从国务院到各级政府，要随着经济的发展不断改善科技人员的工作条件和生活条件，还要有计划地实行对有贡献的科技人员给予奖励的制度。要随着工资制度的改革，普遍地提高科技人员的待遇，同时，对有较大贡献的科技人员给予各种形式的奖励，这件事中央在做，地方也在做，效果是好的。

第五，关于办好高新技术产业开发区。

高新科技是当代科技竞争和经济竞争的制高点。建立高新技术产业开发区，这是我们的一个创造。去年国家批准建立二十七个高新技术产业开发区，这是贯彻执行邓小平同志"发展高科技，实现产业化"[3]思想的重要步骤。开发区的建立和发展，最重要的作用是将高新技术转化为现实生产力，实现产业化；有了经济效益，反过来又可以加强高新技术的研究和开发。在九十年代，要集中力量把高新技术产业开发区建设好，这个意义是非常深远的。各省市积极性都很高，安徽的同志说，我们不是沿海开放城市，也不是经济特区，但是合肥有高新技术产业开发区，可以利用这个渠道来发挥合肥科技人才比较集中的优势，促进安徽经济的发展，并作为对外开放的窗口。刚才沈阳的同志也讲了加强南湖开发区建设的经验。

目前，我国高新技术开发区的发展势头是很好的。开发区是新事物，新事要新办。要敢于试行新的机制、新的制度。在开发区内可以大胆地试行股份制，进行按劳分配的分配制度、人事制度、社会保障制度等方面的改革，及时总结经验。成功了，推广；失败了，继续探索前进。开发区的企业领导，既是科技人员，又是企业家，肩负着重要的历史使命。从事高新技术开发性工作的科技工作者要做坚持社会主义精神文明建设的模范，在实行和传播先进管理方式的同时，开创科学、文明、诚信和协作的经营新风。要讲职业道德，树立信誉，不能搞低档的甚至伪劣产品，砸自己的牌子。希望各部门、各条战线都关心、支持开发区的发展，希望科研单位、高等院校和大中型企业以各种形式参与开发区的建设，在这里干一番事业。国务院对于办好高新技术产业开发区，和办好经济特区、办好沿海开放城市一样重视，一样支持，希望真正办好，办出成果来。

注　　释

〔1〕这里指邓小平同志一九九二年一月十八日至二月二十一日在武昌、深圳、珠海、上海等地的谈话。这些谈话的要点已收入《邓小平文选》第三卷。

〔2〕见江泽民《实施科教兴国战略》(《江泽民文选》第1卷，人民出版社2006年版，第429页)。

〔3〕这是邓小平一九九一年四月二十三日为全国"八六三"计划工作会议和高新技术产业开发区工作会议的题词(《邓小平年谱》第5卷，中央文献出版社2020年版，第627页)。

在联合国环境与发展大会
首脑会议上的发言

（一九九二年六月十二日）

主席先生、各国首脑阁下，秘书长先生，女士们、先生们、朋友们：

联合国环境与发展大会的召开，是举世瞩目的一件大事，如此众多的国家领导人聚集一堂，就世界环境与发展问题共商对策，这在联合国成立以来还是第一次。我代表中国政府和人民，向大会表示热烈的祝贺，并向巴西政府和大会筹委会为这次会议的顺利召开所作的努力表示衷心感谢，对部长级会议所做的卓有成效的工作给予高度评价。我还愿借此机会转达中国人民对会议东道国巴西人民的亲切问候！

环境与发展，是当今国际社会普遍关注的重大问题。人类经过漫长的奋斗历程，特别是从产业革命以来，在改造自然和发展经济方面建树了辉煌的业绩。与此同时，由于工业化过程中的处置失当，尤其是不合理地开发利用自然资源，造成了全球性的环境污染和生态破坏，对人类的生存和发展构成了现实威胁。保护生态环境，实现持续发展，已成为全世界紧迫而艰巨的任务。这次大会顺应时代要求和各国人民的愿望，再一次向国际社会敲响了环境危机的警钟，并探索解决世界环境和发展问题的途径，这将在世界环境与发展史上揭开新的一页。

主席先生：

近年来，国际形势发生了巨大变化，世界进入了新旧格局的转折时期。在这一历史转折关头，国际社会既面临着困难和挑战，也存在着希望和机遇。人们看到：一方面冷战结束，东西方两大军事集团的对抗消失；另一方面世界力量失衡，矛盾和动荡因素增加，霸权主义、强权政治依然存在。一方面发达国家愈来愈富，另一方面许多发展中国家贫困化日益加深。这说明，世界人民长期以来面临的和平与发展两大问题都还没有得到解决。中国政府认为，应该根据联合国宪章的宗旨和原则，特别是互相尊重主权和领土完整、互不侵犯、互不干涉内政、平等互利、和平共处的原则，建立公正、合理、平等互利的国际政治和经济新秩序，谋求并确保世界的和平与发展。这也是解决环境与发展问题的至关重要的条件。

主席先生：

保护环境和发展经济，关系到人类的前途和命运，影响着世界上每一个国家、每一个民族，以至每一个人。解决世界环境与发展问题，必须开展广泛和有效的国际合作。本次大会的举行和即将通过的《里约宣言》[1]和《二十一世纪议程》[2]两个重要文件，以及将要签署的气候变化和生物多样性两个公约，将为健全和加强这一领域的国际合作奠定良好的基础。为使本次大会所提出的关于加强国际合作的目标得到全面实现，中国政府提出以下主张，与各国共同探讨：

——经济发展必须与环境保护相协调。经济发展是人类自身生存和进步所必需，也是保护和改善地球环境的物质保证。对许多发展中国家来说，发展经济、消除贫困是当前的首要任务。在解决全球环境问题时，应充分考虑发展中国家这种合理、迫切的需要。国际社会应该作出切实努力，改善发展中国家在债务、贸易、资金等领域面临的困难处境，促进其经济发展。同时，各国的经济发展不能脱离环境的承受能力，应该实行保持生态系统良性循环的发展战略，实现经济建设和环境保护的协调发展。

　　——保护环境是全人类的共同任务，但是经济发达国家负有更大的责任。人类共居在一个地球上，某些环境问题已超越国家和地区界限，解决全球环境问题是每个国家和地区的共同利益所在。从历史上看，环境问题主要是发达国家在工业化过程中过度消耗自然资源和大量排放污染物造成的。就是在今天，发达国家不论是从总量还是从人均水平来讲，资源的消耗和污染物的排放仍然大大超过发展中国家，对全球环境恶化负有主要责任。同时，发达国家有更雄厚的经济实力和更先进的环保技术，理应为解决全球环境问题承担更多的义务。发达国家应为发展中国家提供新的额外资金并以优惠条件转让保护环境的技术，以帮助发展中国家改善自身环境和参与保护全球环境。这样做不仅对发展中国家有利，对发达国家来说也是符合其自身利益的明智之举。

　　——加强国际合作要以尊重国家主权为基础。国家不论大小、贫富、强弱都有权平等参与环境和发展领域的国际事务。解决全球环境与发展问题，必须在尊重各国的独立和主权的基础上进行。各国对其自然资源和生物物种享有主权，有权根据本国国情决定自己的环境保护和发展战略，并采取相应的政策和措施。同时，各国在开发利用本国自然资源的过程中，也应防止对别国环境造成损害。

——保护环境和发展离不开世界的和平与稳定。战争和动乱不但造成生命、财产的重大损失，对于生态环境也必然会带来严重破坏。在推进世界环境保护和发展事业的同时，各国应致力于本国的稳定，维护地区与世界的和平，通过谈判和平解决一切争端，反对诉诸武力或以武力相威胁。

——处理环境问题应当兼顾各国现实的实际利益和世界的长远利益。当前，在重视气候变化、生物多样性等全球性环境问题的同时，特别需要优先考虑发展中国家面临的环境污染和水土流失、沙漠化、植被减少、水旱灾害等生态破坏问题。解决这些问题，不但可以消除对发展中国家环境与发展的严重威胁，对推进全球的环境与发展事业也具有重要意义。国际社会应当理解和支持发展中国家在这些问题上的合理要求。

主席先生：

中国在推进社会主义现代化事业中，坚持以经济建设为中心，坚持改革开放。目前，中国经济持续增长，国家政局稳定，民族和睦团结，人民生活不断改善。中国十分重视在发展经济过程中保护环境，把保护环境确定为一项基本国策，并为此进行了不懈的努力。从我国的实际情况出发，制定了经济建设、城乡建设和环境建设同步规划、同步实施、同步发展，实现经济、社会和环境效益相统一的战略方针；实行预防为主、谁污染谁治理和强化环境管理三大政策；加强环境保护法制建设，建立各级环保机构，中央政府建立部际的环保协调机构；深入开展城市环境综合整治和工业污染防治；广泛进行环境保护教育，提高全民族的环境保护意识；大力开展环境科学技术研究。在防治环境污染的同时，中国开展了大规模的国土整治，在风沙易发地带和沿江、沿海地区营造防护林带，其中北方防护林体系长达四千四百八十公里，已成为阻止风沙南侵的绿色长城。中国已建立了六百多处自然保护区，总面积约四十万平方公里，一大批野生珍稀动植物得到了保护。中国实行计划生育政策，减缓了人口增长对环境造成的巨大压力。改革开放十多年来，中国国民生产总值翻了一番多，而环境质量状况基本保持稳定，有些方面还有所改善。实践表明，我们实行的有中国特色的环境与发展战略是成功的。但是，中国仍然是一个发展中国家，经济力量有限，同其他许多发展中国家一样，解决环境与发展问题是我国的一项长期而艰巨的任务。

主席先生：

中国的环境问题是全球性环境问题的一个组成部分，中国深知自己在保护地球生态环境方面的责任和可以发挥的作用，从这一点出发，中国十分重视和积极参与联合国主持的有关环境与发展问题的讨论，并签署了多项国际公约和协议。去年，中国发起召开了"发展中国家环境与发展部长级会议"，发表了《北京宣言》，这是中国和其他发展中国家对促进世界环境和发展事业作出的积极贡献。我们还成立了由中外著名人士组成的中国环境与发展国际合作委员会，就我国的环境与发展问题提供咨询，这体现了中国政府对解决环境与发展问题的诚意和决心。我们将进一步扩大改革开放，积极吸收和借鉴人类社会创造的一切文明成果，加快经济建设步伐，在发展过程中努力把中国的环境保护好。我们愿意

承担与我国发展水平相应的国际责任和义务，并为解决世界
环境与发展问题进一步加强国际合作。

主席先生：

人类在解决环境与发展问题上任重道远，困难很多，但
我相信，只要世界各国本着同舟共济的精神，务实合作，积
极行动，就一定能在发展经济的同时保护好地球环境，使地
球成为人类安居乐业的美好家园。

注　　释

〔1〕《里约宣言》，全称为《关于环境与发展的里约宣言》。一九九二年六
月三日至十四日在巴西里约热内卢召开的环境与发展大会通过，由序言和二
十七项原则组成，旨在为各国在环境与发展领域采取行动和开展国际合作提
供指导原则。

〔2〕《二十一世纪议程》，是一份促进全球可持续发展的行动计划。一九九
二年六月三日至十四日在巴西里约热内卢召开的联合国环境与发展大会通过，
由序言、社会和经济方面、保存和管理资源以促进发展、加强各主要群组的
作用、实施手段等部分组成，共四十章。

加快长江三角洲及沿江地区的开发开放和经济发展[*]

（一九九二年六月二十七日）

这次会议，是贯彻落实邓小平同志重要谈话以及《中共中央关于加快改革，扩大开放，力争经济更好更快地上一个新台阶的意见》精神的一次重要会议。我们体会，邓小平同志重要谈话的一个重要指导思想是，全党全国人民要抓住当前的机遇，加快改革开放的步伐，力争经济更快更好地上一个台阶。

当前的国际国内形势对我们确实有利。从国内形势看，经过十三年的改革开放，我们国家现在政治稳定，经济实力增强，市场繁荣，人民生活水平提高，对建设有中国特色的社会主义充满了信心。更重要的是，在我们这样一个人口众多的发展中国家，怎么改革，怎么开放，怎么建设有中国特色的社会主义，积累了不少好的经验。从国际形势看，世界旧的格局已经打破，新的格局正在向多极化方向发展。霸权主义和强权政治依然存在，和平与发展的问题没有得到解决，世界仍然充满着矛盾。这些矛盾是多方面的，既表现在

---

[*] 这是李鹏同志在国务院召开的长江三角洲及长江沿江地区经济发展规划座谈会上的讲话。

发达国家之间，也表现在发达国家与发展中国家之间。特别是东欧剧变、苏联解体[1]以后，欧洲打破了相对稳定、相对平静的局面，在这个地区充满了民族矛盾和地区冲突。美国在资本主义世界仍然是带头的，但是经济实力正在衰退，要想独霸世界，大有力不从心之势。在种种矛盾和困难的情况下，西方世界虽然想，但不可能在现在的情况下把矛头集中指向中国。我们完全有可能争取到一个较长时期的、对我们建设有利的和平环境。我们现在实行独立自主的和平外交政策，在世界上不说是朋友遍天下吧，也是朋友比较多，特别是睦邻友好关系今年得到了很大发展。可以说，我们的周边关系是处在一个历史上较好的时期。正是基于这种分析，小平同志提出来加快改革，扩大开放，把经济搞得更快更好一些，争取几年上一个新的台阶。机不可失，时不我待。我们应当有紧迫感和历史责任感，解放思想，转变观念，抓住机遇，加快改革开放的步伐，集中精力把经济建设搞上去，把有中国特色的社会主义事业更快地向前推进。这是摆在全党全国人民面前的一个重要战略任务。

我们在制定"八五"计划和国民经济和社会发展十年规划的时候，根据中共中央的建议，经全国人民代表大会的批准，把九十年代的国民经济发展速度定为百分之六，这是根据当时的国内外条件所确定的。现在形势有了新的变化，从今后的时间看，我们可以发展得更快更好一些，这不仅代表了全国人民的愿望，也是在复杂的国际形势中使我们处于主动的地位所必需的。鉴于当前的国际国内形势和我们经济上要上一个新台阶这样一个战略任务的要求，我们召开了这次规划座谈会。就这次规划座谈会，我讲几点意见。

第一点，长江沿岸地区，东起上海，西到重庆，是我国的精华所在，是经济发达的地区。土地面积占全国的百分之三点四，人口占将近百分之十五，国民生产总值占将近百分之二十。土地面积相对是比较小的，人口比较集中，而国民生产总值却高于人口的比例。这说明这个地区经济发达，具有广阔的发展前景，在我国国民经济中占有举足轻重的地位。加快这一地区的开发开放，不仅可以使上海和长江三角洲率先成为我国基本实现现代化的地区之一，带动整个长江流域地区经济的新飞跃，而且对于推动我国全方位的对外开放格局的形成，加快社会主义市场经济体制的建立，胜利实现三步走的战略步骤，都有着极为重要的意义。

与会的同志都讲了这个地区的优势，譬如说，自然条件优越，土地肥沃，水利、矿产、农业和旅游资源丰富。长江三角洲是鱼米之乡，江汉平原、洞庭湖平原、鄱阳湖平原是重要的粮、棉、油基地。在这个地区，工业实力雄厚，乡镇企业发达，交通方便。长江是我国的黄金水道，还有四通八达的河流、公路和铁路。铁路的南北干线已经形成三条，京沪、京广和焦柳线，现在正在建设的京九线将形成第四条南北干线。商品经济在这个地区相对来说也是发达的，它沟通我国南北东西的经济，对外有较强的辐射能力。在这个地区有众多的科研机构和大专院校，这个地区的人民素来是心灵手巧，文化水平比较高，劳动者的素质比较好，而且人才荟萃，具有科技的优势和人才的优势。

因此，加快长江三角洲及沿江地区的开发开放和经济发展，关系到国民经济的发展全局和整个地区的共同繁荣，具有十分重要的战略意义，是中央继沿海地区开放以后，促使我国经济振兴的又一重大战略决策，我们对这个地区寄予更大的希望。在这样的情况下，我们要求这个地区在九十年代应该为实现第二步战略目标，为加快发展，为我国经济上一个新的台阶，作出比其他地区更大的贡献，这是完全有条件做到的。因此，要求这个地区的改革要更加深化一些，开放度更大一些，发展速度在保持比较好的效益的前提下更快一些，并为二十一世纪的发展打下更好的基础。

第二点，要发挥沿江的总体优势，必须要以上海为龙头，发挥龙头的作用，并以开发浦东为契机。

解放前，上海就是一个金融中心、商业中心、轻纺工业的中心。解放后，上海的地位发生了一些变化，成为一个工业基地，当然也还是一个商业中心。在这个期间，发展了不少机械工业、电子工业、电力机械制造工业、飞机制造工业，轻纺工业继续得到发展，同时发展了不少大专院校和科研单位，使上海逐步成为中国最大的工业城市。当然，我们在开发浦东中，第二产业还要继续发展，并且还要摆几个大的项目。但是，上海真正要起到沿江开发的龙头作用，要靠发展第三产业。所以我们赞成上海的同志提出来的"三、二、一"产业顺序，把第三产业放在第一位，是有道理的。

上海应该成为金融中心，发展融资市场、证券交易所，为沿江的经济发展筹集资金。现在我们国家的投资主体发生了变化，过去我们实行高度集中的计划经济，那个时候，国家的财政预算占国民生产总值的比例比较大，大中型建设项目都是依靠国家的资金。现在我们实行了复式预算，而且投资比例中，国家的投资包括地方各级政府的钱是有限的。因为这些年人民富裕了，尽管富裕的程度还不同，但是总的来讲，人民富裕起来了，手里有钱。现在各银行共有一万多亿元的存款，包括企业的存款。所以，投资的主体要逐步地向企业转移。因此，要用集资的方式，用发行股票、发行企业债券的方式，也包括资金的融通，搞经济建设。

上海应当是一个信息中心，是一个对外开放的窗口。上海已经开始举办交易会。我们希望这个交易会一年比一年扩大，能够办好，能够吸引长江沿岸地区参加，能够成为一个贸易中心，提供良好的贸易服务，建立各种批发市场，开辟对外贸易的渠道。这件事是很重要的，我们要进入国际市场，现在还不能不依靠一些国际的商业渠道，但是要逐步地建立起自己的商业渠道。

要成为贸易中心，就必须有最为方便的交通条件，沿江地区都有比较方便的条件。譬如说，长江可以通万吨货轮，南京以下可以走两万五千吨级的，直接跑沿海、跑东南亚地区、跑日本。南京以上因为长江大桥的限制只能走五千吨级的，只能跑近海。因此，上海要真正成为贸易中心，就必须提供方便的运输条件，要有好的航空港，有先进的、容量比较大的深水集装箱码头。这样，我们就可以把现在由香港、神户分流的货物改由上海分流。

只有形成贸易中心，再加上金融的条件、信息的条件，上海才能发挥龙头的作用。

当然，上海还可以成为科技的、人才的中心。这也是上海的一个优势。

所以我觉得，在规划中，要充分考虑怎么样进一步提高和改善上海的国际交通条件，并将其放在突出的位置。

总之，上海要真正起龙头作用，就要优先发展第三产业。要开拓多种筹资渠道，大力发展金融、贸易、交通、信息等第三产业。这样才能更好地发挥上海外引内联的作用，才能够增强上海这个龙头对整个地区乃至全国的辐射和带动作用。国务院各有关部门要积极支持与引导，以上海浦东的开发开放为龙头，推动长江沿江地区发展的工作。

第三点，搞规划要打破省市的界线，各省市也要发挥各自的优势，不能搞"小而全"，搞低水平的重复。这样才能少花钱，多办事，把各自的优势充分发挥出来。

今年以来，我国生产形势很好。根据一至五月的统计公报，国民生产总值大概增长百分之十一，下半年因为基数比较大，可能要下降一些，但总体来讲，今年国民生产总值增长可能达到百分之九。这是一个很好的情况。但是，也有一些问题值得我们重视。其中一个就是固定资产投入上升太快，达到了百分之三十八，而且信息还不大清楚，是不是都属于低水平的重复，加工工业和建筑业的比例是多少，也还不大清楚。我已经责成国家统计局和一些省市做些典型调查。但是有一点是肯定的，就是项目小型化，新开工项目比较多。因此，不排除这里面有好多重复建设。

我们之所以要搞规划，就是要进行资源的合理配置。资源的合理配置，市场调节要发挥很大的作用，但是需要比较长的周期。而规划和计划也是一种对资源进行合理配置的办法。所以，规划的任务，就是要打破省际的界线，不搞"小而全"，不搞低水平的重复。我举三个例子来说。

第一个例子。电子工业发展的程度，标志着一个国家现代化的水平，我国已经能制造五微米、三微米的集成电路了，要进一步发展一微米和亚微米的集成电路。这个工程在华东地区有三个点，一个在上海，一个在无锡，一个在绍兴。这几个地方，我和邹家华[2]同志都去看过，各有各的优势。那么，究竟搞几个，搞三个，还是搞一个？当然只能搞一个。要想既不互相排斥，又不互相重复，而且能够把各自的优势发挥出来，最好的办法就是实行联合，不能搞重复建设。

第二个例子。钢铁工业是我国今后发展的重点产业，小平同志对这件事情是很关心的，问了我们到本世纪末能产多少钢，钢的饱和点是多少。这些问题都需要研究才能最后定。现在看来，到今年底，钢的产量可达到七千六百万吨。根据近五年的经验，即使在治理整顿时期，速度不是很快，每年也差不多增加三百万吨。按照世界各国的经验，国民经济发展的支柱，一个是建筑业，一个是汽车工业，都需要大量的钢材。我们现在进入了建筑业发展时期，看来钢材还是有市场，有需要的。我们现有的钢铁基地，大型和中型的加在一起，已经达到年产八千万吨钢的产能，再加上技术改造、改建扩建，增加钢的产量和品种，也包括提高钢铁厂的效益，可能达到一亿吨。现在长江沿岸已经形成了四大钢铁基地，一个是上海，是最大的，包括宝钢和上钢，还有安徽的马钢、武汉的武钢、重庆的重钢。所以，在规划的时候，我们首先应当考虑的是挖潜、革新、改造。同时，为了考虑下一个世纪的发展后劲，有可能或有这个需要，在长江地区再建设一个钢厂，宁波应该说是有比较好的条件，因为有深水港。当然，在发展钢铁工业的时候，我们不得不考虑利用国外的铁矿石和利用国外的部分焦炭。现在两个市场的观念，应该说大家已经普遍接受了，就是不仅要发展国内市场，而且要打进国际市场，开展国际贸易。利用两种资源这个问题已经提到议事日程。有条件地利用一些国外资源，是可以的，也是应该的。比如拿铁矿石来讲，中国矿石的品位比较低，开采投资比较大，周期比较长。我国要迅速发展钢铁工业，恐怕得利用一些外国的矿石，像澳大利亚、巴西和印度的矿石，它们的品位比较好，价格也不算高。在原油方面，也可以适当利用一些国外的资源，因为现在国际石油价格也比较低。当然，我们完全靠国外的资源是不行的，但是适当利用国外资源来补充我们的不足是必需的，建立必要的战略资源储备也是十分需要的。

第三个例子。大家都想搞石化的上游产品——乙烯，但是这个项目投资大，建设周期也比较长，不能够普遍开花，不应该再搞成第二个汽车热，必须有重点地进行。现在我们就要开始研究一个问题，究竟是都从上游搞起，还是从中游搞起，甚至是直接从下游搞起。因为从经济效益来讲：第一，从下游产品直接搞起，投资省，而且经济效益来得快；第二，为了保证下游原料的供应，也可以从中游搞起。总的来讲，国际市场上石化的上游产品价格是比较低的，货源也比较充足，也不排除我们可以利用一些国际市场上的上游产品。利用加工资源、半成品，这也是利用两种资源。

两个市场、两种资源，这样一些新的观念，都应该写入规划当中。

第四点，在制订这个地区规划的时候，要考虑发挥市场的作用。特别是在长江三角洲，要考虑市场调节可以发挥更积极的作用。江浙中小企业居多，乡镇企业发达，企业比较有自主权，市场调节的比例较大。江苏省的同志在发言中谈到，他们的煤炭大概百分之九十以上是靠市场调节的，经济发展有较大的活力。发展这些乡镇企业和中小企业，现在的任务是进一步提高产品的档次，发展高新技术，注重外向型经济，建立农工贸一体化的经济实体。江浙发展乡镇企业的经验应该向沿江各地扩散和传播。

第五点，农业是基础。大家应当看到，沿江地区是商品粮和主要经济作物的集中产区，农业什么时候都不能放松。我们现在经济发展还不平衡，还有东西部差距的问题，东部比较发达，西部还是在发展中。另外一个问题是人口的增加。我们是十一亿五千万人口的国家，即使实行严格的计划生育，到本世纪末人口完全可能达到十三亿。我国每年新增的国民收入相当一部分要用来养新增加的人口，而且由于人口的增长，就业面临着较大的压力。总结这几年农业所出现的新的情况，我们觉得农业今后要走高产优质高效的道路。

农业不仅要高产，而且要优质。有些产品现在市场上比较疲软。比如，江西的同志说，早稻现在已经卖不出去了。这就要调整品种结构，以适应现在这个形势。我国人民现在的食物构成已经发生了很大的变化，动物蛋白的比重提高了，对粮食的直接需求下降了，这就要注意粮食的转化，更好地做好农副产品的加工。为了进一步改善农村人民的生活，提高农民的收入，还要高效。如果只有高产没有高效，甚至高产不高效、高产低效，那是不能持久的。

农业的高产优质高效，主要要靠科技投入，发展生物工程，靠建立各种服务体系。沿江地区既有优越的自然条件，雨量充沛，气候条件比较好，农民素质也比较高，今后十年在农业方面应该有更大的发展。

　　水利是农业的命脉，是国民经济的一个基础产业。去年淮河、太湖发生大洪水以后，给我们带来不少教训，也提供了不少经验。今后十年中，这一地区在治水方面要做大量的工作。当然，太湖流域的治水今年已经开始了，淮河流域也列为重点。在治水方面一定要全流域一盘棋，按照规划进行，保持现在这个良好的势头。三峡工程的建设周期比较长，在建设过程中还不能对长江中游地区，尤其是江汉平原、洞庭湖地区的水患起控制作用，所以在相当长的建设期间，还要加强沿江的治水工程、沿江的水利建设，加修堤防，蓄滞洪区、分洪区还要利用。

　　第六点，要考虑这个地区的优势条件，更多地发展外向型经济，还要考虑对外贸易多元化的问题。我国出口产品的市场，亚洲有港澳、台湾地区和新加坡等，当然还包括日本、韩国市场。这些地区的市场容量有限，相当大一部分是转口，转口到欧洲国家和美国。已有的市场我们是不会放弃的，而且还希望能够进一步扩大。但是光有美国、日本和欧洲市场，会有很大的风险。现在这些发达国家的贸易保护主义抬头，而且他们经常用"人权"等政治上的因素来限制我们的发展，特别是美国搞的对华最惠国待遇，一年要搞一次，我们每年要跟他们周旋，打"太极拳"。我们的方针是，从最坏处准备，向最好处努力，争取最惠国待遇得以延长，这样就能保护我们向香港的出口，保住"三来一补"[3]和一些外向型企业的市场。我们必须要搞市场多元化，不仅着眼于欧洲市场和美国市场，也要考虑东南亚市场，考虑独联体国家的市场。

　　苏联解体以后，我们迅速调整了政策，和独联体所有的国家都建立了外交关系，签订了贸易协定。我们和这些国家经济上有互补性，贸易的发展潜力是很大的。现在正是个时机，我们要努力开拓独联体国家的市场，特别是俄罗斯和中亚五国。我们最近有个大的战略部署，就是开放内陆边境的沿边城市，从黑龙江一直到云南，一共开放了十三个城市。这些城市的开放，主要是贸易的开放，把我们的产品打出去，当然也可以有加工业，可以搞中外合资企业。上海和沿江地区，虽然离这些边疆地区远一些，但是你们有货源，也可以参与这些地区的边境贸易，为你们的产品开拓市场。国家准备给予比较优惠的政策来发展同独联体国家的贸易，因为他们现在没有回头货，外汇也没有，但是他们国内有个比较大的市场。我们准备既搞边贸又搞加工，关税也可优惠，从多方面来促进同独联体国家的贸易。

另外，我们在南美市场和非洲市场也不是无所作为的。非洲市场每年进口的产品，主要是一些生活用品，一些家电类的产品，每年从资本主义市场进口约一千亿美元，而中国产品在这个市场的占有率不到百分之一。我国出口产品的档次和价格都有竞争性，也可以进入非洲市场。

在经济发展上，进口替代战略和出口导向战略应该并举，引进高新技术和发展劳动密集型技术也应该同时并举。总的来讲，就是要加快对外贸易多元化的步伐。

为什么今天特别来谈这个问题呢？因为我们对美国市场、欧洲市场的依赖性比较大，因此我们必须把路子走得更宽一些。

第七点，能源建设。这个地区能源资源比较薄弱，煤炭靠长距离运输；水能资源有一点，三峡是个大的，其他沿江地区也有，但都不太大，有些也开发得差不多了。所以，能源是这个地区发展的制约因素。

如果没有充足的电力，要发展经济是很困难的。我赞成国家计委的意见，这个地区九十年代还是以发展火电为主，适当地发展核电，同时开发三峡水电，以解决能源问题。这个地区无论是工业用电还是生活用电，需求都是比较大的。我看，随着人民生活水平的提高，长江地区生活用电的需求还要增加，必须预计到这一点。南京、武汉、重庆"三大火炉"都在沿江地区，空调的发展势不可挡。空调现在已经不能说是一种奢侈品，而成为提高生活质量、工作质量所必需的。

经济发展这么快，光靠能源生产数量上的增加，那么什么时候能源也是紧张的。我国这几年的电力建设速度是快的，每年差不多是新增一千万千瓦的发电装机容量，煤炭每年增加两千万到三千万吨，但是仍然不能满足需求。另外，就是我们的能源利用效率比较低。所以，要一手抓开发，一手抓节约，要走集约化的道路。特别是华东地区，要在节约能源方面下大功夫，使有限的能源资源能够发挥更大的作用。发展第三产业就是一条，产业结构调整就能够节约能源。对耗能大的工业的改造，如机械工业采用一些节能型的产品，都是大有可为的。

第八点，讲一讲三峡工程的问题。三峡工程已经酝酿了三十多年了。经过大量的工作以后，这次全国人大已经正式批准兴建长江三峡工程，可以说是中国建设史上一件大事情。我们应该抓住这个有利时机，开展实质性的工作。现在就要尽快地成立三峡工程建设委员会，抓紧开展移民工作的试点，为三峡工程筹集资金。将来，三峡工程的资金是多渠道筹集，渠道比过去广，可能性比过去大，人民对建设三峡工程有比较高的热情。所以，我看三峡工程的资金是可以解决的。应该说，沿江地区大都比较富饶，唯独三峡是一个不发达的、比较贫困的地区。因此，在建设三峡工程的过程中，要通过劳务的投入和建筑业、运输业的发展，进行开发性的移民，实现脱贫致富。

三峡工程已列入国民经济和社会发展十年规划和"八五"计划，它的建设不但需要大量工程技术人员和施工队伍，而且需要大量设备、机具和建材。要充分利用三峡建设工程，发挥沿江地区的优势，引进技术和人才，开展科技开发，发展建材、冶金、机电等工业，做好库区开发型移民工作，以促进沿江地区，特别是长江中上游地区的经济发展。

这次四川的同志提出来，是不是能够在三峡地区建立经济开发区，给予优惠的政策，甚至是比一般的开放城市更为优惠的政策，以促进这个地区的移民工作和脱贫致富。我们认为，这个意见是值得考虑的。

第九点，是否再增加一些开放城市。在这次座谈中，大家普遍提出要求增加开放地区和开放城市。对这个问题，我讲一讲《中共中央关于加快改革，扩大开放，力争经济更好更快地上一个新台阶的意见》形成的过程。应该说，在意见形成的时候，国务院特区办提出的方案中的开放城市比现在这个还多。中央政治局进行了认真的研究以后认为，还是应当抓重点，不应该一哄而上，所以就确定了现在的沿江一个省开放一个城市。没有重点就没有政策。要搞开放城市，不只是享受一些优惠待遇，还必须要有投入，要创造比较好的投资环境，才能吸引外资。所以，为了把这件事情办得更好，要集中力量打歼灭战，不能够一下子搞得很多，应该首先把第一批沿江开放城市搞好，然后再搞辐射，再扩大。

但是，各个省各个地方的积极性很高，要求很强烈，怎样解决这个矛盾呢？我们考虑，可以按照江苏昆山的办法。昆山是自费开发的，搞了七年了，一直没戴"国家"这个帽子，最近特区办准备去验收一下，然后就可以升格，成为国家级的经济开发区。各地可以选择一些地方，进行自费开发，建立自己的开放城市或者是经济开发区，恐怕主要还是搞经济开发区。发展到一定的程度以后，国家进行验收，然后再升级，再"戴帽"。但是，批准自费开发的权力，不能下放到城市，还是要省里控制。我们之所以这样做，就是为了能够开放得更好。

第十点，大家提了一些具体的要求，要求更优惠的政策，希望增加一些开放地区，能够上一些项目。这些问题，有的邹家华同志已经讲了，有的问题还需要进行研究，建议会后由国家计委认真研究后向国务院提出意见，由国务院进行认真的考虑。

这次规划只是一个初步的规划，还需要深化。根据这次大家提出来的建议，国家计委有这么一个初步设想，然后继续做工作。经过一段工作以后，结合贯彻党的十四大精神，国务院要对"八五"计划和国民经济和社会发展十年规划进行修改。结合这些，我们还可以再进一步开规划会，或者是采用分头规划的办法，把长江流域的规划确定下来。

总的来讲，我们认为，这次会议是开得好的，是有收获的，相信对加快长江流域地区的经济发展，进一步促进改革、扩大开放，促使国民经济上一个新的台阶，都将起到重要作用。

注　释

〔1〕东欧剧变、苏联解体通常统称为苏东剧变，指二十世纪八十年代末至九十年代初苏联和东欧的南斯拉夫、罗马尼亚、波兰、匈牙利、保加利亚、民主德国、捷克斯洛伐克、阿尔巴尼亚等社会主义国家的政治和经济制度发生根本性变化的事件。由于社会长期积累的政治、经济、民族矛盾日益尖锐和西方国家施加的影响与压力，苏东各国执政的共产党和工人党在短时间内丧失政权。苏联、南斯拉夫、捷克斯洛伐克三国解体。民主德国并入联邦德国。剧变后的苏东各国均宣布彻底抛弃以高度集中的政治经济体制为特征的苏联社会主义模式，将实行几十年的社会主义制度转变为资本主义制度。从时间顺序上看，东欧各国政权变化在先，苏联解体在后，但肇始者和实际源头在苏联，故称作苏东剧变。这一剧变对苏东各国的政治、经济和社会造成了重大冲击，也标志着第二次世界大战结束后形成的世界格局发生了重大变化和冷战结束。

〔2〕邹家华，一九二六年生，上海人。当时任中共中央政治局委员，国务院副总理兼国家计划委员会主任、党组书记。

〔3〕"三来"，通常指来料加工、来件装配、来样（来图）生产，规范全称是对外加工装配，即由外商提供原材料、零配件、图样，经中方企业加工装配生产，产品交外商返销，中方企业收取工缴费；"一补"，指补偿贸易，即由外商提供或中方企业利用国外出口信贷进口机器、设备和技术，由中方企业进行生产，以返销其产品方式分期偿还外商机器、设备和技术价款或贷款本息的交易形式。

把股票市场和证券交易所
试点工作做得更好*

（一九九二年八月十三日）

第一点，深圳这次一百多万人抢购"新股认购抽签表"[1]，虽然不是了不得的事情，但也不能说是一件小事。因为深圳是我国最早的经济特区，是改革开放的窗口，又毗邻港澳地区，影响比较大，不能不引起我们的重视。在整个事态发展过程中，我们是昼夜值班，研究如何妥善地把事情平息下来。之所以要集中精力处理好这件事，是因为我们要对人民负责，要维护深圳特区改革开放的形象。由于处理得及时，现在事态已经基本平息下来，没有酿成更大的社会问题。

在这次座谈会上有的同志说："深圳生了病，不能让我们吃药。"对此要作分析。实际上，类似的事情在厦门已经发生过，就是说，厦门已经"生过病"。当时问题解决了，但由于没有来得及进一步总结经验教训、改进办法、加强管理，深圳也发生了同样的问题，而且规模更大。这次"病"生在深圳，但如果再不总结经验教训，再不共同努力把工作做好，别的地方也可能发生类似的问题，那就不仅是经济问

---

* 这是李鹏同志在部分省、市股票试点工作座谈会上讲话的一部分。

题，而且可能引发成为社会问题，影响社会安定。因此，我
们一定要很好地总结这次经验教训，认真研究如何按小平同
志的指示精神，把股票和其他证券交易的试点工作搞好。我
们绝不能因噎废食，因为深圳这件事而动摇对股票市场大胆
试验的决心。但是要很好地吸取经验教训，把这件事搞得更
好。比如一张抽签表收一百元钱，香港舆论说这是向老百姓
捞钱。我想深圳那样做的原意大概也不是想发这笔财，可能
是想用高价抽签的办法来抑制人们到深圳抢购股票，但因为
缺乏经验，结果适得其反。这件事现在还没有完全了结，还
有一些善后工作要做。因此，国务院决定，将深圳卖抽签表
所得的十亿元款项全部冻结，准备处理善后事宜用。深圳市
政府一定要把善后工作处理好，维护特区改革开放的声誉。
香港一些新闻传媒对这件事情说了很多难听的话，说深圳有
许多腐败行为。究竟有没有那么多腐败行为？也不一定，有
许多是夸大其词的。但如果有腐败行为，就一定要严肃
查处。

　　第二点，建立规章制度，加强监督管理，抓紧培养人
才。要把股票、证券交易所试点工作很好地搞下去，这三条
缺一不可。现在，国民收入分配格局发生了很大变化，中央
和地方政府的财政收入是有限的，按过去高度集中的计划经
济体制进行基本建设既不必要也不可能了。从体制方面说，
我们要改变过去那种由国家大量进行无偿直接投资的办法，
国家财政也没有那么多钱进行大量的直接投资。另一方面，
现在城乡居民已经有一万多亿元的存款，而且存款的数量还
在逐年增加。因此，可以适当地用发行股票和其他方式筹集
一部分建设资金。这是一件应该提倡的好事。上市股票这种

筹资方式，不需要还本，而且可以溢价发行，投资成本比较低。这种筹资方式还有分散风险、吸收游资等优点，同时发行股票还可以加强对企业的社会监督，因为股东关心企业的经营状况，就要对发行股票的企业进行监督。但发行股票并不是唯一的集资方式。即使在市场经济高度发达的资本主义国家，发行股票也不是唯一的筹资方式。同时还必须看到，我国的资金市场发育很不完善，在这方面还缺乏经验，人才不够，各项配套的规章制度也没有相应建立起来。在这种情况下，为了把这项工作搞得更好，必须经过试点，取得经验再逐步推开。大家知道，股票的价格是被人们炒起来的，外国把它叫做"泡沫经济"，有的人会发大财，有的人是要倒霉的。现在股民风险意识不强，股市交易法规还不健全，不要以为股市发生了问题，股民们不找政府。今年几个擅自发行股票的地方出现的问题证明，股民们最后还是要找政府。他们认定一条，就是共产党和人民政府不会让老百姓吃亏。政府要对人民的利益负责，就要对股市工作加强管理，培养人才，建立比较完善的规章制度。做好这些工作都需要时间。为了加强对证券发行的宏观管理，加强对上市股票的管理和监督，保证证券交易的健康发展，国务院决定成立证券委员会。委员会由朱镕基副总理担任主任，吸收有关部委领导参加。这个委员会不具体审批哪种股票可以上市、上市多少，而是进行宏观政策的指导和总的发行额度的管理，譬如今年试点，全国要发多少上市股票，额度怎么分配，等等。另外，还要成立一个由专家参加的中国证券监督管理委员会，加强对股市的监管。目的是积极加以引导，保证证券交易和股票市场健康发展。

　　第三点，在目前股票很热的情况下，要适当降一点温。现在领导和群众对股票都缺乏知识，群众缺乏风险意识。我们既要坚决地试，又要适当地降低一点温度，在没有制定出规章制度前，有些做法要暂缓执行。国务院证券委员会和中国证券监督管理委员会成立以后，要尽快把各项规章制度建立起来，上海、深圳两个交易所也要尽快建立健全规章制度。例如，发行不上市的股票，往往不公开上市就要上黑市，可能还不如公开上市。企业发行内部股票，如果成为有价证券，也会在社会上流通。要防止发行不上市股票和内部股票在社会上流通。在没有制定出规章制度前，这些工作可以缓一缓。缓的目的是为了把事情做得更好，并不是不让进行试验。

　　同志们在会议讨论中提出的合理意见，证券委员会成立后要认真加以研究。例如，有的同志提出，应把上海、深圳两个交易所办成全国性的交易所，不能像目前这样局限为上海、深圳两地的交易所，因为即使允许各地条件具备的企业到上海、深圳上市，各地也总觉得不方便。现在发行股票的额度就这么多，内地省市可以拿出几个自己最好的企业去上市，发行股票集资是为了扩大再生产。有的地方同志担心，到上海和深圳上市，能不能得到和上海、深圳企业一样的公平待遇，他们怕不公平。这个问题确实应该有一套解决办法，例如，给地方一些额度，在上海或深圳发行；也可以考虑划个大的范围，比如长江以北和沿江省市到上海上市，其他省市到深圳上市。当然，这都不是定论，还可以考虑采取其他办法。总之，大家所提的合理的意见，证券委员会要认真研究、加以采纳，使各地上市条件处在比较均等的地位。

　　我们刚才讲的这些，一个中心意思是，既不要把深圳这件事看成一件不得了的事情，也要认真吸取经验教训，并且要更加重视这项工作，把股票市场的试点搞好，保护这个新生事物的积极方面。这是一个新的东西，政府和群众都缺乏经验。因此，我们一方面要坚决地、大胆地试验，同时要认真地学习。要结合中国实际，学习和借鉴国外股票市场管理的先进经验。如何结合得好？一系列课题摆在我们面前。这就要求我们，既要有积极的态度，又要做过细的工作。虽然现在一些同志对股票发行和股票市场的一些具体问题还有不同意见，这些不同意见可以存在，在实践中去逐步统一认识，但总得找到向前走的办法。现在国务院做了决定，就要照这个决定办。办一段再看，不完善，再改，再继续补充完善。总的指导思想，就是要在继续深化改革中，把股票、证券交易所试点这件事情办得更好。

注　　释

　　〔1〕一九九二年八月七日，中国人民银行深圳特区分行等单位发布一九九二年新股认购抽签表发售公告宣布，在八月九日发售新股认购抽签表五百万张，每个身份证可以买一张抽签表，每人一次最多买十张表，然后将在适当的时候，一次性抽出五十万张有效抽签表，中签率为百分之十。结果引来全国各地近百万人涌入深圳，彻夜排队抢购，造成轰动一时的"深圳股票认购证风波"。

把新疆口岸建成我国
向西开放的窗口 *

（一九九二年九月二日）

这次来新疆，感到乌鲁木齐变化很大。为了迎接乌鲁木
齐边境地方经济贸易洽谈会，到处张灯结彩，喜气洋洋。乌
洽会[1]成了乌鲁木齐的一件大事，成了全新疆人民的一件
大事。参加今天盛大开幕式的有二十七个省区市和十一个计
划单列市的内宾五千多人，外宾有两千多人，陆陆续续还要
来一批客商，最后来宾可能要突破一万人。首次洽谈会就能
办成这样一个规模、这样一种气氛，这本身就是一个胜利。
乌洽会要一年一年地办下去，要一年比一年办得更好。

现在世界上开展贸易也都采取这种办法，虽然名称各不
相同，他们叫博览会，我们叫交易会、洽谈会。西方国家的
博览会也就是把自己的商品拿出来展览，介绍给世界各国的
顾客。今年最大的博览会就是在西班牙举办的。我国现在已
经形成了南有广州交易会[2]、北有哈尔滨交易会[3]、东有
上海交易会[4]、西有乌洽会，东南西北四个交易会并举的
格局。这都是一种扩大对外开放、开展贸易与合作的好

---

* 这是李鹏同志会见参加乌鲁木齐边境地方经济贸易洽谈会的西北五省区
和有关部委、省市负责同志时的讲话。

形式。

下面，我想借此机会主要就西北地区当前如何进一步搞好对外贸易问题，讲几点意见。

一、在对外贸易方面要有长远的战略眼光，坚持走贸易形式多样化的路子。

今年邓小平同志视察南方的谈话，在国际和国内引起了很大的反响。小平同志的讲话像一股春风吹遍了祖国的大地。现在，我们的改革在进一步地深化，开放在进一步地扩大。今年，国务院又新批准了二十个对外开放城市[5]，其中沿江城市有五个、省会城市有十五个，已经形成了一个从沿海地区扩大到沿江、沿边地区的全方位开放的新格局。这样一种新的形势，得到了全国人民特别是沿江、沿边各族人民的支持和拥护，给他们以很大的鼓舞，以至于在很短的时间里，使沿江和沿边省区市的改革开放、经济建设以及地方贸易、边境贸易有了很大的发展。沿海、沿江、沿边的情况各不相同，应该互相学习、互相借鉴。沿海地区有十几年改革开放的经验，他们的政策和做法值得沿江、沿边省区市学习和借鉴。但毕竟各地有自己的特点，要实事求是，要发展有自己特色的经济。

乌洽会的主要对象应该是独联体的中亚五国和其他一些周边国家，比如巴基斯坦、阿富汗、蒙古、伊朗，同时也可扩展到东欧、西欧的国家和地区。那么，我们就要搞清楚我们国家有哪些优势，中亚五国有哪些优势，在经济上有哪些互补性，然后研究各种不同的对外开放的形式，建立长期的对外经济贸易合作关系。现在这些国家的经济是有些困难，特别是日用品、轻纺产品严重不足，这对我们出口这些产品是一个很好的机遇。但是，我们也要看到原苏联各国特别是俄罗斯，具有较高的科学文化水平和技术水平，有比较发达的工业，也有比较丰富的资源，目前我们的货物在他们那里畅销，既有一定的长期性，也存在着一定的时间性。所以，我们应该有一个长远的打算。同时，我们要考虑到对外经济交流形式的多样性，易货贸易是一种形式，现汇贸易也是一种形式，还有经济技术合作。今后，值得注意的问题，就是要大力开展经济技术合作。当然，还可以充分利用旅游资源，搞旅游贸易，这也是一种对外贸易。对此，我们要有长远的战略眼光。

现在，我们要大力开拓商品市场。新疆在这一点上做得很好，对外是敞开大门，对内是欢迎各地共同开拓，通过这种方式来弥补新疆的不足。新疆有自己的优势，但也有自己的不足，可以通过互补来弥补自己的不足。采取开放的态度，只会给新疆带来好处，不会给新疆带来坏处。在这一点上，新疆的领导同志是很有眼光的。所以，这次乌洽会一开办，就有二十七个省区市和十一个计划单列市的六百六十多家企业组成的近七十个交易团及大批外商来参加。这样一下就把路子拓宽了，经验也有了，货源也能得到保证了，这是非常明智的。

总之，发展对外贸易和经济技术合作，一定要采取多种形式，充分研究周边国家的市场，发挥自己的优势，形成优势互补，从中来加快发展自己的经济。

二、要充分认识交通的重要性，认真解决交通问题，发挥新疆口岸向西开放的窗口作用。

乌鲁木齐和阿拉山口不仅要成为新疆的对外开放的窗

口，成为西北五省区的对外窗口，而且要成为我国其他省区市进入独联体和东欧、西欧市场的窗口。现在，最大的问题还是运输问题。这次西北五省区的同志在发言中不同程度地都反映了这个问题，这也确实是个关键问题。

西北地区现有铁路主要是陇海路和兰新路。新疆还修建了北疆铁路。这一点，新疆是有眼光的，抓得好，现在它的意义显示出来了。这条铁路刚刚修起来，运量还很有限，车皮也不够，但总有一条路了，而且运量可达到一千五百万吨；如果实现电气化并使用大马力车头，运量可达到三千万吨。我们说的从连云港到阿拉山口的第二座欧亚大陆桥，现在还未真正发挥大陆桥的作用。本来我们的第二座欧亚大陆桥，胜过经满洲里和二连浩特出境的第一座欧亚大陆桥，比那条铁路要近得多，但当前我们这条铁路还有许多限制因素。现在，从西到东的铁路运量还不能满足新疆本身货物进出的需要，更不能满足西北五省区对铁路运量的需要。铁路运输成了西北五省区发展中卡脖子的关键所在。所以，要振兴西北五省区的经济，交通是第一位的。现在这条铁路有两大限制段：一是天水段，一是宝中铁路这一段。对此，我们不必悲观，要振奋精神，下决心把这条铁路修好。这次，邹家华[6]同志来新疆考察了兰新铁路复线工程的情况，决定由中央和五省区集资，共同努力，加快兰新铁路复线的建设。这条铁路修好了，就会大大缓解西北五省区运输紧张的状况，陕西、甘肃、宁夏、青海、新疆五省区都是直接受益者。西北五省区有这样丰富的资源，有这样勤劳的人民，有这样好的条件，我们就要集中力量解决好西北五省区的交通问题，使货畅其流，这样我国的经济就有了发展的后劲。

三、发展对外贸易需要注意的几个问题。

我们现在做对外贸易是政府贸易、地方贸易、边境贸易、企业贸易以及个体户一起上。在初期，这五股力量一起上有利于打开局面。只有中央的积极性，没有地方的积极性不行；只有省、地的积极性，没有县、市的积极性也不行；同时还要有企业的积极性。但是，现在已经出现了一些问题，就是中国的假冒伪劣产品进入了独联体，而且有些交易是不等价交换，有的不法商人还采取欺骗的办法抬高市价。这些问题必须引起大家的高度重视。我们要加强对个体户的管理和引导，要防止两个东西：一是假冒伪劣产品。假冒伪劣产品不仅会败坏中国商品的信誉，而且会败坏中国特色社会主义的声誉。二是欺骗性的商业行为。欺骗性的商业行为是不能持久的。商业原则是等价交换，当然价格也会受到供求关系的影响。现在就是因为供求关系的影响，产生了一些不等价交换的因素。所以，我们必须规范商业行为，才能够真正适应这个市场的需要。这一点务必引起大家的注意。还有一个非常重要的问题，就是我们要大力发展第三产业。乌鲁木齐市如果要成为通向中亚各国的商业窗口和经济窗口，除了现在搞的洽谈会这种形式以外，还必须发展相应的各种第三产业。第三产业一般投资少、效益高，各地都要注意发展。

在我国经济增长的构成中，农业是基础，是需要增长的，但增长相对比较缓慢。对农业本身，要有大农业的概念，即包括农、林、牧、副、渔。除此之外，还要发展乡镇企业。乡镇企业要以加工农副产品为重点，发挥本身的产业优势。各地要因地制宜，找出自己的产业优势。要进一步适应改革开放，就要换换脑筋，增加商品意识。当然，增加商品意识的同时，还要搞两个文明，不能只搞一个文明，要两个文明一起抓，因为我们搞的是有中国特色的社会主义。

今天有这样的机会听听大家的意见，又参观了乌洽会的现场，应该说我们的心情和大家一样是非常高兴的，因为我们的事业在发展，不仅是在沿海地区，而且已经推进到了西北。不管现在东西地区间还有多少差距，但我们已经向缩小差距方面迈进了一步。西北五省区是少数民族比较集中的地方，如果民族地区经济不发展、差距越来越大，民族团结就会受到影响。所以，西北的发展、民族地区经济的发展，不仅有经济上的意义，而且有进一步巩固我们中华民族大家庭团结的重大政治意义。当前，西北的同志有一种忧虑的心情，这是可以理解的，因为沿海地区的发展速度很快，那里人民生活改善得也很快，西北地区相对落后了。但是，饭要一口一口地吃。这次沿边开放政策的出台，应该说是对西北经济的推动。现在，改革开放的春风已经吹到西北了，西北的发展要靠中央的领导、中央的政策，也要靠大家的努力。

注　　释

〔1〕乌洽会，即乌鲁木齐边境地方经济贸易洽谈会，自一九九二年开始每年在乌鲁木齐举办，二〇一一年更名为中国—亚欧博览会。

〔2〕广州交易会，指中国进出口商品交易会，自一九五七年开始每年春、秋季在广州举办两届。

〔3〕哈尔滨交易会，指中国哈尔滨国际经济贸易洽谈会，自一九九〇年开始每年在哈尔滨举办。

〔4〕上海交易会，指中国华东进出口商品交易会，自一九九一年开始每年

在上海举办。

〔5〕一九九二年七月三十日，国务院发出关于进一步对外开放重庆等市的通知。通知说："国务院决定进一步对外开放重庆、岳阳、武汉、九江、芜湖等五个长江沿岸城市，哈尔滨、长春、呼和浩特、石家庄等四个边境、沿海地区省会（首府）城市，太原、合肥、南昌、郑州、长沙、成都、贵阳、西安、兰州、西宁、银川等十一个内陆地区省会（首府）城市，实行沿海开放城市的政策。"

〔6〕邹家华，一九二六年生，上海人。当时任中共中央政治局委员，国务院副总理兼国家计划委员会主任、党组书记。

建立社会主义市场经济体制是
理论上的重要突破 *

（一九九二年十月十二日）

党的十四大报告提出建立社会主义市场经济体制是我们在理论上一个重要突破。

十一届三中全会以来，我国市场范围逐步扩大，目前大多数商品价格已经放开，市场已经占了很大的比重。社会主义市场经济的理论，是十四年来改革开放与经济发展实践经验的总结。这个理论内容非常丰富，还在形成过程中，需要通过实践进一步完善。

我们所说的社会主义市场经济，是同以公有制为主体的所有制、以按劳分配为主体的分配制度联系在一起的，这就保证了它的社会主义发展方向。

我们要更好地利用市场机制，进行资源配置，引导生产，适应市场需求，优化结构，提高质量，增进效益。

由于市场也有其自身的弱点，因此，搞社会主义市场经济，国家的宏观控制不可缺少。

目前，我国市场发育还不完善，价格体系没有理顺，第三产业还不发达，因此要加快市场体系的培育。

---

* 这是李鹏同志在中共十四大北京代表团小组会上讲话的要点。

党的第十四次全国代表大会在经济体制改革上大大前进了一步。社会主义市场经济理论的确立，不仅能够保证社会主义的性质，而且可以进一步促进经济的发展。

推动第三产业全面
兴起和健康发展[*]

（一九九二年十一月十日）

国务院召开的全国加快第三产业发展工作会议，今天就要闭幕了。这次会议，将推动我国第三产业的全面兴起和健康发展，对改革开放和现代化建设，都将起到积极的作用。下面，我讲四个问题。

一、加快第三产业发展是关系全局的重大任务。

党的十四大，按照建设有中国特色社会主义理论和党的基本路线，确定了九十年代改革开放和现代化建设的战略目标、任务和大政方针。更为重要的是，提出了建立社会主义市场经济体制，并把它作为我国改革的方向和目标，这是理论上的重大突破。我们要逐步建立起社会主义市场经济体制，从广度和深度上推进改革开放，使国民经济更好更快地迈上新台阶，这就要求第三产业有个大的发展。只有加快第三产业的发展，才能促进各类市场的发育和发展，为企业转换经营机制、成为市场竞争主体创造必要的条件。我们要在优化结构、提高质量、提高效益的基础上加快经济的发展，也要求加快第三产业发展，特别要加快第三产业中的商业、

---

* 这是李鹏同志在全国加快第三产业发展工作会议上的讲话。

物资、外贸等流通业，以及金融、保险、信息、法律、会计、审计和咨询等行业的发展，而且要使交通运输、邮电通信、科技教育等具有全局性、先导性、基础性的行业有更快的发展。加快第三产业发展，还是人民生活实现由温饱向小康过渡的需要。小康水平不仅仅是居民收入要有明显增加，吃穿住的水平要有较大的提高，消费结构要有较大的变化，而且还要提高社会化服务水平和居民生活质量。在第三产业中，科技、教育、文化、卫生、体育等事业的较快而健康的发展，对于社会主义物质文明和精神文明建设，无疑也会产生积极的影响和十分重要的作用。

从更深刻的意义上说，加快第三产业发展涉及我国工业化、现代化的道路问题。许多国家的经验证明，经济发展到一定阶段，第三产业的发展速度普遍高于第一、二产业。当然，我们马上要求第三产业的发展速度高于第二产业，这是不现实的；但是，从国际上看，有这样一个趋势。第三产业占国民生产总值的比重已经成为衡量一个国家现代化水平的一个重要标志。第一、二产业的发展为第三产业的兴起提供了物质基础；反过来，第三产业的发展又强有力地促进第一、二产业提高效率、效益和水平。长期以来，由于我们忽视发展第三产业，第三产业的发展速度慢、比重低。为商品经济服务的一些行业，特别是金融、信息、会计、审计、法律和咨询等行业处于落后状态，在一定程度上制约了我国经济的发展。这也是我国经济投入多、消耗大、效益差的一个重要原因。

我们的工业规模不小，一些产品的总量上去了，但质量水平较低，企业效益也上不去。因此，我们大家都认识到，我们不能再走单纯追求发展速度的道路，必须转到依靠科学技术进步、提高效益的轨道上来。不但要把工业企业推向市场，而且还要把农业推向市场。比如，现在农业就要从单纯追求产量转向走高产优质高效的道路。

我认为，这次会议最重要的收获之一是大家提高了认识，概括起来有五个方面：对发展第三产业战略意义的认识有了提高，对发展第三产业前景的认识有了提高，对第三产业的概念、内涵的认识有了提高，对第三产业发展重点的认识有了提高，对第三产业的发展步骤、方法的认识有了提高。我相信，大家认识提高以后，必将增强发展第三产业的信心和决心，在全国范围内推动第三产业的发展。

二、坚持依靠深化改革推动第三产业的兴起和发展。

发展第三产业要走深化改革的道路。我国第三产业发展滞后，与过去实行的集中过多、管得过死的计划经济体制有关系。要加快发展第三产业，从根本上说，必须进一步解放思想，按照社会主义市场经济的要求，破除那些妨碍第三产业发展的观念，才能促使第三产业的兴起和发展。也就是说，要换个脑筋，人还是那些人，换个脑筋，事情就不一样了。那么，需要更新哪些观念呢？大家在发言中有所概括。我举几个例子，比如说，我们过去往往重视第一、二产业，忽视了第三产业，认为第一、二产业创造价值和财富，而第三产业不创造价值和财富；又比如说，过去发展国民经济执行以农业为基础、工业为主导的方针，这个方针无疑是对的，但却忽视了流通的作用；我们经常提到实行产供销一条龙、农工商综合体，但却忽视了销售的龙头作用；发展第三产业往往局限于服务行业，无疑服务行业是要发展的，也是第三产业的重要内容，但第三产业的内涵很丰富，有一些行业对经济的全局更为重要，比如科技、教育、贸易、金融，也包括信息、交通等行业。总之，我们必须从培育和发展社会主义市场经济的高度来促进第三产业发展。为此，要重视以下两个环节。

一是充分发挥市场的作用。第三产业是市场的纽带，必须以市场为主，建立在市场的基础上，按照价值规律和供求规律办事，绝对不能也不应该走过去的老路子，用计划经济的办法来发展第三产业。因此，要对第三产业进一步放开搞活，让市场在资源配置中起基础性作用。在流通领域，要搞全国统一市场，打破条条块块的分割、封锁和垄断，促进和保护公平竞争。价格体系不合理，也是第三产业发展缓慢的重要因素，必须抓紧解决第三产业中价格不合理的问题，但要提醒大家，不能乱涨价、乱收费，收费要合理，要考虑到企业和人民的承受能力。加强市场的组织、制度和基础设施建设，不仅是培育和发展市场体系所必需的，而且也为发展第三产业创造良好的环境。在这方面，要采取更加有力的措施，统筹规划、合理布局，促进全国统一市场的形成。

二是建立充满活力的发展机制。要按照政企分开的原则，把企业推向市场，以产业化、社会化为方向，逐步实现第三产业绝大多数企业和单位由福利型、公益型、事业型向经营型转变。根据第三产业不同行业的特点，实行不同的经营管理方式。除了一些确需国家财政支持的单位外，其他都要实行自主经营、自负盈亏、自我积累、自我发展、自我约束的经营机制，而不应过多地采取补贴和减税、免税的办法，人为地加以扶持。一定要防止丢掉了旧的"大锅饭"，又端上了新的"大锅饭"。当然，对一些急需发展的行业和新兴行业，在自我发展能力尚未完全具备前，各级政府也可以在自己的权限范围内，适当采取一些优惠政策。但工作的重点应通过政策引导和扶持，为它们实行企业化经营、成为名副其实的经济实体创造良好的环境。

在大力抓好以上两个环节的同时，还必须抓好政府职能转变，深化计划、流通、财政、金融、劳动工资和人事管理等方面的改革，为第三产业的兴起和发展提供配套的政策和体制条件。特别要高度重视和抓紧社会主义市场经济体制的法制建设。市场经济在很大程度上是以法律为规范的经济，任何经济活动都必须在法律规定的范围内进行。在当前强调发挥市场作用、进一步放开搞活的时候，必须加强经济法制建设，加快经济立法，严格执法。这样，才能保证整个经济的健康运行。

三、广泛动员和依靠社会各方面力量兴办第三产业。

要使第三产业有一个较大的发展，国家和各级政府必须逐步适当地增加投入，但完全依靠政府的力量也是不行的。因为第三产业中的多数行业面广、分散，有些行业投资规模小并以劳务服务为主，更适合于集体、私营和个人投资举办。同时，由于国民收入分配格局已经发生重大变化，国家财政收入比重下降，人民的储蓄在增加，国家没有必要也没有可能包揽过多的发展事业。加快发展第三产业，主要应当依靠社会力量，充分调动各方面的积极性，国家、集体、个人一起上，特别要注意吸收社会闲散资金发展第三产业。要放手让城乡集体经济组织、私营企业和个体举办第三产业，尤其是那些服务性、娱乐性和劳务性的第三产业，更应当鼓励社会力量去办。现在大多数乡镇企业都是搞工业的，当然也有搞服务行业的，我们要鼓励乡镇企业办第三产业。对国民经济具有全局性、先导性影响的行业，如交通运输、邮电通信等，既是基础行业，也是第三产业，这些行业主要由国家办，但也要引入竞争机制，采用多种形式吸收各方面资金联合举办。只有这样，才能较快地改变交通运输、邮电通信落后的局面。

在加快发展第三产业中，我们不能只指望增加投资、上新项目、铺新摊子，还要着眼于充分挖掘现有企业、事业单位和社会的潜力。要很好利用工业结构调整的时机，引导和支持那些发展不下去和产品不对路、技术落后、需要关停并转的企业转向第三产业。同时，要积极利用现有企业闲置的设备、厂房、场地以及富余人员发展第三产业。结合转变政府职能和机构改革，鼓励党政机关多余人员在与机关脱钩的前提下，举办第三产业经济实体。这样不仅可以节省财力、物力，而且可以最大限度地发挥现有资源、人力和生产能力的作用。

要依靠社会力量办第三产业，关键在于实行正确有效的政策措施，比如说，坚持"谁投资、谁所有、谁受益"的原则，提倡采取多层次、多渠道、多形式筹集资金或联合投资，适当放宽集体、合作、私营、个体和外商进入第三产业某些行业的限制，鼓励民间和个人办科研、文化、卫生和体育等事业。总之，各地方、各部门都要在这些方面动脑筋、想办法，探索新路子，没有把握的可以试点，总结经验，然后加以推广。

四、加强领导，搞好规划，引导第三产业健康发展。

各级党政领导都要把发展第三产业作为深化改革、扩大开放、促进经济上新台阶的一件大事来抓，纳入议事日程。从这次会上介绍的经验来看，只要领导重视，措施有力，第三产业就能较好较快地发展。现在，不少地方和部门发展第三产业的积极性很高，同时也出现了一些值得重视的问题。有的地方和单位一说加快第三产业发展，就是要投资、上项目、盖大楼；有的不考虑条件的可能和实际需要，盲目发展一些热点行业，特别是在发展房地产业和兴办开发区中，出现了某些一哄而起的现象，滥占耕地，越权批租土地。这些虽然是前进中的问题，但如果不引起注意，加以解决，就会造成不良后果。所以，建议各地区、各部门的领导要经常分析研究第三产业发展的情况，及时解决出现的问题，保证第三产业健康发展。

必须正确认识微观搞活和宏观调控的关系。我们要建立的社会主义市场经济体制，一方面要发挥市场对资源配置的基础性作用，使经济富有生机和活力；另一方面由于市场有其自身的弱点和消极方面，必须同时加强和改善国家（包括地方政府）对经济的宏观调控，运用好经济政策、经济法规、经济手段、计划指导和必要的行政管理，引导市场的健康发展。当前，在加快第三产业的发展中，既要进一步开放搞活，发挥地方、企业、个人的积极性和主动精神，又要十分重视加强宏观引导和调控，特别是对涉及国民经济总量平衡、结构协调和其他关系全局的重要活动，必须认真执行国家的政策，不能突破界限。必须明白，宏观上如果出了问题，任何地方、部门都会受到影响。强调宏观调控的目的，就是为了把大家发展第三产业的积极性保护好、引导好、发挥好，使之取得更好的效果。

　　加强宏观引导、调控和加快发展第三产业的一个重要方面，是搞好第三产业发展规划。只有搞好规划，才能使我们的视野更开阔，不局限于眼前的一步。这次会议上大家就制定全国第三产业发展规划交流了意见，在一些基本思路上统一了认识。无论是全国的，还是各地方、各部门的第三产业发展规划，都要根据党的十四大精神，结合十年规划、"八五"计划的调整，加以充实和完善。

　　在制定本地区、本部门第三产业的发展规划时，要注意以下几点：

　　一定要注意从实际出发，合理确定发展目标。有条件能够快一些的就快一些，条件不具备的要努力创造条件加快发展。各地方的经济水平、资源状况等不同，对第三产业发展的需求也不同。因此，要因地制宜、实事求是、量力而行，在发展速度问题上不搞一刀切，不相互攀比。

　　一定要根据本地区、本部门的特点，选准重点和带头行业，不能齐头并进，也不要各地都集中到某些热门行业，造成不必要的重复建设和浪费。目前，各地都要把培育市场体系，特别是培育生产资料市场作为发展重点。同时，要把加强交通运输、邮电通信和科技教育放在突出的战略地位，这带有普遍意义。

　　一定要重视发展与提高人民生活水平和质量密切相关的行业，包括城乡饮食服务业和各类社区服务业。要努力把企事业单位、机关的服务部门分离出去，提倡服务社会化。这对于方便人民生活，改变企事业、机关办社会的状况，乃至提高经济效益和办事效率，都大有好处。

　　一定要拓宽第三产业发展领域，除了继续发展商业、服务业等传统的行业外，要特别注意发展与市场体系建设密切相关的新兴行业，包括金融、保险、旅游、信息、法律、会计、审计和咨询等。同时，积极搞好城乡社会化服务体系和社会保障体系的建设。

一定要处理好当前和长远、局部和全局的关系。把近期发展重点与长远发展目标结合起来，做到长计划短安排，有步骤地付诸实施。各地区、各部门要在国家统一规划指导下，形成全国性、区域性、地方性多层次的和相互配套的第三产业发展格局。

一定要把培养第三产业的人才放到重要地位，现在第三产业发展中突出的问题之一是人才不足，特别是金融、信息、法律、会计、审计和咨询等新兴行业，人才更是缺乏。必须有计划地加快这些方面人才培训的步伐，努力提高人才的素质。

现在全国上下都在认真学习贯彻党的十四大精神，广大干部群众思想更加解放，精神更加振奋，加快改革开放和现代化建设的热潮正在兴起，总的形势很好。在新的形势下，我们的经济战线领导干部和经济管理部门要努力学习邓小平同志建设有中国特色社会主义理论，增强全面执行党的基本路线的自觉性，提高领导经济工作的水平和艺术，准确分析和把握经济发展走势，既要解放思想，积极进取，勇于开拓，又要实事求是，保持清醒头脑，脚踏实地，真抓实干，为促进我国第三产业的全面兴起和健康发展，为经济顺利迈上新台阶，为把有中国特色社会主义的伟大事业继续推向前进，作出新的更大贡献！

关于三峡工程的四个重要问题*

（一九九二年十一月十九日）

全国人民代表大会作出决议，通过了三峡工程的立项。兴建三峡工程是件大事情，功在当代，利在千秋，是全世界都在关注的大事，其重大意义不用重复。

今天，我们要解决的首要问题，就是要有一个组织保证。决策定了以后，要人去实现。所以，这次会议重点解决组织保证问题。国务院要成立一个三峡工程建设委员会，这是政治局讨论过的。考虑到工程非常巨大，需要动员全国的人力物力来支援三峡工程。中央决定由我来担任三峡工程建设委员会主任。家华[1]同志就建设委员会的组成提出了意见，最后要报政治局常委会批准。参加委员会的各部的人员请你们回去以后商量一下。部长参加可以，副部长参加也可以。总之要有利于工作。

三峡工程建设委员会工作的性质，在这里应该明确，它是国务院的一个议事机构。三峡工程建设中重大问题需要国务院来决定的，由这个委员会来作出。因此，它是一个议事机构，而不是一个实体，不是计委、经贸委，还有其他公司等的那种性质。同时，委员会也不是一个直接指挥三峡工程

---

* 这是李鹏同志在国务院三峡工程建设工作会议上的讲话。

的指挥机构。

三峡工程应该用现代化的市场经济的办法来进行建设，采取以业主为主导的管理方式。成立三峡开发总公司，对三峡工程负全部的经济上的责任，包括债权、债务，以及建成以后的运行管理等。葛洲坝电厂划归为三峡开发总公司的组成部分。甚至于三峡工程建设之后，开发公司也可以用它的资金再投资，搞长江其他电站建设。总之，三峡开发总公司是一个经济实体。它的地位就相当于我们今天的石化公司这样的经济实体。当然，这样一个组织方式，在我们水电系统中已经逐步这样做了，但还不完全为大家所接受。看来搞社会主义市场经济，得用这个方法。

三峡工程建设委员会要有一个办事机构，特别是初期，还有许多问题要进行协调。所以，三峡工程建设委员会要成立一个办公室。这个办公室为工作方便起见，放在计委。另外一个就是移民开发局。这样就有两个平等的系统。就是移民开发局是一套移民系统，另一套系统是三峡开发总公司，两个系统在管这件事。这次和大家一起，经过实地考察和开了座谈会以后，有这个新的想法。

昨天晚上我们国务院的几个同志碰了一下头，大体上统一了一下意见。三峡工程建设委员会这个机构，主要是给三峡总公司做后盾，应该是一个短小精干、工作高效的，而不是扯皮的机构。我们想，将来这个实际的责任还是集中统一到常务副主任。家华同志是国务院副总理、计委主任，不能只管三峡一件事。我当然也不能只管三峡一件事。俊生[2]同志是管农业的，面也很广。但是，三峡工程建设也需要我们这样的人来管。因为，我们出面以后，可以把各方面的意见加以协调。因此，考虑应有一个同志专门管三峡的事情。我们准备让郭树言[3]同志来管这件事情。把这个口统一到树言同志那里。移民局也好，三峡办公室也好，将来都归口由委员会的常务副主任负责。就是说移民和工程建设还是要紧密地结合在一起，这样比较有利。这是我要讲的第一个问题。

第二个问题，就是关于移民的问题。因为，三峡工程的特点，除了工程量大，发电量大，装机容量大，是世界之最，成败的关键在于移民。因为有一百多万人口要迁移。库区许多城市要重新建设。这在世界上恐怕也是罕见的。所以，讲成败的关键在于移民是正确的。关于移民的方针，前一段我们提出搞开发性移民，由补偿性移民转变成为开发性移民，和经济发展结合起来，移民以后的生活水平至少不要低于原来的水平，而且还应有所提高。至于说提高的标准嘛，有几种说法，我们以后再统一，不一定今天就统一。比如，一种说法是通过移民，能够赶上全国的平均水平，这个话讲的是有道理的。因为，三峡地区本来是贫困地区。这几年，万县、涪陵都有很大的进步，已经超过温饱线了，人均年收入四百至四百五十元。六年前我来时才二百多元钱。这几年，经济发展了，距离四川省的平均水平线不是太远了。四川现在平均也不过六百多元。当然，我们这样大的投入，以后应该比现在有一个提高。通过调查之后，看提这样一个口号合适不合适，就是移民的生活水平达到全国的平均水平。当然，有些地区本来已经达到或超过了全国的平均水平，那就是一个再提高的问题了。这是第一点。

三峡移民要把当地人民群众的积极性调动起来，把全国人民的积极性、各级的积极性调动起来。通过移民，能够创造一个好的投资环境。这就不光是一个移民的投资问题，而是要把人民的钱、各省的钱都吸引到这个地方来。在涪陵，我们看到三环路、四环路、五环路都修了。修完以后，各家都主动往上搬。建设的投资，根本不是赔偿的钱。比如银行就是用自己的钱盖的房子。从中我们也可以得到一些启发。

国家要给三峡地区政策。我想，回去以后，可以考虑把宜昌作为开放城市，或者是把整个三峡的十九个淹没县（市）作为经济开发区。三峡经济开发区可以不改变行政建制，但给予特殊的优惠政策。同志们要说，既然是经济开发区，至少要有沿海开放区的政策，甚至是特区的政策，如把所得税率降到百分之十五。这都是可以考虑的。我们就这么一块地区，通过给它一些优惠政策以后，就会形成一个自我发展的机制。以后对外招商的基础设施搞起来了，别人就会来投资。当然，这不是说光给个政策，给个投资环境外商就来了。你还要有资源，要和当地的资源相结合。我看劳动力本身就是个大资源。三峡地区人民还是非常能吃苦的。

我们要努力形成一个良性循环的机制，这个机制是市场经济的。这一点很重要。办企业要考虑到以集体企业为主，包括一些个体企业都允许存在，不搞国营企业。前一段办了一些企业不大成功，恐怕与机制有关系。国家给它包下来了，产品不对路，没有销路自己就垮了嘛。如果是集体企业机制，不对路就转头了，自己主动寻找市场上适销的产品。

要动员全国各地来三峡投资建厂。三峡没有多少平地，搞太大的企业看来不太现实。还是搞那些投资省见效快的，外向型能够打出去的，甚至档次高一点的产品。也可以引进一些外资，我们的政策要放宽一点，准备一点配套的贷款。总之，要让它形成一个自我发展、自我良性循环的机制。我们没给肖秧[4]什么钱，他有积极性，搞了十平方公里的开发区。昨天看了鄂州，也是十多平方公里的开发区嘛，中央也是一个钱没给嘛，招商搞了六十多个。还是要给一个政策，使企业建立良性循环的机制，我看经济就发展起来了，再用移民经费加以补助，把这个钱花好。这是第二点。

第三点，三峡移民的特点，从人口的组成来讲，大概是四六开。百分之六十是城市人口，当然城市人口有一个搬迁的问题。百分之四十是农村人口，各县不一。经过这一段试点以后，大家同意这个方针：农村的移民以农业为主，开发经济作物，如柑橘、烟叶，还有其他适合山区的经济作物，这条方针是正确的。大家也都同意。但是，也不排除在湖北有条件的其他地方成片地进行安排，而不是一家一户插花式的安排，农民集中办一些第三产业、第二产业。这是可以的。我要特别讲的就是在建设过程中，怎样把农民的这部分力量利用起来，参加建设。搞临时工，不要搞永久工。隔河岩的经验，就是让移民参加建设。有的搞建材、有的搞运输。三峡工程这么大量的物资运输工作，不一定都是由三峡公司或施工单位包下来，也可以雇社会的力量来承包。我想第三点就是要以农业为本，当地后靠为主。但是，也不排除其他的方式。

第四点，应该是重点和一般相结合。俊生同志上次开会讲的原则，我觉得归纳得很好，先坝区后库区，先下游后上游，这样一个移民顺序。如果把这几句话再具体化一点，我想当务之急，就是为坝区创造一个施工条件，坝区移民应该放在第一位。如果把坝区移民搞好了，我们就可以放手地进行前期准备工作，放手地进行大坝的建设，各方面工作就可以开展起来了。

移民要考虑到第一批机组发电，就是达到一百三十五米的发电水位，这应该是第二期；达到最后的一百七十五米淹没线，是第三期嘛。分三期来进行移民，当然我们说分三期移民来建设，并不是说对于上游万县、涪陵、重庆在第一期一点钱也不花，但是，比例要小。主要是创造一些基础设施的条件，创造一些移民的条件，搬迁的条件。重点应放在一百三十五米以下，重点应该是秭归、巴东、巫山，云阳也有一部分。为什么我讲一百三十五米这个概念，就是说我们水轮机一转就黄金万两。《林海雪原》里就曾经讲，"火车一响黄金万两"。一百三十五米基本上能达到设计出力，不过就是耗损率大一点。一百三十五米能够发电，就能发四百亿度电。那个时候的上网电价，可能就要按成本计算，可能是两角钱，也就是八十亿元。

在路上，有人提出意见，移民的费用上不仅要静态分析，而且要做动态分析，我们现在先移民，将来就可以不花钱。这意见无疑是对的，因为移民还有自然增长、物价上涨等因素。但是，如果能保证先发电，电价也是随物价指数上涨的，我从电费里拿出一定的比例，作为移民的后期开发，那么，移民上涨的费用，我们就能承担。这就是以电养工程，养后期的移民。我想水轮一转黄金万两，那时，经费也有了，建设资金也有了，移民费也有了，同时人的士气也不一样了，这是关于移民的问题。

第五点，就是移民的责任。移民工作上面有移民局，两省也相应建立移民机构，领导亲自负责，这都是对的。但是，移民的重点责任应放在县，原则上是包干使用，我们还是要相信地方组织、相信党、相信当地的群众。当然，也可能会发生挪用的情况，发生虚报冒领的情况，发生拿了移民的钱，不干移民的事。我们要有政策，而且要进行监督。所以上面这个移民局，主要是制定移民方针政策，进行移民试点，进行监督，进行每年资金总额的分配，然后落实到县。我很同意刚才关广富[5]同志讲的，在移民的这几个县，比如宜昌、秭归、巴东、巫山，这些县马上都要转移到以经济建设为中心，就是以移民为中心上来。把移民和经济建设有机地结合起来。这和试点时不一样。试点时，一个项目一个项目地管，都是必要的。我们已搞出了一套经验。今后，湖北、四川要对中央负责。将来我们找你们湖北省和四川省书记、省长，找关广富、郭树言，找肖秧。我们就这样管。到时候一百三十五米发不了电，就请你们书记、省长亲自坐镇。反正水是要淹上来的，那时候咱们检查责任嘛。我相信咱们还是有觉悟的。咱们的村干部，县一级干部，大家考虑一点本地的利益，有一点本位思想，这是工作的角度不同，是难免的。但是，总的还是要识大体，顾大局。我也相信各级党的组织，但是，监督是很重要的。这个监督就包括我们库区移民的户口。我认为就是我们要进行立法，而且要执法，要防止库区淹没人口的膨胀，自然增长除外。我刚才听说一个现象，原来说在移民试点中巴东县是最好的嘛，移民试点最好，但是，库区人口增长最多，这件事请关广富同志抓一下，看是不是这个情况。如果是这样，那巴东做得就不对了。

　　国务院元月份就要下正式文件了。文件还不够，以后要制定法律、法规性的东西。罗干[6]同志请考虑一下，是否尽快出台一个关于三峡移民条例，或者移民的规定，带有法律性质。关于移民我就讲这些。

　　第三个问题，讲一下资金的筹集问题。有了干部，又安排好了移民的工作，有了合理的组织机构，配备了干部。那么剩下的就是个资金渠道的问题。这是个大事情，总之一句话，就是多渠道集资，我们已经出台了电费三厘钱方案。三厘钱应该是全额征收，因为人大作了决议，全国都要作贡献。而且，三厘钱加到每个老百姓身上，加到每个企业身上并不是很多的，这次我们涨了一点五分，其中也就拿了三厘钱出来搞三峡，并不是很多，所以三厘钱要坚决地收。随着经济的发展，随着将来电价的调整，以后是不是还可以增加一点，我们今天不定方案。这是一个主要的渠道，就是在电费中提取三峡建设资金。如果按照现在水平，除去因一些特殊原因收不上来的，我看至少可以收到十至十二个亿，而且这个是没有利息的钱。这件事，要坚决办，如果放松了，三峡资金筹集的第一步就落空了。可以考虑召开专门会议，由财政部、计委召集，各省的同志都来，咱们摊开讲，你为什么拒收，请你省里的负责同志来谈。刚才，刘仲藜[7]同志谈了可不可以作为省的股份的问题，我看现在不松这个口，这个钱就是征收了，做贡献了。以前，姚依林[8]同志主张发行无息公债，要为三峡做贡献。我考虑这个动作太大。电费附加是一种比较缓和的方式，三厘钱对大家有什么影响呢？这是一种大家比较能接受的方式，有些省为了自己本身的利益，总想把这个钱留下来自己发展。所以，我想先不松口，但是，可以研究这个问题。三峡公司将来是一个股份制公司，要按股份制企业来进行管理，上市不上市咱们不说，但作为一个股份制企业，不是不可以考虑的。为了调动各方的积极性，可以允许有一些地方股，但是，占多大的比例能够调动积极性，这都是可以研究的。

第二个渠道就是银行贷款，这也是一个主渠道。随着经济的发展，每年拿出十个亿。近三年之内这都是可以的。贵鲜[9]同志每年拿出十亿长期贷款，但利息比较高。我不能要求他为三峡付息。银行是要吃利差的，存贷差，稍微优待一点是可以，但是，太多了不行。

第三个渠道是葛洲坝电站的利润。葛洲坝的电价四分钱，太不合理。但一下子涨上来，负担也比较重。湖北省一个省要负担三个多亿。如果推广到全华中，华中几个省有意见。昨天，我同郭树言同志商量，是不是用这样一种方针，就是一年涨一分，分四年涨完。这样，大家承受能力比较强，比较合理。至于说怎么摊大家更容易接受，三峡工程建设委员会办公室以后再来研究。总的意思，就是这四分钱采取逐步到位的方法。另外，我提议，葛洲坝的电尽可能往上海多送，因为上海现在上网电价就是一毛钱，多给上海送一点，资金会多一点，四分钱照涨，每年涨一分，对上海也一样。葛洲坝电站如果电价涨到八分时，这个利润除去运行管理费、还贷以外，利润至少每年还有五个亿左右。这也是没有利息的钱，用这个钱经济效益就很大了。

第四个渠道就是发行股票问题，可以继续再研究，我们也可以发行 B 股，有没有可能呢？这要进一步研究。不仅要看葛洲坝电站的利润怎么样，还要看三峡工程的将来发展。凭三峡的名气，可能股票发行很有前途。股票问题等酝酿成熟了再说。假如说 B 股能发到两亿美元，市价能翻到两倍，那就是四亿美元。我们可以拿这些美元来购买一些设备，进口一些物资。

第五个渠道就是我们将来也不一定不能争取一些国际资金，除了发行股票（这是另外一种含义），国际资金是国外政府贷款，将来协力基金能不能争取一点，世界银行的资金及买方信贷等，也可以争取。

第六个渠道比较差一点，就是发行公债，发行债券。发行债券建设周期很长，负担很重，你还要借新还旧。在建设过程中，给公司很大的负担也不好。

总之，从现在我们已经出台的措施和我们国内能够给予的贷款，至少在前三年到前五年，能够保证建设资金。集资单位，将来是三峡总公司，负责三峡工程的债权、债务。银行贷款它得去借，发行股票它也得发。三峡工程建设委员会办公室里应该有一个财务方面的专家，来帮助他们进行集资，帮助他们来考虑怎样筹集资金这么一个工作。

第四个问题，是若干的技术问题。大的技术问题属方案性的技术问题，应该放到三峡工程建设委员会办公室来讨论。在讨论这个大的技术问题的时候，全体成员都参加。由于有很多同志不一定参加这个技术问题的讨论，可以采取灵活的方式，由办公室组织一些有关的专家来进行讨论，大的问题还要进行一次设计的审查等等。我觉得一般性的技术问题就由三峡总公司来做。那么在三峡办公室里面可以有一个小组来管技术，在三峡总公司里面则要设立一个技术委员会，或叫技术局都可以。总之，要有一个技术班子，恐怕还得有一个总工程师，得要有这样一个机构，就可以把一些很具体的问题交到三峡总公司来，这样它就是一个有效率的机构。

按照国际上的惯例，三峡工程建设的方式采取招标制，按招标的办法应该有一个竞争。当然，葛洲坝工程局有得天独厚的条件，我们可以想象将来它是三峡工程的主力。但是也不能没有竞争，有些子项目也不一定就是由葛洲坝工程局来承担，也要有一些竞争。在同等条件下也可以优先，总要给它一点优惠，但是也不能没有竞争。参加三峡工程建设的竞争，我想不仅是水电系统的队伍可以参加，全国所有施工队伍都可以来参加投标。铁道部现在有大量的施工队伍，冶金部、化工部这些单位都有大量的土建施工队伍。最近铁道部的任务又饱满一点了，实际上水电部的施工队伍的任务也是比较饱满的。这种招标的机制，能够促使降低造价，缩短工期，都是比较好的。

另外，在施工的过程中还有一个监理的问题，这个问题也要由总公司来聘请监理单位。我看，理所当然这应该同设计工作结合在一起，长江委对这个工作比较熟悉，但不完全排斥聘请到别的单位来监理。甚至于聘请国外公司来担任监理，或者聘请国外的技术人员来参加监理，你们也可以搞个顾问小组嘛。我的意思是不一定三峡总公司要搞很多的人，一般质量监督工作不都拿到你公司来，由你自己来组织一个队伍进行监督，而是你应该委托一个机构来为你进行监理工作，由他对你负责，将具体工作交给他。我们看施工现场，后勤工作，家属一定不要带到现场去。精兵强将上前线，后方基地放在宜昌。如果是外单位来进行施工，那施工基地不进湖北省,你就在你的原来的基地,到时候,工人需要休探亲假的时候,每年按照施工的季节、施工的进度来安排回家探亲。另外我觉得现场布置的规划图一定要搞好,一定要划出黄线和红线,按红线建设,黄线规划,实行严格的管理,不能说哪个单位来的早就跑马占地,将施工现场搞得一塌糊涂。为了提高施工现场的文明程度,请你们考虑一下,这是个技术问题,究竟搞不搞沥青路面,是干线搞沥青路面,我觉得搞了沥青路面以后,也不一定花多少钱,而轮胎的磨损也可以减少,汽油费也减少。要能够成为一个井井有条的这样一个工地,打破往常的习惯。既然是世界上最大的工程,我看应该是一流的施工质量。所以同志们讲要采用一些大型机械设备,这个我赞成,那个地方也不能搞人海战术,应该用现代化的施工方法,设备要尽量上去,该花的钱我们一定要花。

这里讲设计。设计单位是长江委,恐怕要提取一定的设计费用,要有经济责任,也可以改善一下长江委的经济状况,增加他们的责任感。其标准的问题可以由建设委员会来确定,他们可以参加监理工作,参加设计图纸的供应,也要有责任制,绝对不能因为图纸而影响施工。同时明确一下,当然还有一个设计修改的问题,肯定会出现设计修改的问题。将来设计修改问题的决定权不在长江委,应该由业主决定,有问题你找业主去,这个问题我必须定下来,我说这些小的技术问题要通过协商,通过开会民主协商来决定,其决定权最后应该是在业主,因为他负责嘛,这恐怕也是观念上的一个很大的变化。当然,我想作为公司来讲,是会尊重图纸,不会轻易地去修改,大的方案修改要报。还有一个重要的问题,就是开工，究竟哪个时期算正式开工，正式开工要有一个仪式。

注　　释

〔1〕家华，即邹家华，一九二六年生，上海人。当时任中共中央政治局委员，国务院副总理兼国家计划委员会主任、党组书记。

〔2〕俊生，即陈俊生（一九二七——二〇〇二），黑龙江桦南人。当时任国务委员、国务院三峡工程移民试点工作领导小组组长。

〔3〕郭树言（一九三五——二〇二二），河南镇平人。当时任中共湖北省委副书记、湖北省省长。后调任国家计划委员会副主任，国务院三峡工程建设委员会副主任兼办公室主任、党组书记。

〔4〕肖秧（一九二九——一九九八），四川阆中人。当时任中共四川省委副书记、重庆市委书记。

〔5〕关广富（一九三一——二〇一六），黑龙江穆棱人。当时任中共湖北省委书记。

〔6〕罗干，一九三五年生，山东济南人。当时任国务院秘书长、机关党组书记。

〔7〕刘仲藜，一九三四年生，浙江宁波人。当时任财政部部长、党组书记。

〔8〕姚依林（一九一七——一九九四），安徽贵池人。当时任中共中央政治局常务委员会委员、国务院副总理。

〔9〕贵鲜，即李贵鲜，一九三七年生，辽宁盖州人。当时任国务委员兼中国人民银行行长、党组书记。

中俄关系的基础是平等互利、睦邻友好 *

（一九九二年十二月十八日）

中俄关系进入了一个新纪元，中俄关系的基础就是和平共处五项原则[1]。如果表述再简明一些，就是八个字："平等互利、睦邻友好"。至少有三个方面把我们连接在一起。第一，有四千多公里长的共同边界。第二，两国经济互补性大，我们有些东西，你们没有，又是你们需要的；你们有些技术和产品是我们需要的。我们两国互补的程度，在世界上是很难找到的。第三，两国人民之间有着传统的友谊。希望你的访问能够成为两国新关系的一个起点，把中俄关系推向一个新阶段。

我们对你们是了解的。你们现在遇到了一些困难。但我一直认为，困难是暂时的，俄罗斯一定能够复兴。我们两国已经建立起来的联系，特别是经贸联系，有了很大进展，已经取得了成绩。我们之间的合作，特别是经贸合作，应当是全方位的，包括国家级别的合作和地方之间、企业之间的合作。经过改革，我们地方、企业有了更大的自主权。在国家总的方针、政策指导下，企业发挥各自的积极性。

---

* 这是李鹏同志会见俄罗斯总统叶利钦时谈话的一部分。

　　发展双边关系，重要的是要恪守和平共处五项原则。我们的省与你们的某些共和国、边疆区、州进行经济和贸易往来，是严格按照不损害主权、不干涉内政的原则办事的。就中方来说，我们不干涉俄罗斯内政，不支持俄罗斯内部的分裂主义活动。

　　我们赞成继续进行边境地区裁减军事力量的谈判。在边境地区没有必要驻扎大量军队，因为中俄要发展睦邻友好关系，我们都致力于发展经济。这个谈判要继续下去。

　　关于安全问题，俄罗斯与美国谈定了战略核武器协定，一月份要签署。削减三分之二的核武器，这是向前迈出了一步。中国的核力量很小，比不上俄美。中国这一点核力量完全是防御性的，对美、俄都不构成威胁。我们已经宣布参加不扩散核武器条约，中国还是第一个宣布不首先使用核武器，不对无核国家和地区使用或威胁使用核武器的国家。坦率地讲，你们两家达成协议，削减三分之二也好，还剩四分之一也好，即使是那样，中国也比你们少得多，同你们的水平相差很远。

　　至于暂停核试验，这完全是个形式问题。坦率地讲，如果世界上只有俄美两个核大国，你们两家绝对控制核武器，世界会不安全。这是我们的看法。谈到核试验，从水平和次数上讲，我们都落在后头。美国已经试验完了，达到了目的，俄罗斯也试验了足够的次数，现在提出不进行核试验，这就有些不对了。再说，我们已不在大气层试验，地下试验次数也很有限。我们要对十一亿人口负责。我们不可能像俄、美那样搞得那么多，我们也没有那么多钱。

注　释

〔1〕和平共处五项原则，指互相尊重主权和领土完整、互不侵犯、互不干涉内政、平等互利、和平共处。一九五三年十二月至一九五四年四月，中国政府代表团和印度政府代表团在北京就两国在中国西藏地方的关系问题举行谈判。一九五三年十二月三十一日，即谈判的第一天，中国总理周恩来接见印度政府代表团，提出了和平共处五项原则。后这五项原则正式写入双方达成的《中印关于中国西藏地方和印度之间的通商和交通协定》的序言中。一九五四年六月，周恩来在访问印度、缅甸期间，先后于六月二十八日和二十九日同印度总理尼赫鲁、缅甸总理吴努发表联合声明，正式倡议将和平共处五项原则作为处理国与国关系的基本准则。此后，这五项原则为一系列国际组织和国际文件所采纳，得到国际社会广泛赞同和遵守，成为国际关系基本准则和国际法基本原则。

依靠改革解决经济发展和经济体制中的深层次问题[*]

（一九九三年一月十日）

今年的改革工作，一定要紧紧围绕建立社会主义市场经济体制的改革目标，进一步解决经济发展和经济体制中的深层次问题，既在体制转换的一些重要领域取得实质性进展，又能促进国民经济更好更快地发展。

去年以来，在邓小平同志视察南方重要谈话和党的十四大精神的鼓舞下，各地区、各部门进一步解放思想，真抓实干，全国改革、开放和发展的步伐明显加快！改革在许多领域取得了重要进展。总的说，当前经济和改革形势都是好的。同时，我们也要清醒地认识到，在加速经济发展和改革开放的进程中，也出现了一些值得重视的问题。主要原因是还没有建立起一套科学的、行之有效的宏观调控体系，国家与企业、中央与地方之间的基本经济关系尚未完全理顺，国民经济还没有形成良性循环的运行机制。要根本解决这些问题，必须按照建立社会主义市场经济体制的要求，加大改革力度，加快改革步伐，从体制和机制上寻找出路。只有这样，才能保持经济高效、健康发展。改革是为了进一步解放

* 这是李鹏同志在全国经济体制改革工作会议上讲话的要点。

和发展生产力，同时，改革也是经济发展的动力。

各地区、各部门的同志要像重视加快经济发展和扩大对外开放一样，认真抓好各方面的改革，特别要积极探索如何建立适应社会主义市场经济发展的有效宏观调控手段，探索对企业既有激励又能约束的微观经济运行机制，进一步把改革推向前进。

各地、各部门要继续把贯彻落实《全民所有制工业企业转换经营机制条例》作为企业改革的中心任务来抓。企业经营机制的转换，企业自身要下功夫，外部条件特别是政府管理经济职能的转变必须配套进行。各级政府部门要进一步采取得力措施，按照条例规定放开企业手脚；同时，要建立严格的企业自负盈亏的责任和约束机制，特别是要建立起分配约束机制和投资约束机制，解决分配过多向个人倾斜问题，使投资规模适当、投资方向合理和取得较高的经济效益。要扩大"税利分流"试点面，争取经过一段时间的过渡，在"八五"之后，企业基本上实现"税利分流"，理顺国家与企业的分配关系，也为建立中央与地方之间的分税制奠定基础。

十四年来，我国在培育和发展各类市场方面取得了很大进展，但总的说市场体系仍不完善，保障市场正常运行的法规体系也很不健全。没有发达的商品市场和完善的要素市场，就不会有现代的市场经济。今后，要继续发展各类批发市场，形成多层次的市场网络，并探索期货交易所等新的市场组织形式；同时，要把市场建设的重点转向加快培育金融、劳动、技术、信息和房地产等要素市场上来。当前在市场培育方面要注意按照市场经济的要求，发展统一开放的市场，进一步打破商业、物资、外贸的界限和各种形式的地区封锁、部门分割；抓紧制定市场法规，规范市场交易秩序。在考虑到国家、企业、个人三方面的承受能力和控制物价总水平的基础上，积极有步骤地推进价格改革，尽快建立起以市场为主的价格形成机制，保证市场配置资源基础性作用的有效发挥。

加快金融体制改革，是建立社会主义市场经济体制最重要的任务之一。从总的方向来看，必须强化中央银行的宏观调控作用；从我国的实际情况出发，专业银行一段时期内要继续承担政策性业务和商业性业务的双重职能，但要逐步把两种职能分离开来，减少政策性业务。

建立包括养老、待业等在内的完善的社会保障体系，有利于企业经营机制转换，有利于社会稳定。从方向上看，社会保险行政管理机构要统一，实行政事分开的原则，政府的社会保障部门只管政策和法规，由专门的机构筹措和运用保险基金。保险基金的统筹权原则上应放到省或计划单列市。社会保险基金的筹措要由国家、企业和个人三方合理负担。在农村，养老保险主要以农民自主投保为主，不要搞强制性交纳保险金。待业保险制度要建立起来，以利于企业引进竞争机制，优化劳动组合。企业开办的服务公司等第三产业，要独立核算、自我发展、自负盈亏，逐步实现社会化。企业、机关、事业单位的一些福利待遇要逐步纳入工资的范畴。

中央和省级政府的机构改革，要按照中央的统一部署，有计划、有步骤地实施。改革的原则是要转变职能，理顺关系，精简机构，提高效率。政府部门转为公司的，不再兼有行政职能；转行业管理的，不再直接管企业。地方机构的设置，在中央统一的政策原则下，实行分散决策。要大力精减人员，为推行公务员制度创造条件。机构改革是一项艰巨复杂的系统工程，要同经济体制和机制的转换相适应、相衔接，平稳过渡。不论哪一级的机构改革，都要做到人尽其才，充分发挥广大干部的积极性。

要进一步深化农村改革。中央和国务院要求各地认真重视农业和农村工作，切实解决农民负担过重的问题，稳住农业这个基础。通过完善家庭联产承包责任制等多种措施，逐步实现农业的高产优质高效。要建立起以稳定农业生产、保护农民利益为目的的农产品流通体制和宏观调控体系；要大力发展农村社会化服务体系；继续推进县级综合改革，促进城乡经济一体化，使农村市场经济的发展达到一个新水平。

多年来，广大体改干部探索前人未有的事业，做了大量辛勤的工作，为改革大业作出了贡献。在新形势下，要在各级党委和政府领导下，把改革工作搞得更加扎实、更有成效。

援外要达到帮助受援国
发展经济的目的[*]

（一九九三年二月十六日）

我们财政提供的援外资金有限，但我们还是做了许多工作，与国外签订了不少协议，搞了不少项目，对受援国有一定的帮助。随着形势的变化，我们对外经济合作、援外的方式也应作相应的调整。

现在，我们实行社会主义市场经济，就要逐步走出一条新的援外道路来。所谓新的道路就是援外要达到帮助受援国发展经济的目的，而且是有效益的。所以，不妨试验一下，用我们的援外经费帮助受援国建立一些合资企业，从中国的SKD、CKD^[1]做起，然后逐渐壮大力量。也可以用这些钱帮助受援国建一些商店，然后我们合资经营，以利于我们的商品出口。看看这条路能不能走通。当然，也不排除我们继续援建一些基础设施，比如桥梁、公路等。总之，能够把我们的技术带过去、把我们的管理经验带过去，同时又避免有些国家政局不稳、官员贪污而把企业搞得一塌糊涂的办法，就是好办法。经贸部应该总结过去经验与教训，提出新时期

＊ 这是李鹏同志在驻外经商参赞工作会议上的讲话《为实现对外贸易多元化战略而奋斗》的一部分。

的援外方针。我想有这么几条可以考虑进去：第一条，平等互利。第二条，不附带任何政治条件。我们的援助虽然少，但发展中国家会感到我们是真心实意的，我们从来不干涉别国的内政，这是有口皆碑的。第三条，形式多样。从建一些永久性设施发展到开办一些独资企业、合资企业，发展商业，当然也还可以搞一些基础设施，等等，就是形式多样化。形式多样化了，内容也要多样化。这就可以实施外贸市场多元化战略。同时对我国执行独立自主的和平外交政策，加强同发展中国家人民的友谊起到重要作用。在形式、内容多样化的同时，资金来源也要争取多样化。我国政府资金算一部分，受援国引进其他外资参股也可以算一部分。还可以通过我们国内的企业参股，它们现在有自主权，为了推销产品，它们可以拿出钱来，这也是一部分。这几部分结合起来，扩大援外资金的来源。这就是资金来源的渠道多样化。

现在我们整个对外经济合作的方针还没有完全形成，有待于我们继续努力。另外还有技术合作，我们不仅输出技术、输出劳务，双方开展技术合作，等等。我们援外任务很重要的一条，就是帮助受援国发展民族经济，提高它们的综合国力。

注　释

〔1〕SKD，英文 Semi-Knocked Down 的缩写，指半散件组装；CKD，英文 Complete Knocked Down 的缩写，指全散件组装。

用经济办法实现粮食的产销衔接*

（一九九三年二月二十五日）

刚才听了大家的汇报，我觉得经过国务院及各省、自治区、直辖市和国务院有关部委的准备和共同努力，这次会议开得很好。

一、关于这次会议的意义。

首先，是在深化农村改革方面迈出了新的步伐。主要表现在：过去省际粮食调入与调出主要是按中央计划调拨的，现在逐步转变到通过产销直接见面签订合同来实现。这是粮食产销由计划经济向市场经济过渡的一项重要改革。会前，在听取汇报的时候，我们预计这次签订合同数量能达到一百亿斤（大约占每年省际调拨总数的一半）就不错了。结果，在这次会上签订了一百五十六亿斤的合同，应该说这是一个很大的成绩。第二，这次会议是从国务院到各级地方政府对农业领导方式的一个革新。在年初就把销区的粮食需求，包括数量、品种、质量和国家的有关政策告诉产区和农民，签订产销合同，用经济信息、经济政策、经济办法来引导农业生产，改变了过去单纯靠行政手段来管理农业生产的方式。

---

* 这是李鹏同志同出席全国粮食产销政策发布及定货会议代表座谈时的讲话。

这是农业领导方式的重要转变，而不是撒手不管，放任自流。在某些粮食品种出现供大于求、粮食价格下降过多的情况下，如果对粮食产销采取放任自流的办法，实际上会伤害农民的利益。谷贱伤农啊！现在，我们按照经济规律，用经济办法来实现粮食的产销衔接，可以说是粮食产销向市场经济迈出了一步，这个步子还不小。第三，这也是防止粮食生产滑坡，保持粮食稳步发展的一项重要措施。通过这次会议，粮食产区和粮农得到了信息，签订了购销合同，因而增强了搞好粮食生产的信心。所签订的购销合同有利于引导农民调整粮食生产的品种结构，生产适销对路的产品。通过这次粮食购销合同的签订可以看出，现在我国粮食是低水平的供大于求。在品种结构上，玉米大体产销平衡，小麦产量不足需要进口，大米有些过剩，大豆严重不足，因而需要进行结构调整。调整农业生产结构不能仅限于粮食，还包括棉花、油料，以及农、林、牧、副、渔全面的结构调整。

二、关于建立中央、地方两级粮食调控体系问题。

建立粮食调控体系是一个大问题，要抓紧抓好，绝不能放松。我国地域辽阔，人口众多，各地情况千差万别，只有中央一级调控不行，还要加强省、自治区、直辖市这一级的调控。这样，我们才能够做到"双保险"。现在中央虽有七百多亿斤粮食储备，但当某省发生粮食供应不足的时候，由于运输困难以及其他方面的原因，不一定能及时得到供应。据我所知，去年石家庄市一度出现面粉供应紧张，并不是因为河北省没有小麦，石家庄地区就有小麦，问题出在加工跟不上。四川也发生过类似的情况，刚才河南省同志发言时也提到河南部分地区缺粮。地方建立自己的储备，出了问题就能及时解决。今后，各省、自治区、直辖市主要负责本地区的年度粮食平衡。实际上，每年合同定购粮大部分留在当地，打入年度平衡了。中央的专项储备粮只能在发生全国性或区域性的大的自然灾害、超出了省的平衡能力时，才能动用。所以说，建立两级调控体系，各省的责任很重。现在，省这一层，特别是粮食调入省、缺粮的省，调控能力比较弱。近几年，粮食比较宽裕，一些销区不愿意储粮，使劲儿压库存，万一出现粮食短缺，那就很危险。在这次会上，销区采取积极态度来订货，是一个好现象。希望以这次会议为开端，产区和销区逐步建立起稳定的供求关系。各地要把平衡粮食的主动权掌握在自己手里，真正承担起省级粮食调控的重任。今后，中央、地方各负其责，中央负责国家粮食储备，以应付一些大的自然灾害和特殊情况，各省要逐步做到自求平衡。现在，有些缺粮省（区、市）已逐步达到了粮食供求平衡，如甘肃省，过去是严重缺粮，这几年已基本达到供求平衡，如果再建立一点粮食储备，就能保证不出问题。内蒙古也取得了很大成绩，过去是粮食调入，现在不但不需要调入粮食，而且还调出粮食。各省（区、市）都要努力自求粮食平衡，在此基础上再进行省际调拨。把这件事情组织好了，我们的粮食大局就稳定下来了。

三、关于坚持粮食定购合同制。

现在全国掌握一千多亿斤的合同定购粮，这很重要。这是稳定粮食种植面积、制止粮食生产滑坡的重要手段，也是稳定市场、稳定经济大局的重要力量，还是对粮农和粮食生产的支持和保护，不能轻易丢掉。从现在的情况来看，粮食是低水平的供大于求。在粮食价格下跌的情况下，如果粮食定购价格高于保护价，再加上"三挂钩"[1]价外加价，那就比保护价还高一些。在这种情况下，一千多亿斤粮食定购对农民就是一个保护，同时也有利于稳定市场。一千多亿斤定购粮是我们的命根子，一定要把它保住。这有双重的意义，一是保障供给，二是保护农民。现在，全国商品粮供应每年大致是一千八百亿至两千亿斤，有了一千多亿斤定购粮食就占了大头。在粮食不足的时候，它起稳定作用；在粮食富余的时候，就起到了保护农民的作用。调控手段可以分为两类，一是供给方面的，二是流通方面的。在生产前签订合同，是对供给的调控。在加强市场建设、市场调控的同时，不能削弱对粮食总供给的调控。如果把粮食调控全放在生产以后，出了问题就不好补救了。做好产前调控，有利于减轻产后调控的压力，这也是由粮食生产的特殊性所决定的。粮食生产周期较长，发布农业信息要赶在播种之前，否则就不起多大作用。当然，现在批发市场还起一点作用。至于期货市场，那属于远景问题。我们现在还不具备建立农产品期货市场的条件，而且期货市场与股票市场一样，有很大的投机性。西方国家的市场体系已搞了几百年，是比较完整的，但是它也要搞粮食的生产配额计划，道理就在这里。在粮食放开的地方，一般以保量不保价为好。已经取消合同定购的地方，还要采取措施，委托粮食企业和农民签订经济合同，保住这个定购数目。大家眼光要放远一点。目前，我们的人均粮食占有量还不到四百公斤，某些粮食品种是低水平的富余，我们的人均热量摄取量是两千六百大卡，这个数目不算低，但摄入的蛋白质、脂肪含量还低于世界平均水平，按小康的标准就需要大大提高。蛋白质和脂肪有些是由粮食直接转换的，有的虽不是粮食直接转换，却与粮食争地。签订合同具有引导农民生产的作用，对政府来说是具有指导作用的计划。搞市场经济不是说不要计划了，市场与计划都是经济调节的手段。如果不搞合同制，单纯地寄希望于市场收购，有时候也不一定能收到粮食。根据我们的经验，当粮食紧缺的时候，要买粮食困难重重；在粮食富余的时候，要存粮也是很困难的。市场粮价下跌的时候，农民往往将存粮抛售；当粮价看涨的时候，农民又惜售。这两年粮价下跌恐怕与农民抛售自家存粮有关。这个问题要好好研究。

坚持粮食合同制，要认真落实三条优惠政策。一是随合同发放预购定金，这是我们以前一贯执行的。二是兑现挂钩化肥、柴油的价外加价。对价外加价，大家都谈了看法，中央负担部分，中央作了保证，从中央财政拿钱。"三挂钩"的价差，约六十亿元，中央财政再困难也要保证兑现。刚才大家讲地方负担部分保证不了，"三挂钩"改价外加价增加了地方财政负担。我提出一个问题，以前"三挂钩"补贴你们究竟给没给？以前也是中央、地方共同负担，中央负担三分之二，地方负担三分之一。实际上地方约负担十八亿元，中央负担五十七亿元，地方只占约四分之一。大家说实话，以前究竟给没给？我想大概是没给，要不怎么叫增加负担呢！可见以前是欠了农民的，所以农民说国家没给。反正农民搞不清楚谁是国家，国务院代表国家，地方政府也代表国家。大家要共同努力，保证兑现，不要失信于民。今天这个会议有不少记者在场，可以作证，就说李鹏同志讲了，中央负担的约六十亿元挂钩资金全部兑现，剩下不兑现的，就是地方政府的事了。你们回去后还是要多做些努力，尽管有困难，这十八亿元分到全国各省也没有多少钱，少搞一点开发区，少搞一点基本建设，问题就解决了。这主要还是一个有没有群众观念的问题，说到底，就是我们究竟要不要保护农民的问题。在座的副省长都是主管农业的，对此不会有异议。有什么困难，大家回去后可向书记、省长汇报。总之，不要再失信于民了。"三挂钩"改为现在的这个政策是保护农民的，因为以前农民拿不到好处，中间不知经历了多少环节的克扣，仅"三挂钩"这一块就不知养活了多少中间环节的人，到农民那里就兑现不了，农民意见大得很。所以在这个问题上大家要齐心协力。三是要保证收购。还是"白条子"的问题。去年农民对"白条子"的意见很大，中央下决心，要求今年一月十五日以前全部兑现，上下一起努力，结果就全部兑现了，农民高高兴兴地过了一个年。其实真正的"白条子"只有三十多亿元，而春节前发了一千多亿元票子。每年大家都说收购资金不足，所以这里面有许多问题还不清楚。将来解决这个问题是采取专项拨款，还是其他什么办法，有待研究。

四、关于建立粮食风险基金。

一定要把粮食风险基金建立起来。这是实施粮食保护价措施的配套措施。没有这笔资金，保护价就是空的。这件事从今年开始起步，以后逐步改善。按照建立中央和省（区、市）两级调控体系的要求，粮食风险基金也分为中央、省（区、市）两级风险基金，资金来源主要是减下来的粮食补贴。以前实行统购统销的时候，粮食一直是财政补贴，每年大概是四百多亿元。现在实行购销同价，财政负担保管费，当然还要给居民补贴，但是公教人员只是居民中的一部分，全国共三千多万人，再加上三百万军队，总共不到四千万人，而商品粮人口有三亿，其余的人都不是由政府负担，所以各级政府实际上减轻了负担，这个大家心里都有"一本账"。减下来的这部分负担作为风险基金，这也是改革粮食购销体制的一项措施，这个决心一定要下。有的同志提出中央财政减下来的资金，留一部分给地方作为风险基金。现在国务院正在委托财政部研究建立粮食风险基金的文件。我还主张搞点保险，农民遭受的损失，可以从保险公司那里得到一些补偿，特别是那些风险较大的种植业，如棉花等，都可以搞保险。顺便讲一下早籼稻问题。早籼稻是近几年粮食增产的重要因素，也是积压较多的品种。我们不能轻易将早籼稻丢掉，因为它产量高，营养价值也不错。最近我看了浙江省的一篇分析材料，认为浙江人多地少，丢掉早籼稻，粮食就平衡不了。这个品种目前滞销，但作为我们多年培植起来的品种，至少要肯定它的历史功绩。现在是不是可以搞点粗加工，转化一部分。

五、关于搞好粮食政策的落实工作。

要下决心搞好政策的落实工作。大家都认为这次会议发布的政策好，很实在，都是农民所欢迎的，但是担心有些政策落实有难度。一是价外加价，地方负担部分兑现不了；二是怕生产资料最高限价限不住。希望中央和地方共同努力，下决心把它落实好。该中央拿出的钱中央拿，该地方出的地方出，财政再困难也不要愧对农民。这是关系到保护农民利益、保证农业稳定发展的大事。我在全国农业工作电视电话会议上讲过，宁可少搞几个开发区，少搞几个基本建设项目，也要保证农业资金的落实。坚持农业生产资料的最高限价，要处理好农民和农业生产资料生产企业的利益关系，既要保护农民利益，又要不使农业生产资料生产企业在经营上亏本，起码做到保本微利，不然弄得生产企业没有积极性，最后对农业也不利。最高限价的主要方向应该是限制那些贪图暴利、层层加码、随意乱涨价的中间盘剥环节，同时要坚决打击生产和销售假冒伪劣产品的行为，特别要打击制售假冒伪劣农药行为。

六、关于保证产销定购合同的落实。

各有关部门要积极配合，保证产销定购合同的落实。大家反映最多的问题，一个是资金，一个是运输。定购粮食的保证金到时候兑现不了就将保证金交对方。我们搞社会主义市场经济，很重要的一个问题是要建立商业信誉、职业道德。这一次一百五十六亿斤粮食购销合同都要兑现，大家不要简单地将它看作是经济利益问题，而要看作改革的一步。让我们大家来共同维护社会主义市场经济的秩序。铁道、交通部门一定要保证粮食的运输，这一百五十六亿斤粮食的供货期要予以保证。粮食部门要做好稳定队伍的工作，做好本职工作。粮食系统每年都应建立一些仓库，逐年把仓库体系建立起来。粮食队伍是一支好的队伍，恪尽职守，有一套比较好的管理制度。放开后，粮食系统面临许多新的问题，要适应这些变化，粮食部门要搞多种经营，加强管理。

总之，这次会议开得好，今后要抓好贯彻落实工作，争取这次会议对今年的农业生产起到一个好的导向作用。农业是国民经济的基础，粮食是基础的基础，这虽是一句老话，却有其深刻的道理。

注　释

〔1〕"三挂钩"，指当时实行的合同定购粮食与供应平价化肥、柴油和发放预购定金相挂钩的政策。

加快建立社会主义市场经济体制的改革步伐[*]

(一九九三年三月十五日)

我国经济体制改革的目标，是建立社会主义市场经济体制。在本世纪末初步建立起新的经济体制，今后五年是关键时期。从今年开始，就要力争在以下几个方面取得突破性的进展：

加快转换国有企业经营机制。坚持以公有制包括全民所有制和集体所有制为主体，个体经济、私营经济、外资经济为补充，多种经济成分长期共同发展。各种经济成分都要与社会主义市场经济发展相适应。国有企业的改革，关键是政企分开，理顺产权关系，使企业真正成为自主经营、自负盈亏、自我发展、自我约束的法人实体和市场竞争主体。要认真落实《全民所有制工业企业转换经营机制条例》。当前实行的经营承包责任制要进一步完善。股份制是适应市场经济发展的一种企业组织形式，要使之健康发展。鼓励发展企业集团，有条件的可以跨行业、跨地区或跨国经营。为了改善管理和提高效益，有些小型国有企业可以通过招标、投标，

---

[*] 这是李鹏同志在八届全国人大一次会议上所作《政府工作报告》的一部分。

出租、出售给集体或个人经营。要完善国有资产管理制度，加强包括地产在内的资产评估，保证国有资产的保值增值，防止国有资产流失。全民所有制企业要充分发挥党组织的政治核心作用，坚持和完善厂长负责制，全心全意依靠工人阶级。

积极发展各类市场。要以建立健全市场法规、发展生产要素市场为重点，逐步建立比较完善的市场体系。继续发展各类商品市场，积极建立农产品和生产资料批发市场。在国家宏观调控下发展包括债券和股票在内的金融市场。发展劳务市场，促进劳动力资源的合理流动。发展技术市场，促进科技成果商品化和产业化。加快城镇土地使用制度改革，在各级政府统一管理下，建立规范化的房地产市场，克服目前房地产交易中的混乱现象。打破地区与部门的分割和封锁，促进商品合理流通。加强市场管理，维护市场秩序，打击制造和销售假冒伪劣商品的行为。加快社会公证机构建设，保护合法经营和公平竞争。

抓紧进行价格改革。在保持市场零售物价总水平基本稳定的前提下，继续扩大市场调节价格的范围，逐步理顺价格关系，建立健全以市场形成价格为主的价格机制和国家对市场物价的调控体系。逐步放开粮食购销价格，把国家补贴转为粮食风险调节基金，促进粮食生产稳定发展。生产资料"双轨制"价格逐步并轨，解决煤炭、电力、石油、铁路运输等基础产业价格偏低和企业政策性亏损问题，使企业增强自我发展能力。少数稀缺商品的价格和重要基础设施、公益事业的收费，还要由国家确定或批准，但要根据价值规律和供求关系及时进行调整。国家要通过建立价格调节基金、商品储备制度和其他经济手段，以及必要的法律手段和行政手段，对价格进行调控和监督。

进一步改革劳动工资制度。劳动就业制度改革，要在国家有关法律规范下，逐步实现企业自主用人，个人选择职业。国有企业要实行灵活的用工制度，推广合同用工制，逐步打破不同所有制企业职工的固定身份界限，促进劳动力资源合理配置。企业工资制度改革，要在总量控制和工效挂钩的前提下，实行符合企业特点的工资制度，体现按劳分配原则。政府机关实行公务员工资制度，执行国家统一工资标准。事业单位实行符合行业特点的工资制度，有条件实行自收自支、企业化管理的单位，可参照企业工资制度办理。结合价格、住房和医疗制度改革，把一部分福利性补贴纳入工资，实现收入货币化，增加收入的透明度。建立个人收入申报和银行账户制度，严格个人所得税征管，开征一些新税种，避免个人最终收入过分悬殊。

大力推进社会保障和城镇住房制度改革。要逐步形成适应我国现阶段生产力水平的社会保障体系。着重健全待业保险和工伤保险，提高养老保险和医疗保险的社会化程度，建立合理负担的社会保险统筹基金制度。加快住房制度改革步伐，逐步实现城镇住房商品化，推行国家、单位、个人合理负担的住房建设投资体制，加快城镇住房建设。

改善和加强宏观经济管理。这是建立社会主义市场经济体制的重要组成部分。国家计划是宏观调控的重要手段之一，但计划工作要继续进行改革，今后主要任务是制定和实施中长期发展规划和年度计划，搞好经济发展预测、总量调控和重大项目建设，促进经济结构优化，使国民经济以较快速度稳步协调发展。要保持投资的合理规模，优化投资结构，提高投资效益。加强对投资的宏观调控，改革投资体制，充分发挥信贷、利率等经济杠杆的调节作用，加强建设项目的可行性论证和科学决策，增强投资者对投资效益和资金回收的责任。

要进一步改革财政税收体制，完善复式预算制度，强化财政预算约束。理顺中央与地方、国家与企业的分配关系，改革方向是实行中央与地方的分税制和国有企业的利税分流。要不断总结经验，逐步扩大试点范围。税收是国家财政收入的主要来源，现在国家财源流失严重，要积极改革和健全税制，充实税收人员队伍，提高人员素质，切实加强税收征管，不得越权减免。

深化金融体制改革是建立市场经济体制的重要环节。中国人民银行的职责是调节货币供给和信贷资金总量，稳定币值，抑制通货膨胀。工商银行、农业银行、中国银行和建设银行等专业银行，现在还要保持政策性与商业性双重职能，但要逐步向商业银行过渡。要成立政策性银行，从事专项贷款业务，并适当增加一些商业银行。认真办好保险公司、信托公司、财务公司、证券公司、租赁公司等金融机构。按照国际惯例和通行规则，改革银行和其他金融机构的业务制度与结算制度。积极推广通过金融机构转账的结算办法，减少现金流通。

要综合运用各种经济手段，加强经济法制，并辅之以必要的行政手段，发挥审计、监察、统计和工商行政管理等部门的作用，逐步形成比较完善的宏观调控体系。加强日常经济协调工作，保证国民经济的正常运转。

建立社会主义市场经济体制是一项开创性事业。尽管我们已经积累了一些宝贵经验，今后仍然需要在实践中探索前进。我们要以是否有利于发展社会主义社会的生产力，是否有利于增强社会主义国家的综合国力，是否有利于提高人民生活水平为标准，大胆实践，积极探索，努力完成今后五年深化改革的任务。

我们要求的速度是一种结构
合理的、有效益的速度 *

（一九九三年三月三十一日）

这一届政府首要任务是发展经济。这次大会已批准把国民经济发展速度由原来的百分之六提高到百分之八到百分之九，这样经过全国人民的努力，我们就会在经济上再上一个新台阶，并在本届政府任期内完成国民生产总值比一九八〇年翻两番的目标。但我们要求的速度是一种结构合理的、有效益的速度。我们已确立要以建立社会主义市场经济体制为我国的经济体制改革目标，在今后的五年里，在这一方面要迈出更大步伐。对外开放也要进一步扩大。我们要致力于改善人民生活，特别要关心那些现在还没有解决温饱的群众的生活。我说的提高人民生活水平，既包括物质生活，也包括精神文化生活。我们进行现代化建设，不仅需要一个稳定的国内环境，而且需要一个和平的国际环境，因此，我们将坚定不移地实行独立自主的和平外交政策，愿意在和平共处五项原则基础上，和世界一切国家发展友好合作关系。

把国民生产总值的增长速度从百分之六提高到百分之八到百分之九是有充分根据的。国际形势对中国有利，国内的

条件也是具备的。我们这几年投入的固定资产将逐步发挥作用，现在所具备的生产能力，包括工业、农业所达到的水平也可以支持这样一个速度。当然，经济发展中也出现了一些需要注意的问题，比如我们的固定资产投资规模过大，结构上还不尽合理，企业的效益还不高，在金融方面货币发行量比较大，存在着潜在的通货膨胀压力。对这些存在的问题，中国领导人的头脑是清醒的，我们将采取积极的措施加以解决，所以提出防止过热完全是一种积极的态度。解决这些问题的办法也不会用过去计划经济时的老办法，而是应该用深化改革的办法，用建立社会主义市场经济体制来加以解决。中国当前总的经济形势可以说是好的，我们的主旋律是要加快经济建设，上一个新的台阶，但是对已经发生的问题我们将给予充分重视。

关于防止经济过热的七点意见[*]

（一九九三年四月一日）

刚刚闭幕的八届全国人大一次会议和全国政协八届一次会议，开得很成功，总结了过去五年的工作，提出了今后五年工作的方针和任务，顺利实现了换届，为今后五年更好地贯彻邓小平同志重要谈话和党的十四大精神打下了良好基础。国内外舆论对"两会"的反映都是好的。

这次"两会"的主旋律，是抓住机遇，加快改革开放和现代化建设的步伐，争取国民经济再上一个新台阶。现在国际形势比较有利，国内条件也具备，我们确实面临着一个不可多得的好机遇。机不可失，时不我待，我们必须抓住这个机遇。

为什么说现在我们面临着一个好的发展机遇呢？

首先，我国政治稳定，社会稳定，经济增长，为经济较快发展提供了有利的条件。

其次，经济体制改革不断深化，市场机制的作用不断增强。我们正在加快建立社会主义市场经济体制，这必将为今后经济又快又好地发展提供体制上的保证。

我们具备了支撑经济较快发展的物质技术基础。一些关

---

* 这是李鹏同志在经济情况通报会上的讲话。

系国计民生的主要工农业产品有了较多的增长。"七五"期间固定资产的投资将逐步转化为生产力，使我国经济实力进一步壮大。

随着城乡居民收入大幅度增加，近几年储蓄持续增长，为经济发展所需的资金提供了一个重要来源。

我国有十一亿以上的人口，国内市场潜力很大。大规模的建设，形成巨大的投资需求，成为推动经济高速增长的重要因素。

再次，和平的国际环境为我国经济高速发展提供了良好的机遇，有利于我们进一步扩大对外开放，引进外资和先进技术设备，同时也可以为我国寻找更大的国际市场。

广大海外侨胞、港澳台同胞是支持祖国经济建设的一支重要力量。这也是中国经济发展的独特优势。我们要进一步利用海外华人资金、技术和销售渠道，发挥他们连接国内外经济的桥梁作用。

抓住机遇加快发展的问题，在十四届二中全会和这次"两会"上讲得很多。江泽民同志在各代表团作了深刻的阐述，其他中央和地方负责同志也都发表了很好的意见。下面要做的文章，就是怎么抓好这个机遇，引导、保护和发挥好广大干部群众的积极性，使目前的好势头能够长期发展下去。这是新形势下我们面临的新问题。

当前经济形势总的说是好的。但在前进过程中也出现了一些问题，有些问题还比较突出。对于社会经济生活中存在的困难和问题，我在政府工作报告中都提到了。例如，农业基础比较脆弱，基础设施和基础工业发展滞后，分配关系还没有理顺，国家财政还比较困难，以及固定资产投资增长过猛，交通运输、能源和部分原材料供应紧张，银行信贷和货币投放增长过快，通货膨胀的潜在压力加大，等等。我们对于全局性的问题，包括成绩和问题、有利因素和不利因素，必须有更全面的了解和更准确的把握。所以，中央决定把大家留下来，主要是通报情况，着重讲讲问题，希望大家在今后工作中加以注意，其目的是更好地抓住机遇，既加快改革开放和经济建设的步伐，又及时解决存在的问题，避免大的损失，保证经济健康发展。中央提醒防止经济过热，也是为了更好地达到这样的目的。

我讲七点意见。

第一点，关于今年一季度经济形势。

在去年高速增长的基础上，今年一季度国民经济继续保持高速增长的势头。工业生产起点很高，头两个月全国乡及乡以上工业总产值比去年同期增长百分之二十点四，一季度预计增长百分之二十以上。好的方面，是投资类产品和外向型工业增长幅度大，销售情况比较好，产销衔接基本正常。从总体上看，企业经济效益有所好转，亏损额下降。消费品市场基本平稳，货源充裕，头两个月社会商品零售总额比去年同期增长百分之十五。总的看，经济形势是比较好的。但也有一些问题值得注意。比如，有的地区农村劳动力外流比较多，退耕抛荒土地有所增加。据有关方面预测，今年粮食种植面积将减少两千万亩，棉花种植面积经过最近召开的全国棉花会议的努力，仍将减少一千五百万亩以上。粮田面积减少，虽然有农业种植结构调整的因素（例如蔬菜、瓜果和其他经济作物面积增加了），但一下子减少这么多，不能不引起高度的重视。加强农业基础地位这件事，还是要紧紧抓住不放。物价问题也比较突出，头两个月全国零售物价总指数比去年同期上涨百分之八点五，其中三十五个大中城市生活费用指数上升百分之十五点二。生产资料价格涨幅更高，头两个月，钢材、铜、铝、煤炭、油和水泥等十五种主要生产资料价格，比去年同期上涨百分之三十八。整个一季度物价也是呈上扬的趋势。由于物价上涨幅度较大，引起部分居民心理恐慌，一些地方曾一度出现抢购黄金饰品、纯毛纺织品、名牌家电的"抢购风"，虽然涉及面不宽，时间不长，对市场的冲击也不算大，但确实是一个信号，反映居民购物的心理预期正在发生变化。外贸出口也不够理想。据海关统计，头两个月全国出口仅比去年同期增长百分之二点三，增幅是一九八六年以来最低的，进口则增长百分之二十三。截至二月二十日，国家现汇结存比去年同期减少三十亿美元，下降百分之十三。由于采取了一些行政干预手段，才保持了去年底的外汇储备水平。国家财政困难仍然比较大，头两个月收入比去年同期下降百分之五点三，支出则增长百分之十八点七；去年同期财政结余六十二亿元，今年则支大于收二十四亿元。

从上面的情况看，支持国民经济高速增长的条件还是有的，但正在逐步趋紧，我们应该充分注意到这种情况。调高"八五"计划经济增长速度，是相对于原定百分之六来说的。实际上，去年我们已经达到百分之十二点八的高速增长。就全国来看，由于"瓶颈"制约加剧，争取比这更高的速度是困难的，长期保持这样的速度也是不容易的。百分之八至百分之九也是很不低的速度啊！速度究竟能够达到多高，除了看资源能否支持外，还要看是否有市场，包括国内市场和国际市场。如果产品有销路，有效益，应该鼓励生产；如果盲目追求产值和速度，产品生产出来，积压在仓库里，这样的生产就不能提倡。搞社会主义市场经济，就要尊重市场规律，靠行政命令下指标、压产值，即使一时生产上去了，如果没有效益又占压资金，到头来反而影响正常的生产发展，欲速则不达。特别是现在假冒伪劣产品已经引起广大人民群众不满甚至愤恨，不仅要立即停止生产，还应该把搞假冒伪劣产品的人坚决绳之以法。各级地方政府决不能姑息养奸，庇护不法行为。

发展经济要解放思想，实事求是。我们强调不搞一刀切，有条件的地区可以搞得快一些，条件不成熟的地区要积极创造条件，积蓄力量，稳步前进。全国这么大，各个地区差异很大，有些地区的经济基础、技术水平、人员素质不如其他地区。速度不那么高，也不是什么大问题，主要看经济效益如何，在速度问题上切不可盲目攀比，也不要有什么压力，中央并没有给你们施加压力。在这个问题上也应该解放思想，发扬实事求是的精神。

第二点，关于投资规模。

投资是经济增长的重要条件，规模适度才能取得好的效益。去年全社会固定资产投资七千五百八十二亿元，比上年增加两千多亿元，增长百分之三十七点六。其中国有单位投资五千一百零六亿元，增长百分之四十点七。由于新开工项目多，摊子铺得大，小项目和加工工业项目占的比例大，结构不合理，而且今年都要继续投入，加上各地还想再多上一些项目，今年投资增长速度很快。预计一季度国有单位固定资产投资比去年同期增长百分之五十一。投资增长过快，不但造成生产资料价格上涨，而且由于进口大量增加，影响了外汇比价。现在外汇调剂市场[1]价达到一美元换八元人民币以上，明显高于换汇成本。人民币币值大幅度贬值，有客观原因，也有人为因素，其结果，不仅造成外汇市场投机，而且引起了海内外的关注，带来多方面的不利影响。一是增加国内用汇成本，加重了企业偿还外汇贷款负担；二是人民币大幅度贬值会引起外商疑虑而不敢同我国进行贸易，或者乘机对我国出口商品压价；三是推动国内物价上涨；四是影响外商来华投资，并且使外国政府怀疑我国是有意使人民币贬值以抵消重返关贸总协定[2]后减让关税的影响，或者是政府失去对外汇市场的控制能力，这都不利于对华最惠国待遇的延长和我国重返关贸总协定的谈判。

按目前这样的投资增长速度发展下去，国力是难以支持的。四十多年来，我国经济发展中几次出现大的起伏，都同固定资产投资膨胀有直接关系。现在中央提出重视经济生活中出现的困难和问题，是从积极方面考虑的。主要措施是适当控制固定资产投资增长速度，避免再次出现投资膨胀。当然，在发展社会主义市场经济的条件下，控制固定资产投资规模，也要寻找新的办法。过去固定资产投资主要是国家财政拨款，控制投资规模靠中央，中央可以从计划上加以控制。现在投资体制已经发生了很大变化，即投资主体多元化，投资资金多渠道，项目决策多层次，许多项目不需要经过中央审批，钱也是多方面筹集的。因此，单靠中央调控不能解决问题，必须中央和地方认识一致，共同负起控制好投资规模的责任。最终解决的途径，是通过深化改革，让各级政府和企业真正形成自我约束机制，自觉控制投资规模和投

资方向，同时必须强化金融机构对项目的严格评估，没有效
益就不放贷。要做到这一点还得有一个过程，目前政府还不
能不较多地负起这方面的责任。

第三点，关于金融问题。

金融形势总的讲也是好的，货币基本上是稳定的。既支
持了加快发展经济和改革开放的合理资金需要，又加强了对
信贷、货币的总量调控。去年银行贷款增加三千五百四十七
亿元，增长百分之十九点七。考虑到去年经济增长速度和物
价上涨的情况，这种增长幅度应该说基本上是合理的。但
是，金融形势中也确实有令人担忧的一面。去年货币投放一
千一百五十八亿元，比上年增长百分之三十六点五，增幅是
比较大的。今年计划发行货币一千亿元，春节前就投放了一
千零一十六亿元，比去年同期多投放三百六十六亿元，成为
春节前大投放的历史最高水平。一般春节大投放之后，节后
四十天左右就回笼了。今年截至昨天即三月三十一日，还有
二百五十九亿元没有回笼，这是历史上所没有过的。从金融
发展趋势来看，要把全年货币投放控制在一千亿元的计划目
标之内，是很困难的，必须采取切实有效的措施。

货币回笼不够理想，主要原因是信用回笼不好。现在利
率比较低，城乡居民储蓄虽然还是增加的，但增长速度减
慢，有的地方甚至出现了负增长。国库券销售的情况也不
好。群众手持现金，很多都去购买其他高息债券，购买股票
了。有些企业为了推销债券，竞相提高利率，提高到百分之
十五、百分之二十甚至百分之二十五。从企业投资的回报率
看，是没有能力支付这样高的利息的，有的就根本还不起。
将来为了偿还这笔债务，势必要损害国有资产的利益。如果

企业不能偿还，一旦出了事，群众还是要找政府，到头来包袱还得由政府来背，而且会影响社会安定。这种做法实际上也是变相的贷款扩张，集资的失控也是导致投资失控的重要原因。而且，由于社会高利集资势头很猛，直接影响了银行存款的增长，出现了较大面积的存款支付困难以及无力支持春耕生产和重点建设的问题。因此，中央财经领导小组在研究了目前金融形势后，作出决定，要把向群众集资控制在一个合理的规模内，采取强有力措施制止乱集资。主要有这么几条办法：第一，企业向社会集资，发行债券，必须严格执行规定，中央企业债券由中国人民银行和国家计委负责审批，地方企业债券、地方投资公司债券由省级或计划单列市政府负责审批，只有确实具有偿还能力的企业才能发债券；第二，企业债券的利率不能高于国库券利率；第三，在国库券没有售完之前，企业债券不得发行；第四，对各省、区、市下达企业债券的控制指标，不得突破；第五，严格禁止各银行搞"储蓄大战"，任意提高利率。这样做，既是向人民负责，也是为了使企业集资规范化，更好地建立金融市场。准备以党中央、国务院的名义发文下去，并且作一个正式规定，在报纸上明令公布。这是稳定金融和保证整个经济健康发展所需要的。同时，为了保证国库券的发行，打算采取由金融机构代销和各地分配指标组织群众认购相结合的方法。只有在当地指标完成后，才允许当地的企业债券出台。这要作为一条纪律，违者要给予处分。我在这里还要说明，以上这几条措施是临时性的，是不得已而为之，希望得到各地的支持。做到这些难度不小，光靠发个文件是不够的，还是要靠发挥我们的政治优势，统一思想认识，主要领导把关，才能取得预期效果。

关于目前利率偏低问题，党中央、国务院、中央财经领导小组正在慎重考虑。由于物价上涨，事实上现在已是负利率了，要保护存款者的利益，就要提高利率。但是，同时也要考虑企业的承受能力，因为提高利率会增加企业负担，一些企业就受不了。因此，对提高利率这件事还要权衡利弊，慎重作出决策。

去年信贷规模控制在三千六百亿元以内，应该说是好的。但这只是银行渠道的统计，在银行信贷渠道之外，还有非信贷的渠道，漏出去的数量相当不小。据了解，去年通过银行的资金拆借，以及通过各种计划外集资搞固定资产投资，数量相当于银行信贷总规模的三分之一，甚至还要多一点。这个问题要解决。不然，今年投资规模将被大大突破。要把住计划外集资或用拆借资金搞固定资产投资的口子，就需要严肃财经纪律，有严格的措施，杜绝这类现象的泛滥。还有一个问题，就是银行直接搞投资，这是不允许的。银行直接搞投资，除了容易出现以权谋私外，还增加了金融的风险，并使企业处于不公平竞争状态。即使是西方资本主义国家，为了减少风险，保持金融稳定，对于银行直接投资也有严格限制，例如银行直接投资就核减它的资本金。我国银行的信贷基金（即资本金）不到百分之六，还不到世界通常规定的百分之八的标准，即使在国外也没有直接投资的资格，而且我们的银行是国有银行，银行的风险实际上是由国家承担的，因此必须严禁银行利用各种手段和形式直接或变相参与投资。总之，对于通过银行资金拆借搞投资和银行的直接投资，要作出明确的规定，违者要严肃处理。有些规定不完善，中国人民银行要抓紧制定，用国务院名义下发。金融在宏观调控中的作用越来越重要，要加快金融体制改革和立法工作。

货币发行和信贷规模这两道闸门一定要把好。有些基层的同志说，现在其他都放了，就是金融还在统。说我们的金融体制还不完全适应社会主义市场经济的发展，需要进一步深化改革，这是对的。但金融事关国民经济全局，牵一发而动全身，必须十分慎重。像货币发行，是只能统而不能放的，世界上任何国家，只要是一个统一的国家，货币发行就只能集中在中央银行。市场经济是货币经济，货币信贷一旦失控，就必然会导致通货膨胀。去年我国物价指数不算太高，但三十五个大中城市居民生活费用指数达到两位数，特别是一些生产资料价格上涨幅度很大。更值得警惕的是，这种物价上扬的趋势现在还在继续发展。潜在的通货膨胀压力加大，我们切不可掉以轻心。

第四点，关于开发区问题。

在有条件的地方，经过合理布局，建立开发区，实行优惠政策，集中力量搞好基础设施建设，创造比较好的投资环境，吸引外资，这是执行开放政策的一项重要措施，实践证明也取得了很好的效果，今后还要继续坚持。问题是去年在办开发区问题上有不小的盲目性，不少地方出现了开发区热。不仅省里办，而且市里、县里办，甚至乡里也办。根据不完全统计，去年全国新建开发区将近两千个，占用土地两千多万亩。如果加上占而不用或者只是圈了地的，有两千六百多万亩。这些开发区，只有少数是具备条件的，多数是不具备条件的，只是在那里圈了一片地，既没有基础设施建设，更没有什么先进技术，也没有引进外资。这样做，并不是按市场经济规律办事，很多还是长官意志和政府行为，结果也不可能有真正的高效益。这么大的面积，仅仅做到"三通一平"[3]，就需要投资几万亿元，把去年的全年投资全部用于这些开发区的基础建设，也要五六年才能完成，显然是不现实的。

党中央和国务院要求各地对已办的开发区进行一次清理。采取这么几个办法：第一，严格实行两级开发区制度，即国家级和省（自治区、直辖市）级。建议各省、自治区、直辖市择优定点，够条件办的，能够吸引外资进来的，予以保留；不够条件的，予以撤销；划面积过大的，要缩小。清理工作由各省、自治区、直辖市自己组织力量进行，国家土地管理部门要负责督促检查。第二，要结合小城镇规划，把一部分开发区转移到小城镇上来，不一定搞新的开发区，尽量利用原有城镇进行改造。第三，一定不能让土地荒废，不要"晒太阳"。现在已经圈了地还没有项目，但将来又很有发展前途的开发区，政府或企业已经出钱向农民买了地，怎么办？应该在没有使用之前，允许农民进去种地，以免土地荒芜。第四，已经批准的开发区，有条件的，要同老城市和老企业的改造相结合。有些市中心的老企业，可以结合产业结构和产品结构的调整，全部或部分迁至开发区同外商合资办厂，原来的厂址可以用于兴办第三产业。要防止只在开发区铺新的摊子，而放松老企业的技术改造。

第五点，关于切实减轻农民负担问题。

现在农民负担过重问题仍然比较突出。去年底江泽民同志在武汉有六省负责同志参加的农业和农村工作座谈会上发表了重要讲话，国务院电视电话会议也具体部署了减轻农民负担的工作，提出了十条具体措施。各地区、各部门做了很多工作，但问题还没有得到根本解决，已经制定的政策并没有完全得到落实，农民的意见还很大。这次"两会"，代表们对这个问题反映强烈，呼声很高。从国务院起，各级政府都要十分注意保护农民利益，减轻农民负担。这是当前农村工作的一项重要任务。

农民占我国人口的绝大多数，过去搞革命依靠农民，现在建设有中国特色的社会主义，没有农民的全力支持，也不可能搞好。这是很明白的道理。现在不少地方和部门对农民利益注意不够，发生了不少损害农民利益、挫伤农民积极性的事。这几年农业是丰收的，但由于农产品价格下跌，农业生产资料价格上涨，农业收益下降，一度缩小了的工农业产品剪刀差又有所扩大。为了理顺价格，今年还有三千万吨原油价格要并轨，原油涨价了，柴油也涨价了，这是难免的，因为过去价格太低。但另外一头，粮食现在是低水平的剩余，粮价又提不上去。这次人代会上，有个香港代表，建议像日本那样提高粮食销价，但这又会加重城市居民负担。提高粮食收购价格，国家财政补贴没有力量，如果不补贴势必转嫁到城市居民身上。总之，缩小剪刀差是个复杂问题，还需要统筹研究，找出妥善的办法。当务之急，是先解决农民不合理负担问题。现在，除农业税之外，不少地方还存在着向农民不合理的集资和摊派，乡统筹和村提留的数量超过了国家规定的限度。原因主要是地方上办一些公益事业，或者是搞一些建设项目，没有资金，就向农民集资或摊派。有些事，从长远看也许是应该办的，现在没有力量就先不要办，千万不要强迫农民出钱去办那些没有力量办的事。另外，乡、村机构严重超编，脱产人员过多，有些干部铺张浪费，大吃大喝，以各种名目把负担加到农民身上，这也是一个重要原因。结果使农民不堪重负，怨气很大。这不能不影响农民的生产积极性。今年化肥、农膜、农药等农用生产资料的供应总的来说是充分的，但农民购买不踊跃，销售下降，这种动向很值得注意。这里，我就如何保护农民利益、减轻农民负担的问题，讲几点意见。

第一，除规定的按不超过农民上年人均纯收入的百分之五提取乡统筹和村提留外，所有摊派一律停止，先停止，后清理。这是硬任务、死命令。党中央、国务院已经发了文件，对在减轻农民负担问题上至今还以各种借口拖延甚至顶住不办的单位和部门，要严肃追究其领导责任。今后凡涉及农民负担问题，不论任何部门所发文件，出台前一律要经农业部会签，并报国务院批准，否则一律无效。县级政府是关键，要由县政府来把关，上级部门进行干涉的，县里要敢于顶住，可以向省政府直至国务院举报。权力给了县，责任也在县，超过规定，责任由县政府负责。

第二，国务院出台的一系列扶持农业生产、维护农民利益的优惠政策措施，要尽快真正贯彻落实。国务院已经下了决心，今年农副产品收购无论如何不能再"打白条"，农产品收购资金要实行专控，谁挪用，查办谁。粮食和棉花要实行收购保护价制度，建立必要的储备，要用减下来的财政补贴建立价格风险调节基金。要加强农业生产资料价格管理，改进粮棉挂钩化肥、柴油的兑现办法。对合同定购的粮棉实行价外补贴，该中央出的中央出，该地方拿的地方拿，把好处直接给农民。没有兑现的挂钩的化肥、柴油，要如数给农民，欠多少补多少。这一条一定要说到做到。要努力增加投入，扶持粮棉主产区发展经济，扶持中西部地区发展乡镇企业。

第三，积极引导农民进入市场。农民承担市场风险的能力还比较低，有关部门要采取积极扶持的措施，帮助农民进入市场，不能一推了事。

现在正值春耕生产季节，农村进入大忙时期。从国务院到各级政府，都要组织干部下去，帮助农民切实解决春耕生产中的问题，力争今年农业有一个好收成，并且在农业生产结构调整和发展高产优质高效农业方面有一个突破。

第六点，关于缓解社会分配不公问题。

允许一部分人、一部分地区通过辛勤劳动和合法经营先富起来，最终达到共同富裕的目的，这个方针必须继续贯彻执行。现在，对于社会不同阶层、不同社会成员之间的收入过分悬殊和分配不公，群众反映比较大，这个问题也要引起各级党委和政府的高度重视。

据去年六月份中国人民银行对全国城镇储户职业结构的较大规模的抽样调查，在被调查的一百七十多万储户中，拥有两万元以上的大额储户有近三万户，其中百分之四十五是个体户。这个数字可以反映出总的趋势。有句顺口溜：万元户不算富，十万元刚起步。有的人则是百万元、千万元，甚至个别还有上亿元的。个体户一般是从事商品经营和服务业的小商小贩，能够获得相当于技术工人和知识分子的平均收入，就算是合理的，国际上也大抵如此。但在我国现阶段不是这种情况，个体户的收益大大高于技术工人，高于知识分子。我认为，出现这种反常现象的原因主要有三条：一是第三产业从业人员太少，满足不了社会需求，个体户缺乏竞争对手，就获得超额利润；二是偷税漏税，很多发财的人就靠偷税漏税；三是管理制度不健全，存在漏洞，有一部分高收入是依靠权钱交易或者其他非法手段获得的。

要采取措施解决分配不公问题。对于那些靠非法手段致富的，必须绳之以法。为了解决偷税漏税问题，要在全面开展税法宣传教育的基础上，加强税收征管。对于那些合法的高收入，也要采取一些办法，例如通过征收个人所得税来加以调节。还可考虑开征一些新税种，例如遗产税、利息税等。这是世界各国普遍采用的办法。要通过机构改革，把国家机关中熟悉经济工作的人员，经过短期的培训，充实到金融、税务和审计部门，改善那些单位的人员结构，提高人员素质和工作水平，加强金融、税收和审计工作。这不仅可以调节社会分配，还可以增加国家税收，现在税收的流失是很严重的。当然，这并不是说要改变在公有制为主体的前提下发展多种经济成分的政策。我国还处在社会主义初级阶段，从我国现阶段的生产力水平出发，必须鼓励和引导个体经济和私营经济健康发展，充分发挥它们在发展生产、搞活流通、增加就业方面的积极作用。同时，又要抓紧研究解决社会分配不公、收入差距过大的问题。解决这个问题，本身也是引导个体经济、私营经济健康发展。

现在国家机关和事业单位的工作人员收入普遍偏低，通过这次工资改革能够有所提高。具体讲，国家机关工作人员，在完成机构改革后，实行公务员工资制度，执行国家统一工资标准，大体上能够相当于企业的平均水平。事业单位是三种情况：第一种是实行企业化管理，按照效益原则定工资标准；第二种是半企业化管理，维持现有的事业经费，依靠自己增加收入增加部分工资；第三种是一些仍然由国家全部拨款支持的单位，其工资标准参照公务员工资制度制定。对于离退休人员，也要根据物价上涨等因素，合理增加离退休费。

第七点，通过进一步深化改革推动经济发展。

今年的工作任务是很繁重的。既要抓住机遇，加快发展，又要深化改革，扩大开放，进一步理顺各种关系。由于发展速度加快，改革继续深入，对宏观管理提出了更高的要求。希望各地区、各部门树立正确的指导思想，妥善处理好改革和发展、速度和效益的关系。我们强调抓住机遇，加快发展，绝不是盲目追求速度和数量，而是要在优化结构、提高效益的基础上，争取国民经济既快又好地健康发展。我们要通过进一步深化改革，解决经济发展中的深层次矛盾。当前改革的重点，是抓紧抓好贯彻落实《全民所有制工业企业转换经营机制条例》。国有企业特别是国有大中型企业经营机制不转换，就形成不了自我发展和自我约束机制，就不能增强活力、提高效益，社会主义制度的优越性就显示不出来。当然，加快建立社会主义市场经济体制的改革步伐，还需要进行其他方面的改革，发育各类市场，进行价格改革，建立社会保障制度，转换政府职能，加强和改善国家的宏观调控，这些都需要配套进行。同时，各个地方和部门，改革工作的重点还会有所不同。希望同志们在抓住抓好发展机遇的同时，也要抓住抓好改革的机遇。要更多地把精力用在改革上，通过改革理顺关系、提高效率，使已经形成的经济实力得到充分发挥。不要只重视抓投资、抓项目，而放松了改革。只有搞好改革，才能促进发展，才能充分地利用发展的机遇，把今年的工作真正扎扎实实地搞好，抓出成效来。

现在，党的十四大已经开过，"两会"已经闭幕，大政方针已定，广大干部群众的劲头已经鼓起来了，今后主要是真抓实干。我坚信，在以江泽民同志为核心的党中央领导下，经过努力，今年我们一定能够在建立社会主义市场经济体制的改革方面取得较大进展，在发展方面争取一个经济效益好的较高的增长速度，为今后五年国民经济再上一个新台阶、提前实现翻两番的宏伟目标，作出新的贡献。

注　　释

〔1〕外汇调剂市场，指一九八〇年十月以后，陆续在我国各主要城市设立的外汇调剂中心或外汇交易所。企事业单位可在这一市场利用留成外汇进行调剂。后期，个人和外商投资企业也可进入。一九八八年三月放开汇率后，调剂市场汇率由买卖双方根据外汇供求状况议定，与官方（挂牌）汇率形成了两种汇率并存的局面。一九九三年十二月二十五日，国务院发出《关于进一步改革外汇管理体制的通知》，从一九九四年一月一日起，实现汇率并轨，建立以市场汇率为基础的、单一的、有管理的人民币浮动汇率制度；建立全国统一的外汇交易市场，外汇指定银行为市场的交易主体；但继续保留外汇调剂中心，办理外商投资企业的外汇买卖业务。一九九八年十二月，外汇调剂业务正式停办。

〔2〕关贸总协定，全称为关税及贸易总协定，是有关关税和贸易政策的多边国际协定，也指执行这一协定的国际组织。一九四七年十月三十日，该协定由参加联合国经济及社会理事会国际贸易组织筹备委员会第二次会议的二十三个国家在瑞士日内瓦签订。以后多次修订，成员也不断增加。一九九四年四月，关贸总协定的第八轮全球多边贸易谈判（因一九八六年在乌拉圭启

动，被称为乌拉圭回合）结束。该轮谈判达成建立世界贸易组织的协议。一九九五年，世界贸易组织成立，一年后取代关贸总协定。中国是关贸总协定的创始缔约国之一。窃据中国席位的台湾当局于一九五〇年退出关贸总协定，是非法的、无效的行为。中华人民共和国恢复在联合国的合法席位后，逐步与关贸总协定恢复了联系。一九八二年十一月，中国政府派代表团以观察员身份列席了关贸总协定第三十八届缔约方大会。一九八六年七月，中国政府正式向关贸总协定提出恢复缔约方地位的申请。二〇〇一年十一月十日，世界贸易组织第四次部长级会议通过了中国加入世界贸易组织的决定。二〇〇一年十二月十一日，中国正式加入世界贸易组织。

〔3〕"三通一平"，"三通"指水通、电通和路通，即业主要提供施工用水、用电和进出场地的道路，"一平"指红线范围内的土地平整。这是基本建设项目开工的前提条件。

关于当前外交工作的
几点原则意见 *

（一九九三年七月七日）

这些年来，我们在邓小平同志提出的建设有中国特色社会主义理论指导下，紧紧围绕经济建设这个中心开展各方面的工作，政治稳定，经济发展，改革开放取得举世瞩目的成就，这是我国外交工作能够打开新局面的根本保证。同时，外交上不断取得的新成就，也为国内的建设争取到了更为有利的国际环境。同四年前我们所面临的外有压力、内有困难的情况相比，今天已经大为改观。这是来之不易的。今后，在以江泽民同志为核心的党中央的正确领导下，我们的国内工作和外交工作应该继续互相配合、互相促进，不断地发展我国的大好形势。

四年来，我们坚定不移地贯彻小平同志提出的冷静观察、沉着应付、韬光养晦、有所作为的方针，在极其错综复杂、动荡不定的国际形势下，我们冲破了重重困难，顶住了种种压力，不仅站稳了脚跟，而且有了更大的发展，在国际事务中继续发挥我们独特的、应有的作用，对外关系在许多方面还有了新的重大突破。前几年，西方散布"中国垮台

---

* 这是李鹏同志写给第八次驻外使节会议的信。

论"。曾几何时,这种论调在事实面前已经破产。现在又抛出"中国威胁论",夸大我国的经济实力,挑拨周边国家同我国的关系,企图借此阻遏我国的发展。不论他们怎么说,我们始终保持清醒头脑,做到心中有数,走我们自己的路,做我们该做的事。任凭风浪起,稳坐钓鱼船。

当前的国际形势,对我有利的因素同四年前相比有所增加,同时还存在着不可忽视的困难和不利因素。我们应该抓住机遇,迎接挑战,争取更多地有所作为。我们的外交工作面临着一系列重大的课题,任务很繁重,可以做的工作也很多。会议期间江泽民同志将发表重要讲话,其琛[1]同志也将作内容全面的报告,今天我只讲几点原则意见:一是要善于利用矛盾,多做工作,对中美俄、中美日、中美欧、中日韩等多种关系都可适当运用,使我国处于更加主动和有利的地位。二是要从全局着眼处理中美关系问题,要稳住中美关系,争取有所发展。三是要通盘研究和部署对西欧的工作,妥善处理与英、法的关系,争取使中德关系有新的突破。四是要继续加强对周边国家的工作,充分认识争取一个稳定的周边环境的极端重要性。进一步发展同俄罗斯、蒙古及中亚各国的关系;处理好同东盟、印支和南亚各国的关系;在同韩国发展关系的同时,不要忽略了朝鲜的战略地位,维护中朝友谊,保持朝鲜半岛的和平稳定符合我们的利益。五是要继续大力加强同广大发展中国家的团结与合作,相互支持,相互帮助,要真正把这一条当作我们外交工作的立足点。六是要继续搞好人权领域的国际斗争。人权这个概念有广泛的内涵,各国的观点和理解并不一致。对发展中国家来说,首要的是独立权、生存权和发展权。而一些西方国家则把"人权"作为推行霸权主义和强权政治的思想武器。我们同西方之间在人权问题上的斗争是长期的，复杂的。在这个斗争中，我们也应该继续争取和团结广大发展中国家，结成广泛的统一战线，阐明我们的正确主张，充分揭露西方人权观的虚伪本质，剥夺他们的政治资本，反击他们借人权对发展中国家施加压力、干涉其内政的行径。七是要更加重视多边外交，发挥我作为联合国安理会常任理事国和最大的发展中国家的独特作用，凭借我在亚太地区举足轻重的地位，积极参与国际和地区事务，扩大我国的国际影响。

国际形势正在向多极化加速发展，矛盾更加错综复杂，我们的外交人员必须加强学习，全面提高自身的思想、政治和业务素质。驻外使节要有清醒的政治头脑和敏锐的政治洞察力，学会处理新形势下的新问题，把原则的坚定性同策略的灵活性巧妙地结合起来，把局部工作同战略全局结合起来。

我们要提倡积极进取、勇于开拓的精神，克服安于现状、墨守成规的思想。一个合格的外交干部特别是驻外使节，要有创新精神，有所作为。要积极创造条件，主动开展工作，广交朋友，既要深入了解驻在国和所处地区的情况，又要有效地宣传我们自己。

我们要在工作中注意培养和选拔优秀的外交人才，继承和发扬周恩来同志倡导的我国外交人员"站稳立场，掌握政策，严守纪律，熟悉业务"的优良传统，造就一支更加坚强有力的外交队伍。

注　释

〔1〕其琛，即钱其琛（一九二八——二〇一七），江苏嘉定（今上海嘉定）人。当时任国务院副总理兼外交部部长。

在建立社会主义市场经济条件下继续加强农村工作[*]

（一九九三年十月二十一日）

我想从建立社会主义市场经济体制的角度，对大家讨论中提出的比较集中的问题讲几点意见。

一、充分认识社会主义市场经济条件下农业的基础地位。

党的十一届三中全会以来，农村改革起步早、进展快、效果好，走在全国改革的前面。改革促进了农业和农村经济的全面发展。农业生产大幅度增长，农产品由长期短缺转为相对充裕，农业由过去侧重于追求产量增长开始进入高产优质高效的发展阶段；乡镇企业迅猛发展，正在由东部地区向中西部地区和少数民族地区推进；农村经济结构发生了明显的改善，单一从事农业的状况有了改变，农村第一、二、三产业全面发展的格局已经初步形成。

农村改革和农村经济的蓬勃发展，对整个国民经济的发展和改革开放的全面推进起到了重大作用。可以这么说，如果没有农村改革和农村经济发展所取得的巨大成就，就没有今天国民经济的繁荣兴旺，就没有全国人民温饱问题的基本

　＊　这是李鹏同志在中央农村工作会议上讲话的主要部分。

解决，就没有这样安定团结的政治局面，我们的国家也就不可能在国际风云急剧变幻中立于不败之地。改革从农村开始，以农村改革的成果支持全面改革的推进，是我国改革成功的一条重要经验。

在充分肯定农村改革与发展所取得成就的同时，也必须高度重视目前农业面临的新问题。粮棉等大宗农产品价格偏低，农业生产资料价格上涨过快，农民收入增长缓慢、购买力下降、生产积极性受到挫折，一度缩小的工农业产品价格剪刀差和城乡人民收入差距重新拉大；在办开发区、搞房地产、购买股票债券的热潮中，一些地方的农田被大量圈占，农业资金被挤占挪用，不少农业科技人员改行，已经到了危及农业正常发展的程度。出现这些问题，既有体制改革不配套的原因，也有思想认识上的原因，主要是领导干部思想认识上的片面性。在市场经济大发展的过程中，不少地方领导干部的精力转移了，不同程度地忽视和放松了农业。这就给我们提出了一个尖锐的问题：在市场经济条件下，农业还是不是国民经济的基础？快速发展的国民经济还要不要依靠农业来支撑？回答当然是肯定的。在全面建立社会主义市场经济体制的今天，农业的基础地位丝毫不能动摇，农业只能加强，不能削弱。否则，一旦基础动摇，必将危及国民经济的全局，继而影响安定的政治局面，后果是不堪设想的。这绝不是危言耸听。我们可以就此问题作如下的具体分析。

全国绝大多数人口在农村是我国的基本国情，在相当长时期内不可能有根本的改变。即使乡镇企业有较大发展，全国广大地区的农村劳动力还是以从事农业生产为主。稳定农业就是稳定农村、稳定全局，这一条不会改变。

以社会主义市场经济体制逐步替代计划经济体制，并没有改变整个国民经济对农业的依存关系。强调向社会主义市场经济过渡与强调农业是国民经济的基础并不矛盾。虽然，在现代化进程中，第二、三产业在国民生产总值中的比重要增加，农业比重会下降，但这并不能改变民以食为天、人总要吃饭穿衣这一基本需求，以及第二、三产业也都要依赖农业的客观事实。十多亿人口的吃饭问题是我们任何时候都不能忽视的头等大事。

农业稳定发展，农产品供应充裕，人心才能稳定。当前，不少地方在市场物价上涨指数达到两位数的情况下，城乡市场还比较稳定，人心也比较稳定。这固然同人们近几年的实际收入增加和对物价波动的心理承受能力提高有一定关系，但更重要的还是由于全国的农业状况比较好，农产品能够比较充分地满足市场的需求。

发展农业是进一步扩大对外开放的重要保证。考虑到我国农业将面临的国际竞争，只有农业基础稳固了，在国际市场有较强的竞争力，才有可能更好更快地发展创汇农业，促进整个对外贸易工作的开展。

党中央、国务院历来就十分重视农业。加强宏观调控的目的之一，就是要加强农业。各级党委和政府一定要牢固树立以农业为基础的思想，任何时候、任何情况下都要把农业放在经济工作的首位，经济越发展，越要加强农业。发展农业，说到底还是三句话、一个关键，即一靠政策，二靠科技，三靠投入，农产品价格是关键。从中央到地方都要在优先保证农业资金的前提下再安排其他建设项目，增加对农业投资的份额，对农业所需资金、物资要作出妥善安排。要通过认真贯彻执行《中共中央、国务院关于当前经济情况和加强宏观调控的意见》，把压下来的搞开发区、房地产的投资和其他不符合国家产业政策的投资，增加到对农业的投入上来。

发展农业，要以农业生产是否发展、农产品是否适应市场的需要、农民收入是否增加为三大目标。农民收入的不断增长，是关系到保护农民利益、调动农民积极性的大问题，也是检验农业经济效益的重要标志，必须引起我们的高度重视。在社会主义市场经济条件下，政府领导农业的主要职能，可概括为"引导、支持、保护、调控"八个字。这几个方面是相互依存、相互促进的，应当作为一个整体来对待。

二、加强对农村经济发展的引导，帮助农民进入社会主义市场经济轨道。

在社会主义市场经济的条件下，政府要更多地通过经济信息、经济政策、经济杠杆逐步引导农民适应市场的需求。把农产品推向市场相对容易些，而要引导农民按市场需求组织生产经营则难度较大。这方面的主要难点是面临经常变化的广阔市场，农户如何选择生产经营项目？农户的小生产与市场大需求如何衔接？如何加快农村富余劳动力向非农产业转移？根据改革开放以来十多年的实践经验，引导农民进入市场，需要从多方面努力。

第一，引导农民面向市场，必须调整农业结构和农产品结构，发展高产优质高效农业。

随着改革开放的推进，我国农产品市场正在发生重大变化。消费者对农产品质量、品种不断提出新的要求。出口农产品更需要把质量、品种放在首位。随着我国人民食物结构的改善、国内国际市场需求的变化，各地应按照国务院颁布的《九十年代中国农业发展纲要》和《九十年代中国食物结构改革与发展纲要》，大力进行农业和农产品结构调整，发展高产优质高效农业。农业生产上新台阶，既要有产量目标，也要有优化结构的要求。

从我国人多地少的实际情况出发，必须以不断提高单产的办法来增加粮食总产。粮、棉、油、肉等大宗农产品，要在保持产量稳定增长的基础上提高质量，优化品种。当前要适当增加优质小麦、棉花、大豆的种植面积。要在确保粮食生产的前提下，从市场需求出发，调整农作物布局，发展经济作物和饲料作物，发展林业和养殖业，开发荒地、荒水、滩涂、草原和庭院等非耕地资源，实行农林牧渔相结合。通过农业综合开发，提高资源利用率和土地收益，增加农民和牧民的收入。

要进一步打破传统的单一农业结构，大力发展以农副产品为原料的加工业和运销业，使农村第一、二、三产业协调发展，实现农产品的多次增值，这是充分挖掘资源潜力、满足市场需求、增加农民收入的必然选择。这不仅能使农业效益大幅度提高，而且为转移农村富余劳动力开辟了新的途径。发展生态农业，实行秸秆过腹还田，是一条成功的路子，在有条件的地区值得大力提倡。要大力发展创汇农业，把出口初级农产品转变为出口高附加值的加工产品。

第二，引导分散经营的农户与市场需求相结合，使农产品及其加工品适销对路。

引导农民进入流通领域，必须建立健全农业社会化服务体系，为农民提供产前、产中、产后的配套服务。要积极推行贸工农一体化服务形式，根据市场需求组织加工，按照加工需要安排原料生产。以贸易打头，按贸工农的顺序组织生产和经营。各种服务组织与农民进行经济交往活动时，要广泛运用经济合同形式。现在许多农民不知道生产什么才能卖得出去，什么产品能卖上好价钱。要为农民提供这方面的信息，引导农民与加工、流通企业签订产销合同，建立相对稳定的供求关系。

在稳定和完善以家庭联产承包为主的责任制的前提下，有条件的地方也要支持农村集体经济组织和农民发展种植业、养殖业的适度规模经营，但一定要从实际出发，尊重农民的意愿，不要搞强迫命令。

第三，引导乡镇企业合理布局，并与农村小城镇建设相结合。

现在不少地方的乡镇企业分布过于分散，产销不便，效益不高，弊端不少。今后对乡镇企业要注意合理布局，科学规划，做到相对集中，与农村小城镇建设相结合。这样做，有利于节约土地和基础设施投资；有利于治理和防止环境污染；有利于带动农村第三产业的发展，加快农村富余劳动力向非农产业转移，防止过多的劳动力盲目涌向大城市；有利于发展农村的科学技术、文化教育、卫生保健等各项公益事业；还有利于缩小城乡差别、工农差别，加快新农村建设的步伐。

农村小城镇建设要依托现有的集镇逐步发展。乡镇企业应该相对集中，这是从实践中总结出来的一条重要方针。有的地区乡镇企业已经遍地开花地发展起来了，应当按照有利于提高效益的原则，逐步加以调整。中西部地区乡镇企业起步较晚，从一开始就要注意这个问题。当然，小城镇建设也要避免盲目性，切不可不顾客观条件一哄而起，形成新的办小城镇热。

三、加强对农业和农村经济的支持，改善其外部环境。

在社会主义市场经济的条件下，各种生产要素往往容易自发地流向比较效益高的产业。对社会效益高、比较效益低的农业来讲，政府的支持是必不可少的。在目前农村经济发展水平较低的情况下是这样，就是在农村经济发展水平有了新的提高的情况下也是这样。世界上经济发达的国家，都是通过多种形式对农业给予大力支持的。

必须下决心调整投资结构。中央和地方都要增加对农业的投入，增加农业基本建设投资。在对工业投入中，也要增加农用工业的投资。鼓励集体经济组织和农民增加对农业的投入。

国家对农业和农村经济的投入，主要用于农田水利建设、农业机械、造林绿化、农业科研、农业教育、农业技术推广，以及农产品贮藏、加工、流通方面的基础设施建设等。

邓小平同志指出，科学技术是第一生产力。解决我国农业问题的根本出路要靠科技、靠教育、靠实现农业的现代化。各级政府要采取有效措施，支持农业科研、教育和技术推广事业的发展。农业科技人员是科技、教育兴农的主要力量。在机构改革中，要充实和加强县乡农业科技服务组织。各级财政用于科技服务组织的事业费不但不能减少，还应逐步增加。允许农业科技服务队伍开发推广新技术，实行有偿服务，所得收入用于装备服务设施和改善科技人员的工作、生活条件。县乡科技服务机构不能撤，经费不能断，队伍不能散，这要作为推动农业科技进步的一项基本政策，长期稳定不变。要十分重视农村教育事业，农村教育的重点是普及义务教育，扫除青壮年文盲，大力发展职业技术教育和成人教育，把学文化与学农村所需的各种实用技术和经营管理技能结合起来，提高农村劳动者的科学文化素质，为发展农村经济培养更多的人才。农业教育事业费附加应列入农民百分之五的负担之内，予以保证。拖欠教师工资现象是不能允许的，各级政府在春节前必须保证解决，让教师过一个好年。有条件的地方，要鼓励富裕起来的农民投资兴办教育。

就产业和区域来讲，国家对农业和农村的投入主要支持以下重点：

支持粮棉主产区发展经济。粮棉主产区对国家贡献很大，但经济发展水平不高，人口又相当密集，农民收入低。帮助粮棉主产区尽快改变"粮棉大县、工业小县、财政穷县"的状况，将对全局产生重大影响。从明年开始，国家将选择一批商品粮大县和产棉大县，增加财政、信贷资金投入，进一步提高粮棉生产能力，发展农副产品加工业和其他乡镇企业，增加农民收入和地方财政收入，增强自我发展的实力。

发展高产优质高效农业。从明年开始，国家将建设一批高产优质高效农业示范区，实行科技、资金、物资等生产要素综合投入，发挥示范带头作用，带动全国高产优质高效农业的更快发展。

加快中西部地区和少数民族地区乡镇企业的发展。乡镇企业是我国农民的伟大创举，是改革的一项巨大成就。对乡镇企业在农村经济和整个国民经济中的重要地位要充分肯定，一定要坚定不移地扶持乡镇企业的发展，特别是加快中西部地区和少数民族地区乡镇企业的发展。国务院已经决定增加中西部地区乡镇企业专项贷款，关键在于选准效益好、有还贷能力的项目。东部地区要在国家产业政策引导下，加速发展高新技术产业、外向型经济，以及第三产业。一些劳动密集型产品要逐步向中西部地区转移，带动中西部地区的发展。农村股份合作制的试行，对乡镇企业的发展起到了积极作用，要认真研究，兴利除弊，不断加以完善。

扶持贫困地区。各级政府要高度重视扶贫工作，坚持开发式扶贫的方针。目前，全国农村还有八千多万人没有完全稳定地解决温饱问题，这些人大部分集中在少数民族地区、革命老区、沿边地区，工作难度很大。国家用于扶贫开发的各项资金，要重点用于这些地区，增加投入，扩大以工代赈资金规模。国务院已提出八七扶贫攻坚计划，即用七年时间，力争解决八千万贫困人口的温饱问题，这是个重大的战略计划，要认真地组织实施，确保实现。

以上讲的国家投入的重点，是相对而言的，并不是说不支持其他地区。比如牧区、垦区，同样需要给予支持和帮助，以促进共同发展。

在增加对农业投入的同时，一定要注意克服过去一些地方存在的投入不讲效益、不讲回收的弊病。在资金的使用上，要相对集中，保重点、重效益，按项目管理，真正见到实效。

四、加强对农业的保护，促进农业生产持续稳定发展。

农业生产风险大，比较利益低，既有自然风险，又有市场风险，难以和其他产业进行平等竞争，政府必须给予保护。已经建立的粮食保护价和粮食风险基金制度，对农业生产资料实行最高限价，其方向是正确的。但是，在执行中的实际情况是，生产资料最高限价限不住，粮食保护价偏低，保护政策还需改进和完善。

要加强农村市场建设。现在绝大多数农产品的价格已经放开，棉花还没有放开。蚕茧等农产品价格也要积极创造条件，在适当的时候放开。要做到货畅其流、产销两旺，必须健全以批发市场为中心的市场体系，加强市场设施建设，完善农产品质量标准和监测体系，规范市场交易行为，建立市场运行的正常秩序。

制定和实施农业保护政策。最重要的是价格保护，这是世界各国普遍采取的办法。目前国家财力有限，对农产品全部实行价格保护是不可能的，只能选择几种关系国计民生的重要农产品实行保护。在现有基础上尽快完善粮食保护价制度，逐步扩大对农产品的保护范围。明年要提高粮食保护价和棉花定购价，国务院准备尽快定下来，及早公布，以不误农时。

农业的保护政策，除实行价格保护外，当前需要特别强调几点：一是减轻农民负担。党中央、国务院已经出台了不少措施，效果明显，是大得人心的好事，有关部门和各级政府必须坚决贯彻落实，不能动摇。二是收购农产品不得"打白条"。银行、财政部门、企业在收购资金保证方面还要继续努力。三是国家合同定购粮的"三挂钩"[1]全部实行价外加价，要确保兑现。四是保护耕地。严格控制非农业占地，建立基本农田保护制度，采取行之有效的复垦和补偿办法。五是实行农业保险，健全农业风险补偿机制。要依靠法律手段保护农业。农业方面已经制定了一些法律法规，最近颁布的《中华人民共和国农业法》和《中华人民共和国农业技术推广法》，对发展农业和以法治农将发挥重要作用。

保护农业的实质是保护农民利益。为农民谋福利，农民才会拥护党，政权才能巩固，社会才能安定，这是我们党积累几十年的经验。现在，有些同志的群众观念淡漠了，各种挤农、挖农、坑农的事情时有发生。这种现象绝不允许继续存在。保护农民利益与保护消费者利益是一致的。农民的利益得到了保护，农民就会保持和提高从事农业生产的积极性；农业生产发展了，农产品供给充裕，市场价格相对稳定，也就保护了消费者的利益。保护农民利益，促进农业和农村经济发展，是具有全局意义的重大问题，我们大家在这个问题上要站得高一点，看得远一些。

五、加强和改善宏观调控，确保农村市场的正常运行。

发展社会主义市场经济，是在国家的宏观调控下发挥市场对资源配置的基础性作用。现在没有哪一个发达国家对经济不进行宏观调控而放任自流的。目前我国对农业宏观调控的主要措施是：完善粮食储备制度，建立粮食风险基金，建立政策性农业银行。

现在，中央粮食储备制度已经初步建立起来，下一步是不断完善和充分发挥其储备、调节功能的问题。只有中央一级储备是不够的，地方也要建立储备制度，还要鼓励农民储粮，形成多级储备体系。中央和地方粮食储备系统要合理分工，密切配合，共同担负起储备粮食、调节市场供求、稳定价格的责任。要把国内的市场吞吐调节和国际市场的进出口结合起来，以保持国内粮食市场的稳定供应。

为了使粮食保护价政策落到实处，无论是中央财政，还是地方财政，凡是由于放开粮食价格而减少的补贴都不能挪作他用，一律用作粮食风险基金。

明年要成立政策性农业银行，承担政府赋予的农村政策性金融业务。商业性农村合作银行的经营方向不能脱离农村，要坚持取之于农村、用之于农村，确保用于农村的信贷资金能够回收，不再外流。

今年，由于党中央、国务院进一步加强了对农村工作的领导，采取了一系列重大政策措施，各级党委、政府和各部门做了大量工作，农村形势很好，农业生产比年初预计的要好。当前，要做好农产品收购工作，组织好冬季农田水利基本建设，安排好农业生产资料的生产和供应，为争取明年的农业丰收奠定一个好的基础。

注　　释

〔1〕"三挂钩"，指当时实行的合同定购粮食与供应平价化肥、柴油和发放预购定金相挂钩的政策。

提高国有企业效益的
几个主要因素[*]

（一九九三年十一月十二日）

应该承认，目前有一部分国有大中型企业经济效益不好，但我不同意那种认为凡是国有大中型企业效益就肯定不好的观点。客观地分析现状，从数量上看，大概好的、差的和一般过得去的各占三分之一。从总量上看，国有大中型企业仍在国民经济中占主体地位，掌握国家的经济命脉，并且是国家财政收入的主要来源。

提高国有企业的效益，是由多方面因素决定的。分析起来，大致有这么几个方面：第一是市场问题。要有效益，就要有市场。有的大中型企业产品对路，找到了市场，效益就好。要使企业真正有效益，必须要有稳定的市场。第二是技术水平。有一些老企业技术落后，设备陈旧，原材料、能源消耗大，效益就差。第三是企业办社会，企业包袱大。如鞍钢约四十万人，年产八百六十万吨钢；宝钢只有两万三千人，年产七百万吨钢。其中一个原因就是一些老企业承担了一些社会职能。这也是历史形成的包袱，要在改革中逐步解决。第四是企业管理制度。企业的自主权不够，政府管得太

＊ 这是李鹏同志在中共十四届三中全会东北组会议上讲话的要点。

多，企业不能自主经营、自负盈亏。第五是企业内部管理问题。以前企业有"三老四严"[1]，现在许多企业管理很松。企业的内功很重要，这里也包括各种生产要素的合理组合问题。在管理上，如果企业没有奖惩权，没有处罚不合格职工的权力，企业是搞不好的。第六是人才培训。要有合格的管理人员、技术人员和工人，否则很难生产出合格的产品。我认为社会主义国有大中型企业是能够搞得好的，对此，我是充满信心的。

注　　释

　　[1]"三老四严"，是大庆油田职工在二十世纪六十年代初提出的口号。"三老"，指对待革命事业要当老实人，说老实话，做老实事；"四严"，指对待工作要有严格的要求、严密的组织、严肃的态度、严明的纪律。

加快建立社会主义市场经济体制的改革步伐，保持国民经济持续、快速、健康发展[*]

（一九九三年十二月一日）

这次全国经济工作会议，把计划、经贸、体改、财政、银行等综合部门的同志集中到一起开，这样便于国务院全面安排经济工作，也便于中央和各省、自治区、直辖市经济部门的同志在一起交换意见，协调工作部署。会后，国务院有关部门还可以召开本系统的专业工作会议，但国务院和各省、自治区、直辖市的领导同志就不再一一出席了。精减会议，提高工作效率，这也是改革。

下面，我就贯彻党的十四届三中全会精神，做好明年经济工作的问题，讲十点意见。

一、关于当前经济形势

去年以来，在邓小平同志重要谈话和党的十四大精神指引下，我国改革开放、经济建设和其他各方面的工作都

---

[*] 这是李鹏同志在全国经济工作会议上的讲话。

出现了新的局面。国民经济在去年快速发展的基础上，今年继续保持快速发展的势头，总的形势是好的。预计国民生产总值增长百分之十三。农业获得了好的收成，农村经济得到全面发展。工业总产值增长百分之二十二，企业效益有所提高。基础设施和基础产业的建设继续受到重视并有较大发展。城乡居民收入增加，生活继续改善。改革步伐明显加快，价格进一步放开，整个经济的市场化程度继续提高。对外开放进一步扩大，利用外资数量大幅度增加。

对于经济快速发展中出现的突出矛盾和问题，党中央和国务院及时采取了加强和改善宏观调控的措施，经过各级政府和各个部门的共同努力，已经取得了积极成效。金融秩序好转，居民储蓄存款增加，外汇调剂市场[1]稳定。固定资产投资增长幅度有所回落，重点建设项目进度加快。农产品收购资金得到保证。这次加强宏观调控，通过深化改革，主要运用经济手段、法律手段，并辅之以必要的行政手段，着重进行结构调整，引导国民经济向着健康方向发展。事实证明，党中央、国务院关于加强和改善宏观调控的措施是必要和正确的。

综观经济形势全局，我国正处在经济快速发展时期。国内市场潜力很大，为工业发展提供了广阔天地，对外资也有很大吸引力。经过几十年的发展，特别是最近十几年的快速发展，我国现在进行现代化建设的物质基础比过去雄厚得多。改革开放给经济发展注入了强大的活力。全世界对中国发展趋势看好。国际形势总的来说对我国是有利的。当然，我们也清醒地看到，在我国经济发展中也存在不少矛盾和困难，基础设施和基础产业的"瓶颈"制约，经济结构性矛盾比较突出，国有大中型企业面临很多困难，劳动就业的压力将长期存在，有些经济关系还没有理顺，等等。这些问题都是前进过程中的问题，通过不断总结经验，通过深化改革和发展经济是可以逐步得到解决的。从国内外形势来看，在相当长时期内，我国面临着一个不可多得的改革和发展的好机遇。

二、明年经济工作的方针和任务

明年是我国经济继续保持好的发展势头的重要一年，也是推进建立社会主义市场经济体制改革的关键一年。明年经济工作的方针是：全面贯彻党的十四大和十四届三中全会精神，加快建立社会主义市场经济体制的改革步伐，进一步扩大对外开放，加强和改善宏观调控，大力调整经济结构，提高经济效益，保持国民经济持续、快速、健康发展。

根据这个指导思想，国务院经过反复研究确定：明年国民生产总值增长率按百分之九左右安排，工业总产值增长百分之十五左右，农业总产值增长百分之三点五左右，全社会固定资产投资一万三千亿元，其中国有单位八千七百五十亿元，货币发行一千八百亿元，贷款规模四千七百亿元，进出口贸易总额二千亿美元，社会零售物价指数力争控制在百分之十以内。这个经济盘子是综合各种因素确定的，是积极的，经过努力也是可以达到的。

确定明年经济工作的方针和总的盘子，主要有以下几点考虑：

保持经济持续、快速、健康发展。邓小平同志强调：

"发展才是硬道理"[2]，问题的最终解决还是靠经济的发展。我们有必要也有可能争取在一个比较长的时期内保持较快的经济增长速度。在连续两年百分之十三快速增长的基础上，明年安排百分之九左右的增长速度是比较高的。之所以没有提出更高的指标，是因为在连续两年快速增长之后，一些方面经济增长的条件已经绷得很紧，"瓶颈"制约作用和通货膨胀的压力加大，而且还要为后几年继续保持快速增长准备条件。如果我们能够连续若干年保持党的十四大提出的百分之八至百分之九的增长速度，将是了不起的成绩。

加快建立社会主义市场经济体制的改革步伐。我们要通过深化改革，解决国民经济和社会发展中的深层次矛盾，用改革促发展。明年要在财税、金融、计划、投资、外贸和国有企业改革方面采取重大举措，改革的任务很重，经济工作的安排要为改革创造比较宽松的环境，以保证改革能比较顺利地进行。

要把调整结构、加强管理和提高效益放在经济工作的重要位置。经济结构不合理是当前我国经济发展中的突出矛盾，管理不善是相当普遍的问题，这都是经济效益差的重要原因。现在我国投资规模已经不小，投资占国民生产总值的比重（投资率）也相当高。江泽民同志说："发展也要有新思路，真正转到以提高经济效益为中心的轨道上来，不能继续走盲目追求产值和扩大投资规模的粗放经营的老路。"[3]我们要认真贯彻这个精神。在调整结构、加强管理和提高效益方面狠下功夫，这样，不仅能够节约大量原材料、能源和运输力，缓解经济发展中的许多矛盾，而且可以为国民经济长期保持快速发展创造必要的条件。

妥善处理改革、发展和社会稳定的关系。发展是社会稳定的基础，改革为发展注入了强大的活力。只有在保持社会稳定的条件下才能顺利推进改革开放和经济发展。现在我国经济发展，政治稳定，民族团结，社会进步，总的形势是好的。当然也存在一些不可忽视的问题。明年改革的步子很大，要把物价上涨幅度控制在社会各方面能够承受的限度内，难度不小。经济工作的安排，要兼顾改革、发展和社会稳定三个方面，不能绷得太紧。

关于明年经济工作的方针和总的盘子，希望大家认真讨论，提出意见，以便使我们的安排更符合实际。经过这次会议讨论确定后，还要提请明年八届全国人大二次会议审定。

三、大力发展农村经济，增加农民收入

明年的农业和农村经济工作，要认真贯彻党的十四届三中全会和中央农村工作会议确定的方针，稳定党在农村的基本政策，深化农村改革，促进农村经济全面发展。明年农村经济发展的主要目标是：力争农业有一个好收成，实现乡镇企业的持续健康发展，繁荣农村市场，力争农民人均收入有较多的增加。为了实现这个目标，要采取以下措施：

较大幅度增加对农业和农村经济的投入。国家预算内基本建设投资、财政支农资金、银行支农信贷资金都要有所增加。在计划、财政和金融方面都要有具体的部署。各地区、各部门要认真落实。

提高粮棉收购价格。从明年新粮上市起，要较大幅度提高粮食保护价。国家定购的棉花，也要适时出台提价措施。

健全粮食专项储备制度。通过吞吐调节以及国内外市场的调剂来平抑国内市场粮价，促进粮食生产的稳定增长。建立粮食风险基金，保护农民利益，调动农民积极性，保证粮食专项储备制度的正常运作。

建立政策性农业发展银行。这是保证农副产品收购资金及时到位的重要措施，其具体筹建工作要抓紧进行。

除以上措施外，农村其他方面的改革，例如发展农村社会化服务体系，建立合作制和股份制经济组织，改革供销社体制，为促进小城镇的发展而改革某些管理制度等，都要积极提出方案，逐步付诸实施。

我国人口绝大部分在农村，农业问题是关系全局的大问题。农林牧副渔能否全面发展，农业收成的好坏，直接关系物价的稳定和城乡人民生活。经济快速增长有赖于农村市场的开拓，而只有发展农村经济和提高农民收入才能开拓农村市场。近几年来，农业连年丰收，农村经济持续发展，但粮食生产比较效益下降，工农业产品价格剪刀差扩大，农民收入增长比较缓慢，这些问题必须积极采取措施加以解决。要加强农村基础教育和职业教育，提高农民文化技术素质，把农、科、教很好结合起来，发展高产、优质、高效农业，保证农村经济健康发展。要在保证粮食稳定增产的前提下调整农村产业结构，在发展乡镇工业和第三产业的同时，千万不能放松农业，特别是不能放松粮棉生产。

四、积极推进企业改革，切实抓好工交生产

国有大中型企业是国民经济的支柱，也是我们进行现代

化建设的主要依托。目前企业面临困难，既有机制方面的原因，也有社会负担重、产品结构不合理、内部管理差等方面的原因，有不少是长期积累下来的，必须采取切实措施，从多方面努力，把国有大中型企业搞好。

国有大中型企业的改革是我国经济体制改革的重点和难点所在。要按照十四届三中全会决定关于转换国有企业经营机制、建立现代企业制度的要求，积极推进企业改革。明年要认真组织一百家国有大中型企业建立现代企业制度的试点，以便积累经验。当前，要继续认真贯彻企业法和《全民所有制工业企业转换经营机制条例》，把企业的各项自主权真正落到实处。要加快企业组织结构调整步伐，减轻企业不合理的负担。《国有企业财产监督管理条例》即将出台，届时要认真贯彻执行，以加强国有资产的管理，防止国有资产的流失。要积极推进企业劳动、工资、社会保险制度改革，为经济体制改革的顺利进行和市场经济的健康发展，提供社会保障。

明年各项改革措施的出台，将使企业的外部环境发生很大变化，总的看，对搞好大中型企业会产生积极影响，同时也会给企业带来一些新的问题。有关部门要搞好经济运行的综合协调工作，加强对经济走势的监测和预报，对经济运行中出现的矛盾要及时加以解决。必须十分重视市场问题，把企业的注意力引导到积极开拓国内和国际市场方面来。企业要调整产品结构，做好积压产品的限产压库促销工作，根据市场需求组织生产。进一步开拓农村市场，组织工业品下乡。在明年汇率并轨的条件下，要积极扩大出口。

要大力推进企业的技术改造。提高技术改造投资在固定资产投资中的比重，选择一批条件好的企业，抓一批技改项目，促进技术进步。解决基础产业和基础设施的"瓶颈"制约，当然要建设新的项目，同时要注意现有企业的技术改造。一般加工工业更不能多铺新的摊子，要靠技术改造求发展。要把引进外资和对外经济技术合作，同现有企业的改造结合起来。

现在企业管理问题不少。一些企业经济效益不好，管理工作差是重要原因。要切实加强企业的经营管理，加强基础工作，严格规章制度，加强劳动纪律，引导企业苦练内功，全面提高素质，增强市场适应能力和竞争能力。这里，我想特别强调，近来企业生产事故和交通事故时有发生，不少是重大事故，暴露了管理工作中存在的问题，各级政府和企业一定要高度重视，贯彻预防为主的方针，采取切实措施，迅速扭转这种局面。

五、保持合理投资规模，优化投资结构

安排适当的固定资产投资规模，是保持经济发展后劲的重要条件。这两年经济快速增长的一个重要原因，是投资增长的拉动。明年一万三千亿元的投资规模是不小的。投资增长过快会引发通货膨胀，对此不能掉以轻心。目前，一方面在建项目总规模已经不小，另一方面不少新的项目还在等着上马，明年投资扩张的压力仍然很大。各地区、各部门对在建项目和准备上马的项目，包括基础工业和基础设施项目，都要认真排排队，分别轻重缓急，把财力、物力用到最有效益的项目上。首先保证在建基础设施和基础工业重点项目的

需要，特别是保证那些有利于缩小东西部差距、开发中西部
资源等方面国家迫切需要的项目，保证教育和科技的项目，
确有余力再适当上一些其他项目。要加大投资结构的调整力
度，做好投资计划与财政、信贷计划的协调，多集中一些资
金用于重点建设。今后上项目必须坚持三条原则：一是不能
搞无本投资，新建项目必须具有一定比例资本金后，才能申
请银行贷款；二是不能挪用流动资金贷款搞投资，银行对此
要加强监管；三是新建项目必须打足铺底流动资金。地方也
要把更多的资金用于基础性建设。在投资结构调整中，要结
合住房制度改革，加大城镇住房建设的投资比重。

深化投资体制改革是保持合理投资规模和优化投资结构
的根本保证。组建国家开发银行是一项重要改革措施，要通
过改革，建立法人投资和银行信贷的风险责任，规范投资资
金来源和筹资方式，健全对投资规模和投资结构的宏观调
控，规范投资主体、投资决策和投资行为。投资体制改革的
主要目标，是努力使建设项目有足够的资金保证，资金不留
缺口，建立银行用经济手段对投资的约束机制。这项改革搞
好了，将有利于国家对固定资产投资规模进行比较有成效的
宏观调控，使投资膨胀问题得到缓解。

六、认真落实财税改革方案，
做好明年财税工作

明年在财税体制改革方面要迈出重大步伐。这是建立社
会主义市场经济体制，理顺经济关系的迫切需要。党的十四
届三中全会的决定[4]规定了改革的目标和原则，具体方案

经中央同若干省、自治区、直辖市深入地协商讨论，也定下来了。今后的任务，是要认真组织落实。

明年财税方面的重大改革有三项：一是进行税制改革，二是实行分税制，三是改革国有企业利润分配制度。几个有关的文件，已经酝酿了很久，待这次会议讨论后国务院再正式下发。

这三项改革，都是建立社会主义市场经济体制的重要内容，是关系整个经济体制改革的重大措施。改革方案的设计，既参照了发达市场经济国家的普遍做法，也考虑了我国的国情；既注意到逐步增加中央财力的需要，也充分照顾了地方的需要和企业的经营状况。各级党政领导要充分认识改革的重要意义，认真做好各方面的思想工作，把财税改革作为一件大事来抓，确保各项改革措施顺利出台并取得预期效果。

这次财税改革主要是转换机制，同时也涉及利益分配格局的调整。为了顺利推进改革，在方案设计中，听取了各方面的意见，力求积极稳妥、切合实际。尽管如此，现在确定的方案也可能还有不够完善的地方。因此，在改革方案出台以后，要密切注意新情况，及时解决运行中的新问题，使改革措施不断完善。

目前国家财政还比较困难。现在离年底只有一个月时间，完成全年预算有很大难度。今年的财政赤字不能突破预算，这是个硬任务。各地要严格预算管理，挖掘增收节支的潜力，严格防止年终突击花钱。

明年财政状况的好坏，对于新体制的建立至关重要。由于经济发展，明年中央和地方财政收入都会有所增长，但支出也会增长，甚至增长更多。明年是国家还内外债高峰年；同时国家将全部免除国有企业"两金"，以及进行价格改革和增加工资，增支减收因素增多，国家财政收支矛盾仍将比较突出。预算安排要坚持从紧的原则，地方财政要自求平衡，一律不打赤字，中央财政收支差额也不再向银行透支，准备全部通过发行国债来弥补。要改进国债发行办法，以保证完成全部发行任务。通过理顺分配关系，调动各方面积极性，使财政收入的增长与国民经济发展相适应。要抓住财税改革的有利时机，改进管理工作，硬化预算约束。在财政支出的安排上，要坚持保证重点、压缩一般的原则。明年除继续保持基础设施和国防、农业、科技、教育等重点投入以及政法部门所需经费的必要增长外，各地要优先保证工资发放和粮食收购的开支。这可能给有些地方财政带来困难，但它关系到群众的切身利益和社会的安定，宁可把其他可以缓办的事情放一放，也要把这方面的工作做好。

七、关于银行体制改革和汇率并轨

在社会主义市场经济条件下，金融在国民经济中所起的作用日益重要，金融体制的改革已是当务之急。改革的基本原则和方案也已经定了，现在是认真落实的问题。要通过改革，建立强有力的中央银行宏观调控体系，使中国人民银行成为真正的中央银行，能够有效地制定和实施货币政策，具有调控货币供应量和保持币值稳定的能力。要组建若干政策性银行，专业银行转为商业性银行，以实现政策性金融和商业性金融的分离。除成立主要从事国家重点建设投资和贷款的国家开发银行外，还要成立中国进出口信贷银行，以支持机电产品特别是成套设备的进出口，提供买方信贷和卖方信贷；成立政策性的农业发展银行，主要用来满足国家粮油储备、农副产品合同收购和农业开发等方面的资金需要。中央银行要转变职能，专业银行在政策性业务分离出去以后，要转变为国有商业银行。要注意保持金融队伍稳定，以利于金融秩序稳定和改革的顺利实施。各级政府要支持银行工作，使银行能够履行自己的职责。银行也要自觉地接受国家的宏观调控，在改革和发展中更好地发挥作用。

在我国现代化建设进程中，资金短缺将是长期存在的矛盾。今年货币供应量增长很多，明年计划增长也不少，但由于建设规模过大，资金仍很紧张。现在货币供应总量已经很大，关键是优化信贷资金结构，提高资金使用效率，保证信贷资金用于支持国家重点建设，重点支持农业、能源、交通、原材料工业、信息基础设施建设以及外贸出口，支持国有大中型企业的生产和经营。要在严格规范市场管理的前提下，发展和搞活金融市场，促进资金融通。要强化金融监督管理，健全和完善金融法规制度，加强金融稽核检查、风险管理，保证资金的安全性和流动性。

明年金融体制改革的一个重大步骤，是实现人民币外汇牌价与外汇调剂市场价并轨。并轨后，外汇价格允许在一定范围内浮动，收汇实行全额结汇制，经常项目下外汇可以实行有管理的兑换，保证外贸资金供应及时到位。逐步建立起以市场供求为基础的有管理的浮动汇率制度，这对鼓励出口创汇，扩大利用外资，增加国家外汇储备，都具有重要意义。实现汇率并轨也有一定风险，除采取一些过渡性措施

外，关键是要抓好外贸出口，增加国家外汇储备，增强国家
对外汇市场的宏观调控能力。要切实加强对外债和资本流出
的监督和管理。汇价并轨是件大事，必须谨慎对待，周密筹
划，稳步出台。

八、积极稳妥地推进价格改革，
　　安排好人民生活

今年以来物价上涨幅度比较大，对明年物价形势绝不能
掉以轻心。明年物价上涨的压力主要来自以下几个方面：成
本推动，交通、能源、原材料等连续几年调价，投资膨胀引
发的价格上涨，工农业产品成本上升；今年物价上涨的滞后
影响，明年物价指数起点高；明年汇率并轨，为进一步理顺
价格关系，还要出台一些必要的调价项目；今年四季度为缓
解企业资金紧张，投放了大量货币。这些都增加了控制明年
物价的难度，搞得不好，会影响人民生活，影响社会稳定，
甚至妨碍改革措施的顺利出台。因此，明年要把控制物价上
涨幅度、抑制通货膨胀，放在经济工作的重要位置。价格改
革要推进，但步骤要稳妥，要充分考虑各方面的承受能力。
价格改革措施明年安排三项：全部放开统配煤炭和化肥价
格，提高原油、成品油和适当提高电力价格，提高粮食和棉
花的收购价格。这三项改革措施步子相当大，影响面很宽，
要选择适当的出台时机。各级政府和物价主管部门要加强对
物价工作的领导，精心安排、周密组织价格改革措施的实
施，不要层层加码，趁机搭车。要尽最大努力，把明年物价
上涨幅度控制在百分之十以内。

在明年改革大步推进、物价上涨幅度比较大的情况下，我们必须十分重视广大群众的生活问题。从今年第四季度起，提高国家公务人员和事业单位人员的工资，国家公职人员收入过低的状况会有所改善，当然也只能有所改善。随着生产的增长，企业职工收入也将不断有所增加。明年要特别注意的，是以下几部分群众的生活问题：没有完全解决温饱问题的群众，中央和地方政府都要进一步采取切实的扶贫办法，增加投入，加快这些地区的经济发展；效益不好和停产、半停产企业的职工，以及部分离退休人员；一些地方公职人员，特别是中小学教师，由于地方财政紧张欠发了工资，各级政府要采取有力措施，加以解决。《中华人民共和国教师法》已经人大审议通过，明年一月一日起生效，各级政府要认真贯彻执行，扎扎实实地为教师做些实事。总之，我们要关心群众生活，使群众切实感受到党和政府的关怀和温暖，感受到改革开放和经济发展给他们带来的福利，从而激发他们更大的积极性和主动性，同心协力，把改革和发展搞得更好。

九、进一步扩大对外开放

实行对外开放是我们奉行的一项基本国策。十多年来我国经济迅速发展，得益于改革和对外开放。近两年对外开放步子明显加快，外商来华投资大量增加，对经济快速增长起了积极的促进作用。要继续办好现有经济特区、经济技术开发区，上海要办好浦东新区。"三资"企业也要认真总结经验，提高水平。当前国际环境总的说对我有利，要抓住这个有利时机，积极引导对外开放逐步向高层次、宽领域、纵深化方向发展。

对外贸易要做到当年外汇收支基本平衡。这是保持明年经济持续增长的重要条件。今年国家收汇的出口贸易下降，导致贸易外汇出现较大逆差。这一方面是由于国内需求增长过快，国际上贸易保护主义加剧，一些西方国家限制我国传统商品进口；另一方面也是由于国有外贸企业经营思想和机制转变较慢，缺乏竞争力。我们要在激烈竞争的国际市场增加出口，就必须认真贯彻以质取胜和市场多元化战略，在改进产品质量、提高加工深度、加强售后服务、巩固和发展现有市场的同时，积极扩展新的国际市场。要采取切实措施提高结汇率，保证出口和收汇较快增长。

近几年，我国利用外资形势很好。进入我国的外资，从中小企业发展到大型公司和跨国集团，从产业资本发展到金融资本。我们要进一步完善投资环境，引进更多的外资。用国家产业政策引导外资投向，引进一些资金投入基础性和高科技项目。注意提高外资的到位率。要提高利用外资工作的质量与效益。国务院准备召开一次利用外资工作座谈会，总结对外开放以来利用外资的经验，推动利用外资工作健康发展。

为了适应进一步扩大对外开放的要求，要继续深化对外经济体制改革。要加快转换对外经贸企业的经营机制，改革进出口管理体制，从以行政控制和审批为主转变为以关税、汇率等经济杠杆调节为主。外贸体制改革要与财税和金融体制改革、汇率并轨同步进行。

十、改进工作作风，提高领导水平

一九九四年经济建设和改革开放的任务是繁重的，我们前进中面临着许多新情况、新问题。为了顺利完成各项任务，各级领导干部特别是高级领导干部，必须加强调查研究，改进工作方法，提高领导水平。要顾全大局，严肃纪律，保证中央各项方针政策的贯彻落实。要紧密结合改革开放和现代化建设的实际，认真学习邓小平同志建设有中国特色社会主义的理论，当前要特别学习好《邓小平文选》第三卷，领会其精神实质，把我们的思想和行动统一到坚持党的基本路线和基本的方针政策上来，创造性地开展本部门、本地区的工作。

政府工作头绪很多，我们要始终坚持两手抓、两手都要硬的方针，统筹安排好各方面的工作。在大家忙于集中精力抓经济建设和改革的时候，同样要重视教育、科技、文化、卫生、体育、环境保护、计划生育和其他各方面的工作。绝不能放松社会主义精神文明建设，绝不能放松社会主义民主和法制建设。要坚持不懈地进行扫除各种社会丑恶现象的斗争，加强社会治安的综合治理。要认真纠正行业不正之风，继续抓好反腐倡廉。这是加强政权建设，密切政府与人民群众的联系，促进改革开放和经济建设顺利进行的保证。

当前改革和发展的时机都很好，做好明年的经济工作，不论对当年还是对长远发展都具有重要意义。我们肩上的担子重，责任大。我们要坚定不移地沿着邓小平同志建设有中国特色社会主义的道路，在以江泽民同志为核心的党中央领导下，团结一致，同心同德，兢兢业业地做好各方面的工作，推进改革开放，实现国民经济持续、快速、健康发展。

注　释

〔1〕外汇调剂市场，指一九八〇年十月以后，陆续在我国各主要城市设立的外汇调剂中心或外汇交易所。企事业单位可在这一市场利用留成外汇进行调剂。后期，个人和外商投资企业也可进入。一九八八年三月放开汇率后，调剂市场汇率由买卖双方根据外汇供求状况议定，与官方（挂牌）汇率形成了两种汇率并存的局面。一九九三年十二月二十五日，国务院发出《关于进一步改革外汇管理体制的通知》，从一九九四年一月一日起，实现汇率并轨，建立以市场汇率为基础的、单一的、有管理的人民币浮动汇率制度；建立全国统一的外汇交易市场，外汇指定银行为市场的交易主体；但继续保留外汇调剂中心，办理外商投资企业的外汇买卖业务。一九九八年十二月，外汇调剂业务正式停办。

〔2〕见邓小平《在武昌、深圳、珠海、上海等地的谈话要点》（《邓小平文选》第3卷，人民出版社1993年版，第377页）。

〔3〕见江泽民《更好地组织和推进社会主义市场经济体制的建立》（江泽民《论社会主义市场经济》，中央文献出版社2006年版，第158页）。

〔4〕这里指中共十四届三中全会一九九三年十一月十四日通过的《中共中央关于建立社会主义市场经济体制若干问题的决定》。

香港回归大局已定[*]

（一九九三年十二月十一日）

中英两国政府就香港一九九四年和一九九五年选举问题所进行的谈判，如果英国政府能够认真恪守中英联合声明与基本法相衔接的原则，并在过去已达成的协议和谅解的基础上进行讨论，问题本来是不难得到解决的。中英两国政府代表为此进行了长达七个多月、共十七轮谈判。谈判虽然一度陷于僵局，但中方从维护中英关系和确保香港平稳过渡的大局出发，在谈判中表现了极大的诚意，尽了最大的努力。本来根据中方"先易后难"的建议，在第十七轮谈判中，完全可以就若干问题达成一致，使会谈取得一定成果，但英国政府却节外生枝，单方面中止了谈判，严重地损害了双方谈判的气氛，为谈判的继续进行设置了障碍。由此而产生的一切后果，理所当然地应由英国政府承担。从十七轮谈判的过程我们不难看出，中英之间的分歧，不是要不要民主的问题，而是守不守信义的问题，是要不要保证香港政权顺利交接、保持香港长期稳定繁荣，从而维护香港六百万居民长远利益的问题。

---

* 这是李鹏同志会见香港特别行政区筹委会预委会全体委员时讲话的主要部分。

综观世界形势，香港之所以有今天的繁荣，得益于中国内地的繁荣，香港经济与内地经济已成为一个不可分割的整体。香港背靠内地，内地是香港的支柱，而香港则是内地进入国际市场的桥梁。英国政府倒行逆施、为谈判设置障碍的种种行径，并不能影响香港经济继续保持繁荣的势头。反过来，经过数年衰退本已十分脆弱的英国经济，在激烈的国际竞争中，将处于更加不利的地位。坦率地说，英国政府这种不友好、不合作的态度，也不可能不影响到中英两国之间在其他领域的关系。

现在距一九九七年七月一日，即中国在香港恢复行使主权的日子已日益临近，时不我待，准备工作必须抓紧进行。我殷切希望预委会抓紧工作，在政务、经济、法律、社会及保安、文化等各个领域，为平稳过渡和政权的顺利交接，做好充分的准备。无论发生什么情况，都不能改变中国政府恢复在香港行使主权并保持香港长期繁荣稳定的决心。希望各位委员和其他各界人士共同努力，为祖国的进步与发展，为香港的繁荣稳定，作出新的更大的贡献！

人民生活问题是各级政府
必须抓好的大事*

（一九九四年一月二十七日）

春节就要到了，大家都比较忙。在这种情况下，国务院还是决定召开这样一个会议，请各省、区、市的负责同志来，安排今年的"菜篮子"和粮棉油工作，足以说明这个问题的重要性和紧迫性。

全国总的形势是好的。去年国民经济快速增长。对国民经济发展中出现的一些问题，由于中央及时采取宏观调控措施，有的问题得到了解决，有的得到了缓解，国民经济继续保持了良好的发展势头。

党中央、国务院历来十分重视农村工作，这些年采取了一系列加强农村工作的措施。中央去年十月召开的农村工作会议，部署了今年的农村工作。当前我国农产品生产和市场供应形势总体上是好的。农业连续几年丰收，去年除棉花、糖料减产外，粮食、油料、肉类、禽蛋、水产品等都是增产的，"菜篮子"工作也取得明显成效。我国农产品尤其是食品的供给总量，已经由过去的长期短缺变为相对充裕。特别是自一九九〇年国家建立了粮食专项储备制度以来，国家手

---

* 这是李鹏同志在全国"菜篮子"和粮棉油工作会议上的讲话。

里掌握了数量可观的储备粮。这些年，各级政府对"菜篮子"工作很重视。农副产品市场供应是稳定的，不会发生大的问题。对于这些，广大城乡人民是有切身体会的，也是比较满意的。

但是，在这样好的形势下，从去年十一月以来的一段时间内，局部地区在粮油和副食品供应方面出现了一些问题。南方一些地方的大米价格涨幅较大，部分大中城市的蔬菜价格也出现大幅度上涨的势头。物价上涨由局部地区波及全国不少地区。这引起了城市居民比较大的反应，也引起了党中央、国务院的高度重视。经过一段工作，加强了宏观调控，抛售一部分国家储备粮，过高的粮油价格降下来了，蔬菜价格上涨的势头也得到了抑制。为什么会出现这些问题，很值得我们深思。这些问题的出现是多种原因造成的，除了市场体系不健全等客观原因外，我看最大的教训是各级领导在放开价格的新形势下对市场是否还需要进行宏观调控认识不清，经验不足。发展社会主义市场经济并不是对物价完全放任不管。国内外的经验都证明，物价的大幅度上涨，无论对于改革还是发展，都是不利的。这次会议，就是要统一思想认识，总结经验教训，进一步解决"菜篮子"和粮棉油工作适应社会主义市场经济体制要求的问题。

一、各级政府都要十分关心和注意改善人民生活。

在向社会主义现代化强国迈进的历史进程中，我们在经济工作中要始终注意抓好吃饭和建设这两件大事，正确处理好二者之间的关系。吃饭问题也就是人民生活问题，这是各级政府必须抓好的大事。我们要从这个高度来统一思想认识，努力做好"菜篮子"和粮棉油工作，保持市场的充足供应和价格的相对稳定。

我们的政府是人民的政府，人民政府的宗旨就是全心全意为人民服务。时刻关心人民群众的切身利益，是我们各级政府的天职。粮棉油和副食品是广大人民群众的基本生活必需品。过去常说，开门七件事，柴米油盐酱醋茶，现在还应该加上菜，而且还要把菜放在首位。在目前我国城乡大多数人民群众收入水平比较低、食品支出占生活消费品支出的比重还比较高的情况下，粮、油、肉、菜、蛋和水产品等主要食品价格，直接影响着人们的消费水平。食品价格太高，城乡居民支付的基本生活费用就会增加，必然会减少其他支出，使居民的实际生活水平受到影响。我们的党和政府是人民利益的代表，要把不断改善人民生活作为一切工作的出发点和落脚点。人民选举我们，我们就要维护人民群众的利益。邓小平同志讲的"三个有利于"[1]，很重要的一条，就是提高人民的生活水平。各级政府首先要努力使全体人民基本生活有保障，并且在此基础上不断提高人民群众的生活水平。只有把人民群众最关心的生活问题解决好，人民群众才会拥护我们，党和政府说话才有力量。解决好"菜篮子"和粮棉油的生产、供应问题，确实事关重大，切不可掉以轻心。

正确处理改革、发展与稳定的关系，是做好"菜篮子"和粮棉油工作必须遵循的一个原则。保持社会稳定是深化改革、促进发展的前提条件，而做好"菜篮子"和粮棉油工作对于保持社会稳定具有重要意义。今年是我国经济体制改革迈出重大步伐的一年。顺利进行改革，需要保持社会的稳定和人心的安定。物价的大幅度上涨，会引起人心动荡和社会不安，影响改革的顺利进行，影响国民经济发展的大局。广大人民群众是改革的主体力量，离开人民群众的支持，任何改革都是不可能成功的。在所有的商品中，广大人民群众对粮、油、肉、菜、蛋、奶和水产品等主要食品的价格波动，感受最直接。我们一定要下很大的力量，保持粮油和主要副食品价格的相对稳定，巩固和发展当前安定团结的社会局面。

深化改革必须兼顾城乡各阶层群众的利益。改革是符合广大人民群众根本利益的，广大群众确实从十多年的改革中得到了巨大的实际利益。但是在改革进程中，并不是每个阶层、每个人都能同时得到相同的利益和实惠，这也是事实。因此，在我们的工作中，要特别关心暂时还不富裕，甚至生活还相当困难的那部分群众。为了进一步调动农民的生产积极性，适当提高粮食和棉花的收购价格是必要的，这次会上已经定了，这对广大农民来说，是能够得到实惠的。但是农副产品价格的提高，对城镇的一部分低收入者，特别是停产半停产企业职工、大中专院校学生、离退休人员、贫困地区和灾区群众的生活，将会产生一定的影响。各级政府要采取有力措施，努力做好工作，切实解决好这些低收入者的生活困难，保障这部分群众的基本生活。

二、掌握充裕的货源，建立大流通的格局。

发展生产、搞活流通，是保持副食品和粮棉油市场供应充足、价格相对稳定的基本条件。保证副食品和粮棉油供给的基础在于发展生产，必须以"菜园子"保"菜篮子"。由于自然条件限制，一个地区或者一个城市，是很难做到样样自给的。各地尤其是大中城市，要树立大生产观念，在增强必要的自给能力的同时，发展地区间的协作，联合建设生产基地，建立稳定的产销关系，以保证市场的均衡供应，弥补淡季不足和改善品种结构。绝不能平时不重视，在市场供应发生问题时到处抢购，以至引起市场价格的上涨。对于副食品和粮棉油生产基地建设，各地都要安排专项资金，增加投入，加快建设步伐。生产基地的建设，要运用现代科学技术，如广泛地推广塑料大棚、秸秆过腹还田、喷灌滴灌、机械化养猪养鸡和水产品的养殖、配合饲料的制作、太阳能的利用，以及引进良种等，依靠科学技术进步，增加产量，提高质量，降低成本，增进效益。

在大力发展生产的基础上，要建立商品大流通的格局，搞活流通，形成总量平衡、物流畅通、经营灵活的运行机制。就全国范围来说，现在的问题不是没有货源，而是有货源不能及时运到销区，结果造成产区滞销积压与销区市场短缺同时并存的局面。各地政府要重视运输、储存、保鲜等流通基础设施的建设，为南菜北运、北粮南运和中粮西运提供方便，真正做到货畅其流，把产区与销区紧密地联结起来。农业部、内贸部和有关部门要继续抓好"菜篮子"工程建设，继续在资金、技术、物资等方面给予支持。各地政府要进一步清除各种流通障碍，严厉打击车匪路霸。除省政府批准的极少数必设的检查站外，其余各种"关卡"一律撤销。铁路、交通部门要优先安排农产品运输计划。各大中城市都要创造条件吸引外地蔬菜进城销售，确保安全、公平交易。

三、建设好农副产品市场，进一步搞好市场管理。

做好副食品和粮油的生产、供应工作，必须重视市场建设，建立以批发市场为中心的农贸市场和零售商业相结合的市场网络。这是近几年来一些大中城市抓"菜篮子"工程的一条重要经验。目前，全国已有为数不少的批发市场，发挥了积极作用。但是，总的来说，农产品的市场建设仍然不适应经济发展和人民生活的需要，发展潜力还是很大的。各级政府要对现有批发市场有计划地进行改造、扩建和完善，并新建一些区域性的农产品批发市场。国家计划今后几年在重点产区和重点城市建立若干个中央农产品批发市场。通过建立中央的和区域性、地方性相结合的批发市场网络，促进全国统一市场的形成，实现全国范围的商品大流通。

在放开经营的条件下，各级政府都要特别重视加强市场管理。放开搞活并不等于撒手不管。从产销特点看，农产品尤其是副食品既是风险产业，又是直接关系人民生活的极为重要的商品，也是市场上敏感的商品，单靠市场自发调节是很难稳定的。越是放开搞活，越是要加强市场管理。

市场交易制度不规范，市场秩序混乱，各种不正当交易行为的存在，是当前许多地区和大中城市农产品市场建设中面临的突出问题。这些不健康的因素，严重影响市场交易的正常进行，必须采取有效措施，认真解决。对于欺行霸市、哄抬物价、掺杂使假、坑蒙拐骗的不法分子和不法行为，要严厉打击。要减少经营环节，使生产者和消费者真正得益。工商、公安、物价、交通等部门要密切配合，协调行动，务必在春节前使市场交易秩序有明显好转并长期保持下去。

四、掌握强有力的宏观调控手段。

市场经济的成熟程度与宏观调控密切相关。成熟的市场经济制度，必须建立适应经济发展要求、运转有效的宏观调控机制。放开价格是完全正确的，但任何时候都不可放松宏观调控。这种宏观调控，主要用经济手段和法律手段，必要时也不排斥行政手段。当前，我国农产品的市场调控应主要抓好三件事：

一是要建立粮、棉、油、肉、糖等主要农产品的储备制度。农产品产量受气候影响，往往时多时少，建立适当储备，旺吞淡吐，对平衡市场供求十分必要。这次粮价波动给我们一个重要启示，就是"手中有粮，心里不慌"，这也说明粮食储备的极端重要性。粮食是生活必需品，粮价牵动面很广。一旦粮价大幅度上涨，必然带动其他商品的价格上涨。掌握足够的粮食储备，我们就有能力平抑物价。这次国家粮食储备局抛售了为数不多的粮食，全国粮价就降下来了。一定要下决心把中央和地方的粮、棉、油、肉、糖储备制度建立起来。要进一步完善储备管理办法和使用办法，把政策性储备和经营性的周转库存分开。

二是要建立粮食和副食品风险基金。这个问题在去年中央农村工作会议和全国"菜篮子"工作会议上已经定下来了，就是把中央和地方减下来的粮、肉、菜等项补贴全额用于建立粮食和副食品风险基金，还要从其他方面筹集一些资金，形成一定的规模。风险基金要形成一种机制，滚动使用，不断地有所增加。风险基金主要用于平抑市场物价和保护生产者的利益。

三是要建立农产品市场监控体系，强化农产品信息网络的建设。信息工作做好了，对于促进生产、安定民心，都是有利的。准确的信息可以为政府实施有效的宏观调控提供科学的决策依据。去年十一月以来，一些地方出现粮油销售价格涨幅过大和消费者集中购买的现象，教训之一就是部门工作见事迟、行动慢。商业、粮食部门要把监控市场、平抑物价作为一种经常性的业务，在关键时刻要发挥国有商业主渠道作用。在新税制实施过程中，财税部门要研究制定对国有和集体粮油、副食品经营企业的扶持措施，积极支持他们去完成政府赋予的平抑物价、稳定市场的任务。

五、进一步落实"菜篮子"市长负责制。

从商品特性看，肉、禽、蛋、菜等副食品，不同于粮油食品。粮油可以长期储存，可以长途调运，甚至可以通过进出口适当调剂品种。副食品多属鲜嫩易腐、不耐储运的产品，又是人民群众每天都要消费的食品，其商品特性决定了这类问题必须主要依靠当地政府来解决。我多次强调，"菜篮子"工作要由各地尤其是大中城市的政府来抓，实行市长负责制。安排好人民群众的生活，是市长的首要职责，是稳定大局的头等大事。哪个城市不能为居民提供价格比较稳定、品种丰富而又充裕的"菜篮子"商品，不找省长，也不找副市长，就找这个市的市长是问。因为市长是一个城市的最高行政首长，执掌了统筹调配人力、物力和财力，保证副食品生产与销售的手段和权力。这一点要列入市长岗位目标责任制中，每年都要进行考核，并将考核结果向市人代会和全市人民报告。

市长如何抓好"菜篮子"工作？最重要的是确保副食品供求的总量平衡。各大中城市都要自己负起综合平衡的责任。不仅平时做到供求平衡，更要注意保证淡季供求平衡。要看到，农民对种菜是有积极性的，因为种菜的比较效益高，问题是要通过市场把菜农与消费者连接起来，做到货畅其流。我们讲总量平衡，绝不是要求各大中城市都搞自给自足，而是要通过发展生产增强自给能力，不足部分通过市场机制吸引外地货源。各大中城市的市长要切实负起责任来，积极主动地做好工作，及时发现问题，及时解决问题，千万不能等出了问题再抓，那样损失就太大了。要确保必需的菜田面积，严格制止滥占菜地。现在有的城市挤占菜田过多，补充不足，是造成当地蔬菜供应短缺的一个重要原因。这个问题要尽快解决。在城市规划和建立经济开发区时要尽可能避开老菜田，确实需要占用的也必须先开垦、后占用。各大中城市在建立本地副食品生产供应基地的同时，还要根据需要与外埠建立稳定的副食品产销协作关系。蔬菜生产要逐步形成以郊区为主、邻近农区为辅、外埠品种调剂的格局。

必须下决心落实蔬菜等副食品的生产基地建设基金、价格风险基金和冷库等流通基础设施建设基金。只要这三项基金落实了，市场副食品的充足供应和价格相对稳定就有保障了。这三项基金的筹集，主要靠地方。只要严格控制基本建设规模，少搞点开发区，少上点房地产开发项目，这三项基金并不难筹集。

这次会议开得很及时。党中央、国务院对这次会议十分重视。今天上午江泽民同志还特别问到会议的情况，我向他汇报了会议情况和大家提出的问题。江泽民同志要我给大家捎一句话：各级党委、政府要高度重视"菜篮子"和粮棉油工作。我也以这句话结束今天的讲话。

注　释

〔1〕"三个有利于"，指判断各方面工作是非得失的标准，应该主要看是否

有利于发展社会主义社会的生产力、有利于增强社会主义国家的综合国力、有利于提高人民的生活水平。这是邓小平首先提出的。参见邓小平《在武昌、深圳、珠海、上海等地的谈话要点》(《邓小平文选》第 3 卷，人民出版社 1993 年版，第 372 页)。

扶贫开发是一项重大的
战略任务 *

（一九九四年三月三日）

这次国务院召开的全国扶贫开发工作会议，部署了国家八七扶贫攻坚计划。下面我讲三点意见。

一、实施八七扶贫攻坚计划，帮助贫困地区改变落后面貌，是党和政府的历史责任。

在全国范围大规模地搞扶贫开发已经七八年了，由于始终坚持了开发式扶贫的方针，取得了很大成绩。全国贫困地区广大干部群众为此付出了巨大努力，从中央到地方的各有关部门和社会各界大力支持，为扶贫开发作出了重要贡献。

邓小平同志说，社会主义要消灭贫穷。这是一个长期艰巨的历史任务。这次会议讨论的八七扶贫攻坚计划的任务，就是要从现在起到本世纪末的七年里，解决农村八千万人口的温饱问题，帮助他们脱贫致富。这是我们这一代共产党人和各级人民政府义不容辞的历史责任。

如期完成八七扶贫攻坚计划的任务具有重要意义。一是关系到我国现代化建设第二步战略目标能否圆满实现。现在全国上下都在为实现国民生产总值再翻一番、人民生活达到

---

* 这是李鹏同志在全国扶贫开发工作会议上的讲话。

小康水平努力奋斗。假如到本世纪末在我国仍有几千万人的温饱问题没有解决，第二步战略目标就不能说是圆满实现。二是关系到我们党和人民政府是否坚持了共同富裕的目标。到二〇〇〇年，共和国建立了半个多世纪，经过了两代人的奋斗，如果仍有几千万人没有解决温饱，生活在贫困之中，怎么体现共产党人全心全意为人民服务的宗旨？怎么体现社会主义制度的优越性？我们这些身负重任的共产党人，一想起这个问题就会寝不安席、食不甘味。国务院制定八七扶贫攻坚计划，就是要下决心在本世纪末稳定地解决群众温饱问题。绝不能把这个问题推到下个世纪。这是一个重大的战略计划，不仅有经济上的意义，而且有政治上的意义，只能实现，不能落空。各级党委和政府的领导同志，各部门各系统的负责同志，必须把这项任务作为一件大事，抓紧抓好，务必如期完成。

二、实施八七扶贫攻坚计划，扶持贫困地区发展经济，是逐步缩小东西部地区差距的战略措施。

现在全国没有完全稳定解决温饱问题的八千万人口，百分之八十以上集中在中西部地区，其中大多数又集中在西南、西北地区。从这个意义上讲，解决贫困地区群众的温饱，扶持他们脱贫致富，就是逐步缩小东西部发展差距的问题。对这个问题，应该有一个正确和全面的认识。

（一）差距是客观存在。事物的发展是不平衡的。世界范围内各国之间存在差距，一个国家内部也同样存在差距。这是历史、自然、地理、社会、经济等多方面因素决定的，要在短期内完全消灭差距是不可能的。中国是这样，外国也是这样；发展中国家是这样，发达国家也是这样。

（二）要以积极的态度去逐步缩小差距，最后消灭差距。我们坚持鼓励一部分人、一部分地区靠诚实劳动和合法经营先富起来的政策，带动、帮助后进地区发展，就是为了最终达到全民族共同富裕的目标。如果大家都穷，就谁也帮不了谁。有的地区先发展一步，有了较强的经济实力，才能有条件帮助后进地区。邓小平同志说：贫穷不是社会主义。他又说"社会主义不是少数人富起来、大多数人穷"，"社会主义最大的优越性就是共同富裕，这是体现社会主义本质的一个东西"[1]。为了缩小差距，实现共同富裕，我们已做了大量工作。从纵向看，比比自己，发达地区在发展，贫困地区也在发展；从横向看，贫困地区与发达地区之间的差距还有扩大的趋势。对此，必须引起各级党委和政府的高度重视。要采取有力措施，为缩小地区间差距作出努力。

提倡和鼓励先富起来的沿海发达地区和大中城市带动和帮助贫困地区。帮助和扶持贫困地区，从大的方面说有两条渠道。一条渠道是通过国家对国民收入的二次分配，向贫困地区倾斜。另一条渠道是先富帮后富、先富带后富。京津沪等大城市以及沿海经济比较发达的省都有这个责任和义务。但这不是简单无偿地给钱给物，而主要是通过互利互惠，在共同发展基础上的联合与合作。形式可以多种多样，可以联合开发资源，把资源优势转变为经济优势；可以提供技术方面的支持，帮助产品上档次、上水平，提高增值能力；可以提供稳定的销售市场，带动生产发展；可以通过输入劳务，提供就业机会。通过种种方式把贫困地区的资源优势、劳动力优势和发达地区的技术、信息、资金优势结合起来，实现资源的合理配置。这既有利于贫困地区的开发，有利于发达地区的发展，也有利于整个国民经济的协调发展。这种合作，值得大力提倡，务必落到实处。

国家从财政和金融上给贫困地区以足够的支持。搞扶贫开发当然要有相应的资金投入。没有投入就没有产出，没有投入就没有温饱和发展。这些年各级财政、银行都为增加扶贫开发的投入作了很大努力，效果是好的。但是现在扶贫已经进入了攻坚阶段。要在本世纪末完全稳定解决群众的温饱问题，难度很大，时间也很紧。如果说前七年间每年平均解决六百多万人的温饱问题，而今后七年平均每年则需要解决一千一百多万人的问题，任务比前些年增加了近一倍。没有相应的资金保证，很难做到这一点。国务院已经决定，从今年起，每年再增加十亿元以工代赈资金、十亿元扶贫贴息贷款。今后随着财力的增长，国家还将继续增加扶贫投入。各级地方政府也要相应增加对贫困地区的投入。根据对一九九二年扶贫资金的调查，中央的扶贫资金占全国扶贫资金总额的百分之八十三，省、地的投入只占百分之十七，地方投入的比例太小。今后七年要保证八七扶贫攻坚计划的完成，地方的投入比例至少要提高到百分之三十以上。京津沪三大市和广东、江苏、浙江、山东、福建、辽宁等沿海六省，扶贫资金由自己解决，中央的扶贫资金要集中用于中西部困难省（区）。

增加扶贫投入，也不能只依靠政府，还要依靠社会的力量，在国家政策允许的范围内，多方面筹集扶贫资金。

国家重大项目要向贫困地区倾斜。虽然西部贫困地区目前比较困难，但是有丰富的资源，这是一大优势。国务院各部门在制定发展规划时，要充分考虑到贫困地区的这个优势。要按照同等优先的原则，向贫困地区安排一些规模较大的资源开发项目，安排一些基础设施建设的项目。从根本上说，要彻底改变贫困地区的落后状态，在很大的程度上，要依靠这些大型骨干项目的带动。

通过改革逐步理顺原材料和初级产品的价格。在过去计划经济体制下，原材料和初级产品的价格很低，农产品的价格也不高。现在，价格体制、流通体制正在按照建立社会主义市场经济体制的要求进行改革。随着改革的深化，贫困地区的木材、石油、煤炭和有色金属以及各类资源都可以在全国的统一市场内与发达地区实现等价交换。这是促进中西部发展的一个重要措施。中西部贫困地区也要充分利用改革开放的有利契机，发展自己。

提高贫困地区的人才素质和科学技术水平。这是一项非常重要的带有根本性的措施。这些年，我们搞贫困地区的人才培训，搞东西部干部交流，很有成效，今后要继续坚持，不断扩大。现在，全国范围有两种大规模的流动值得重视：一是贫困地区的劳动力由西向东流动，劳务输出的规模不断扩大；二是发达地区的能工巧匠由东向西流动，已经遍布西部地区城乡的各个角落，劳务从西向东的流动数量、规模之大是前所未有的。这既可以使贫困地区利用沿海发达地区创造的大量就业机会，参与整个国民经济的发展过程，而且也可以提高贫困地区劳动者的素质，这是一种特殊的培训。能工巧匠由东向西流动，实际上也是一种技术输出，可以提高贫困地区的技术水平和层次，这是一种更有效更实用的形式。这两种流动对于提高劳动者的素质和提高科学技术水平都有非常重要的意义，必须充分肯定，继续发展。对于大规模的民工潮，不能放任自流，要积极疏导，使其合理流动，有秩序地进行，以减少社会秩序的混乱和经济上的损失。

要在坚持开发式扶贫的基础上，进行开放式扶贫的试点。贫困地区要发展，确实要办一些乡镇企业，发展第三产业。在实行就地办乡镇企业的同时，也可以进行把贫困地区的工业办到条件具备的地区的试点，把利润、税收返还给贫困地区，安排贫困地区的劳动力去就业。这样做也许可以克服贫困地区办企业的劣势，有利于提高企业的效益，提高扶贫资金的效益，提高整个扶贫工作的水平。

动员社会力量支持贫困地区的开发建设。这些年，国家机关、群众团体、民主党派、大中城市、工商企业、大专院校、科研院所、人民解放军等方方面面发扬扶贫济困的精神，积极参与贫困地区的开发建设，除了给予财力、物力支持外，还发挥各自优势，实施智力扶贫、科技扶贫、人才扶贫；为扶贫地区牵线搭桥，出谋划策，引进项目和技术；实行包一个地区，一包到底，包到脱贫致富为止。这些做法都为前一阶段的扶贫工作作出了重要贡献。这不仅表现了社会各界关注贫困地区的一片爱心，而且体现了我们中华民族的传统美德。希望社会各界能够进一步动员起来，动一份真情，献一片爱心，作一份贡献。这里我要特别强调一下，希望国家大型工商、外贸企业要向贫困地区延伸，在贫困地区摆一些项目，选择一些有效益的项目，将自身的发展和贫困地区的开发结合起来。

缓解贫困，消灭贫困，是世界性的问题，也是联合国和众多国际组织的任务。中国消灭贫困是世界消灭贫困的一个重要组成部分。因此，要加强我国与国际组织在扶贫开发方面的合作，让国际社会更多地理解和支持中国扶贫工作。

贫困地区要发扬自力更生、艰苦奋斗的精神。国家的支持、社会的帮助，都是必要的，但更重要的是贫困地区自身的努力。外因是通过内因起作用的。像河南的林县[2]，以及许许多多先富起来的县、乡、村，都有艰苦创业的历史，要学习他们的精神和经验。有了这一条，才能战胜困难，脱贫致富。同时，要注意挑选有献身精神、能吃苦耐劳、联系群众的好干部，充实贫困县的各级领导班子并保持相对稳定，让他们安下心来，带领群众改变落后面貌。

三、实施八七扶贫攻坚计划，要在党中央、国务院统一领导下，实行分级负责、以省为主的省长负责制。

八七扶贫攻坚计划强调统一领导、分级负责、以省为主的原则，我赞成。以省为主，就是要求省委、省政府主要负责同志都要关心扶贫、抓好扶贫，但还要明确一点，就是省长负责。实施八七扶贫攻坚计划，解决群众温饱问题，是一个系统工程，涉及财政、金融、农业、林业、水利、工业、商业等经济活动，也涉及文化、教育、卫生、计划生育等各个方面。这几年的实践证明，单靠分管的副省长抓是不够的，很难协调方方面面、上上下下。因此，必须靠政府一把手统揽全局，统筹安排。

能否如期完成八七扶贫攻坚计划，解决本地区贫困人口的温饱问题，是衡量各级领导干部是不是真正为人民谋利益、关心人民群众疾苦的一项硬指标。看一个省（区、市）的工作好不好，不能只看经济的速度快不快，还要看效益好不好，人民生活改善快不快，贫困人口的温饱问题解决得怎么样。我们的各级领导同志不能只注意发达地区，更要把贫困地区的父老乡亲的疾苦冷暖放在心上。各省、区、市要按照八七扶贫攻坚计划的要求，制定本省、区、市的攻坚计划。必须要有进度要求，今年解决多少，明年解决多少，怎么解决，要有具体规划。每年组织一次检查，好的表扬，不好的批评，以督促大家按期完成任务，不能有丝毫懈怠。

政府系统各部门，要继续把扶贫开发作为自己责无旁贷的任务，除了重点联系帮助一片贫困地区外，还要根据八七扶贫攻坚计划提出的任务，分别制定本行业、本系统的扶贫计划，作为落实八七扶贫攻坚计划的具体内容和措施。

实施八七扶贫攻坚计划是一个艰巨而光荣的任务，我相信只要大家树立信心，团结一致，同心协力，奋勇攻坚，就一定能够在本世纪末实现八七扶贫攻坚计划的奋斗目标，贫困地区经济社会发展将进入新的阶段。

注　　释

〔1〕见邓小平《善于利用时机解决发展问题》(《邓小平文选》第3卷，人民出版社1993年版，第364页)。

〔2〕林县，即今河南省林州市。

把利用外资工作提高到
一个新的水平[*]

(一九九四年三月四日)

认真研究外资工作的新形势，解决新问题

改革开放十五年来，我国利用外资工作取得了非常显著的成绩，近两年发展更快。按世界银行一九九三年统计，我国吸收的外商直接投资占发展中国家引进外资总额的百分之四十。利用外资对我国经济发展起到了重要的促进作用。一九九三年我国实际使用外商投资占全社会固定资产投资的百分之十三，外商直接投资已经成为建设资金的重要来源之一。引进的先进科学技术、设备和管理经验，有力地推动了我国产业结构调整和管理水平的提高，加快了我国产品的升级换代，提高了产品的市场竞争能力，拓宽了国内外市场，促进了外贸出口。利用外资也创造了就业机会，三资企业累计安排近一千万人。在引进外资的同时，我们也引进了市场经济运行中的国际惯例，促进了我国开放型经济的发展，加快了我国经济的市场化和国际化进程。通过吸收台湾和港澳地区的投资，密切了海峡两岸的交流，有利于促进祖国和平

---

* 这是李鹏同志在全国外资工作座谈会上讲话的主要部分。

统一。

目前，我国利用外资正面临着新的机遇。确立社会主义市场经济体制的改革目标，加上我国经济发展和政治稳定，国际地位日益提高，增强了境外投资者来大陆投资的信心。经过十五年的改革开放，我国的投资环境不断改善，我国经济保持快速增长的态势，巨大的市场潜力正发挥出来，对外来投资者有很大的吸引力。当前国际形势总体上走向缓和，经济优先原则正在成为影响国际关系的主导因素。目前西方经济尚未走出低谷，俄罗斯和东欧一些国家社会动荡不安。与此相对照，中国社会稳定和经济快速增长，正在成为吸引国际投资的主要地区。

在这种形势下，为了进一步做好利用外资工作，我们要认真总结十五年来利用外资工作的经验，研究新情况，解决新问题，把利用外资工作提高到一个新的水平。

当前，在外资工作中有以下几个问题需要我们深入研究。

（一）保持和发展利用外资的好势头。

我们要抓住当前的有利时机，争取多利用一些外资，促进我国经济的发展。其他发展中国家，也在积极创造条件吸引外资，竞争十分激烈。我们要进一步改善投资环境，建立健全法制，完善市场机制，提高政府办事效率和人员素质，用这些办法来吸引外资，不能单纯靠优惠政策吸引外资。我们根据建立社会主义市场经济体制的要求，进行宏观调控体系的改革，这些改革也有利于吸引外资，克服外商投资的短期行为。要保持政策的稳定性、连续性，防止利用外资工作出现大的波动。

我们吸引外资有很多优势：一是劳动力价格比较便宜。二是有很多优秀的技术人才。三是市场广阔。这几点东南亚国家比不上我们，特别是在技术人才、市场方面，香港、台湾地区也不如我们。他们资金比我们多，但技术人才是我们一个大的优势。四是资源方面也有些优势，我国西部地区资源比较丰富。我国要以市场来吸引外资，因为我国市场是最大的优势。当然要处理好开放市场与保护民族工业的关系。如果不给外商利益，他们是不会来的。外国资本家在中国投资总不能赔钱，必须有合法的利润，有效益。否则，不仅是赔钱，还有个声誉问题、竞争问题。现在看起来，我们的对外经济法规是比较健全的，但还要进一步补充、完善。我们的硬环境也有了改善，包括交通、能源、通信条件，我们的办事效率也在提高，这些也逐步成为我们的优势。

需要强调的是，我们不能牺牲社会主义精神文明来吸引外资，决不能搞赌博、黄色等东西。有一种"理论"宣称这些东西是吸引外资必需的，没有不行。这是站不住脚的。这和我们建设社会主义市场经济体制的改革方向是背道而驰的，与社会主义精神文明是格格不入的。而且这样来的外资是低层次、素质不高的，没有多大发展前途。真正大的跨国公司、大财团，他们也不搞这一套，而是搞文明经商。他们对可行性研究非常认真，看项目可行不可行，左考察右考察，判断真正有利可图，搞这项事业是值得的，才肯下决心投资。因此，我国利用外资下一步重点是要吸引大的财团、大的跨国公司来投资，和他们进行合作。

（二）利用外资要坚持互惠互利。

利用外资的基本要求是在市场经济条件下实现互惠互

利。一方面要保护外商的合法权益，另一方面我们自己也要得到应有的利益。我们的得益是多方面的，比如税收、增加就业、提高产品档次和竞争力、改善我们的管理、扭亏增盈等。无论从哪方面讲，我们应该得到的还要得到，这才算是互惠互利。

应该讲，利用外资十五年来，的确存在一些问题，这就要求我们加强在利用外资方面的管理，要求外商遵守中国的法律、法规。比如，三资企业所得税率，特区是百分之十五，开发区是百分之二十四，已经比国有企业低得多了。但有的外商还要想尽办法来个零利润，没有利润，所得税就是零，无须再减免了。这是跨国公司转移利润的手段，也是国际性的问题。现在我们应该认真考虑这些问题了，特别是今后所得税是地方税种，地方就要在这方面多下功夫，要研究办法，着手解决这些问题。李岚清[1]同志讲，针对以上这些问题，我们对于外商投资进口的商品，要经海关、商检部门审价，他们出口我们也进行审价。这样才能制止高进低出，避免把正常的经营利润转移走，使我们收不到所得税。尽管刚才各地汇报利用外资成绩时都讲收了多少涉外税，但是我相信，漏掉的肯定也不少。不能听任外商不正当地转移利润。要培养一批既懂外文又懂经济的税务人员，切实加强对外商投资企业的税收征管。

讲互惠互利，要注意对外商的优惠要严格依法进行，不能外商要什么就给什么优惠。利用优惠政策来吸引外资已经有十五年了，今后我们吸引外资主要靠市场，当然还有劳动力成本低，这也是我们一条很大的优势。在互惠互利方面主要有三种失之偏颇的做法：一是自己宣布政策，一个地区宣布了优惠政策，另一个地区更优惠。其实，这样搞并不能取信于外商。二是三资企业压价出口、转移利润。三是在进口商品时不是认真地货比三家。本来在国际经济萧条的形势下，可以通过货比三家拿到价格比较便宜、条件优惠、供货期短、服务也比较好的合同，但有时是因为我们没有充分利用有利条件，有时是我们有的涉外单位和个人为得到一点个人好处，使国家吃了大亏。这样做，很难保证做到互惠互利。

（三）关于正确引导外资投向的问题。

首先要完善产业政策，合理引导外资投向。我们公布过产业政策，但效果不显著，主要是没有很强的约束力，可操作性差。各地从口头上都赞成全国是个统一的大市场，应该有一个统一的产业政策。比如说，我国已有棉纺能力五千多万锭，国际、国内市场就这么大，同时棉花相当紧张，纺织能力还能再发展吗？为什么在棉花不够的情况下，生产出来的纺织品还滞销、库存积压？显然，现在纺织工业的生产是按其本身的能力而不是按照国内外市场需求来确定的。这是个大问题，请李岚清同志很好地研究这个问题。虽然不能一下子改变这种状况，但纺织工业也要逐步转向以市场为导向。

如何真正统一思想，形成一个可操作性的产业导向政策呢？六十年代各省陆续都建汽车厂，都搞四五吨中型卡车，后来大都垮掉了，原因是没有规模效益，在价格、售后服务等方面竞争不过一汽、二汽。这是客观经济规律作用的结果。因此，按照客观经济规律的要求，制定科学的产业政策，是十分必要的。小汽车大体上也是类似的情况。现在我们已经制定了汽车工业产业政策，包括利用外资发展汽车工业的政策，其他行业也要这样做。

关于利用外资开发房地产问题，也需要在方向上加以引导。现在大饭店、写字楼搞了很多，需求却没有那么大。而居民住宅市场大得很，因此应该重点向这个方向来引导。对旧城区和危陋平房易地进行改造是个办法，就是利用级差地租的原理，允许好地段出让给外商进行开发，同时另找地方建设居民住宅，这样的住宅价格可能是群众能够承受的。

（四）关于利用外资改造老企业的问题。

利用外资改造老企业，可以缓解企业资金紧张，带来先进的技术和管理，也有助于转变企业经营机制。我们几家境外上市企业，按照比较规范化的办法，转换了机制，筹措了大笔资金，比较成功。不少合资企业也是做得好的。这是花钱少、效益高、见效快的办法，比建新厂来得快。但是，也有一些企业，在利用外资中，低估国有资产，造成国有资产流失；有的把好的车间（分厂）拿出去合资，没有合理分摊负担，把包袱全部留给自己；还有的外商出资收购我们企业的股权，在尚未注入多少资金时，就在境外上市赚钱，损害我方的利益。目前，不少地方准备大范围推开国有企业利用外资，有的还定了指标，这样做是危险的。对这个问题要仔细研究，不要仓促全面推开。关键是要规范化，要有一套科学的办法，老企业嫁接外资一定要经过资产评估，合理分摊企业负担。

关于外资工作中应注意的问题

（一）国有资产流失的问题。

在外商同我方企业合资时，对我方资产价值低估，而把外商投资的设备高估，这种现象值得注意。今后除财政部门以外，要多建立一些会计师事务所等中介机构，通过这些机构来评估。另外，在合资中有的企业向外方承诺较高的、固定的回报率。一旦有了固定的回报率，意味着外商将不承担经营过程中的任何风险，违背了合资、合作企业共担风险、共享利益的基本原则。外方在"旱涝保收"的情况下，未见得肯下功夫不断注入新资本，引进新技术。从另一种意义上讲，有了较高的、固定的回报率，等于我方借高利贷。我们可以算算账，现在从国际金融市场借利率为百分之六至百分之七的贷款没有多少困难，可是承诺给外方百分之十五的回报率。到底是借国际市场资金合算，还是给外方固定的回报率合算，这很容易判断。对这个问题一定要持慎重态度。

（二）关于对基础产业、支柱产业中的骨干企业保持控股权的问题。

要不要在关系国计民生的产业部门控股，这是一个根本性的问题。我们要建立的是社会主义市场经济体制，社会主义最根本的原则就是以公有制为主体。当然，对控股权要作具体分析，控股是针对某一个行业来讲呢，还是具体到每一个项目呢？恐怕要根据行业和企业的情况作具体的规定，执行中要灵活一点。

（三）关于外债与外汇平衡问题。

目前，我国外债余额是八百多亿美元，其中，中长期债务六百多亿美元。要考虑我们的还债能力，要把债务控制在警戒线之内。我们现在债务负担逐年加重，还债的高峰即将到来。过去南美和其他一些发展中国家在相当长的时间由于债务负担沉重，影响国民经济发展，经济多年翻不了身，教训十分沉痛。这里的核心问题在于借了外债是否能有效地使用。借外债要考虑经济效益，要考虑还本付息，同时还要考虑外汇总的平衡。

有一些基础产业的企业不能够创汇，但这些产业是我们需要的，还应利用外资以求发展。拿电来讲，目前只有大亚湾核电站可以卖电给香港，这是独一无二的特例。其他左邻右舍都不可能买我们的电。因此有一部分基础产业利用外资还本付息要靠国家的外汇来支持，不然基础产业很难利用外资。等到将来我国的外汇储备比较充裕以后，汇率真正实现并轨，才可以自由兑换。我们要向这一目标努力。

从目前情况看，还要保留外汇调剂市场[2]，我看至少今年保持不动，明年看情况再说。否则，三资企业有外汇调不出去，缺外汇买不进来，经营就要受影响。完全自由兑换是个方向，但步子要慎重，像汽车一样，有一个磨合期，将来调剂市场应该像粮票、布票一样，等条件成熟了，让它自然消亡。外汇券基本上就是这种情况。

（四）关于对三资企业职工合法权益的保护问题。

这个问题要提到议事日程上来。深圳、福建两家外商投资企业发生火灾，死伤一百多人。这起码说明企业的安全措施不完备。地方政府完全应该依照法律对外商投资企业进行管理和监督。一方面要通过三资企业为群众提供就业机会；另一方面要有这样的感情和觉悟：职工都是我们的兄弟姐妹，政府必须要保护他们的合法权益。在这方面，工会组织要健全，要发挥作用。当然，我们工会提出的要求要合理、适度，但必须要求外商为职工提供必要的条件，不能侵犯人权。遇有上面列举的那类问题，我们必须坚决地站在维护工人合法权益的立场上。现在外商对我们的党团组织还是很信任的，认为是起稳定作用的。政府各部门，对三资企业中外商违法侵害职工合法权益、搞原始剥削的要依法认真处理。我们是依法办事，同时也要求外商守法。不要因为处理一些外商违法的问题，就担心影响引进外资。

关于加强和改善利用外资工作的领导

第一，要加强对利用外资工作的统一领导和协调。

利用外资工作涉及许多方面，有关各部门做了大量工作。今后还要把各自负责的工作切实抓好。大家总的目标是一致的，就是通过利用外资，促进我们的现代化建设。但由于所处的地位不同，各部门在工作中对一些问题的看法不尽一致，这就需要各部门之间加强通气，提倡顾全大局。国务院要加强领导，搞好协调工作。国务院准备成立外资工作领导小组，统一领导这方面的工作。由李岚清同志牵头，各有关部门参加，定期开办公会议，研究协调外资工作的问题。

第二，各级地方政府要积极发挥各自利用外资的优势，同时要维护中央政策的统一。

我们国家经济发展不平衡，利用外资也不平衡，各个地方要因地制宜，发挥各自的优势，积极利用外资，但不要互相攀比。中央要发挥和保护地方利用外资的积极性和创造性。地方要维护中央政策的统一性和国家的整体利益。不能违反国家政策，竞相向外商提供优惠条件，损害全国利用外资政策的统一性，损害国家的整体利益。

今天我主要是提出一些问题，请大家来研究。希望大家进一步解放思想，实事求是，畅所欲言，深入总结、研究利用外资工作中的问题，提出解决问题的对策，目的是使利用外资工作能够保持健康的发展势头。

注　释

〔1〕李岚清，一九三二年生，江苏镇江人。当时任中共中央政治局委员、国务院副总理。

〔2〕外汇调剂市场，指一九八〇年十月以后，陆续在我国各主要城市设立的外汇调剂中心或外汇交易所。企事业单位可在这一市场利用留成外汇进行调剂。后期，个人和外商投资企业也可进入。一九八八年三月放开汇率后，调剂市场汇率由买卖双方根据外汇供求状况议定，与官方（挂牌）汇率形成了两种汇率并存的局面。一九九三年十二月二十五日，国务院发出《关于进一步改革外汇管理体制的通知》，从一九九四年一月一日起，实现汇率并轨，建立以市场汇率为基础的、单一的、有管理的人民币浮动汇率制度；建立全国统一的外汇交易市场，外汇指定银行为市场的交易主体；但继续保留外汇调剂中心，办理外商投资企业的外汇买卖业务。一九九八年十二月，外汇调剂业务正式停办。

"胡萝卜加大棒"政策
对中国无效[*]

（一九九四年三月十二日）

我两天前在人大会议上作《政府工作报告》时，表达了中国希望改善中美关系的积极愿望。但坦率地讲，从你的谈话中，我未得到应有的回应。美国有句名言，叫"胡萝卜加大棒"。你们现在一手拿着"胡萝卜"，这就是最惠国待遇；一手拿着"大棒"，这就是人权。这不是在对中国施加压力又是什么？

中国的人权观与美国的不一样。你们认为你们的人权观是举世公认的，而实际上，世界上顶多有十亿人赞成，也许还不到，而四十亿人不赞成。在中国人看来，美国的人权记录并不好。你们不是有种族歧视吗？不是有对妇女的歧视和骚扰吗？美国的犯罪率比中国高得多。你们对洛杉矶事件[1]的处理不是也动枪动炮了吗？但我们并没有发表什么意见，因为那是你们的内政。我们更强调人的生存权和发展权，你们好像很难理解。中国有句俗话，"饱汉不知饿汉饥"。美国现在的人均国民生产总值约二点五万美元，而中国的人均产值即使按你们的统计也不超过一千美元。我们还

是个发展中国家，目前全国有八千多万人还非常贫困，对中国来说，首先要解决好十二亿人的衣食住行，即生存权和发展权问题。美国已经基本解决了这方面的问题，所以美国现在谈论的是别的权利，即你们所谓的"一人一票"问题，或者是可以自由骂政府的权利。人权，首先是人，然后是权，没有人，还谈得上什么人权？中国现在十分重视稳定。不能保持国内的稳定和国际上的和平环境，经济就发展不上去。经济搞不上去，人民生活就不能得到改善，八千万人的贫困问题就得不到解决。中国必须稳定，必须发展。任何人用任何理由都不能使我们在这个原则问题上有丝毫动摇。我们愿意在平等的基础上，与美国和其他西方国家就人权问题进行讨论，但不能容忍对中国施加压力，也绝对不会接受美国和西方的人权观。刚才国务卿先生表达了对中国某些公民的关切，这在美国看来是合乎逻辑的，因为美国对世界上什么事都想管。可是，中国人民认为中国的事只能由中国人自己来管，就像美国的事由美国人去管一样。中国政府对企图破坏国家安全和社会安定的、触犯刑律的人采取必要的法律措施，从根本上讲，就是为了保证广大中国人民的人权，是完全正当的。我们所采取的一些措施，是符合中国法律的，即使按美国的法律也是温和的。

最惠国待遇是维持两国正常经贸关系的基础，不仅对中国有利，同样也对美国有利。美方可能有一种不切实际的想法，认为中国非常害怕取消对华最惠国待遇。坦率地讲，中国不愿意看到最惠国待遇被取消，但并非说取消了天就要塌下来，地球就会倒转，中华人民共和国就无法生存了，中国的经济就不发展了。影响是会有的，但中国不害怕。这是有充分理由的。第一，中国不像日本那样是贸易立国。日本国外市场大于国内市场，而中国则以国内市场为主。你们用施压这套办法来对付中国是不行的。第二，中国从对美贸易中得到了一些好处，但并不像美国想象的那么大。可以把中美贸易看作一个"胡萝卜"，但这个"胡萝卜"也不像美国形容的那么大。据美方统计，中方顺差二百多亿美元，所以美国认为这是一个很大、很长、很粗的"胡萝卜"，中国人舍不得丢掉。实际情况是：中国香港、台湾和美国从其同我们的贸易（包括转口贸易）以及外商在华投资中得到了许多好处。如果美国取消对华最惠国待遇，受打击最大的不是中国人民和中国内地的经济，而是中国香港、台湾和美国的企业家、金融家和其他投资者。中国所受的直接打击要小得多。中国现在年进口额是一千多亿美元，如果每年增长百分之九，从现在到二〇〇〇年，进口总额可能达到一万亿美元，这对世界来说也是个大市场。美国如取消对华最惠国待遇，就等于放弃这个市场。近来，美国许多议员、大企业家访华，他们对这个大市场很感兴趣。日本也很感兴趣，日本经济遇到困难，求之不得。德国、法国也想进入中国市场。我愿明确地说明，中国希望最惠国待遇得到维持，但对不能延长也确实做了充分的准备。当年是尼克松[2]总统打开了美国通向中国的大门，我不知道克林顿[3]总统是否要关上这扇大门？当年基辛格[4]博士协助尼克松总统打开中美关系的大门，不知道克里斯托弗国务卿是否想帮助克林顿总统关上这扇大门？如果你们真的这样做了，你们的名字将从另一种角度写入中美关系的历史。所带来的影响恐怕就不只是几张选票的问题了。

此外，美方希望与中方商谈《导弹及其技术控制制度》和军售问题，我们也可以谈。事实上，美国是世界头号军火出口国，而中国的军售非常有限，数量是很小的。中国在国外没有一兵一卒，没有侵略任何一个国家的记录。但从维护世界和平与稳定出发，中方可以和美国讨论军售问题。

总的来说，我们欢迎国务卿先生访华，重视改善中美关系，也希望中美关系得到发展，但用对中国施加压力的做法是不能解决问题的，中国也是不会接受的。如果好好谈，可以解决一些问题。中方不希望把自己的大门关上，因为中国要继续改革开放，发展与各国的关系。我们也不希望美国关上这扇大门。

注　　释

〔1〕洛杉矶事件，指一九九二年在美国洛杉矶爆发的一场大规模种族暴力事件。一九九一年三月三日，四名白人警察在处理黑人青年罗德尼·金在洛杉矶郊外开车超速一事时故意使用暴力，侵犯民权。一九九二年四月二十九日，洛杉矶地方法院宣判四名警察无罪，这一不公正的判决引发了一场大规模种族暴力事件，造成五十二人死亡和近十亿美元的经济损失。

〔2〕尼克松，即理查德·米尔豪斯·尼克松（一九一三——一九九四），美国共和党人。一九六九年至一九七四年任美国总统。在其总统任内，逐步调整美国对华政策。一九七一年七月，派遣总统国家安全事务助理基辛格秘密访华，就改善美中关系与中方进行会谈，改变了美中两国长期隔绝的局面。一九七二年二月二十一日至二十八日，作为在任美国总统首次访问中国，中美双方于二月二十八日在上海发表联合公报，中美关系开始走向正常化。

〔3〕克林顿，即威廉·杰斐逊·克林顿，一九四六年生，美国民主党人。一九九三年至二〇〇一年任美国总统。

〔4〕基辛格，即亨利·艾尔弗雷德·基辛格（一九二三——二〇二三）。

一九六九年至一九七四年任尼克松总统的国家安全事务助理，一九七三年至一九七七年任国务卿。一九七二年二月陪同尼克松总统访华，积极推动恢复中美两国的正常关系。

保持稳定有利于发展和
改革的推进[*]

（一九九四年三月二十二日）

八届全国人大二次会议刚刚闭幕，大会通过了政府工作报告和其他报告，并且通过了预算法。这就是说，大会肯定了去年政府的工作，并且批准了政府向大会提出的今年的工作方针和任务。在这次大会上，代表们一致赞同把"抓住机遇、深化改革、扩大开放、促进发展、保持稳定"二十个字作为今年工作的大局。还有很重要的一条，就是代表们就正确处理改革、发展、稳定三者的关系形成了一致的看法。对此我感到满意。正确处理这三者之间的关系过去也提过、讨论过，但是像这次这样达成共识，过去还没有过。会议充分发扬了民主。中共中央和国务院的领导以及各部委的负责同志都直接到小组或到代表团参加会议，听取代表们的批评和建议，与历次大会比较起来这也是次数最多的一次，同代表的接触也是最广泛的一次。因此，可以这样评价：这次会议是一次民主的、务实的、团结的、奋进的大会。

有人问，今年以来物价上涨幅度比较大，有些代表对能否把零售物价上涨指数控制在百分之十以内表示怀疑，政府

---

[*] 这是李鹏同志在八届全国人大二次会议记者招待会上讲话的一部分。

将采取哪些措施稳定物价？

应该说，政府对保持物价的基本稳定这件事非常重视。政府工作报告提出要把物价上涨幅度控制在规定的范围之内。既然这个报告已经得到批准，各级政府就都要为完成这个任务而努力。不仅是政府方面需要作出努力，也需要企业和全社会共同作出努力，这是大家共同的任务。促使物价上涨的原因是多方面的。中国现在正在从计划经济向社会主义市场经济过渡，过去的价格不合理，所以要主动地调整价格，逐步形成合理的价格机制，因此出台一些调整的项目，这就会促使价格上涨。另外，由于我们的基建规模过大，消费基金增长过快，也促使了价格的上涨。但应该指出的是，我们的改革开放已经十多年了，我们采取了渐进的价格改革，每次出台价格改革措施的时候都充分考虑到国家、企业和个人的承受能力，没有引起社会大的震荡。实践证明，采取这样一种方法是成功的。

为了保持物价的基本稳定，我们准备采取以下三条重要的措施：第一条，就是保持商品的供求关系大体上平衡，特别是使得我们的农产品，如粮食、棉花的生产保持稳定增长，这是保持物价稳定的基础。同时，我们要抓好"菜篮子"工程，实行市长负责制。就我国城镇居民的消费水平来看，副食品供应的好坏，是广大居民最关心，也是影响物价指数最大的一个因素。第二条，虽然我国绝大多数商品价格已经放开，实行市场定价，但对那些关系国计民生的重要商品仍然需要宏观调控。搞社会主义市场经济不能没有政府的宏观调控。如果说过去对这个问题的看法还不那么一致，那么通过这次会议已经达到了认识上的一致。国家已经决定把二十多种生活必需品和服务价格列为监审对象。第三条，我们要采取一系列措施坚决控制固定资产投资的膨胀和货币的过量发行。

为铺设新的丝绸之路而努力 *

（一九九四年四月十九日）

中国人民同中亚各国人民的友谊源远流长。历史上中亚国家作为丝绸之路的主要通道，曾经对活跃欧亚大陆的商业往来和文化交流作出过重要贡献。中国十分重视同中亚国家的关系。我们愿同中亚各国一道，着眼于未来，着眼于下个世纪，为建设新的丝绸之路作出自己的努力。关于中国发展同中亚关系的基本政策，可以简要地归纳为以下四点。

第一，坚持睦邻友好，和平相处。中国同中亚国家或者是有着共同边界的邻国，或者是近邻。睦邻友好是中国和中亚各国人民的共同愿望，完全符合我们彼此的根本利益。现在，中国人民正在专心致志地建设自己的国家，需要一个长期稳定的和平国际环境，特别是良好的周边环境。我们对中亚各国人民始终抱有善意和友好之情。我们永远是你们的好朋友、好邻居。中国在世界上包括在中亚地区从不谋求任何私利，不搞自己的势力范围。即使将来经济发展了，国家强盛了，也决不搞霸权主义和强权政治。中国将永远同自己的邻国保持平等友好的关系。你们完全可以相信，不管世界上

---

* 这是李鹏同志访问乌兹别克斯坦期间在乌兹别克斯坦议会大厦演讲的一部分。

发生什么事情，中国的这一方针都不会改变。我们说话是算数的。

第二，开展互利合作，促进共同繁荣。发展经贸合作在相互关系中占有重要地位。在这一方面，我们已经有了良好的开端。我们应当做也可以做的事情还很多。我们在同中亚各国的经济合作中，将严格遵守平等互利原则，不附加任何政治条件。中国愿同中亚各国一道，不断改善合作环境，扩大合作领域，提高合作水平，互利互惠，走共同发展之路。

第三，尊重各国人民的选择，不干涉别国内政。世界是多样性的，中亚各国的国情也各不相同，世界上从来没有也不可能有适合所有国家国情的单一的发展模式。我们认为中亚各国同中国一样，同世界上所有的国家一样，都有权独立自主地选择适合本国实际情况的社会制度、价值观念和发展道路。我们相信，中亚各国完全有能力、有智慧把自己的事情办好。

第四，尊重独立主权，促进地区稳定。中国衷心希望中亚地区保持长期的和平和稳定。我们赞赏和支持中亚各国为维护国家独立与主权、促进本地区的和平与稳定、促进各国的友谊与合作所做的一切努力。我们发展同中亚各国的关系不针对任何第三国。我们愿意看到中亚各国彼此和睦相处，并且同包括俄罗斯和其他独联体国家在内的世界各国发展友好关系。中亚各国的发展需要世界的和平与稳定，世界也需要一个稳定繁荣的中亚。

发展同中亚国家经贸合作的六点主张 *

（一九九四年四月二十六日）

中国政府十分重视发展同中亚各国的经贸合作，愿意同中亚各国的企业界人士探讨扩大合作的途径。为此，我愿就进一步发展中国同中亚国家的经贸关系谈六点意见。

一、坚持平等互利原则，按经济规律办事。经济合作和贸易往来必须做到平等互利。这就是说，双方要互通有无，互利互惠，等价交换，基本做到进出口平衡，贸易行为也要规范化。中国在哈萨克斯坦等中亚各国开办合资企业，既有利于中方，也有利于对方。其根本目的是帮助有关国家发展经济。

二、合作形式要多样化。从当前贸易水平看，易货贸易占的比重较大，但现汇贸易是发展趋势。当然现汇贸易必须要有完善的银行结算手段。哈萨克斯坦等中亚各国表示，除了同中国的新疆维吾尔自治区开展经济合作外，还希望同中国的其他省份建立经济联系，对此我们是赞成的。

三、从实际出发，充分利用当地资源。搞经济合作要有

---

* 这是李鹏同志访问哈萨克斯坦期间在阿拉木图会见哈经济界人士时谈话的主要内容。

一个过程，从无到有，从小到大，从少到多，从低到高。合作办厂、办企业，从一开始就要考虑到产品有无市场。市场是决定企业生存的重要因素。要充分利用当地的资源和原材料优势，要使企业真正做到有效益，使产品具有竞争力。为此，要充分发挥那些既有实力又有信誉的企业的作用。

四、改善交通运输条件，建设新的"丝绸之路"。要进一步扩大经贸合作，必须逐步改善交通运输条件。为此，中哈两国铁道、交通部长进行了很有成效的会谈，达成了一项协议。双方应继续共同努力，贯通欧亚大陆桥，使之造福于有关各国人民。

五、中国向中亚国家提供少量经济援助是一种友谊的表示。中国本身是一个发展中国家，人均国民生产总值水平很低，经济建设任务十分艰巨。中国目前向包括中亚国家在内的一些发展中国家提供力所能及的援助，数量是很少的，只是中国人民同这些国家人民友谊的一种象征。

六、发展多边合作，促进共同发展。中国实行对外开放，既面向发达国家，也面向发展中国家，特别是面向我们的邻国。中国将继续保持和发展同哈萨克斯坦等中亚各国的友好合作关系，也愿意看到中亚各国同世界其他国家发展经贸关系和友好往来。其他国家来中亚国家投资办厂，这是理所当然的，中国愿意参与公平竞争。在中亚地区，中国既不谋求政治上的势力范围，也不谋求所谓经济上的势力范围。

要把上海建成国际经济、金融、贸易中心 *

（一九九四年五月二十五日）

这几年，中央给了上海一些政策，希望上海成为远东乃至国际的经济中心之一。在历史上，上海曾经起过这个作用，当时远东的经济中心也不过就是上海、东京这两个城市。中央是从整个中国经济发展的趋势来考虑的，这种选择是客观因素决定的。上海是万里长江的龙头，有广阔的腹地，比广东的腹地要大得多。上海有人才的优势，有工业基础的优势，还有许多其他优势。所以，这既是历史的机遇，又是客观的需要。党中央、国务院按照小平同志的战略思想，作出了开发开放浦东的决策，中央有责任支持上海，因为这有利于带动整个中国经济的发展。上海提过一个"三二一"产业结构调整方针，就是要大力发展第三产业，调整提高第二产业，加强第一产业。我观察了几年，觉得这是有道理的。为什么有道理呢？假如上海只考虑本身的利益，当然应该优先发展第二产业，发展工业，因为工业基础好。但是上海作为龙头，就应该大力发展第三产业，应该成为金融中

---

* 这是李鹏同志考察上海期间听取上海市委市政府工作汇报时讲话的主要部分。

心、贸易中心、航运中心，这样才可以为整个长江流域服务，为全国服务。过去上海就有这个功能，当年上海作为经济中心的时候，虽然也有一点工业，但主要还是贸易和金融功能在起作用。至于第二产业，应该搞一点高新技术的，结构上、层次上要更高一点。中央希望上海在第二产业方面搞几个大项目，譬如合资的炼油厂、通信设备项目等。同时，应该把劳动密集型的产品往长江沿岸其他地区转移。关于农业，还是要记住"手中有粮，心中不慌"。一个大城市要有自己的储粮。上海这样的大城市虽然粮食主要依靠全国的供应，但自己也要有一点储备。另外，"菜篮子"不能放松，还是要以乡镇企业来支持农业的发展，使上海能有一个稳定的农业基地。所以我觉得，从发展战略来讲，"三二一"这个思路是正确的，在实践中还要不断地总结。

我还要讲一个特别重要的观点，上海要真正成为国际经济、金融、贸易中心之一的话，必须要解决班轮的问题。为什么现在都要到香港转口贸易？就是因为香港有定期航班。我们搞市场经济，不仅商品要质量好，要对路，还要重视交货期，我们过去对这一点认识是不够的。按照国际惯例，航运应该是以集装箱为主的，要发展第四到第五代的集装箱。只要上海形成四通八达的班轮，集装箱可以在这里周转，加上上海还有金融、通信方面的条件，中心会逐渐形成。

此外，上海要形成贸易中心，必须把客户掌握在自己手里，要减少中间环节。上海人原来有这个本事，过去上海有好多买办，实际上也是一种商业渠道。我经常讲，我们要直接进入最终市场，这样商品就可以卖得更便宜，但现在我们缺乏这个渠道。所以上海应该训练这么一支队伍，逐渐形成一批贸易代理公司，没有这个渠道是不行的。

我就上海提出的几个问题表个态。

（一）关于浦东的优惠政策问题。我讲三句话：保持浦东政策的连续性，但有些改革还得服从大局，要与全局的改革相配套，但浦东的实际利益应予以保留。概括地讲，第一是浦东政策要有连续性，第二是略有调整，第三是保留既得利益。因为浦东新区还需要五年的启动资金，要帮助你们进一步启动。

（二）比照特区政策的问题。就是比照特区的某些政策，这条仍然有效。但现在特区的有些政策，不利于形成全国统一市场，形成公平竞争，所以也要调整。当然，调整有一个逐步出台的过程，要考虑稳定，考虑承受能力。如果特区的这类政策取消了，你们有的也得取消。还有一些政策是现在他们有的，你们希望能得到，那咱们个案解决。为什么当时叫浦东新区呢？就是避免再来一个特区，从而引起别的地方攀比。

（三）关于探索一些改革新路子的问题。我们大家一起来探索。希望能够找一些务实的人来探索，先把各种问题考虑周密一些，然后再出台。各国有各国的情况，各地有各地的情况，要结合中国的情况来进行探索。

另外，应该肯定你们老城改造的路子，利用级差地租来改造老城，同时妥善安置好动迁居民，因为安置不好也是不稳定因素。这个经验可以肯定。

希望上海要多宣传上海的工人、知识分子、广大干部，多宣传奋斗精神、实干巧干精神、奉献精神和集体主义精神，多宣传共同致富。我过去讲过的"上海精神""上海风格"，就是这个意思。少说中央又给了你们多少政策。当然，我们也要说，上海是全国的上海，上海的发展是靠上海人民自己干出来的，上海有很多优势，别人比不了。

上海年年有进步，前途无量。我在新锦江饭店说了两句话，叫做"申城登高处，两岸尽辉煌"。只要你们按照小平同志建设有中国特色社会主义的理论和路线走下去，把上海各方面的积极性进一步发挥出来，上海一定会实现宏伟的目标。

在中国工程院成立大会和中国科学院第七次院士大会上的讲话

（一九九四年六月三日）

各位院士，同志们：

首先，我代表党中央和国务院，热烈祝贺中国工程院的成立！热烈祝贺中国科学院第七次院士大会的召开！并且借此机会，向对我国科技事业作出突出贡献的两院全体院士，向全国科学技术工作者，表示亲切的慰问和崇高的敬意！

中国工程院的成立，是工程技术界的一件大事，对于我国的社会主义现代化建设具有重要意义。工程技术是人类应用科学理论改造和保护自然的实践结晶，在科技成果转化为现实生产力的过程中起着必不可少的重要作用。当代工程技术以前所未有的速度迅猛发展，在促进经济和社会发展中显示出巨大的威力。新中国成立以来，我国广大工程技术人员发扬爱国主义和艰苦奋斗精神，努力提高工程技术水平和设计、施工能力，建成了大批重大工程和基础设施，为促进经济建设和国防事业发展作出了卓越贡献。在建设实践中，我国的工程技术在某些领域形成了自己的特色和优势，成长起一大批优秀的工程技术人员。成立以工程技术界优秀专家为主体的中国工程院，对肯定工程技术界的业绩，提高工程技术界的社会地位，进一步调动工程技术人员的积极性，并发挥其整体优势，加速我国工程技术的发展，都将产生重要影响。中国工程院是工程技术界的最高荣誉性、咨询性学术机构，希望成立之后能够按照章程规定，在接受政府委托，对重大工程技术规划、计划和方案等提供咨询方面，在研究、讨论重大工程技术的发展问题并提出建议方面，在团结和带领全国工程技术界贯彻落实党和国家关于科技工作的方针政策方面，在开展国内外学术交流与合作方面，作出积极的贡献。

一九五五年成立的中国科学院学部，是国家在科学技术方面的最高咨询机构，为国家制订和实施重大的科技决策和科技规划，发挥了重要作用。为便于进行国际交流，体现其权威性和荣誉性，国务院决定，在中国工程院实行院士制度的同时，将原中国科学院学部委员改称为院士。这是符合国际科技界惯例的重要举措，也是全国科技界的强烈愿望和普遍呼声。作为中国科学院院士大会，这是第一次，但考虑到和过去学部委员制的继承关系，我们还是把这次大会称为中国科学院第七次院士大会。在这次院士大会上，还将选举产生中国科学院第一批外籍院士，这对我国科技领域的进一步对外开放，加强同国际科技界的交流与合作，促进我国科技事业的发展，将会产生积极的影响。

在社会主义现代化建设进程中，我们要始终不渝地贯彻邓小平同志关于"科学技术是第一生产力"[1]的指导思想，坚持"经济建设必须依靠科学技术，科学技术工作必须面向经济建设"[2]的方针，努力形成面向经济建设主战场、发展高新技术及其产业、加强基础性研究三个层次的合理布局。

改革开放以来，我国科技战线在组织重大科技课题攻关，应用和推广科技成果，推动企业和农村的科技进步，开展高新技术研究，加强基础研究，以及重点工程项目建设等方面，取得了显著的成就。国家科学基金制度和专利制度的实行，高科技园区的建设，"八六三"计划[3]、"星火"计划[4]、科技兴农和科技扶贫计划的实施，科技成果的商品化和产业化，都取得了明显的进展。同经济体制改革相适应，科技体制改革也在逐步深入。科技体制改革的目标，是建立适应社会主义市场经济发展，符合科技自身发展规律，科技与经济密切结合的新型体制，促进科技进步，攀登科技高峰，以实现经济、科技和社会的综合协调发展。

当前，国际上以经济和科技实力为基础的综合国力较量日益激烈。我国的科学技术队伍，是国家实现现代化和迎接国际竞争挑战的一支十分重要的力量。中国科学院与中国工程院，作为中国科学技术界的两个最高学术机构，要携起手来，密切配合，为祖国的现代化事业作出更大的贡献。中国科学院与中国工程院的院士们，作为我国科学界和工程技术界的杰出代表和中坚力量，重任在肩，要团结合作，带领全国广大的科技工作者，发愤图强，积极进取，努力攀登科技高峰，赶超世界先进水平，为把我国建设成为伟大的社会主义强国，贡献自己的聪明才智。科学家和工程技术专家是我们国家不可多得的宝贵财富。我希望各级党政领导，都能在政治上、工作上和生活待遇上，爱护我们的科学家和工程技术专家，关心他们的工作和生活，为他们更好地发挥作用创造条件。

预祝大会圆满成功！

注　释

〔1〕见邓小平《科学技术是第一生产力》(《邓小平文选》第3卷，人民出版社1993年版，第274页)。

〔2〕见江泽民《实施科教兴国战略》(《江泽民文选》第1卷，人民出版社2006年版，第429页)。

〔3〕"八六三"计划，即《高技术研究发展计划纲要》。一九八六年三月五日，邓小平对王大珩、王淦昌、杨嘉墀、陈芳允四位科学家提出的关于跟踪高技术发展的建议作出批示，要求对这一建议进行讨论，提出意见，以凭决断。强调："此事宜速作决断，不可拖延。"在邓小平的推动下，同年十一月，中共中央、国务院批准了《高技术研究发展计划纲要》，简称"八六三"计划。计划中选择对中国未来经济和社会发展有重大影响的生物技术、航天技术、信息技术、先进防御技术、自动化技术、能源技术和新材料技术的一些领域作为突破重点，在几个重要的高技术领域跟踪世界水平。

〔4〕"星火"计划，是由国家科学技术委员会(一九九八年更名为科学技术部)一九八六年组织实施的一项旨在依靠科技进步和科学技术普及振兴农村经济、带动农民致富的科技计划。

动员起来，为实施《中国教育改革和发展纲要》而努力 *

（一九九四年六月十四日）

这次会议，是改革开放以来党中央、国务院召开的第二次全国教育工作会议，也是我国教育发展史上的一次重要会议。这次会议的召开，对全面部署和动员实施《中国教育改革和发展纲要》，研究解决我国教育改革和发展中的重大问题，实现九十年代教育改革和发展的战略目标，促进我国的社会主义现代化建设，必将产生重大影响。

刚才江泽民总书记作了重要讲话，希望大家深入领会，认真贯彻。下面，我就全国教育工作讲几点具体意见。

一、目前教育工作的形势和任务

当前，我国改革开放和社会主义现代化建设事业进入了一个新的发展时期。我们要在九十年代实现第二步战略目标，必须坚持党的基本路线，深化改革，扩大开放，集中精力把经济建设搞上去。在加强物质文明建设的同时，要切实加强社会主义民主法制和精神文明建设，促进社会全面进

＊ 这是李鹏同志在全国教育工作会议上所作的报告。

步。经济建设和社会进步，从根本上讲，必须依靠科技和教育。适应建立社会主义市场经济体制的需要，面对二十一世纪的发展机会和挑战，必须进一步深化教育改革，加快教育事业的发展，提高全民族的素质，为实现我国国民经济和社会发展战略目标培养跨世纪的人才。这是摆在我们面前的一项紧迫任务。

党的十一届三中全会以来，在邓小平同志重视教育、尊重知识、尊重人才的思想指导下，全党全社会对教育的认识有了很大提高，教育工作取得重大成就。就全国来说，九年义务教育全面展开，小学入学率达到百分之九十八，初等教育基本普及；大城市和部分经济较发达地区基本普及了义务教育。职业教育迅速发展，中等职业技术学校在校学生已占高中阶段学生人数的百分之五十。成人教育成绩显著，众多职工参加了岗位培训，广大农民接受了各种形式的文化和技术教育。扫除文盲有明显进展，青壮年中的文盲率下降到百分之七左右。高等教育有很大发展，在校普通高校和成人高校本科和专科学生共四百三十九万人，硕士生八点九万人，博士生一点八万人。此外，还派出大批留学生，不少人已经学成归国。高等学校已经成为我国基础科学、高科技和应用科学研究的重要阵地。教育与科技、经济的结合日益密切，取得了相得益彰的效果。许多地方提出了"科教兴省"、"科教兴市"的方针，涌现出一大批改革和发展教育事业的先进地区和单位。广大的教师、教育工作者和社会各界人士，为发展教育事业作出了重要贡献。

必须清醒地看到，我国教育事业的发展还不适应现代化建设的需要，教育改革还滞后于建立社会主义市场经济体制的要求。一些地方和部门不同程度地存在着忽视教育，特别是忽视基础教育的现象，对教育改革缺乏紧迫感，教育优先发展的战略地位在实际工作中还没有完全落实。在改善办学条件和教师待遇等方面也做得不够，还存在不少困难和问题。一些地方中小学生特别是初中生辍学问题比较突出。各级党委和政府对此必须高度重视，在实际工作中认真研究解决。

教育是我国现代化建设的重要组成部分和战略重点。江泽民同志在党的十四大报告中指出："我们必须把教育摆在优先发展的战略地位，努力提高全民族的思想道德和科学文化水平，这是实现我国现代化的根本大计。"[1] 教育事业能否得到较快较好的发展，将直接影响到我国现代化战略目标能否顺利实现。党中央、国务院发布的《中国教育改革和发展纲要》，是我国教育事业发展的纲领性文件。为了实现纲要所确定的发展目标，必须重点做好以下几个方面的工作：

在本世纪末基本普及九年义务教育，基本扫除青壮年文盲。这是提高全民族素质的根本要求，也是今后一个时期我国教育事业发展的"重中之重"。要力争到本世纪末在百分之八十五左右人口的地区普及九年义务教育，使青壮年中的非文盲率达到百分之九十五左右。实现这个任务的难点在农村，特别是占人口百分之二十左右的边远和贫困地区。广大的农村地区要根据不同情况，因地制宜，实行"三教"统筹[2]，农科教相结合。应当把普及九年义务教育、扫除青壮年文盲和职业技能教育结合起来，作为脱贫致富的一项根本性措施，制定规划，分步实施。要重视少数民族教育事业，进一步做好对边远、贫困地区和少数民族教育事业的对口支援。重视发展幼儿教育，解决好女童入学问题。重视发展特殊教育。"希望工程"是一种有益的社会助学活动，所筹集资金应主要用于资助贫困儿童就读。

大力发展职业教育和成人教育。职业教育和成人教育是现代化教育的重要组成部分。大力发展职业教育和成人教育，是提高劳动者素质和振兴经济的必由之路，其重要性不仅为经济发达国家的经验所证明，也为我国这些年来的经验所证明。现在我国职工队伍的总体素质还不适应现代化建设的要求，必须十分重视办好各类职业学校和成人学校，积极开展多种层次的职业培训，使城乡新增劳动者受到必要的职业训练，使广大从业人员的文化素质、职业技能和职业道德得到普遍提高。要特别重视电视教育，提高电视教材的制作水平，这是一种花钱少效率高的办学方式。对函授教育、业余进修以及自学辅导等各种办学形式以及在职人员的继续教育，都要予以重视和支持。

以提高教育质量和办学效益为重点发展高等教育。高等学校是培养高级专门人才、发展高新科学技术的重要力量。高等教育要通过改革，走内涵发展为主的道路，使规模适当，结构合理，质量和效益明显提高。今后一个时期，适当扩大规模的重点是高等专科教育和高等职业教育，注重培养广大农村、中小型企业以及乡镇企业所需要的人才。大学本科教育要把重点放在提高教育质量上。面向二十一世纪，重点建设一百所左右的高等学校和一批重点学科点，即"二一一工程"，是一项国家重点建设项目，要分期分批地加以实施。通过这一计划的实施，推动高等教育改革和多种形式联合办学，促使高校布局和结构趋于合理，提高办学规模效益和教育质量。要充分发挥科研优势，发展同企业的结合，推进科研成果的产业化，特别是发展高新技术产业。

积极开展国际学术交流与合作。硕士生、博士生的培养基本上立足于国内。同时进一步做好派遣留学生的工作，对出国留学人员继续实行"支持留学，鼓励回国，来去自由"的政策，鼓励他们以多种形式为祖国服务。

二、深化教育改革，促进教育事业发展

社会主义市场经济体制的建立为教育的改革和发展提供了机遇和动力，同时也要求加快教育改革步伐，使教育与经济紧密结合起来，逐步建立起有中国特色的社会主义教育体制。在教育方面，我国的基本国情是发展中国家办大教育，这就要求我们在以政府办学为主体的前提下，积极鼓励社会各界多方筹集资金办学。同时要通过改革，把教育办成高质量和高效益的教育。加快教育改革步伐，重点是做好以下几个方面的工作：

调整教育结构，把提高劳动者素质、大力发展职业教育摆在突出的位置。从我国当前社会生产力水平出发，教育结构调整的方针是：以九年义务教育为基础，办好普通高中，大力发展初、中级职业教育和成人教育，适当发展高等专科教育和高等职业教育，努力提高高等院校本科教育的质量和水平。近年来，人们对职业教育的认识有了明显提高，但还没有达到应有的高度，在实际工作中也没有得到足够的重视。要克服轻视职业教育的陈旧观念。必须明确，在相当一个时期内，我国教育工作的一项十分重要而紧迫的任务，是

在普及九年义务教育的基础上，大力发展职业教育。这是符合我国国情的培养大量应用型人才的一条根本出路。各级政府都要结合当地的资源条件和产业优势，因地制宜地办好各类职业学校或职业培训中心。要根据初、中级专门人才的需求情况和基础教育的普及程度，有计划地实行小学后、初中后、高中后三级分流。小学后的分流，主要是在九年义务教育尚未普及的地区进行，相应发展初级职业教育。有的地区，九年义务教育中也可以根据实际需要，适当增加一些职业教育的课程。初中后的分流是开展职业教育的重点，要逐步做到初中毕业生的百分之五十至百分之七十进入中级职业学校或职业培训中心。高中后的分流，即高中毕业生除进入普通高等学校外，都能逐步接受多种形式的职业培训或进入高等职业学校。接受过各级各类职业教育的毕业生，根据本人的意愿、条件和可能，都允许接受更高层次的教育，获得继续深造的机会。通过上述结构调整，逐步形成初等、中等、高等普通教育和职业教育共同发展、相互衔接、比例合理的教育体系。职业学校的招生要逐步规范化，克服高、初中毕业生交叉报考各种职业学校的混乱现象，提高教育质量。在全社会实行学历文凭和职业资格证书并重的制度。国家教委和地方教育行政部门，对职业教育和成人教育负有统筹、协调和宏观管理的责任。以进行学历教育为主的各级各类职业学校和成人学校，原则上由各级教育部门进行管理。在职的岗位培训工作，原则上由各级劳动、人事部门和有关业务部门进行管理。职业学校的培养目标应以各行各业熟练劳动者和社会需要的各类技术人员、管理人员为主，当前要特别注意培养发展社会主义市场经济迫切需要的财税、金融、工商管理等各类应用学科的人才。企业的岗位培训要法制化。新招职工上岗前必须经过培训，取得合格资格才能上岗。

改革办学体制。过去由政府包揽的办学体制，在当时的历史条件下曾经起过积极作用，现在已经不能适应发展社会主义市场经济的要求，不能满足社会日益增长的需要，也不利于调动社会各方面力量办学的积极性。近年来，由政府包揽办学的格局已经开始打破。今后，要把这项改革进一步引向深入，逐步建立以政府办学为主体、社会各界多方筹集资金办学的体制。基础教育特别是义务教育主要由政府来办，同时鼓励企事业单位和其他社会力量按照国家法律和政策，采取多种形式办学，有条件的地方也可以采取"民办公助"、"公办民助"等办学形式。职业教育和成人教育应在政府的管理下，主要依靠行业、企事业单位、社会团体举办，或者由社会各方面和公民个人联合举办，政府给予适当资助和扶持。职业学校要走教育和产业相结合的路子，增强学校自身发展的能力。高等教育实行以政府办学为主、社会积极参与、各方面联合办学的体制。某些高等学校可以试行以学生缴费、社会集资为主，国家补助为辅的办学模式。社会各界办学应以职业学校为主。企业举办的中小学应继续办好，有条件的地方在政府统筹下也可以逐步交给社会来办。欢迎境外机构和个人按照我国法律和教育法规，来华捐资办学或合作办学。

改革教育管理体制。要按照各级各类教育的特点，理顺政府、社会和学校的关系，建立科学的管理体制。基础教育自一九八五年实行地方负责、分级管理以来，增强了地方各级政府的责任，调动了社会各方办学的积极性，改革方向是对的。但是，一些地方将农村管理基础教育的责任层层下放到乡、村，由此带来经费筹措和教育管理上的某些困难，这也是近两年来出现拖欠农村中小学教师工资问题的一个原因。要进一步明确中央和省、地、县、乡管理基础教育的责任，对县、乡分级管理作出相应的调整。农村基础教育，除少数经济比较发达的地区可以实行县、乡两级管理外，多数地区应该责任主要在县。在学校经费无法保证的贫困地区，教育经费的统筹管理权要放在县级政府，县以上各级政府要设立专项基金支持这些地区义务教育的实施。教育管理体制改革的难点和重点在高等教育。现行的高等教育管理体制，基本上是五十年代初院系调整时按大区和按行业为主布局的。后来各省因发展地方经济的需要又办了不少院校，其中相当一部分与中央部委所属院校性质雷同。随着部门管理职能的转变，部门办学的管理体制也应逐步改变。今后，高等教育要逐步实行中央和省、自治区、直辖市两级办学、两级管理，以省级为主的办学与管理体制。中央部委所属高校要扩大服务面和专业面，拓宽经费来源渠道，面向社会自主办学。中央行业主管部门除继续办好少量行业特点明显、有特殊需要的高等学校外，多数中央部委所属高等院校要逐步下放给省级政府领导，或实行中央部委和省级政府多种形式的联合办学。加强省级政府对所在地区高校的协调、统筹和领导的责任。要打破条块分割和"小而全"的状况，逐步减少单科性院校，对校、院、系、学科或专业进行调整、联合、合并，充分发挥现有师资和设备等方面的潜力，提高教学质量和办学效益。这项改革牵动面比较大，要通过试点，总结经验，逐步展开，不要一哄而起，搞形式主义。高校数量不宜再增加，应集中人力、财力、物力，办好现有大学。要深化高等学校内部管理体制的改革，增强学校办学活力。要合理调整系科、专业和课程设置，拓宽专业基础和知识面，逐步实行"学分制"，在确定必修课的同时设立和增加选修课，扩展学生知识视野，激发学生学习的主动性和创造性，增强他们适应社会实践需要和进一步学习、研究的能力。

改革普通高等学校、中等及中等以上各类职业学校招生、收费和毕业生就业制度。高等学校和中等专业学校、技工学校的招生，现在实行的是国家任务与调节性计划相结合的体制。在劳动力市场逐步完善、全面实行上学缴费制度后，国家教育行政主管部门的主要任务，是调控招生总规模和结构，管好学历文凭，参与制定和监督教育经费使用，监督教学质量和教育行政法规的贯彻执行。普通高等教育、普通高中、中等及中等以上职业教育属于非义务教育，实行缴费上学是世界许多国家通行的做法。从我国已经试行的学校看，都取得了比较好的效果，已经逐步为社会所接受。收费的标准，要按培养成本的一定比例确定，也要考虑社会和学生家长的承受能力。在建立收费制度的同时，要有相应的配套措施。收费主要是为了转换机制，调动学生学习的积极性，而不是减少教育经费的财政拨款。对家境困难的学生设立贷学金，发放面可以适当宽一点；对品学兼优的学生设立奖学金，奖学金的发放面可以小一点，数额应该大一些。需要毕业生的部门、地区或单位可以出资设立定向奖学金，但在招生时不得降低录取标准，毕业后要按合同规定到定向的部门、地区或单位工作。对一些国家特殊需要的专业实行特殊优惠政策。缴费上学制度在试行阶段，实行"老生老办法、新生新办法"。条件成熟后，毕业生除少量按合同就业外，其余的在国家政策指导下自主择业。改革方案要周密制定，加强宣传和思想工作，处理好改革、发展和稳定之间的关系。

三、加强和改进学校德育工作，努力提高教育质量

教育质量是教育事业发展的生命力所在。各级各类学校都要认真贯彻"教育必须为社会主义现代化建设服务，必须与生产劳动相结合，培养德智体全面发展的建设者和接班人"的方针，把提高教育质量摆在突出的位置。

贯彻教育方针，提高教育质量，必须十分重视德育。现在，广大青少年学生总的思想倾向是好的，是积极向上的。他们把个人的命运和国家的发展联系在一起，为社会主义现代化事业而努力学习，这是主流。但也出现了新的"读书无用论"和拜金主义等错误思想，对青少年学生产生了不良影响。面对新的形势和要求，必须切实加强党的领导，加强和改进学校德育工作，积极探索新形势下德育工作的新思路。要用通俗易懂的方式向学生讲解马克思主义理论，进行毛泽东思想特别是邓小平同志建设有中国特色社会主义理论的教育，进行爱国主义、集体主义、社会主义思想教育，进行中国历史特别是近代史、现代史教育和国情教育，进行中华民族传统美德教育、革命传统教育和法制教育。要教育学生树立科学的世界观、正确的人生观和高尚的道德情操，以及民

族自尊、自信、自强的精神。帮助学生增强抵制剥削阶级腐朽思想和腐朽生活方式的能力，使中华民族传统美德和光荣革命传统能结合时代精神在青年一代身上发扬光大。德育要根据形势发展的要求和学生各个阶段身心发展的特点来进行。对中小学生，重点进行文明礼貌、遵纪守法、公民义务和基本道德规范教育。对高中生和大学生，要简明扼要地讲授马克思主义的基本观点，学习毛泽东同志的重要哲学著作，学习邓小平同志建设有中国特色社会主义的理论。中小学的美育（包括音乐、美术、劳作等）对全面提高学生素质、陶冶学生情操、培养全面发展人才具有重要作用，应该切实加强。各级领导干部要经常深入学校调查研究，与师生座谈，听取他们的意见，给他们做形势报告，进行生动而实际的国情教育。全社会都要关心和保护青少年的健康成长。广大教师和教育工作者要发扬敬业奉献精神，以身作则，为人师表。

必须下决心纠正长期存在的单纯应付考试的倾向。这种不良倾向使学校和学生忽视德育、体育，脱离实际，脱离社会，不注重素质的全面提高而一味应付考试。如果不认真解决这个问题，势必误人子弟，造成严重后果。要大胆吸收和借鉴当今世界先进的教育方法，认真总结我国成功的教育经验，坚决摒弃陈旧过时的、与现代教育不相适应的教育内容和方法。努力改变教育同社会和生产实践相脱离的状况，培养学生的进取精神、创造精神和适应社会需要的良好心理素质。加强教材建设，改革和完善考试方法和考试制度，切实减轻中小学生过重的课业负担，使青少年一代全面发展和茁壮成长。

四、各级党委和政府要进一步加强对教育工作的领导，努力为教育办实事

加强党和政府对教育工作的领导，是落实教育优先发展战略地位的根本保证。改革开放以来，各级党委和政府对教育的重视程度有了很大的提高。但是也要看到，在一些地方和部门，对教育重视不够的现象依然存在。邓小平同志曾尖锐地指出："忽视教育的领导者，是缺乏远见的、不成熟的领导者"[3]。各级党委和政府的主要负责同志，都要用邓小平同志的教育思想衡量一下，看你那个地区或部门，教育优先发展的战略地位是否真正得到了落实。对于实现纲要提出的目标，必须有紧迫感。各级领导要从本地实际出发，加强对教育工作的全面统筹，把教育发展目标纳入社会发展的总体规划之中，并采取切实措施加以实现。要把重视教育、为教育办实事作为各级领导干部的任期目标责任和政绩考核的重要内容。各级政府要就教育发展和改革情况每年向同级人大作出报告，并接受社会各界的监督。

各级政府都要注意解决教育工作中以下几个方面的实际问题：

切实增加教育投入。改革开放以来，我国教育经费的总量有了一定的增加，但教育经费紧缺的状况依然存在，必须尽快改善。各级党委和政府要树立教育投资是战略性投资的观念，合理调整投资结构，在安排财政预算时，优先保证教育的需求，并切实做到纲要提出的"三个增长"[4]。

国家财政对教育的拨款，是教育经费来源的主渠道，必

须予以保证。纲要提出，到本世纪末，国家财政性教育经费支出占国民生产总值的比重应达到百分之四，国务院有关部门要制定相应的政策措施，认真加以落实。关于各级财政支出中教育经费所占的比重，财政部要会同教委，根据财税体制改革后财政计算口径的变化，尽快提出中央财政和省级财政中教育经费应占的比例，确保教育投入实际有较大的增长。

农村和城市教育费附加问题，已明确城乡教育费附加以新"三税"的百分之三为准。农村不缴纳"三税"[5]的乡镇企业、个体企业，缴纳教育费附加的办法要认真落实。农民负担的百分之五里面，已规定教育费附加占一点五至二个百分点，具体比例由各个地方规定。教育费附加是农村民办教师工资补贴和学校公用经费的主要来源，不能扣减，更不得挪用甚至取消。各地对此都要建立严格而有效的监督检查制度。

实施义务教育主要是政府的责任，各级政府要对义务教育的投入作出切实安排。为保证贫困地区实施义务教育，中央、省、地、县四级政府要设立专项经费。中央财政现有的扶助贫困地区义务教育专项经费要逐年增加。省、地、县财政预算也应作出相应的安排。

实施"二一一工程"，需要设立专项基金，各级政府和有关部门要作出统筹安排。今年中央财政将拨出专款，作为实施这一工程的启动资金，以后还要逐年增加。省级政府和有关部门也要相应地作出安排。

改革国家教育经费管理体制，实行教育经费预算单列，使教育事权和财权相统一。教育经费预算应由各级教育部门每年提出方案，由各级政府列入预算，批准后认真实施。从今年开始，国家统计局、国家教委要对教育经费支出情况分别统计并予以公布。

进一步完善多渠道筹措教育经费的体制。根据财税体制改革的新情况和当地实际需要，允许各省、自治区、直辖市政府开征用于教育的地方税费，但必须专款专用。根据人民群众的承受能力，适时调整义务教育阶段的杂费标准和非义务教育阶段的收费标准，各类学校不得以任何名目乱收费。国家支持学校开展勤工俭学，兴办校办产业，对包括各类职业学校在内的校办产业继续实行税收优惠政策。继续鼓励厂矿企业、社会力量以及境内外各界人士捐资助学和农村集资办学。城乡中小学危房改造和新建校舍要列入政府基建计划，农村教育集资审批权放在县一级，这部分集资款也主要用于义务教育的危房改造和新增校舍。教育方面除此之外的乱集资必须严格禁止，社会也不得向学校乱摊派。

为使用金融手段支持教育的发展，原则同意建立教育银行。

加强教师队伍建设，提高教师待遇。建设一支具有良好思想品德和业务素质的教师队伍，是教育事业发展的关键。依靠广大教职工，充分调动他们的积极性和创造性，是我们制定教育政策的一个基本出发点。改革开放以来，党和国家坚持尊师重教的方针，加强教师队伍建设，不断提高教师的社会地位和待遇，取得很大的成绩，但是还有许多不够的地方。现在要采取切实有力的政策措施，认真落实以下几件实事：

努力提高教师素质。认真办好各类师范教育，鼓励优秀学生报考师范学校，引导师范学校毕业生乐于从教。有计划地对教师进行培训，以提高其思想、业务素质和教学水平。

依法提高教师工资待遇。教师法规定教师的平均工资水平应当不低于或者高于国家公务员的平均工资水平的目标，各级人事、财政和教育部门应采取切实措施认真加以落实，并尽快到位。要建立有效机制，杜绝拖欠教师工资的现象，对侵犯教师合法权益和挪用教育经费的，要坚决依法追究责任。

加快改善教师住房条件。应把城市教师住宅建设纳入城市建设总体规划和建设计划，对教师采取优先和优惠政策，使城镇教职工家庭人均住房面积达到当地居民的平均水平。

切实解决教师尤其是农村教师看病就医的问题。教师的医疗要同当地国家公务员享受同等待遇。

妥善解决民办教师问题。我国农村中小学民办教师，为发展农村教育事业作出了重要贡献。各地政府要采取积极措施，改善民办教师待遇，逐步做到民办教师与公办教师同工同酬。合格的民办教师要逐步经过考核转为公办教师，不合格的要予以调整。有关部门要作出规划，分年度实施，争取在今后六七年内基本解决民办教师的问题。教师必须按照编制和资格聘用，不得以代课教师等名义增加教师编制。

大力表彰和奖励优秀教师。各级政府都要表彰和奖励优秀教师，让那些为教育事业作出优异成绩的教师和教育工作者，获得应有的精神和物质奖励。要继续通过多种途径，在全社会形成和发展尊师重教的良好风尚。进一步做好离退休教职工的工作。

加强教育法制建设。社会主义市场经济体制的建立和完善需要有完备的法制作保证，教育发展和改革目标的实现也有赖于法制的健全。改革开放以来，我国相继颁布了学位条例、义务教育法、教师法等一批重要的法律和行政法规。但是，教育立法工作还不能适应教育改革和发展的要求，无法可依、有法不依、执法不严的现象还比较普遍。今后，要加快教育立法步伐，尽快制定教育法、职业教育法、高等教育法以及教师法的配套法规。各地也要制定和完善地方教育法规，逐步形成适合我国国情的教育法规体系。各级政府要带头执法，也希望各级人大加强执法的检查和监督。

实现《中国教育改革和发展纲要》提出的目标和任务，是一项伟大而光荣的使命，任重而道远。让我们在邓小平同志建设有中国特色社会主义理论和党的基本路线指引下，紧密地团结在以江泽民同志为核心的党中央周围，艰苦奋斗，少说空话，多干实事，坚定不移地实施纲要，努力把我国教育改革和发展推向一个新的阶段，为社会主义现代化建设作出更大的贡献！

注　　释

〔1〕见江泽民《加快改革开放和现代化建设步伐，夺取有中国特色社会主义事业的更大胜利》（《江泽民文选》第1卷，人民出版社2006年版，第233页）。

〔2〕"三教"统筹，指县、乡两级政府分级统筹管理基础教育、职业技术教育、成人教育。

〔3〕见邓小平《把教育工作认真抓起来》（《邓小平文选》第3卷，人民出版社1993年版，第121页）。

〔4〕"三个增长"，指各级人民政府教育财政拨款的增长应当高于财政经常性收入的增长，并使按在校学生人数平均的教育费用逐步增长，保证教师工

资和学生人均公用经费逐步增长。

〔5〕这里所说的新"三税"和"三税"，指产品税、增值税、营业税这三个税种。

在和平共处五项原则发表
四十周年纪念大会上的讲话

（一九九四年六月二十七日）

尊敬的各位来宾，各位使节，女士们，先生们：

四十年前，中国政府同印度和缅甸政府分别发表联合声明，确定以互相尊重主权和领土完整、互不侵犯、互不干涉内政、平等互利、和平共处作为指导相互关系的基本准则，和平共处五项原则[1]宣告诞生。今天，我们举行大会，纪念这一重大历史事件，评价和平共处五项原则的历史和现实作用，展望世界发展前景，是很有意义的。

和平共处五项原则是时代的产物。第二次世界大战后，获得民族独立与解放的国家迫切需要建立一种平等的新型国际关系，渴望在一个和平的国际环境中，发展自己的民族经济。与此同时，世界上少数国家对新生民族独立国家采取排斥和反对态度，甚至奉行侵略和战争政策。巩固民族独立，维护国家主权，寻求公正、平等的国际关系准则，反映了当时广大民族独立国家的共同愿望。正因为如此，和平共处五项原则得到国际社会的广泛赞同，一九五五年万隆会议[2]通过的十项原则具体体现了和平共处五项原则的精神；一九七〇年第二十五届联合国大会《关于各国依联合国宪章建立友好关系及合作的国际法原则宣言》、一九七四年第六届特别联大《关于建立新的国际经济秩序宣言》，都确认了和平共处五项原则。许多国际组织和国际会议的文件也引用了和平共处五项原则。事实上，和平共处五项原则已成为国际关系准则的重要组成部分。

四十年来，和平共处五项原则经受了国际风云变幻的考验，显示了强大的生命力，在促进世界和平与国际友好合作方面发挥了巨大作用。历史证明：和平共处五项原则是普遍适用的国际关系准则。不同意识形态和社会制度、不同经济发展水平的国家如果能够遵循和平共处五项原则，就完全可以建立起相互信任和友好合作的关系；如果违反和平共处五项原则，即使意识形态和社会制度相同的国家，也可能发生对抗，甚至武装冲突。因此，和平共处五项原则是国与国之间建立和发展关系的基础，这是颠扑不破的真理。

中国作为和平共处五项原则的倡导国之一，始终坚持这些原则并身体力行。在和平共处五项原则的指导下，现在中国已经同一百五十八个国家建立了外交关系，同二百多个国家和地区开展了经贸、科技、文化交流与合作，同所有邻国和周边国家都建立了睦邻友好关系，同绝大多数邻国解决了历史遗留下来的边界问题。在国际事务中，中国遵循和平共处五项原则，主持公道，不谋私利，为和平解决国际争端、推动国际合作、维护地区与世界和平作出了应有的贡献。中国为维护阿富汗的独立和主权作出了自己的努力，也为推动政治解决柬埔寨问题发挥了建设性作用。中国一向支持朝鲜人民通过对话和平解决统一问题，并一贯主张公正、合理地解决中东问题，恢复巴勒斯坦人民的合法权利，阿拉伯和犹太两个民族和睦相处。在海湾危机中，中国支持恢复科威特的独立、主权和领土完整。波黑地区爆发冲突以来，中国一再呼吁有关各方停止冲突和敌对行动，通过和平谈判寻求政治解决办法。中国在联合国和其他国际组织中，在一系列重要的国际会议上，坚持正义立场，为促进重大国际问题的解决发挥了重要作用。

四十年来，物换星移，世界发生了巨大的变化。两极体制已经结束，世界多极化趋势加速发展，国际关系正处在深刻的变化之中。从总体上看，国际形势走向缓和，在一个相当长的时期内，有可能避免爆发新的世界大战。但是，冷战的结束并不意味着世界太平。一些国家和地区民族矛盾尖锐，武装冲突迭起，战火连绵不绝，成千上万的人民流离失所，生命财产遭到重大损失；一些发展中国家更加贫困化，南北矛盾更加突出；霸权主义和强权政治仍然存在，干涉别国内政的现象时有发生。世界人民所渴望的和平与发展还远远没有实现。

那么，怎样才能建立起一个新的稳定、安全和繁荣的世界呢？诚然，多年来，包括联合国和地区组织在内的国际社会为了维护世界和平、促进共同发展，都作出了许多努力，并取得了一些成就。但人们愈来愈认识到，必须确立国家关系和国际政治经济生活共同遵循的基本原则，才能从总体上有效地指导和规范国际社会的活动。我们认为，和平共处五项原则概括了最根本的国际关系准则，符合联合国宪章的宗旨和原则，反映了国与国正常关系的本质，能够为不同社会制度的国家服务，能够为经济发展水平不同的国家服务，能够为左邻右舍服务。因此，我们主张以和平共处五项原则为基础，结合变化了的国际形势，建立国际政治经济新秩序。

互不干涉内政是和平共处五项原则和国际新秩序的核心。世界是丰富多彩的。各国之间不仅社会制度不同，价值观念和意识形态各异，而且历史传统、宗教信仰、文化背景也有很大差别。只有承认这些不同，相互尊重，才能扩大合作、发展交流、和睦相处。各国之间相互学习借鉴是需要的，但这只能建立在各国独立自主的基础之上才有可能。把自己的价值观念和社会模式强加给其他国家的做法，必然造成国与国之间关系的紧张和对立。各国的事务应该由各国人民自己来管，各国人民完全有权选择适合本国国情的社会制度和发展道路，任何国家不应以任何借口、任何方式进行干涉。我们认为，国家不分大小、贫富和强弱，都是国际社会中平等的一员，都能在发展自身的同时，为世界的和平与发展作出应有的贡献。

国与国之间难免存在一些分歧，中国一贯主张通过对话，促进相互了解，缩小分歧，反对对别国施加压力，干涉别国内政。在人权问题上，各国应该在平等和相互尊重的基础上进行对话，求同存异，才有利于世界人权的维护和改善。无视别国国情和法律，将一种人权标准强加于人，借口人权问题干涉别国内政，理所当然地受到包括中国在内的广大发展中国家的反对。

互相尊重主权和领土完整，互不侵犯，国与国之间和平共处，这是五项原则和国际新秩序的基础。以任何借口损害或剥夺别国的主权，侵犯或吞并别国的领土，以武力或武力威胁作为推行自己政策的手段，都是不能允许的。国与国之间的争端不应诉诸武力，通过和平谈判求得公正合理的解决才是唯一正确的途径。

这里我想特别指出，邓小平同志总结国内和国际的实践，对和平共处五项原则作过许多精辟的阐述。他为解决香港、澳门和台湾问题，提出了"一个国家，两种制度"的伟大构想。他说："我们提出'一个国家，两种制度'的办法来解决中国的统一问题，这也是一种和平共处。"〔3〕他还指出："有些国际上的领土争端，可以先不谈主权，先进行共同开发。"〔4〕中国正是在邓小平同志"搁置争议，共同开发"主张的指导下，同有关国家积极探讨在有争议的地区进行共同开发的途径，以维护本地区和平与稳定的大局，防止紧张局势的产生。

平等互利是和平共处五项原则在处理经济关系方面的体现。各国应在经济上相互取长补短，互通有无，平等合作，互利互惠，而各种形式的贸易保护主义和不等价交换都是不可取的。世界经济是一个互相联系、互相依存的整体，世界各地区和各个国家的经济起着相互促进、互为补充的作用。现在一些发展中国家经济上存在的困难，不少就是由于不合理的国际经济秩序和不等价交换造成的。发达国家有责任帮助不发达国家摆脱贫困。某些不发达国家贫困化的加剧，是发生动乱、内战乃至地区冲突的重要原因。对此国际社会应给予足够的重视。南北对话与合作应当加强，发达国家应向发展中国家开放市场，提供发展资金，进行技术转让，减轻债务负担和增加援助，为发展中国家的经济成长、社会稳定、缩小南北差距作出贡献。这样做对发达国家经济的发展也是有利的。

各位来宾！

中国正在全力以赴地进行现代化建设，需要一个和平的国际环境，需要同世界各国发展友好合作。江泽民同志在中国共产党第十四次全国代表大会的报告中指出，中国始终不渝地奉行独立自主的和平外交政策。维护我国的独立和主权，促进世界的和平与发展，是中国外交政策的基本目标。中国是维护世界和平的坚定力量，永远不称霸，永远不搞扩张，同时反对任何形式的霸权主义、强权政治和侵略扩张行为。面对新的国际形势，我们将恪守和平共处五项原则，继续积极发展对外关系。中国将永远是周边国家的好邻居，永远是世界各国平等的合作伙伴。

实行全方位对外开放，积极发展同世界各国的经济关系，是中国对外政策的一个重要组成部分。我国将按照平等互利的原则，不断扩大和加强同世界各国在经济、科技、文化等领域的交流与合作，积极吸收和借鉴人类社会创造的一切文明成果，其中包括西方发达国家的先进经营方式和管理方式。过去十五年，我国对外开放不断扩大，现在已经形成了从沿海到内地的全方位对外开放格局。对外开放政策促进了经济的发展和人民生活的改善，得到全国人民的衷心拥护和支持。无论国际形势怎样变化，中国实行的对外开放政策是不会改变的。

各位来宾！

明年将迎来联合国成立五十周年。再过几年，人类将跨入二十一世纪。总结人类社会半个世纪来的历史经验，使二十一世纪成为和平、稳定、发展、繁荣的世纪，越来越成为各国人民的共同愿望，也是历史向各国政府和人民提出的严峻挑战。中国政府和人民将高举和平共处五项原则的旗帜，与世界各国一道，为建立国际政治经济新秩序、共同缔造人类社会的美好未来而努力奋斗。

　　谢谢大家。

注　释

〔1〕和平共处五项原则，指互相尊重主权和领土完整、互不侵犯、互不干涉内政、平等互利、和平共处。一九五三年十二月至一九五四年四月，中国政府代表团和印度政府代表团在北京就两国在中国西藏地方的关系问题举行谈判。一九五三年十二月三十一日，即谈判的第一天，中国总理周恩来接见印度政府代表团，提出了和平共处五项原则。后这五项原则正式写入双方达成的《中印关于中国西藏地方和印度之间的通商和交通协定》的序言中。一九五四年六月，周恩来在访问印度、缅甸期间，先后于六月二十八日和二十九日同印度总理尼赫鲁、缅甸总理吴努发表联合声明，正式倡议将和平共处五项原则作为处理国与国关系的基本准则。此后，这五项原则为一系列国际组织和国际文件所采纳，得到国际社会广泛赞同和遵守，成为国际关系基本准则和国际法基本原则。

〔2〕万隆会议，即亚非会议，一九五五年四月十八日至二十四日在印度尼西亚万隆举行。会议由缅甸、锡兰（今斯里兰卡）、印度、印度尼西亚、巴基斯坦五国发起，中华人民共和国和阿富汗、柬埔寨、埃及等二十九个亚非国家参加会议。会议广泛讨论了民族主权、反殖民主义斗争、世界和平以及与会国之间的经济文化合作等问题，发表了《亚非会议最后公报》，提出了著名的关于促进世界和平与合作的十项原则。

〔3〕见邓小平《和平共处原则具有强大生命力》(《邓小平文选》第3卷，人民出版社1993年版，第96—97页)。

〔4〕见邓小平《稳定世界局势的新办法》(《邓小平文选》第3卷，人民出版社1993年版，第49页)。

抓住机遇，团结奋斗，
加快西藏建设*

（一九九四年七月二十二日）

第三次西藏工作座谈会已经开了两天。江泽民同志在会议开始时的重要讲话，既是这次座谈会的指导思想，也是今后西藏工作的指导思想。在讨论中，大家集思广益，就西藏的发展和稳定问题发表了许多好的意见，进一步统一了认识，明确了西藏工作的指导思想、奋斗目标和主要任务，解决了不少重要的政策问题和实际问题。现在，我着重就如何抓住有利时机，团结奋斗，加快西藏经济社会发展的问题，讲几点具体意见。

一、我们有信心有能力加快西藏经济社会发展

和平解放以来，西藏从极其落后的封建农奴制进入社会主义社会，百万农奴翻身做主人，这是一个巨大的历史跨越。在祖国大家庭中，藏族同胞和各族人民平等互助，和睦相处，民族风俗和宗教信仰得到尊重，民族团结不断加强。为了帮助西藏建设，国家在西藏投入了大量建设资金和财政

---

* 这是李鹏同志在中共中央、国务院召开的第三次西藏工作座谈会上的讲话。

补贴。党的十一届三中全会以来，西藏自治区与全国一样，各方面工作都开创了新的局面。工农业生产持续发展，长期封闭的局面初步打破，国内外贸易迅速扩大，农牧民生活水平明显提高。在西藏各族人民的艰苦努力和国家的大力支援下，经济、教育、科技、文化、卫生事业全面发展，极端落后的经济社会面貌得到改变。举世闻名的布达拉宫维修工程即将竣工，优秀藏族文化遗产得到保护。在错综复杂的情况下，各族人民团结一致，粉碎了达赖集团分裂祖国的图谋，维护了祖国统一和民族团结，保持了社会局势的基本稳定。过去西藏人口长期徘徊在一百万左右，只是在和平解放以后，由于人民生活水平的提高和医疗条件的改善，人口才得到迅速增长。一九九三年全区人口达到二百三十万人，其中藏族二百二十万六千人；人均寿命由解放初期的三十六岁提高到六十五岁。这些客观事实是谁也否认不了的。国内外凡是不怀偏见的人都会说：西藏解放以后确实取得了历史性的巨大进步。

四十多年来的实践证明，党和国家对西藏工作的基本方针和基本政策是正确的，西藏自治区党委、政府和广大干部的工作是努力和有成绩的，社会主义在西藏这块土地上是有生命力的。

在充分肯定西藏工作成绩的同时，我们必须清醒地看到，与全国其他地区相比，目前西藏经济社会发展水平还比较落后。主要表现在：经济发展相对缓慢，人民生活水平比较低，部分人口还没有解决温饱问题；基础设施建设与社会经济发展的要求很不适应，电力不足，交通不便；文化教育事业比较落后，广播、电视覆盖率也比较低。这些都是亟待解决的问题。

我们的国家，正在按照邓小平同志关于分三步走实现现代化的战略部署，抓住机遇，深化改革，扩大开放，促进经济发展和社会全面进步。我国是统一的多民族的国家，西藏作为中华人民共和国不可分割的一部分，毫无疑问也要逐步实现现代化，同样具有光明的发展前景。同时，我国又是一个幅员辽阔的发展中大国，各个地区的条件很不一样，在实现现代化的过程中发展速度有快有慢，发展水平有高有低，这在一定时期内是不可避免的。地区发展不平衡问题在许多国家普遍存在，像我国这样的发展中大国尤其如此。西藏同内地的发展差距是由历史条件、社会经济、自然地理等多种因素决定的。在经济建设和改革开放中，我们既要承认差距，鼓励有条件的地方发展得更快一些，同时又要采取有效措施，帮助落后地区加快发展，促进共同繁荣。只有这样，才能调动全国所有地区的积极性，推动整个国民经济协调发展，实现我国社会主义现代化的宏伟目标。我们这次会议的一项重要任务，就是要动员和组织全国支援西藏，加快西藏经济社会发展。我们也要认真讨论西藏稳定的问题，稳定和发展是密切相关的。

必须看到，加快西藏发展，不仅是解决地区发展差距的经济问题，而且是关系到战略全局的政治问题。正如江泽民同志所指出的，要从战略全局的高度，充分认识西藏工作的重要性。目前西藏局势基本上是稳定的，但反分裂斗争形势仍很严峻。达赖集团四处活动，散布所谓"西藏独立"、"高度自治"、"大藏区"等等，其根本目的，就是要破坏民族团结，分裂祖国，恢复他们在西藏的封建农奴制统治。我们与达赖集团的斗争，绝不是允许不允许信仰宗教的问题，也不是西藏实行不实行民族区域自治的问题。宗教信仰自由和民族区域自治的原则，早已在《中华人民共和国宪法》中明确规定下来了，并且在包括西藏在内的全国广大地区实行多年，取得了很好的效果。我们同达赖集团的斗争，实质是维护祖国统一、反对民族分裂、保卫民主改革成果的问题。

值得注意的是，达赖集团的分裂活动是与国际反华势力结合在一起，得到这些反华势力支持的。苏联解体、两极格局终结以后，世界并不太平。国际反华势力不愿意看到社会主义中国的强大和发展。他们利用最惠国待遇问题，企图在经济上压中国，结果失败了。利用"复关"[1]问题压中国，尽管还会有波折，但最终也是不能得逞的。看来，今后国际反华势力很可能更多地利用所谓"人权问题"、"民族问题"和"宗教问题"以及其他问题，从政治上分化和牵制中国，干扰和破坏我们的现代化建设。他们正在与达赖集团加紧勾结，把西藏作为分化中国的一个重点。这种趋向在今后相当长的时期内不会改变。在这种大的背景下，我们与达赖集团的斗争，将是长期的、复杂的。达赖集团分裂祖国、复辟封建农奴制度，违背历史潮流，是不得人心的。国际上有少数反华势力，支持和利用达赖集团反对中国，绝大多数国家和人民是不支持他们的。只要我们团结一致，把西藏的事情办好，就会得到世界上越来越多人们的理解和支持，敌对势力的图谋终归是要失败的。对此，我们充满必胜信心。

稳定西藏局势，要解决许多问题，最根本的是抓住机遇，加快经济社会发展，注意处理好改革、发展与稳定三者之间的关系。这些年来，在达赖集团勾结国际反华势力加紧渗透的情况下，西藏之所以能够保持基本稳定，关键就在于和平解放以后实行了民主改革，新时期坚持了改革开放，中央给予西藏一系列优惠政策，西藏经济社会得到发展，广大人民生活得到了改善。西藏各族人民反对骚乱，反对分裂，拥护共产党和社会主义，这是我们的社会基础和依靠力量。今后，我们要继续维护和发展西藏的社会稳定，把人民的智慧和力量集中到建设上来，加快经济社会发展，使各族人民的生活有更多的改善。只有这样，才能增强凝聚力，巩固民族团结，彻底粉碎达赖集团的分裂图谋，实现西藏的长治久安。

我们必须加快西藏发展。我们也完全有条件加快西藏发展。

共同富裕是社会主义的基本目标。民族平等、团结、互助是党和国家的基本政策。有党的基本理论、基本路线的指引和党中央的正确领导，这是加快西藏发展的政治保证。

我国国民经济持续发展，综合国力不断增强，这是加快西藏发展的经济后盾。

贯彻党的十四大精神，建立社会主义市场经济体制，必将给西藏经济社会发展注入强大的活力，这是加快西藏发展的体制条件和动力。

西藏有一支经过考验、立场坚定、有艰苦奋斗传统的干部队伍，各族人民渴望尽快改变落后面貌，建设团结、富裕、文明的新西藏，这是加快西藏发展的社会基础。

相信这次会议一定能够成为西藏经济社会发展的新起点。

二、关于西藏经济社会发展的指导思想和战略目标

加快西藏发展，就是要通过西藏各族人民的艰苦努力和全国人民的大力支援，使西藏的经济社会发展在原有的基础上，速度更快一些，效益更好一些，人民生活改善更明显一些，经济活力更强一些，为下世纪的更大发展打好基础。

从西藏的实际出发，加快西藏经济社会发展，在大的方面要把握三点。

第一，必须坚持以经济建设为中心，一手抓稳定，一手抓发展，两手都要硬。达赖集团和国际反华势力对西藏建设的干扰和影响不可低估。同时，我们保持稳定的能力也在提高。在中央的统一部署下，有关部门密切配合，旗帜鲜明地开展对达赖集团的斗争，确保西藏稳定，为加快发展创造良好的社会环境，是完全能够做到的。

第二，加快改革开放步伐，逐步建立新经济体制，为经济发展提供强大动力。西藏的改革总体目标和全国是一致的，就是要逐步建立社会主义市场经济体制。但是，西藏情况具有特殊性。西藏的体制改革，必须从实际情况出发，采取积极稳妥、循序渐进的办法，才能达到预期的效果。中央要继续采取特殊政策和灵活措施，帮助西藏解决改革中的困难。

第三，发挥全国支援西藏和西藏自力更生两个积极性，下决心把基础设施建设搞上去，带动经济增长，增强发展后劲。

　　根据这个思路，西藏从现在起到二〇〇〇年的发展目标可以这样考虑：在优化经济结构、提高经济效益的前提下，力争国民经济年均增长百分之十左右，国民生产总值比一九九三年接近翻一番；继续增加农牧民收入，改善人民生活，基本完成脱贫任务，使多数群众生活达到小康水平；国民经济和社会发展的整体水平有较大幅度的提高，为下世纪的更大发展打好基础。

　　对西藏来说，年均增长百分之十左右是一个相当高的速度，建国以来还没有哪一年达到过。实现这个目标，是一项十分艰巨的任务。加快经济发展，增加投资固然十分重要，但资金并不是唯一的制约因素，还需要人才、管理、物资、市场等多方面的配合，离不开原有的社会经济基础。目前西藏经济基础比较薄弱，还存在一些社会不稳定因素。在这样的情况下，如果指标定得过高，做不到会挫伤群众的积极性。各方面经济关系绷得太紧，不利于社会稳定。这几年中央在西藏安排的在建项目规模不算小，加上这次会议决定的援藏项目，投资总规模已经达到七十五亿元左右。这么大的盘子，是西藏历史上从来没有过的。根据现在的安排，今年要新开工八个项目，投资三亿元左右。明年开工五十二个项目，投资十亿元左右。在一年半时间内投入这么多资金，上这么多项目，工程如何配套，原材料如何供应，工程质量如何保证，特别是如何结合项目建设同时培训干部，项目建成后如何管理好，使之充分发挥效益，这些问题都需要认真考虑，统筹安排。加快发展既要看速度，更要看效益、看后劲。从西藏的现实条件出发，二〇〇〇年前要保持一定发展速度，重点打好基础，为下世纪的更大发展创造必要的条件。

应该说，百分之十左右的速度是实事求是的，也是积极的。为了加快西藏发展，这次会议决定援建西藏六十二个项目，投资总额二十三亿八千万元，其中中央有关部门承担四分之三，地方承担四分之一。这批项目建成以后，有助于改善西藏基础设施落后的状况，增加新的经济增长点，必将使西藏的经济上一个大的台阶。在党中央、国务院的正确领导下，有国家给予的各项优惠政策，有全国人民的大力支援，依靠西藏各族人民的共同努力，靠改革开放的强大动力，百分之十左右的速度经过努力是能够达到的。达到这样的速度，不仅比西藏前十五年的增长率高四个百分点，而且比全国计划安排百分之八至百分之九的速度还要高一些。对于西藏来说，这是十分了不起的成就，必将对下世纪的更大发展产生积极的影响。

这里，我还想简要谈一下西藏经济社会发展的产业重点问题。加快西藏发展，必须坚持以农牧业为基础，争取到二〇〇〇年基本实现粮食、肉类和食油基本自给。西藏土地资源丰富，畜牧业有较好基础。但现在粮食、肉类和酥油不能自给，需要千里迢迢从外地运进去，价格昂贵，还占用了公路运输力量。要充分发挥资源优势，大力发展农牧业，下功夫学习和推广科学种植、科学饲养，使粮食和畜产品产量有较大的增长。西藏现在工业基础比较薄弱，要加强地质勘探，有重点地发展矿产业和森林工业，加快发展农牧产品加工业，积极发展富有地方特色的轻纺和民族手工业。为了保证农牧业和工业的持续增长，必须大力发展能源、交通、邮电、通信等基础设施建设。西藏水电资源比较丰富，要加快开发，逐步改变电力供应不足的状况。要把西藏的骨干公路维护好、保养好、建设好，力保常年畅通。全国不少地方提出"科教兴省"的方针，这个方针也适用于西藏。要加强基础教育和职业教育，注重德育，宣传科学的世界观，加强爱国主义、民族团结和新旧社会对比的教育，揭露封建农奴制度的残酷和落后。要继续大力发展西藏的文化、卫生等社会事业，推动社会全面进步。现在西藏百业待兴，要干的事很多，要注意统筹规划，量力而行。即使是产业重点，也必须作出合理安排，分别轻重缓急，把财力和物力首先用于最急需的重要项目，确保资金和物资发挥最大的效益。

三、全国要长期支持和帮助西藏，
西藏要自力更生、艰苦创业

现在西藏自我发展的能力还比较弱，在相当一段时间内，加快西藏发展要靠国家的扶持。国家对西藏的扶持，要着眼于从体制上解决问题，辅之以资金上的专项补助。为了帮助西藏自治区解决改革和发展中遇到的困难和问题，国务院决定在财税、金融、投资、价格和外贸等方面，继续对西藏实行特殊政策和灵活措施。中央对西藏的财政补贴，实行核定基数、定额递增、专项扶持的政策。税收实行税制统一、从轻从简的政策，以利于休养生息，增加自我积累能力。关税是中央财政的收入，为了照顾西藏特殊的困难和需要，对西藏进口的属于西藏自用的商品，实行先征收、缴纳中央财政，后定额返还的办法。在金融方面，要理顺机构，继续实行优惠贷款利率政策。对能源、交通、通信以及综合开发等大中型项目和社会发展项目，由国家给予重点支持。为了保障社会稳定和人民生活，对中央出台的重大调价措施在西藏的涨价影响，由国家财政给予适当补贴。继续实行"土地归户使用，自主经营，长期不变"和"牲畜归户，私有私养，自主经营，长期不变"的政策，在土地、草场所有权公有的前提下，鼓励个人开垦农田、荒滩、荒坡，谁开发、谁经营、谁受益，使用权长期不变，并且允许继承。

这次西藏同志提出的要求，应该说基本上都解决了。昨天下午我又主持总理办公会议，再次研究解决支援西藏的有关问题，争取在国家力所能及的范围内，更多地满足西藏的要求。有些要求没有能够完全满足，主要还不是钱多少的问题，而是考虑实行优惠政策，既要有利于西藏经济发展，又要符合建立全国统一的市场经济体制，维护正常经济秩序的要求。今后，还要根据国家财力和西藏的实际情况，及时解决有关问题，帮助西藏发展。西藏的同志也要从大局出发，理解和服从中央、国务院的决定。对西藏的特殊优惠政策，是根据西藏的实际情况采取的，其他地方不要援例攀比。这次会上，有的民族区域自治地方的同志已经明确表示决不攀比，这种态度是非常好的，值得表扬，应该提倡。

中央有关部门和各省市自治区要长期支援西藏建设，这是加快西藏发展的一个大政策。在中央和地方资金都很紧张的情况下，这次座谈会确定了一批援助西藏的项目，有的部门和经济发达地区承担多一些，比较困难的地区也有贡献，各方面都出了力。在落实项目和会议讨论中，中央部门和省市自治区一致拥护中央、国务院关于支援西藏的决定，纷纷表示支持西藏要讲党性，讲奉献，不讲条件，不讲价钱，宁可自己困难一些也要把这批项目建设好，态度都很积极。这表明我们的同志是顾全大局的，充分体现了社会主义制度能够集中力量办大事的优势，也体现了全国民族大团结的精神。全国支援西藏，目前虽然多少要增加一些负担，但有利于促进西藏的发展和稳定，这个钱是值得花也是必须花的。西藏在资源方面有一定优势，现在增加一些投资，加快开发和发展，也是为今后全国经济的更大发展做好战略准备。

为了加强西藏工作，中央的意见，仍由任建新[2]、罗干[3]、王兆国[4]同志负责西藏的发展、改革和稳定的协调工作。这次会议已经把援藏项目初步落实下来了，但从资金投入、项目开工，到项目建成、正常运行，还有许多工作要做。中央和国务院各有关部门要各司其职，认真落实这次会议所确定的各项政策和任务。对于全国对口支援项目建设中出现的一些具体问题，由国家计委和经贸委负责协调，做好督促检查，把钱用好。要认真落实江泽民同志的指示，不但要把项目建设好，还要特别注意人员培训，协助西藏把这些项目管理好。西藏目前市场还比较小，加之人才不足，管理经验相对缺乏，一下子上这么多项目，能否把这些项目管好，使之顺利运转，对于西藏是一个考验，也是一个促进。今后，中央、国务院各部委和各省区市应继续与西藏建立长期的、相对稳定的对口支援关系，内地两三个省市对口支援西藏一个地市，充分发挥各地的技术优势、人才优势和其他方面的优势，采取多种支援方式，支持和带动西藏加快发展，与全国一道前进。

现在全国支援西藏，西藏自治区党委和政府应该认真组织讨论并回答"全国支持西藏，西藏怎么办"的问题。搞好西藏工作需要中央和全国的支援，但最终贯彻落实、解决实际问题的，是处在第一线的西藏自治区党委和政府。西藏自治区党委和政府责任重大，要勇于开拓，走出改革、发展和稳定的新路子。在所有制结构、分配方式、企业改革、社会保障制度改革等方面，在市场体系建设、与内地的联合、发展边境贸易、开发旅游业等方面，都要在中央统一的方针政策指导下，因地制宜地创造性地开展工作。要在各族人民和干部中深入持久地进行爱国主义、社会主义和民族政策的教育，维护民族团结和祖国统一，反对民族分裂。要加强舆论导向工作，有针对性地、理直气壮地宣传西藏经济社会发展的伟大成就，让世界了解西藏，争取国际舆论，扩大我们的影响。要坚定地依靠西藏各族广大人民群众，特别是广大农牧民、工人、知识分子，充分发挥各族各界爱国人士的作用，调动一切积极因素，团结一切可以团结的力量，开创西藏工作新局面。

毛泽东主席说过，政治路线确定之后，干部就是决定的因素。加快西藏发展，稳定西藏局势，必须有一批具有社会主义觉悟，坚定地维护祖国统一和民族团结，具有较强业务能力的藏族干部，同时要保持一定数量的汉族干部。西藏和平解放四十多年来，当地民族干部、从内地进藏的各族干部以及驻藏军队干部，为西藏革命和建设事业作出了重要贡献，是党和国家完全可以信赖的依靠力量。要采取适当的方式，对那些在建设西藏、保卫祖国的伟大事业中作出贡献的人们，给予精神鼓励和应有的荣誉。在继续提倡奉献精神的同时，要采取多种方式，逐步提高西藏干部的工资福利待遇，切实解决他们工作和生活上的后顾之忧。要重视培养使用藏族干部，特别是要提拔任用那些积极维护祖国统一和民族团结，在反分裂斗争中表现好的干部，抓紧培养一大批跨世纪的、适应现代化建设要求的藏族干部。要有计划地选派藏族干部到内地挂职或任职，帮助他们不断提高素质。内地干部进藏工作，过去、现在和将来都是十分光荣的，要继续多渠道、多形式引进人才，从内地组织干部、教师、医务人员和其他专业技术人员援助西藏。

艰苦创业是我们的优良传统，西藏干部在这一点上表现尤为突出，这是一份极其宝贵的精神财富。西藏环境艰苦，发展和稳定任务繁重，要在全体干部和群众中进一步提倡和发扬艰苦创业的精神。为了更好地承担社会主义现代化建设的历史重任，全党都要加强学习。西藏地处边远，长期比较闭塞，在那里工作的同志更需要努力学习。要认真学习邓小平同志建设有中国特色社会主义的理论，学习社会主义市场经济知识和科技知识，学习全国各地改革开放和经济建设的先进经验，不断提高政治素质和业务能力。西藏干部和内地干部之间，藏族干部和汉族干部之间，要互相学习，互相帮助，做民族团结、艰苦创业的模范。各级干部都要坚持全心全意为人民服务的宗旨，关心群众生活，注意工作方法，以工作的实际成绩密切党同人民群众的血肉联系，增强党在西藏人民中的凝聚力和号召力。

现在我们正面临改革和发展的大好历史机遇，西藏和全国社会主义现代化建设的前景无限光明。在邓小平同志建设有中国特色社会主义理论的指引下，在以江泽民同志为核心的党中央领导下，坚定不移地贯彻执行党的基本路线，认真

落实这次会议精神，依靠西藏各族人民的团结奋斗和全国人
民的大力支援，一定能够加快西藏建设，把西藏的经济社会
发展推向一个新阶段。

注　　释

〔1〕"复关"，指我国恢复关贸总协定缔约国的地位。关贸总协定，全称为
关税及贸易总协定，是有关关税和贸易政策的多边国际协定，也指执行这一
协定的国际组织。一九四七年十月三十日，该协定由参加联合国经济及社会
理事会国际贸易组织筹备委员会第二次会议的二十三个国家在瑞士日内瓦签
订。以后多次修订，成员也不断增加。一九九四年四月，关贸总协定的第八
轮全球多边贸易谈判（因一九八六年在乌拉圭启动，被称为乌拉圭回合）结
束。该轮谈判达成建立世界贸易组织的协议。一九九五年，世界贸易组织成
立，一年后取代关贸总协定。中国是关贸总协定的创始缔约国之一。窃据中
国席位的台湾当局于一九五〇年五月退出关贸总协定，是非法的、无效的行
为。中华人民共和国恢复在联合国的合法席位后，逐步与关贸总协定恢复了
联系。一九八二年十一月，中国政府派代表团以观察员身份列席了关贸总协
定第三十八届缔约方大会。一九八六年七月，中国政府正式向关贸总协定提
出恢复缔约方地位的申请。

〔2〕任建新，一九二五年生，山西汾城（今襄汾）人。当时任中共中央书
记处书记、中央政法委员会书记。

〔3〕罗干，一九三五年生，山东济南人。当时任国务委员、国务院秘书
长，机关党组书记。

〔4〕王兆国，一九四一年生，河北丰润人。当时任全国政协副主席、党组
成员，中央统战部部长。

建设小浪底工程，为治理
黄河水患而奋斗*

（一九九四年九月十一日）

经过多年的筹备和两年的施工准备，黄河小浪底水利枢纽工程已经具备正式开工条件，这是黄河治理开发中的一件大事。我代表党中央、国务院，对这一宏伟工程的开工建设表示热烈的祝贺！向几十年来为治理江河、造福人民作出贡献的水利水电建设者表示亲切的慰问！

黄河是中华民族的摇篮，黄河流域是祖国五千年文明发祥地。同时黄河也是世界闻名的多泥沙、难治理的河流，自古以来洪水灾害频繁。据历史记载，在新中国成立以前的两千多年间，黄河下游决口一千五百多次，改道二十六次，造成泛区人民家破人亡、流离失所、惨绝人寰的悲剧。新中国成立后，党和政府领导亿万人民进行改造自然的伟大斗争，在治理黄河方面采取了兴修水库、加固堤防、疏浚河道、开展水土保持等一系列综合治理的措施，取得了重大的成就。黄河上中游建成一系列水利水电枢纽工程，下游初步建成了防洪体系，连续四十五年夺得不决口、岁岁安澜的伟大胜

---

* 这是李鹏同志在洛阳听取水利部黄河水利委员会关于治理黄河和建设小浪底工程工作汇报时的讲话。

利，改写了黄河"三年两决口"的历史。大力开发了黄河水利水电资源，在黄河流域上建成龙羊峡、刘家峡、三门峡等八座大中型水利水电枢纽工程，总库容达四百一十亿立方米，对调节洪水发挥了重要作用，总装机容量达三百七十四万千瓦，年平均发电量一百七十六亿度。引黄兴利，灌溉面积已由上中游扩展到全流域近一亿亩，历史上人称"黄河百害唯富一套"的情况已经大为改观。黄河还为沿河城市和工业生产提供了可靠水源。在黄土高原开展了大规模的群众性水土保持工作，治理水土流失面积达十五万多平方公里，占应治理面积的三分之一。黄河的治理开发取得了巨大的社会效益、经济效益和环境效益，全流域的面貌发生了历史性的根本变化，黄河已逐步变为造福人民的利河。但是，我们还必须清醒地看到，黄河是世界著名的暴雨成灾、含沙量极高的河流，复杂难治，泥沙尚未得到有效控制，下游河床继续淤积抬高，"悬河"的形势依然十分危险，黄河水患远未根除。现在黄河花园口以下只能防御六十年一遇的洪水，一旦洪水超过防洪标准，就有决口的危险，后果不堪设想。因此，黄河的洪水威胁仍然是中华民族的心腹之患。国家决定兴建小浪底水利枢纽工程，就是为了加快黄河治理、兴利除害。这是我国社会主义现代化建设中的一项具有重大而深远意义的举措。

小浪底水利枢纽工程处于承上启下、控制黄河泥沙的关键部位，能控制流域总面积的百分之九十二点三，是一座具有防洪、防凌、调沙、发电、供水、灌溉综合利用效益的水利枢纽工程，在治理黄河中具有重要的战略地位。小浪底水利枢纽工程建成后，使黄河下游防洪标准大大提高。同时，每年可增加供水量四十亿立方米，电站装机容量一百八十万千瓦，年发电量五十一亿度，对缓解中原电力紧张状况有一定作用。小浪底水利枢纽工程的建设，将把黄河治理开发事业推向一个新阶段，为整个流域的经济和社会发展作出重要的贡献。根治黄河是十分艰巨的历史性任务，还需要经过几代人坚持不懈的努力。坚持综合治理的方针，通过小浪底工程和其他工程的建设，以及上中游水土保持工作的广泛开展，几千年来中国人梦寐以求的根治黄河的伟大理想，一定能够实现。

加快大江大河大湖的治理开发，兴利除害，造福人民，是各级人民政府的重要职责。党中央、国务院一直十分重视水利事业。今年我国二十多个省区出现了不同程度的洪涝灾害和旱灾，给农业生产乃至整个国民经济造成很大损失。全社会都要增强水患意识，树立长期防洪抗旱思想。水利是农业的命脉，也是国民经济的基础产业。重视水利事业，加快大江大河的治理，不仅是今年和明年的任务，也是整个"九五"期间和今后长期的重要任务。各级政府都要加强对水利事业的领导，增加投入。加快江河治理，加快水土保持和流域的治理，加快城市防洪建设，采取积极措施缓解许多城市的缺水问题。要加强水资源的统一调度和管理，合理利用水资源。要千方百计地节约用水，采用先进技术，使水资源发挥最大的效益。除水害、兴水利，是造福人民、荫及子孙的百年大计，各级政府都要发扬自力更生、艰苦奋斗的精神，坚持不懈地把改造自然、造福人民的水利事业不断推向前进。

小浪底水利枢纽工程规模巨大，技术复杂，投资多，周期长，建设任务十分艰巨，要充分估计到这个工程建设的艰苦性和复杂性。水利部与河南省要加强对工程的领导。河南、山西两省要发扬团结治水、加强协作的精神，切实搞好水库淹没区开发性移民工作。国务院有关部门也要大力支持工程的建设。负责工程设计、施工、监理的单位，责任重大，希望你们坚持"百年大计，质量第一"的方针，群策群力，搞好国际合作，把小浪底水利枢纽工程建设成一流设计、一流施工、一流质量、一流管理的优质工程，为黄河流域人民造福，为祖国社会主义现代化建设作贡献！

维护世界和平、推动共同发展是联合国的重要使命[*]

（一九九四年九月十五日）

　　当前，世界正加速向多极化方向发展，国际关系的调整进入了一个新的阶段。谋求缓和、合作与发展成为主流，但新的地区冲突不断，世界并不安宁。与此同时，经济因素在国际关系中的作用继续加强。维护和平、加强合作、促进发展，仍然是当代世界面临的重大课题。

　　国际形势的变化，给联合国提供了机遇，也使它面临更大的挑战。作为当今最具普遍性的国际组织，联合国在维护和平、促进发展与合作方面应当而且可以有所作为。中国一贯主张，联合国的事务应当由全体会员国来共同管理，广大发展中国家的权益应得到充分的体现和维护。国际上的事都由一个或少数几个国家来主宰或包办，既不现实，也不可行。经验证明，维和行动也好，人道主义援助也好，只有遵循联合国宪章，特别是尊重国家独立与主权、不干涉内政的原则，才能取得成功。

　　民族矛盾、种族矛盾是当今世界存在的一个普遍问题。这既有历史的根源，也有现实的原因。其关键在于一国如何对待

　　＊　这是李鹏同志会见联合国秘书长加利时谈话的一部分。

少数民族的政策。如果处理得不好，就会酿成地区冲突，甚至战争。这种问题不仅发展中国家有，发达国家也存在。中国认为，应提倡通过和平谈判，政治解决各种民族矛盾和地区冲突。这样做有时会遇到一些困难，但只要各国政府都致力于和平解决，并遵循不干涉内政的原则，通过耐心的谈判，问题就会逐步获得解决。朝鲜核问题的情况完全证明了这一点。如果像当初有些国家主张的那样一味施加压力，甚至通过联合国实行制裁，必然导致朝鲜半岛局势的紧张。目前，朝核问题的谈判正在向正确的方向发展，从而避免了局势的恶化。南非问题的解决、巴以问题迄今取得的进展也都表明，有关各方通过谈判解决彼此之间的分歧是最终解决问题的唯一有效途径。

近年来联合国维和行动日益扩大，其中有些取得了成功。然而，当今世界各地存在着许多冲突和争端，联合国能力有限，不可能向每一个冲突地区都派遣维和部队。维持和平的愿望是良好的，但良好的愿望只有与实际能力相符，才会产生良好的结果。我主张量力而行，有选择地采取维和行动，这样效果可能更好。应该总结一下联合国的维和行动，看看哪些是成功的，哪些是不成功的。特别是要防止大国打着维和的旗号，搞违背联合国宪章宗旨的事。

中国已尽了最大努力支持维和行动。中国的经济实力有限，目前尚有八千万人生活在贫困线之下，且每年要新增加一千五百万人口。我们首先要把中国的事情办好，这也是对世界和平的最大贡献。地区冲突的根本原因在于贫困和不发达。因此，国际社会在解决地区冲突中既要治标，更要治本，也就是说应当努力缩小南北差距，解决经济发展问题，建立公正、合理的国际政治经济新秩序。

提高国家公务员的素质

（一九九四年九月二十一日）

国家行政学院是适应我国现代化建设和建立社会主义市场经济体制的要求组建的，是改革开放的产物，也是党中央、国务院为配合干部人事制度改革和推行国家公务员制度而实行的一项重要举措。因此，国家行政学院的成立是一件具有深远意义的大事。

国家行政学院将主要担负高、中级国家公务员的培训任务，是培养现代行政管理人才的重要基地，对于提高国家公务员的素质，造就一支以为人民服务为宗旨的、适应社会主义市场经济需要的、廉洁高效的国家公务员队伍，有着十分重要的地位和作用。

目前，我国社会主义现代化建设已进入了新的时期。在党的十四大和邓小平同志重要谈话精神[1]指引下，国内政治稳定、经济发展、社会进步、民族团结，国际形势也为我们提供了加快发展的机遇。在这种形势下，政府工作还面临着许多新情况、新课题，有不少复杂的问题需要认真研究解决。现在，各级公务员迫切需要学习，需要培训，以增强在新的环境和条件下处理政府事务的知识和能力。国家行政学

———————

＊ 这是李鹏同志在国家行政学院成立大会上讲话的要点。

院应当在这项关系政权建设的基础性工程中发挥应有的作用。

要完成这一光荣而艰巨的任务，就要坚持以邓小平同志建设有中国特色社会主义理论为主线，围绕建立社会主义市场经济体制，重点开展经济管理、行政管理、领导方法和法制建设等方面的教学。各项教学活动都把理论原则同实际应用有机地结合起来，开拓创新、注重实效，实行开放办学，办出自己的特色。

要十分重视建立一支专兼结合、以兼为主、德才兼备的教师队伍，还可以请有关部委的负责同志来讲课，这不仅是对学院的支持，而且对于各部门的同志也是一个系统总结工作经验的机会。要在政治上、生活上、工作上多给教师们关心、爱护和支持，要树立尊师重教的良好风尚。学院的机构和人员配备要精干，后勤服务工作要尽量采取社会化管理的办法。

要搞好高中级公务员的培训，特别要注意选一些年轻、优秀的中层干部来校深造。学院同时还应选拔一些优秀的大学毕业生，采取在学院学习与到县以下政府机关挂职锻炼相结合的办法，为政府机关培养业务骨干和后备力量。学院不仅要培训人才，还要发现人才、推荐人才。

办好国家行政学院是一项崭新的事业，需要不断地进行探索和创造。要很好地继承和发扬我们党长期积累的培养教育干部的成功经验和优良传统，根据新的形势和任务大胆地开拓创新，并借鉴国外有益经验，在实践中闯出一条有中国特色的国家公务员培训的路子。

注　　释

〔1〕这里指邓小平同志一九九二年一月十八日至二月二十一日在武昌、深圳、珠海、上海等地的谈话。这些谈话的要点已收入《邓小平文选》第三卷。

沿着建立社会主义市场经济
体制的方向继续前进*

（一九九四年十一月二十八日）

明年的经济体制改革，要以国有企业改革为重点，推进社会保障体制改革和培育市场体系，巩固和完善宏观管理体制改革措施，沿着建立社会主义市场经济体制的方向继续前进。

第一，国有企业改革是明年改革的重点。

国有企业特别是国有大中型企业，是我国国民经济的主要支柱，是能源、交通、重要原材料和工业技术装备的主要提供者，也是国家财政收入的主要来源。建国四十五年来，特别是改革开放以来，国有企业为全国经济发展作出了不可磨灭的重大贡献。从今后国家投入看，国有经济在基础产业和整个国民经济中的主导地位仍在加强。但是，一些行业和企业由于历史包袱多，社会负担重，设备陈旧，以及体制方面的原因，生产经营比较困难。明年必须在企业改革方面采取一些有效措施，争取"九五"期间在企业改革方面取得明显成效。

国有企业改革的方向，是建立适应社会主义市场经济体

＊ 这是李鹏同志在中央经济工作会议上讲话的一部分。

制要求的现代企业制度。建立现代企业制度涉及企业内部和外部的许多方面，是一项复杂的系统工程。不同的地区，不同的行业，要根据自己的情况，把一般原则和自身特点结合起来，从解决最迫切的问题入手，制定具体实施方案，避免简单化和一刀切。明年要重点做好以下几项工作：

一是继续贯彻《全民所有制工业企业转换经营机制条例》，尽快落实《国有企业财产监督管理条例》。对大多数国有企业来说，落实企业经营自主权，转换经营机制，仍是当前最重要的工作。要继续认真转变政府职能，实行政企职责分开，为企业走向市场创造条件。要认真贯彻《国有企业财产监督管理条例》，切实加强国有资产的管理，堵塞国有资产流失的漏洞。已确定建立监事会的企业要尽快委派，对国有资产的保值增值实行监督。明年国有企业要在较大范围进行清产核资，评估资产，界定产权，清理债权债务，核实企业资本金。

二是中央和省市分别选择一批企业，进行建立现代企业制度的试点，同时对现有股份制公司特别是上市公司进行规范。试点和规范企业要相对集中，防止过多过滥。要注意把企业改制和改造结合起来。要加强对股票市场的监管，减少股票过度投机和股市强烈波动对社会产生的不良影响。

三是围绕产业结构的调整，对一部分企业实行关、停、并、转，建立破产机制。对长期亏损、扭亏无望、不能偿还债务的企业，一部分可以直接实行破产，一部分可以先停产，然后再进行拍卖、出售或破产。对产品技术落后、无法适应市场需求的企业，鼓励转产、兼并或转让。破产要严格按法定程序进行，依法保护出资者和债权人的权益，保障破产企业职工的基本生活。部分国有小企业，有的可实行股份合作制，有的可以用租赁、承包、拍卖等办法进行改组改造。

四是结合产业结构调整，发展企业集团。继续做好大企业集团的试点工作，鼓励它们扩大经营规模，提高经济效益。要通过多种途径，发展跨地区、跨行业，工、技、贸、金相结合的企业集团。各省市也可以按照经济规律组建企业集团，使之在调整结构和提高企业整体素质中发挥重要作用。

五是积极解决企业的过度负债问题。这个问题比较复杂，需要通盘筹划，采取多种办法，逐步加以解决。明年可以先选择部分城市或企业，在财政、银行和国有企业之间，进行企业债务清理和重组的试点。解决企业历史债务和增补生产经营资金，要与转换经营机制相结合，提倡企业树立良好信誉，以及债权债务意识，防止出现"赖账风"。

六是积极分流企业富余人员。分流富余人员要发挥政府、企业和职工三方面积极性，实行由企业安置、个人自谋职业和社会帮助安置相结合。对接近法定退休年龄的职工和病残职工，鼓励提前退休。对失业人员，社会保险机构要保证其基本生活，并通过转业培训、职业介绍等，帮助重新就业。解决企业承担社会职能的问题，一般可以先分离辅助性单位和后勤服务单位，实行内部独立核算，逐步减少补贴，条件成熟时再走向社会，实现自负盈亏。条件合适的也可以将企业办的公益性单位，成建制地划交当地政府管理。

党中央、国务院历来重视搞好国有企业特别是搞好国有大中型企业，采取了许多措施，并取得了一定成效。在十六年的改革中，已经涌现出一批活力强、效益好，在国内国际市场上有声誉的国有企业，说明在发展市场经济的条件下，国有企业同样是可以搞得很好的。对国有企业的现状必须进行科学分析，绝不能作出国有企业必然效率不高的判断，为私有化提供依据，丧失对搞好国有企业的信心。

第二，要围绕企业改革，进行以养老和失业保险为主要内容的社会保障体制改革。

社会保障制度改革已经进行多年的研究和试点。在此基础上，初步形成总体改革方案和若干分项改革方案，将逐步付诸实施。明年工作的重点，是继续完善失业保险制度。失业保险基金要以支定收，留有适当储备，原则上以市为单位实行管理。适当扩大失业保险覆盖范围，城镇国有、集体、股份制、私营企业职工和外商投资企业的中方职工，都要参加失业保险。要继续推进养老保险制度改革，扩大医疗保险改革的范围。城镇养老和医疗制度改革的重点，是实行社会统筹和个人账户相结合。养老保险实行基本养老保险、企业补充养老保险、社会互助保险、个人储蓄性养老保险相结合的制度。目前社会保险制度尚未完全建立，经费不足，为适应企业改组和破产的需要，可以通过多渠道筹集资金，设立一个过渡期的社会保险基金，以保证企业改革的顺利进行。

建立健全新的社会保障体制，要从我国国情出发，保障水平要同现阶段我国经济发展水平相适应，考虑国家、企业和个人的承受能力，形成多层次的社会保障体系。按照建立社会主义市场经济体制的要求，社会保障的政策和法规要做到统一。认真解决目前多家管理、政出多门、互相掣肘的矛盾，实行政府行政管理和保险基金营运管理分开，执行和监督机构分设的原则。

　　第三，宏观管理体制改革方面的主要任务，是继续巩固和完善今年出台的改革措施。

　　金融体制改革，要增强中央银行运用货币政策的能力，积极推行资产负债比例管理，对各专业银行和商业银行的资产负债情况进行严格的监控和考核。要按照政策性金融和商业性金融分开的原则，进一步做好政策性业务和商业性业务的分离。组建城乡合作银行，规范信托投资公司，加强对非银行金融机构的监管。要巩固和发展外汇改革成果，完善结汇售汇制度。规范银行间的外汇市场，打击外汇黑市交易。同时，要制定明确的对境外投资的政策，完善对资本流出的管理和监督。

　　财税体制改革的各项规定要落实到位，纠正各种违反新税制的行为。强化增值税、消费税的征管，改进和完善出口退税制度，打击各种偷税骗税行为。继续清理各种减免税政策，减少和逐步停止地区性、行业性的税收减免，特别是关税减免。认真贯彻执行个人所得税法，重点抓好对高收入者个人所得税的征收。为此，要尽快建立个人收入应税申报制度，逐步实施个人货币收支票据化和银行存款实名化。要加强税务队伍建设，建立税务警察。

　　计划投资体制改革，主要是进一步转变计划管理职能，明确国家投资和融资的范围，把一般加工工业的建设项目逐步推向市场。国有部门的投资项目，要明确投资主体，实行法人责任制，使之对筹划、筹资、建设直至生产经营、归还贷款以及资产保值增值全部负责。

　　第四，根据改革和发展的需要，积极培育市场，抓紧经济立法，改善经济秩序。

　　培育市场是一项艰巨细致的系统工程，绝不是放任不管就会形成公平、竞争、有序的市场。目前存在的突出问题，是市场管理工作薄弱，制度建设滞后，交易规则混乱，对交易过程监督不够。明年要把工作重点放到加强市场管理上来。

　　继续抓好农产品和生产资料流通体制改革。改进和完善粮食储备制度，逐步完善国家战略性储备与市场调节性储备的制度，国家储备和地方储备要分开管理，仓储要更多地建在销区，形成吞吐及时、调节自如的粮食储备体系，防止买粮难和卖粮难。进一步整顿化肥等农业生产资料的流通秩序，减少流通环节，严格审查流通企业的经营资格，并加强价格管理。对食品和其他重要消费品的批零差价，要加强监督和调控。继续完善原油、成品油和电力的价格形成机制和流通体制。

　　发展以银行融资为主的金融市场。积极稳妥地发展债券、股票融资体系。建立企业债券信用评级制度，规范股票的发行和上市行为。规范银行同业拆借、票据贴现和国债流通市场，禁止违章拆借和集资活动。对期货试点要严格控制，加强管理。

　　加快其他要素市场的建设。要围绕国有企业富余人员分流和农村剩余劳动力地区间流动这两个重点，加强对劳动力市场的引导、组织和管理。强化国家对城镇土地一级市场的全权管理，健全土地评估机构和基础地价体系。进一步完善知识产权保护制度，大力发展科技和信息市场。

　　建立社会主义市场经济体制要靠健全的法制来保障。现在市场秩序的混乱现象，许多是因为无法可依或者执法不严。在体制转轨时期，新情况新问题层出不穷，各方面的具体制度又不定型、不成熟，目前立法有困难的，可以先制定行政性的条例或者法规，即使是临时性的也不要紧，在实践中逐步修改完善就是了。有几个重要的经济法律草案全国人大正在审议，国务院还将提请人大审议一些重要的经济法律草案，这些法律与经济改革和发展都有重大关系，要抓紧进行。

功在当代利千秋*

（一九九四年十二月十四日）

举世瞩目的三峡水利枢纽工程，经过长达四十年的论证，七届全国人大五次会议批准，又进行了近两年的施工准备，现在已经具备了开工的条件。中央决定三峡工程正式开工，这是我国经济建设中的一件大事，也是全国人民关注的一件大事。我代表党中央、国务院向多年来参加工程勘测设计、科研和论证的专家学者，向参加三峡工程建设的广大建设者，向一切为三峡工程作过贡献和表示关心的国内外人士表示崇高的敬意和亲切的慰问！

三峡工程是一项具有防洪、发电、航运等巨大综合效益的工程。长江洪水一直是我国的心腹之患。长江中下游是我国重要的经济发达地区，历史上曾多次发生过严重洪水灾害，给江汉平原、洞庭湖地区广大人民群众的生命财产和沿江重要城市、工矿企业、交通干线带来极大的损失。三峡工程是解决长江中下游洪水威胁的诸多措施中的一项关键性工程，不仅可以防止荆江两岸发生毁灭性灾害，减轻对江汉平原、洞庭湖地区和武汉的威胁，还将提高长江中下游的防洪标准，意义是十分重大而深远的。三峡水利枢纽是全国乃至

---

* 这是李鹏同志在三峡工程开工仪式上的讲话。

世界规模最大的水电站。它将为华中、华东、四川等地区提供大量的电力，并促进全国电网的形成，对长江沿岸的经济繁荣产生巨大的推动作用。三峡工程建成后，高峡出平湖，将极大地改善长江的航运条件，万吨级船队将可从武汉直达重庆，充分发挥黄金水道的作用。经过认真筹划，三峡的名胜古迹得到最大限度的保护，而且可以形成新的景观。三峡工程及其坝区将会成为现代化与民族风格相融合的气势磅礴、青山绿水、环境优美的风景旅游区。三峡的旅游事业将得到进一步发展。

三峡工程是目前世界上最大的水利水电工程。我们一定要把它建成世界第一流的工程。第一流的工程要有第一流的现代化管理、第一流的文明施工、第一流的工程质量。要按照社会主义市场经济原则和现代企业制度进行工程管理，实行项目法人责任制、招标投标制、工程监理制和合同管理制。三峡工程施工要采用先进的施工机械和施工方法，做到用人少，工期短，质量好，效益高。施工现场要实行封闭式管理，建立良好的工作秩序，为文明施工创造有利的条件。

库区移民是三峡工程成败的关键，任务十分艰巨。移民要实行开发性移民方针，不仅要做好移民的安置，还要发展库区的经济，提高人民的生活水平。三峡移民要实行"中央统一领导、分省负责、县为基础"的管理体制，移民经费切块分给四川和湖北两省，包干使用。各级政府要统筹安排，精打细算，结合开发，合理使用。希望库区广大人民发扬风格，顾全大局，做好搬迁安置和开发工作，支持三峡工程的建设。

为了促进三峡库区的经济发展，国务院已决定把三峡库区列为经济开放区，给予优惠政策。国家和省市在安排建设项目时，将根据建设条件，予以同等优先的原则加以考虑。中央有关部门和省市要对库区实行对口支援。所有这些都给库区带来了前所未有的发展机遇。库区各级政府和广大人民群众要抓住这个机遇，发扬自力更生、艰苦奋斗的精神，努力把库区逐步建设成为一个经济繁荣、社会发展、人民安居乐业的地区。

为确保三峡工程顺利进行，国家已建立了由全国支持的三峡工程建设基金，形成稳定的建设资金来源，并且制定了可行的国内外资金筹措方案，三峡工程的建设资金是有充分保证的。

三峡水力发电机组和输变电设备将采用世界先进技术和设备，我们欢迎世界上具有制造大型水电和输变电设备经验的厂商参加竞争，转让技术，合作生产，参与这一工程建设。

同志们，三峡工程开工以后，在建设过程中，还会遇到新的问题和困难，但是我们相信，在以江泽民同志为核心的党中央领导下，在广大建设者努力和全国人民支持下，任何困难都难不倒我们，三峡工程建设必将得到顺利的进行，一九九七年实现大江截流，二〇〇三年首批机组发电，二〇〇九年工程将全部竣工。一个宏伟壮丽的三峡工程将巍然屹立在中国的大地上，它将向全世界证明：中国人民有志气、有能力，敢于也能够建设好当今世界上最大的水利水电工程。三峡工程功在当代利千秋！

现在，我宣布，三峡工程开工！